Klöster

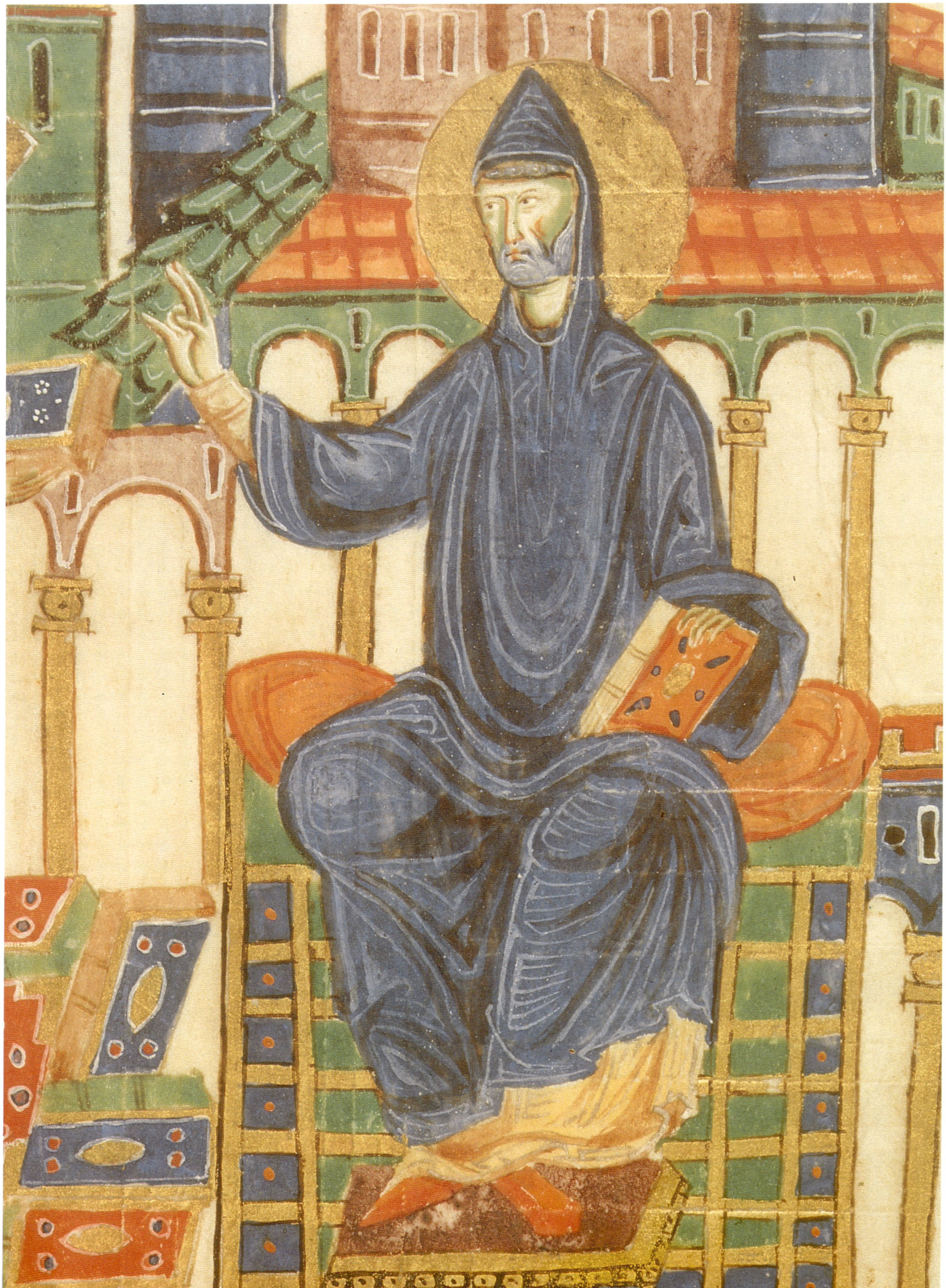

Klöster

Hundert Wunderwerke des Abendlandes

Marianne Bernhard

KARL MÜLLER VERLAG

Titelbild: Pyrenäen-Kloster St.-Michel-de-Cuxa, Frankreich
Umschlag-Rückseite: Kreuzgang des Klosters Batalha, Portugal
Frontispiz: Der heilige Benedikt als Lehrer der Mönche, 11. Jahrhundert, Vatikanische Bibliothek

Fotonachweis:
Fritz und Lothar Altmann, München: S. 39, 73, 84, 94
ars liturgica Kunstverlag, Maria Laach: Frontispiz
BAVARIA Bildagentur, Gauting: S. 76 (Nägele), 178 (Robert Becker)
B&U International Picture Service, Amsterdam: S. 16, 17, 124, 125, 126, 127, 129
Rainer Beck, Karlsruhe: S. 43, 180, 181
Gábor Bodnar, Košice: S. 170, 171
Hubertus J. Eder, Gräfelfing: S. 19, 42, 44, 46, 56, 90, 91, 92, 102, 110, 115, 116/117, 131, 140, 141, 156, 157, 166, 168/169 und Einband-Rückseite
Barbara von Girard, München: S. 31
Joachim Glatz, Mainz: S. 62, 118
Bernhard Graf, München: S. 26, 175
Gábor Hegyi, Budapest: S. 146, 147
Michael Jeiter, Morschenich: S. 24, 25, 29 und Titelbild
Philippe Kahn, Luxeuil: S. 67
Paul Keller, Vaterstetten: S. 161, 162/163
Kilian Kreilinger, München: S. 58, 80, 81, 82, 83, 88, 89, 132, 134, 135, 152, 172, 173, 177
Löbl-Schreyer, Bad Tölz: S. 38
Werner Neumeister, München: S. 18, 20/21, 27, 28, 30, 33, 34, 35, 36, 37, 40, 41, 45, 47, 50, 53, 55, 68, 69, 70/71, 75, 78, 79, 86, 87, 95, 96/97, 104, 106, 107, 108, 109, 112, 113, 114, 119, 120, 121, 130, 133, 136/137, 138, 139, 142, 143, 148, 149, 151, 153, 165, 176, 182, 183, 184, 185, 186, 187, 188/189
Ernst Off, Germering: S. 66
Rolf Purpar, Meerbusch: S. 128
Alfred Schiller, Budapest: S. 146
Staatliches Spanisches Fremdenverkehrsamt, München: S. 74, 179 (Perez Siquier)
Reinhard Traspel, Wenzenbach: S. 154
Rudolf Winterstein, München: S. 23, 105, 155, 158, 159
Alle anderen sind dem Verlagsarchiv entnommen.

Sonderausgabe für Karl Müller Verlag, Erlangen, 1995

Reproarbeiten: Scantec, München
Satz: MVP-Studio, Karlsfeld
Gesamtherstellung: Nitrianske Tlaciarne, s.p., Slowakei
ISBN 3-86070-304-8

Inhalt

Einführung	6
Belgien	16
Deutschland	18
Frankreich	56
Griechenland	88
Großbritannien	92
Italien	102
Luxemburg	122
Niederlande	124
Österreich	130
Ungarn	144
Polen	148
Portugal	154
Rußland	160
Schweiz	164
Slowakei	170
Spanien	172
Tschechien	182
Ukraine	186
Glossar	190

« *Ora et labora* » – *Bete und arbeite*

Am Anfang jeder Betrachtung über christliches Kloster, Klosterleben, klösterliche Kultur in der Nachfolge Jesu Christi steht ein Fragezeichen: Jesus von Nazareth war ein geselliger Mann, der in der Welt lebte, seine Person nach außen trug und sein Dasein gern mit anderen teilte – mit Männern und mit Frauen. Ehelos war er, doch Ehe und Liebe sah er in allen Worten und Taten als hohe Güter. « Wenn du *betest,* so gehe in dein Kämmerlein und schließe die Tür zu », steht in der Bibel. Grundsätzliches Eingeschlossensein, Abgeschlossensein von der Welt wird nicht darin gepredigt.

Es muß ein tief innen gewachsenes Bedürfnis gewesen sein, das Einsiedler schuf. Introvertierte Männer suchten die Eremitage zuerst. Nicht Weltfeindlichkeit trieb sie zur Weltflucht, sondern der Wunsch, mit sich und Gott ganz allein eins zu werden. Antonius hieß der erste dieser frommen Männer, der Hab und Gut aufgab und ins unbewohnte Gebirge zog. Um das Jahr 311 nahm er sich in Alexandria verfolgter Christen an, dann begab er sich mit wenigen Getreuen im Glauben in die Wüste und gründete Einsiedlerkolonien. Die Hütten der Mönche (monachi = einsam Lebende) standen nebeneinander; Andachtsübungen hielten sie gemeinschaftlich.

« Mönchsvater » Pachomius fand die Form des Klosters in geschlossener Ordnung und hierarchischem Aufbau rund zehn Jahre später: Die Niederlassung bestand aus mehreren Häusern in geringer Entfernung voneinander, in denen jeweils einige Mönche in einzelnen Zellen wohnten; jedes Haus bildete unter Oberaufsicht ein Priorat. Die Priorate formierten sich zum Cönobium oder Monasterium, das vom Abbas (= Vater), dem Abt, geleitet wurde. Eine Mauer umgab das Anwesen. Zuerst wurden nur Männer zum Mönchsstand zugelassen, doch bereits zu Pachomius' Lebzeiten gab es auch Frauenklöster. Überall in Palästina, Syrien und Armenien entstanden in der Folgezeit Klöster.

Pachomius formulierte auch die erste Ordensregel, in der Armut, Keuschheit und vor allem Gehorsam als Generaltugenden gefordert wurden. In seiner Gründung bei Tabernisi am rechten Ufer des Nils ging es streng zu: die Mönche mußten lesen und schreiben lernen, um selbständiger Bibellektüre willen; das Neue Testament und die Psalter konnten sie auswendig. – Sie alle beriefen sich auf die Heilige Schrift: in ihr sind zwar Mönchstum und -regeln nicht vorgesehen, aber Antonius formulierte kurz und bündig das Credo des Ordenslebens: « Was du auch tust oder redest, für alles suche ein Zeugnis in der Bibel » – das Buch der Bücher diente quasi als Bürge für die rasch aufblühende Klosterkultur. – Basilius der Große (330-379), Erzbischof von Cäsarea, der Kirchenlehrer, auf den sich der griechisch-orthodoxe Glaube stützen sollte, schrieb als erster seine Regeln auf; Beten, Schweigsamkeit, Enthaltsamkeit, Demut, Disziplin und Gehorsam hießen die Generaltugenden des idealen Mönchs, der sich willig dem Wissensprimat seiner Oberen unterwarf: Der Abt doziert, der Bruder lernt; der Abt spricht, der Bruder lauscht, der Vorgesetzte der Gemeinschaft, der «alles wissen muß, was notwendig ist, um alle den Willen Gottes zu lehren», steht als guter Hirte höherer Weisheit seinen Schäfchen vor.

Letzter Gründervater aus der Urzeit mönchischer Gemeinschaftsbildung war Augustinus (354-430), ein geistiger Schüler des heiligen Antonius: «Das ist es, was wir euch im Kloster gebieten», beginnt, im Ton fast herrisch, der Text seiner Ordensregel: «Das erste Ziel eures gemeinsamen Lebens ist, in Eintracht zusammenzuwohnen und ein Herz und eine Seele in Gott zu haben. Lebt also in Eintracht und Liebe zusammen.» Den augustinischen Grundsätzen folgten später viele Kongregationen, in prinzipiellen Kapiteln handeln sie: 1. Von der Liebe Gottes und des Nächsten. 2. Von der Demut. 3. Von Gebet und Fasten. 4. Von der Erquickung des äußeren und inneren Menschen. 5. Von der Pflege der Kranken. 6. Von der äußeren und inneren Kleidung. 7. Von der brüderlichen Zurechtweisung. 8. Von der Belehrung der gemeinsamen Sachen. 9. Von der Reinheit des Leibes und der Seele. 10. Von der Bitte um Verzeihung und Nachlassen der Beleidigung. 11. Vom Gehorsam. 12. Von der beständigen Betrachtung der Regel. Alle späteren Orden,

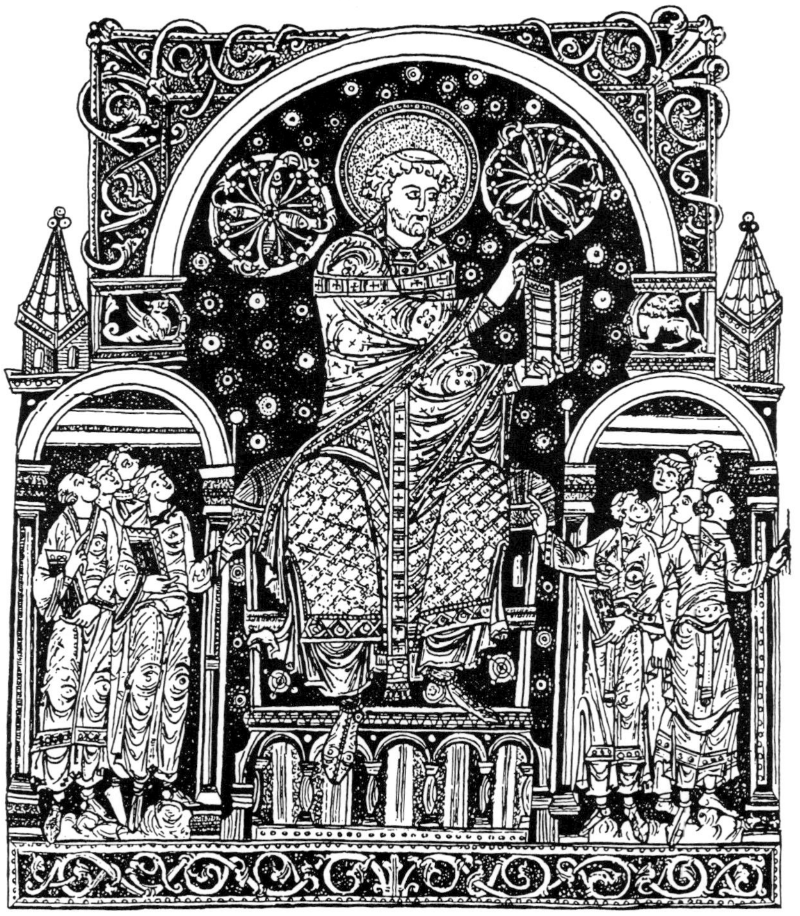

Der heilige Augustinus belehrt die Mönche

auch die Benedikts von Nursia, variierten diesen Katalog, gewichteten unterschiedlich, änderten Details an Kleidung und Grundsätzliches an der Klosterordnung: «Nicht stolz sein. Nicht trunksüchtig. Nicht eßgierig. Nicht schlafsüchtig. Nicht träge. Das Gute, das man an sich merkt, Gott zuschreiben, nicht sich selber. Das Böse aber stets als eigenes Werk erkennen und sich selbst zuschreiben. Das Vielreden nicht lieben. Viel oder schallendes Gelächter nicht lieben. Seine früheren Sünden unter Tränen und Seufzen täglich vor Gott im Gebet bekennen. Diese Sünden fortan meiden. Die Begierde des Fleisches nicht befriedigen. Den Eigenwillen hassen. Den Befehlen des Abtes in allem gehorchen, auch wenn er selbst, was ferne sei, anders handeln sollte»; Benedikt ließ seinen Männern nicht das geringste persönliche Schlupfloch, sogar das Allzumenschliche deckte die Ordensregel ab neben Gotteslob, Arbeit und Gebet.

Andere Orden lebten außer Klausur, die Predigermönche, Dominikaner und vor allem Jesuiten; sie suchten die Öffentlichkeit, gingen unter Menschen, wollten den Ketzern Auge in Auge gegenüberstehen und sie, wenn es sein mußte, samt der Irrlehre vernichten. Entsprechend bauten sie: Wer Gehör finden wollte, große, weiträumige Kirchen; wer sich in stille Einkehr zu versenken trachtete, abgeschiedene Kapellen. Kongregationen, die, vor allem im triumphierenden Zeitalter des Barock, Gott sichtbar und in höchsten Ehren loben mochten, sparten nicht an Gold, Farbe, Formenreichtum, Phantasie und Üppigkeit in Kirchen und Klostergebäuden gleicherweise. Gott dienen wollten sie alle. Wege und Umwege zu diesem Ziel unterschieden sich.

Klosterbauten des Mittelalters wirken heute, soweit sie, meist nur in Fragmenten, erhalten geblieben sind, kalt, unwirtlich, kahl. Selbst eine perfekte Klosterstadt wie Maulbronn mutet unbehaglich an – nur: außerhalb der Klöster, auf Burgen oder in Städten, wohnte man kaum komfortabler. Der Betrachter von heute fühlt sich geradezu anteilnahmsvoll getröstet, wenn in Klöstern noch alte Küchen (wenigstens etwas Gutes zu essen), Brunnenhäuser (reinlich waren sie immerhin), Wärmestübchen (ein Herz für Alte oder Kranke), Sprechzimmer (auch für Klosterleute ein Refugium für unbelauschten Dialog), Latrinen (auch Männer und Frauen in Christo müssen...) gezeigt werden. Rätsel geben gelegentlich Gefängnisse im frommen Bezirk auf: Was konnte ein ohnehin der Welt abgeschiedener Mönch Haftwürdiges verbrochen haben? Tiefe Keller bargen Fässer mit gutem Wein: Waren sie etwa Säufer, die Asketen? Karthäuserbrüder logierten in bequem ausgestatteten Einzelappartements samt Gärtchen. Benediktiner wohnten in Schlafsälen mit «Leselampe» in Gestalt lichtspendender Fenster über den Betten. Stiftsherren verfügten später über ganze Raumfluchten. Ordensmänner, die in die Fremde zogen, um dort neue Klöster zu stiften oder zu besiedeln, nahmen ihre Baupläne mit und schufen sich Kreuzgang, Dormitorium, Refektorium und Kapitelsaal genau so, wie sie's zu Hause verlassen hatten.

Daß an alles, an jedes noch so geringe Detail gedacht war, beweist der St. Galler Klosterplan: freilich kam er nie zur Ausführung, aber die liebevolle Idee besitzt Gültigkeit. Haito, Abt der Reichenau, der Urheber, nennt seinen Entwurf im Brief an Gozbert, Sankt Gallens Abt, das «bescheidene Exempel der Anordnung der Klostergebäude», gezeichnet nicht, «weil wir dächten, Ihr hättet Belehrung nötig», sondern «aus Liebe zu Gott in freundschaftlicher Brüderlichkeit». – Der heilige Augustinus hätte sich gefreut, Antonius vielleicht gegrollt. Später grollte noch mancher Klosterbruder, wenn es *zu* gemütlich wurde oder gar Dinge der Welt in die klösterliche Abgeschiedenheit einbrachen: «Pfründe», Verkäufe von Klöstern als «Aktien» an irdische Institutionen, Äbte, die nach politischer Macht verlangten, führende Geistliche, die, zu

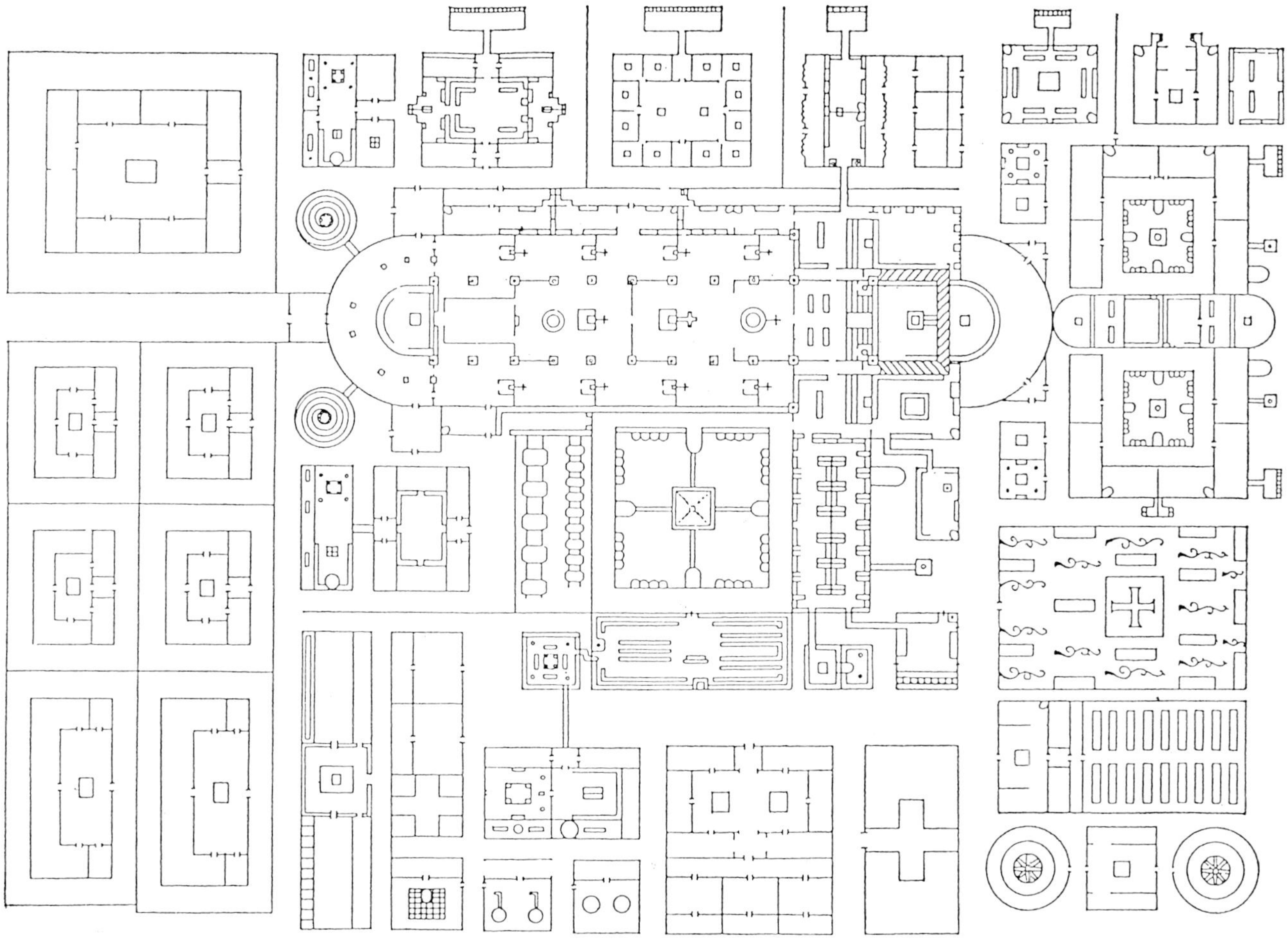

Der Klosterplan von St. Gallen

ihnen gehörte Bernhard von Clairvaux, in flammender Rede zu blutigen Kreuzzügen ins Heilige Land aufriefen, vergrämten Anhänger der reinen Lehre.

Zur Zeit der Reformation stand dann alles in Frage, besonders ärgerlich nur, daß der Reformator, selber ein «entlaufener Mönch» (dies war der Schandname für Martin Luther), sich genau auskannte und wußte, was Klosterleben bedeutete; schlimmer noch, sein Eheweib Katharina, ehemals Nonne, lieferte ihm konkrete Informationen über Geheimnisse der Frauenklöster. Bilderstürmer schreckten später nicht vor dem Heiligsten zurück. Die Bauernkriege galten geradezu als Synonym für Brandschatzung, Schändung, Zerstörung der klösterlichen Bezirke, Kirchen, Klosterschätze. In Frankreich machten sich die Revolutionäre ein Vergnügen daraus, die ehrwürdigen Mauern zu schleifen, zu Kauf und Abbruch billig zu verschleudern.

Leben im Kloster, begriffen als Dasein in Brüderlichkeit, Gemeinschaft, Gebet, eingebunden in strenge Regeln: Armut, Askese, Keuschheit, Weltentsagung, Fasten und Bußübungen, alles in der frohen Heilsgewißheit, freiwillige Entbehrungen und gewährte Vorteile solcher strikten Bindungen führten mit Sicherheit zum ewigen Leben in Gottes Frieden – klösterliches Ideal; die Hingabe alles Irdischen im Wissen um hohen Lohn im Jenseits ging so weit, daß die Mönche

« es für einen groben Verstoß halten, außer der kurzen Zeit, in der sie den müden Gliedern Ruhe auf kargem Reisiglager oder grober Decke gönnen, auch nur einen winzigen Teil der Stunden ohne Beschäftigung mit dem Göttlichen verstreichen zu lassen, so daß sie sogar bei den Mahlzeiten beständig der heiligen Schrift lauschen und lieber den Geist als den Leib sättigen wollen », schrieb der mittelalterliche Bischof und Historiker Otto von Freising; er mußte es wissen, denn er war in seiner Jugend selbst im Kloster.

« Müßiggang ist ein Feind der Seele. Deshalb müssen sich die Brüder zu bestimmten Zeiten der Handarbeit und zu bestimmten Zeiten wiederum der Lesung göttlicher Dinge widmen », so der heilige Benedikt in seiner eigenhändig verfaßten Ordensregel: « Für die Tage der Fastenzeit erhalte jeder ein Buch aus der Bibliothek, das er von Anfang an ganz lesen soll. » Der « Vater des abendländischen Mönchstums » kannte seine « Söhne » gut, denn er fuhr fort: « Vor allem aber sollen einer oder zwei ältere Brüder bestimmt werden, die zu der für die Lesung bestimmten Zeit im Kloster umhergehen. Sie sollen nachsehen, ob sich nicht vielleicht ein träger Bruder finde, der seine Zeit durch Müßiggang oder Geschwätz verliert, anstatt eifrig zu lesen. » – « Folgendermaßen ist das Leben und die Regel dieser Brüder: in Gehorsam, Keuschheit und ohne Besitz zu leben und den Lehren und Spuren unseres Herrn Jesu Christi zu folgen », schlicht faßte Franz von Assisi die Summe seiner Ordensvorschriften.

Leben im Kloster, begriffen als willenloses, den Regeln und Vorschriften unterworfenes Wesen, unfreiwillig, ohne Selbstbestimmung von der Welt abgeschieden, hoffnungslos in Klausur, und zwar lebenslänglich, denn ein Bruch des Gelübdes zöge unweigerlich ewige Verdammnis im Höllenfeuer nach sich – klösterlicher Zwang, wahrscheinlich in der Realität häufiger gelebt, als es Urkunden überliefern; nicht alle traten aus eigener Überzeugung mit frommem Eifer an die Klosterpforten und baten um das Noviziat, sondern wurden als Kinder dazu bestimmt. « Wenn ein Knabe dem heiligen Orden angeboten wird », steht in den Annalen der Benediktiner von 1080, « so sollen seine Eltern ihn nach dem Evangelium zum Altar bringen. Wenn die Knaben bei der Nachtmette oder zu anderen Stunden beim Psalmodieren oder Singen einen Fehler machen, entweder, weil sie schlafen oder durch andere Übertretungen, so soll kein Aufschub stattfinden, sondern man soll ihnen sogleich Kutte und Kapuze ausziehen und sie im bloßen Hemde schlagen », und zwar « mit geschmeidigen Weidenruten, die zu diesem Zweck vorgesehen sind ». – Ein Klosterkind legte, laut der Chronik von Sankt Gallen, aus Furcht vor Strafe sogar Feuer und entging so den Prügeln, denn « man hatte genug zu tun, erst mit der Löschung des Brandes und dann mit der Wiederaufrichtung des Klosters, von dem nur die Mauern stehen geblieben waren. »

Leid auch umgekehrt, wenn einer zum Kloster strebte und die Angehörigen Kummer zeigten. Martin Luther gab später das Klosterdasein auf und wurde Reformator; aber: « Da ich ein Mönch wurde, wollte mein Vater toll und töricht werden und sagte mir väterliche Treue ab. Zu meiner Primiz kam er selbst mit zwanzig Reitern. Ich sagte zu ihm: Warum seid Ihr noch immer zornig? Er: Hast du nicht gelesen: Ehre Vater und Mutter? Und vor aller Ohren: Wollte Gott, daß es nur kein Teufelsgespenst war. So ließ er sich hinterher den Diebstahl an seinem Vaterrecht gefallen: Ich muß es geschehen lassen, aber dein Vater will nicht. »

Für Frauen war das Kloster seit dem Mittelalter ein « zweischneidiges Schwert »: Seit der Schulreform Kaiser Karls des Großen um 802 erhielten Töchter der vornehmen Stände und bessergestellten Bürger Unterricht in Nonnenklöstern, lernten lesen und schreiben und ein wenig

Latein. Den Lehrerinnen lag daran, Nachwuchs zu gewinnen, und sie bewegten manches junge Herz zum Entschluß, freiwillig den Schleier zu nehmen. Als Klosterfrau konnten sie mit Verstand und Glück Karriere machen: Beten, Singen, Meditieren, manchmal auch geistliche Dichtung führten ins Amt der Äbtissin. Sie gebot über Konvent und Schule, bewirtschaftete die Klostergüter und übte oft gar Gerichtsbarkeit. Wer in ein Kloster eintrat und vermögend war, brachte reiche weltliche Mitgift ein und sicherte der Gemeinschaft ebenso wie der eigenen Person künftigen Wohlstand.

Allerdings befanden sich die Frauenklöster stets in größerer Gefahr als jene der Männer. Das heilige Kleid der Bräute Christi machte Räuber sogar besonders begehrlich; manche Äbtissin mußte in Kriegszeiten energisch ihren «Mann» stehen, um Übergriffe auf das Klostergut zu beschränken. Nonnen kamen in größte Bedrängnis, wenn, im Mittelalter häufige Katastrophe, Brand ausbrach. Auch die Obrigkeit verfuhr nicht besonders zartfühlend mit Klosterfrauen. Als im Zuge der Säkularisation 1803 Frauenwörth im Chiemsee aufgelöst wurde, berichtete der Regierungskommissär Raimund Stecher ganz geschäftsmäßig: «Ich ließ alle Nonnen im ordinären Redezimmer sich versammeln. Sie erschienen, Nonnen und Laienschwestern, ohne Ausnahme. Nach einer kurzen Vorbereitung ließ ich durch den mitgenommenen Schreiber das gnädigste Kommissorium ablesen. Eine tiefe Stille herrschte darüber, und Niedergeschlagenheit war auf den meisten Gesichtern zu lesen»; betrübt, wie unter Schock, standen die Frauen, denen «kein Murren, kein widriges Wort entfuhr»; ärgerlich nur, daß die «rechnungsführenden Subjekte, Nonnen, die hierzu weder Belehrung noch Übung haben», beim Offenlegen der Rechnungen Schwierigkeiten bereiteten.

Aus Klöstern gingen hochgebildete geistliche Frauen hervor. Hrosvit von Gandersheim, die große Dichterin des 10. Jahrhunderts; Herrad von Landsberg (1125-1195), Äbtissin des Klosters Hohenburg im Elsaß, die den «Hortus deliciarum», den Garten der Wonnen, verfaßte; fürstliche Damen, wie Hildegard von Bingen (1098-1179) oder Mechthild von Magdeburg (um 1212 bis um 1280) waren bedeutende Mystikerinnen: «Vom fließenden Licht der Gottheit» schrieb Mechthild und deutete dezent an im Gedicht, daß auch avancierte Dienerinnen Gottes um irdisches Glück und Unglück wußten: «Das ist der Toren Torheit:/Sie leben ohne Herzeleid.»

Die ranghohen Frauen standen im rhetorischen Schlagabtausch männlichen Kollegen nicht nach, nur setzten sie ihre Worte boshaft-artiger; «sophisticated» lesen sich zum Beispiel Sticheleien von Tenxwind, Äbtissin der Schwestern von Andernach gegen Hildegard, «Lehrerin der Bräute Christi»: Bereits die Anrede ist bemerkenswert: «Die weit fliegende Fama hat unseren Ohren Bewundernswürdiges und Staunenswertes von der Hochschätzung Eurer berühmten Heiligkeit getönt und unserer Geringfügigkeit die Vollkommenheit höchster Frommheit und Eurer Einzigartigkeit sehr empfohlen», beginnt Frau Tenxwind, aber dann: «Verwunderlich» erscheint es ihr, daß «Ihr in Eurer Gemeinschaft nur von Geburt aus Ansehnliche und Freie aufnehmt, anderen, die nicht adlig und weniger reich sind, jedoch die Gemeinschaft mit Euch gänzlich verweigert. So stocken wir, ziemlich erstaunt, in der Unsicherheit eines recht großen Zweifels, da wir in unserem Sinn bedenken, daß der Herr selbst in der Urkirche Fischer, kleine und arme Leute, ausgewählt hat.» Unverblümt antwortet Frau Hildegard: «Gott unternimmt auch bei jeder Person eine genaue Unterscheidung, so daß der geringere Stand nicht über den oberen steigt. So haben es Satan und der erste Mensch getan, die höher fliegen wollten, als sie gestellt waren. Und welcher Mensch sperrt seine ganze Herde in einen Stall, also Rinder, Esel, Schafe, Böcke, so daß sie sich nicht unterscheiden? Deshalb herrsche Unterscheidung auch darin, daß nicht unterschiedliche Leute in eine Herde zusammengeführt werden.»

Den Privilegierten standen unglückliche Mädchen gegenüber, die aus armer Familie stammten, ohne ordentlichen Brauttrousseau keinen Mann fanden, aus verschmähter Liebe oder Furcht vor drohendem Altjungfernstand ins Kloster gingen oder oft genug aus eben diesen Gründen hineingezwungen wurden. In der Limburger Chronik von 1359 versucht eine von ihnen, das mit Galgenhumor und Aufsässigkeit zu akzeptieren: « Got geb im ein verdorben jar, / der mich macht zu einer nunnen / und mir den schwarzen Mantel gab, / den weißen rock darunnen! – Soll ich ein nunn gewerden / dann wider meinen willen, / so will ich auch einem knaben jung / seinen kummer stillen.»

Wer dies schrieb, nannte in poetischer Form ein Problem beim Namen, das in allen Ordensstatuten kurz und bündig « Keuschheit », sexuelle Enthaltsamkeit, heißt. Derbheiten, Schlüpfrigkeiten haben selbst Kunst und Literatur zu diesem Thema parat, wobei den Mönchen Schadenfreude und den Nonnen meist Mitleid zuteil wird. « Drei Dinge können alles tragen, was man ihnen aufladet: Eines Weibsbilds Kopf, eines Esels Rücken, eines Mönchs Gewissen », spottete im 15. Jahrhundert der Straßburger Domprediger Johann Geiler von Kaysersberg. Luther bedachte

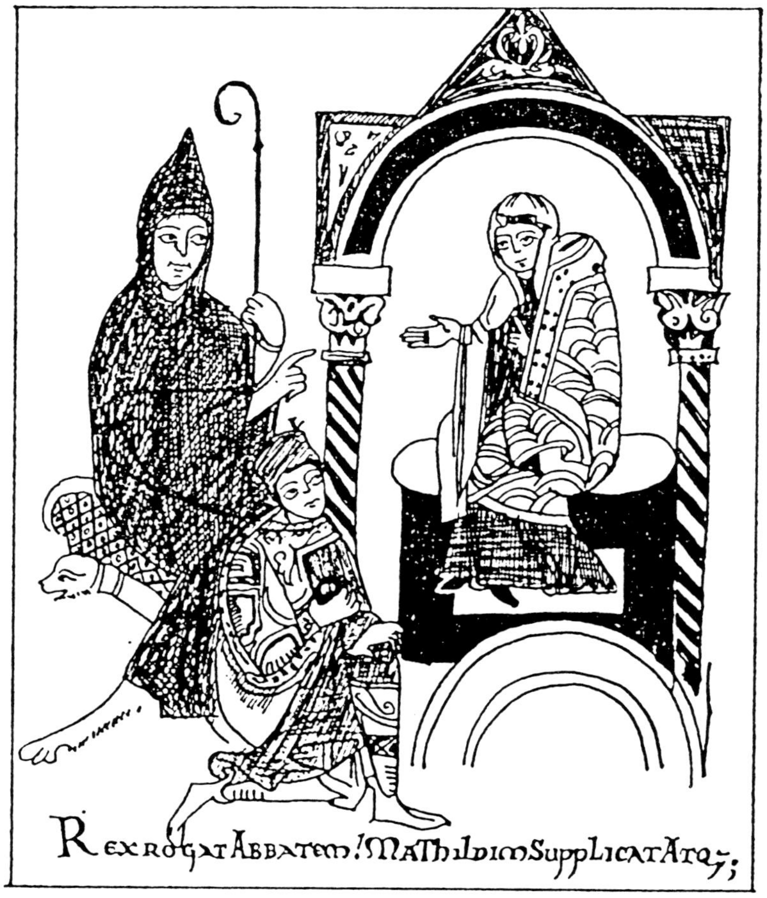

Abt Hugo von Cluny

die ehemaligen Kollegen grob in den Tischreden: «Das heißt Säu geschwemmet! sprach der Teufel und ersäufte einen Wagen voll Mönche.» Das Sprichwort setzt noch drauf: «Gott Lob und Dank für das schöne Obst, sagte der Bauer, als er einen Mönch an seinem Baume hängen sah.» Der Mann Gottes wird eher mit leicht zweideutig-argwöhnischem Zungenschlag bedacht als seine Schwester in Christo, ihr gilt teilnahmsvolles Bedauern: «Wenn alle Träum' und Wünsch' wahr wären, so wär' keine Nonne nicht», dichtete im 17. Jahrhundert Christoph Lehmann im «Politischen-Blumen-Garten».

Der heilige Benedikt ging die Angelegenheit sachlich bündig an in lakonischer Kanzleisprache, in der auch Anordnungen zu Chorgebet oder Gästebewirtung abgefaßt sind: «Ein jeder schlafe in einem besonderen Bett... Ist es möglich, so sollen alle im gleichen Raum schlafen. Läßt dies aber die große Anzahl nicht zu, so schlafen je zehn oder zwanzig zusammen mit den Älteren, die die Aufsicht führen.» Deutlicher formuliert eine Vorschrift aus der Mitte des 11. Jahrhunderts, verfaßt für Cluny II, die delikate Angelegenheit: das Dormitorium sei so beschaffen, daß «gewissermaßen von ihm selbst schon durch das fortwährende Leuchten dreier Lampen verhindert wird, daß irgendwann irgend etwas Schädliches in ihm getrieben werde». «Streitigkeiten nicht lieben. Überheblichkeit fliehen», diese beiden benediktinischen Forderungen ließen sich unter Klosterleuten oft schwerer einhalten als «die Keuschheit lieben».

Sogar Gift und Galle, Zweideutigkeit, Mord oder Totschlag gehörten ins Umfeld klösterlichen Daseins, ungeachtet frommer Vorsätze: «Ein Buch, gefüllt mit Obszönitäten und heidnischen Bräuchen, unwürdig, unter den Bettüchern eines heiligen Mannes zu liegen», schalten Gilo und Ezelo von Cluny, als sie Vergils Werke unter dem Kopfkissen von Abt Hugo fanden, und konfiszierten das Corpus delicti weltlicher Interessen. – «Bewahren ist schwerer als Neubeginnen», sprach mit spitzer Zunge Petrus Venerabilis, Abt von Cluny, zu Bernhard, als der sich in der Würde eines Gründerabts von Clairvaux anschickte, «zweiter Stifter» des Zisterzienserordens zu werden. – «Viele Äbte gibt es, die falsche Wunder geschehen lassen, von der Zahl der eingehenden Geschenke verführt», lamentierte 1119 Guilbert von Nogent, Mönch in Flay, beim Anblick «wertloser» Reliquien. – «Übereilung der Fürsten und die schlechten Sitten der Kreuzfahrer haben das Unglück herbeigeführt», lautete Bernhards Schuldzuweisung, als der Zweite Kreuzzug, um 1150, für den er selbst heftig geworben hatte, fehlschlug. – Andernorts hielt man sich nicht lange mit Argumenten auf. Henry II. von England ließ seinen Widersacher in der Kirche umbringen. Edward Grim, Diener Thomas Beckets, war Zeuge des Mordes am Erzbischof von Canterbury: «Dann brachte ihm der dritte Ritter eine furchtbare Wunde bei, als er am Boden lag, bei der das Schwert am Boden zerbrach und die Krone vom Kopfe getrennt ward; so daß das Blut mit dem Weiß des Gehirns den Fußboden des heiligen Gotteshauses mit Leben und Tod des Bekenners und Märtyrers mit den Farben der Lilie und der Rose färbte.» Der Mörder setzte «seinen Fuß auf den Nacken des edlen Märtyrers, trat sein Gehirn und Blut breit und rief den anderen zu: «Laßt uns gehen, ihr Herren; er wird sich nicht mehr erheben.» Reformen waren die friedfertigere Möglichkeit, sich zu einigen.

Viele bedeutende Ordensmänner versuchten immer wieder, das Klosterleben zu seinen Wurzeln zurückzuführen: Benedikt von Aniane im 9., die Äbte von Cluny und Wilhelm von Hirsau im 11. Jahrhundert. Ihr Trachten, die Welt aus der Sphäre des Mönchstums zu drängen, die Klöster autark zu gestalten, stritt gegen die Verlockungen, die irdische Macht, Teilhabe an Recht und Regiment der weltlichen Bereiche boten, die ja oft dem geistlichen Leben auch dienten. Ein «Teufelskreis», dem nur sehr standhafte Gemüter widerstehen konnten oder wollten.

Abt Wilhelm von Hirsau (1069-1091) wagte noch einmal den Reformversuch, durchaus von Cluny inspiriert, aber wesentlich radikaler im Durchsetzungsvermögen: 1076 schloß er mit den Grafen von Calw den Vertrag, in dem diese freiwillig und für immer auf ihre Rechte und Pflichten als Eigenkirchenherren verzichteten. «Das Kloster wurde damit zu einem eigenständigen Rechtssubjekt, das seine Rechtsgeschäfte aber durch den Klostervogt, der aus der Familie der Grafen vom Abt bestimmt wurde, wahrnehmen ließ. Der Kaiser und der Papst wurden als Garanten dieser Libertas Hirsauingensis, der Freiheit nach dem Hirsauer Modell, wie man es später nannte, angerufen», schreibt der Kunsthistoriker Peter Hawel. Das Beispiel machte Schule. Viele Klöster verlangten nach solch unerhörten Freiheiten, Privilegien, die manche Reichsabtei nicht besaß.

Kloster und Freiheit, Kloster und verhandelbares Recht, das vertrug sich kaum mit dem Geist der Ordensgründer. Klosterstifter gerieten ins Zwielicht, denn mancher wollte so insgeheim ein Vergehen sühnen und sich der Beichte *und* der Jurisdiktion entziehen. Die Kirche gewährte sogar Ablaß durch Kauf, Straferlaß, wenn der reuige Sünder mit Geld den Kloster- oder Kirchenbau förderte. Es kamen Zeiten, in denen Kloster gleichbedeutend wurden mit Strafe. «Geh in ein Kloster, Ophelia», rät Shakespeares Hamlet verächtlich der verschmähten Geliebten. «Es gab ja Klöster derzeit, in die hinein sich ein beraubtes, auch ein verpfuschtes Leben flüchten konnte! Was liegt daran?» schloß der Dichter Theodor Storm eine Novelle, die im 14. Jahrhundert spielt. – «Ich steck' dich in ein Kloster, auf Lebenszeit, auf Lebenszeit!» schmettert im «Rosenkavalier» erbost der Vater Faninal, weil seine Tochter den zudiktierten Bräutigam nicht will. Kloster als Fluchtburg, als Drohung oder Gefängnis – Franz von Assisi, Ordensstifter und strenger Klosterlehrer, schrieb kurz vor seinem Tod 1226 ein Lob Gottes in der Natur, das seinen heiligen Eifer schöner erklärt als die prosaische Summe seiner «Regula»; das als «Sonnengesang des heiligen Franziskus» bekannte Gedicht beginnt:

«Höchster, allmächtiger, gütiger Herr!
Dein ist das Lob, die Herrlichkeit, die Ehre und jegliche Segnung,
Dir allein gebühren sie,
Und kein Mensch ist würdig, dich zu nennen.
Gelobt sei, mein Herr, mit allen deinen Geschöpfen,
Vornehmlich mit unserer Frau Schwester, der Sonne,
Die den Tag wirkt und uns leuchtet durch ihr Licht;
Und sie ist schön und strahlend mit großem Glanze,
Von dir, o Höchster, trägt sie das Sinnbild.
Gelobt sei mein Herr durch unsern Bruder den Mond und die Sterne,
Am Himmel hast du sie gebildet so klar und funkelnd und schön.
Gelobt sei mein Herr durch unsern Bruder den Wind
Und durch die Luft und die Wolken, durch heitre und jegliche Witterung,
Durch welche du deinen Geschöpfen Erhaltung schenkst.

Gelobt sei mein Herr durch unsern Bruder das Wasser,
Das sehr nütz ist und demütig und köstlich und keusch.
Gelobt sei mein Herr durch unsern Bruder das Feuer,
Durch das du die Nacht erhellst,
Und es ist schön und freudig und sehr stark und gewaltig.»

Wie ein Echo klingt es in unserem Jahrhundert aus Rainer Maria Rilkes Stundenbuch «Vom mönchischen Leben»:

«Ich finde dich in allen diesen Dingen,
Denen ich gut und wie ein Bruder bin;
Als Samen sonnst du dich in den geringen
Und in den großen gibst du groß dich hin.

Das ist das wundersame Spiel der Kräfte,
Daß sie so dienend durch die Dinge gehn:
In Wurzeln wachsend, schwindend in die Schäfte
Und in den Wipfeln wie ein Auferstehn.»

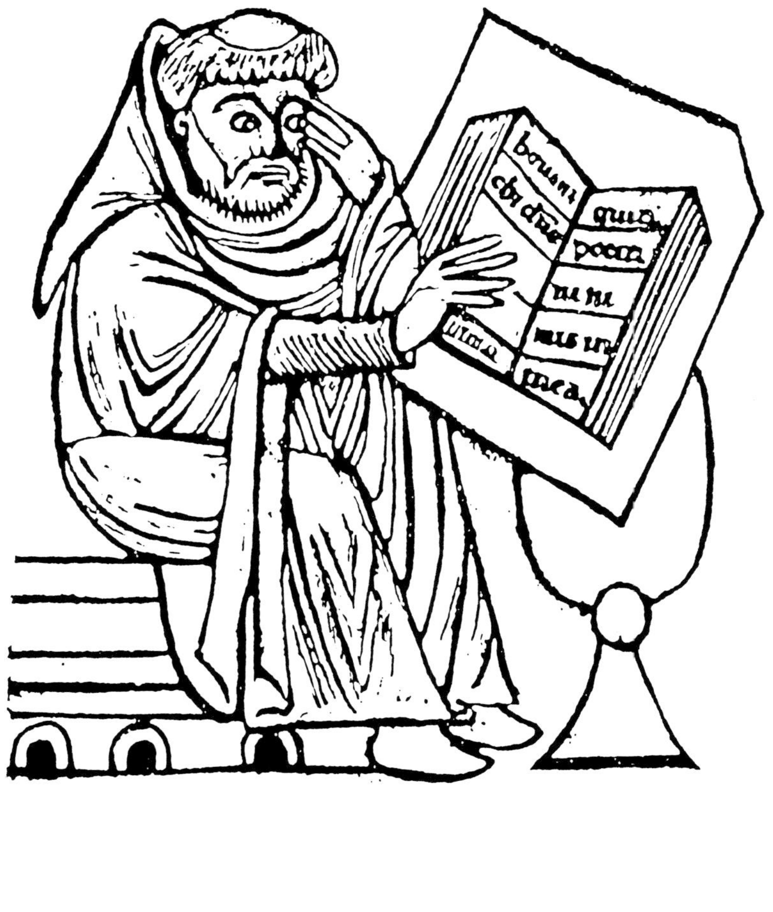

Meditierender Mönch

Belgien

Averbode

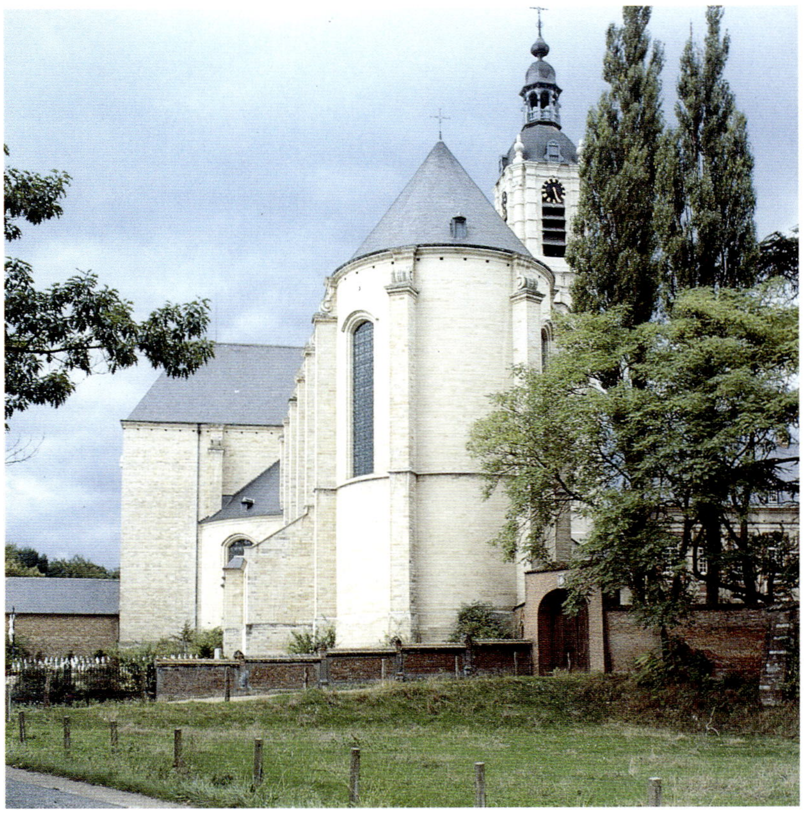

Die Prämonstratenserabtei von Averbode, nördlich von Zichem gelegen und Johannes dem Täufer geweiht, gründete im Jahr 1134 Arnold II., Graf von Loon. Im 17. und 18. Jahrhundert, einer Epoche größter Machtfülle der Äbte und Reichtums der Klosterkasse, wurde die Anlage barock umgestaltet: Averbodes Vorstände besaßen Stimmrecht in der Synode von Brabant. Sie beriefen einen der bedeutendsten Architekten der Zeit, Jan II. van den Eynde, der als Meister jener Sonderform, die typisch für die Südlichen Niederlande war, großes Ansehen genoß: gotisierend gestaltete Barockformen. Von 1664 bis 1672 führte er den Bau auf. In der letzten Bauphase begann er den Turm, er wurde erst 1700 fertig. Die imposante, aufstrebende Fassade entstand 1672. Das Langhaus der Klosterkirche, weiß und licht, mündet in den gleich langen, tiefen Chor, über dem das gotisierende Sternengewölbe aufsteigt; die Kartuschen über der Arkadenzone sind barock. Vom Lettner am westlichen Ende des Mönchschores sind der Laurentius- und der Katharinenaltar, 1640 geweiht, erhalten.

Zu den bedeutendsten Ausstattungsstücken gehören das barocke Gestühl, 1673 von Oktavius Herry aus Antwerpen mit Statuen der Ordensheiligen und allegorischem Schnitzwerk versehen; der Hochaltar des Jan van der Steen, 1653-1657, mit der Skulpturengruppe der Himmelfahrt Mariens; rechts und links davon zwei große Gemälde von Pieter Josef Verhaghen: das Opfer des Melchisedek (1765) und das Abendmahl Christi im Kreise seiner Jünger (1766). Der Gründer des Ordens, der heilige Norbert von Xanten, später Bischof von Magdeburg, erhielt 1699/1700 seinen Altar von der Meisterhand Pieter Schneemaeckers aus Antwerpen im nördlichen Querschiff; vom selben Künstler stammt der Altar des Klosterpatrons im südlichen Querschiff. Averbodes Orgel auf der Empore im Stil Louis XVI., die größte in Belgien, ist ein Werk von H. Loret aus den Jahren 1854-1859; die Kanzel ist eine Arbeit aus dem 18. Jahrhundert; Beichtstühle im Stil des frühen Klassizismus schuf 1781 und 1791 Cornelis de Smedt. – Das künstlerisch wertvollste Stück befindet sich nicht mehr am angestammten Platz in der Klosterkirche: Das Retabel von Averbode, 1514 von Jacob van Cothem, wird heute im Museum für angewandte Kunst, Archäologie und Stadtgeschichte in Vleeshuis aufbewahrt.

Nördlich der Kirche liegt der spätbarocke Kreuzgang (1712-1744), an den Sakristei, Kapitelsaal, Wohnung des Abts und ein Gästehaus grenzen. – Foillanus Houssar, Bildhauer aus Namur, stattete von 1744 bis 1753 die Sakristei mit feiner Täfelung aus und schuf 1747 das Gestühl im Kapitelsaal.

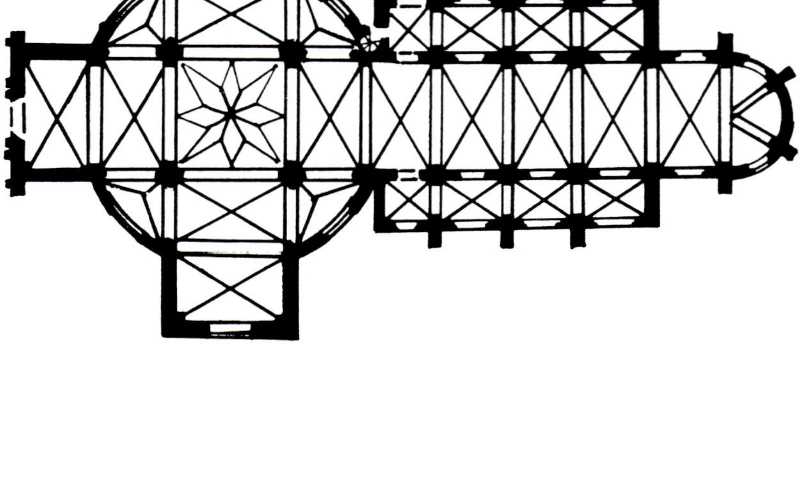

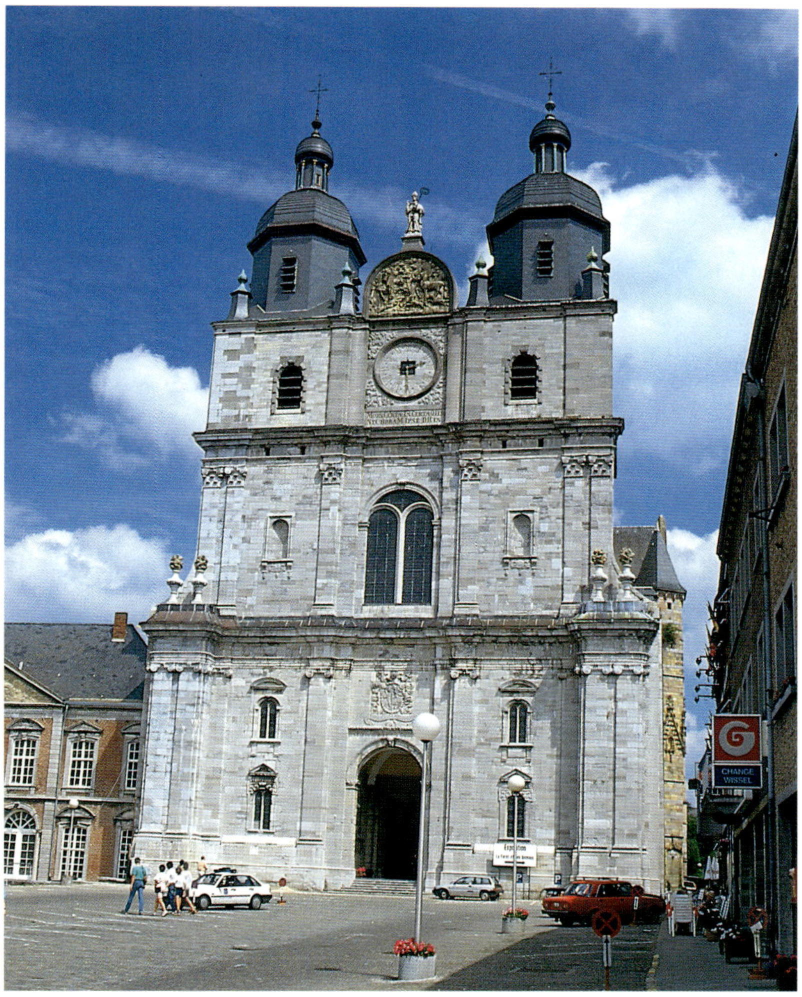

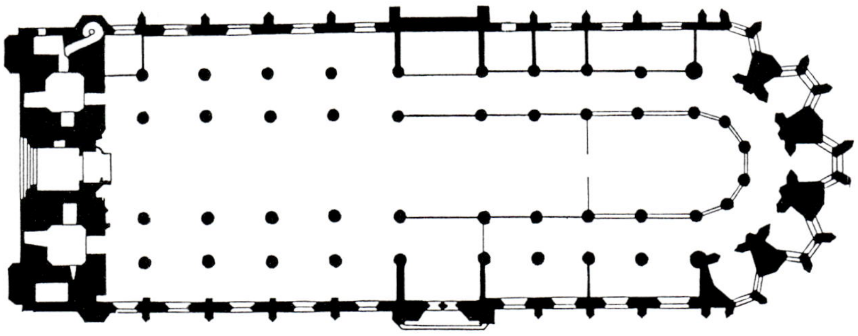

Saint-Hubert

Auf einem Plateau der Ardennen begründeten im Jahr 687 Benediktiner ihre Abtei. Im 8. Jahrhundert stiftete Pepin von Herstal auf Bitten seiner Gemahlin Plektrudis in Andage, dem heutigen Städtchen Saint-Hubert, ein Kloster. Er war der Sohn der heiligen Begga, Stammutter der Karolinger, die sich zu Ardenne als Patronin eines Stifts frommen Ruf erworben hatte. Die Reliquien des heiligen Hubertus werden seit 743 in der Klosterkirche verwahrt. Weihe der Krypta ist für das Jahr 1081 bezeugt. Reiche Bautätigkeit entfaltete sich zur Regierungszeit der Äbte Gislebert (1133-1144) und Jean de Wahart (1144-1167). 1526 vernichtete ein Brand Saint-Hubert, man baute in spätgotischem Stil wieder auf. Die große, fünfschiffige Basilika präsentierte sich um das Jahr 1690 als prachtvoller, mit mächtigen Türmen, im Schmuck dekorativer Fialen und hoher Fenster aufragender Mittelpunkt einer Klosterburg; langgestreckt, mehrgeschossig lagern die Konventstrakte; im Jahr 1700 erhielt die von zwei Türmen überragte Fassade barocke Form, ein Werk von Célestin de Jongh (1727-1760). Das reich mit Schnitzwerk versehene Holzportal und ebenfalls geschnitztes Chorgestühl gehören zu den wenigen Kunstwerken, die der Bildersturm von 1560 und der Hugenotteneinfall von 1568 verschonten. Rosa- und beigefarbener Sandstein verleiht dem Kircheninneren einen warmen, harmonischen Farbton. Der heilige Hubertus ist Schutzpatron der Jäger, zu dessen Ehren alljährlich um den 3. November die Jagdsaison angeblasen wird – eigentlich eine grausame Schirmherrschaft, die zur Legende des « Apostels der Ardennen » wenig paßt. Er war, um 658 geboren, der älteste Sohn des Herzogs Bertrand von Toulouse, lernte am Hof Theiderichs III. von Burgund ritterliche Sitten und zeichnete sich durch Klugheit und Gewandtheit so aus, daß er in den Rang eines Pfalzgrafen erhoben wurde. Der junge Mann vermählte sich früh mit Floribana von Löwen und hätte wohl glücklich und zufrieden in der Welt gelebt; nicht so sehr Frömmigkeit, sondern große Trauer führte ihn auf den Weg zum geistlichen Stand: Seine Frau starb im ersten Kindbett. Hubert betäubte sich mit irdischen Ausschweifungen, suchte aber auch häufig die Waldeinsamkeit und zerstreute sich bei der Jagd. Im Dickicht des Ardennerwaldes traf er einen Hirsch, der zwischen seinen Geweihstangen ein leuchtendes Kreuz trug. Das bekehrte ihn. Er wurde Priester und, um das Jahr 700, zum Bischof geweiht; als Oberhirte von Maastricht und Lüttich verbreitete Hubertus das Christentum in der Bevölkerung der Ardennen. Er fand reichlich zu tun, denn das Gebiet erstreckte sich in riesigen Dimensionen. Schon Julius Cäsar hatte in seinen « Commentarii de bello gallico » die großen Distanzen bestaunt: 50 000 Schritte weit entfernt vom Ufer des Rheins und bis zur Nervier reichte es im Jahrhundert vor Christi Geburt. Im Jahr 727 starb der unermüdliche Missionar und Seelenhirte. In der Krypta « seiner » Basilika vermutet man das Grab des Heiligen, das Ziel einer vielbegangenen Wallfahrt für Pilger aus ganz Europa wurde.

Deutschland

Altenberg

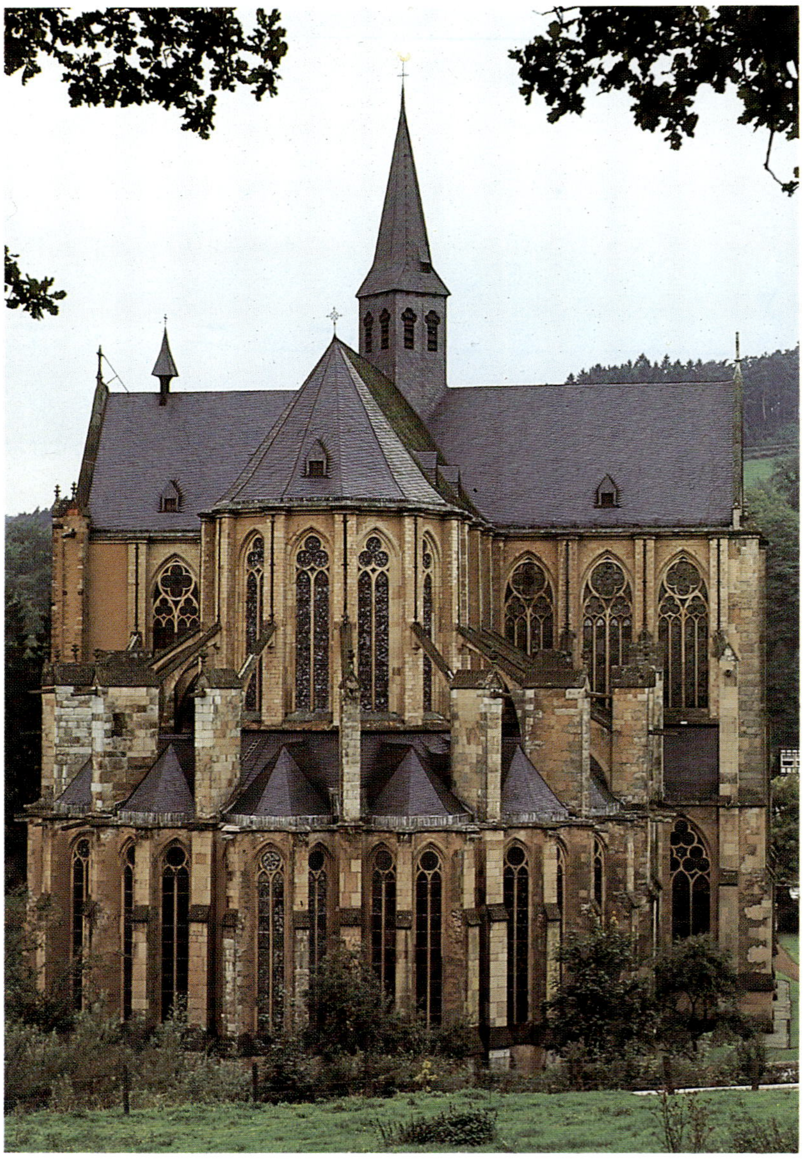

Altenberg wurde im Jahr 1133 als Stiftung des Grafen Everhard von Berg gegründet; dieser war während eines Kriegszuges nach Frankreich dem Zisterzienserorden beigetreten, der im Kloster Morimond («Stirb für die Welt» bedeutet dieser Name) zu Burgund zu florieren begann. Die gräfliche Schenkung, immerhin das Stammschloß des Geschlechts «auf dem alten Berg», wurde später ins Tal der Dhünn verlegt. Um 1145 erhielt der Chor der ersten Kirche die Weihe, um 1255 stand die gesamte Klosteranlage fertig da. Doch im Jahr 1259 begann mit der Grundsteinlegung die Arbeit an einer neuen Kirche, 1275 waren Chor und Querhaus vollendet, 1379 weihte Bischof Wicbold von Kulm das Gotteshaus, eine turmlose, dreischiffige Basilika, feierlich ein. Kloster Altenberg wuchs mit zunehmendem Reichtum durch Stiftungen zu einer gesicherten Gemeinschaft heran. Die Zisterzienserbrüder, die Armut, karges Leben in ihren Ordensregeln festgeschrieben hatten, wirtschafteten sparsam, zeigten sich dankbar für jede Schenkung und hielten, auch in Zeiten kriegerischer Wirren, Frieden mit jedermann.
Im Kontrast dazu trat der gotische Dom im Mittelalter prächtig ins Zentrum einer Wallfahrt, der «Altenberger Gottestracht», und erstrahlte mit Glasgemälden von reichster Farbenfülle in Rot, Blau, Gelb, goldgerahmt und vor allem aus figürlichen Szenen bestehend, in der Westfassade. «Weiß gehalten, ohne Kreuz und Darstellung», verlangte die Glaubensvorschrift der Zisterzienser für alle anderen Fenster, kurz: «Machet Fenster ohne Kreuz und Farbe.» Meister Rainoldus, den man den «König aller Steinmetze» hieß, verweigerte sich solch frommen Grundsätzen und schuf um 1400 das riesige Maßwerkfenster von 18 Metern Höhe und acht Metern Breite. Üppig prangt der Reichtum an Farben und szenischem Leben.
Ein Feuer in der nahegelegenen Kali-Salpeterfabrik wurde im November 1815 zum Verhängnis für Altenberg; es verbrannten fast alle Bauten des Kapitels, der nördliche Kreuzgang sowie Dach und Dachreiter der Kirche. Pastor Momm schrieb in bewegten Worten einen Nachruf: «Altenberg jetzt eine Ruine! Vormals die immer noch gut erhaltene Zierde unseres Landes! Wer, der es besuchte, erinnert sich nicht noch mit inniger Freude des überraschenden Anblicks, wenn er in einer wilden Einöde, entweder im Tal die rauschende Dhünn verfolgend, oder von einem Berge steigend, erstaunt dieses ehrwürdige Denkmal alter, grauer Zeit erblickte?» Notdürftige Sicherungsmaßnahmen trugen wenig Erfolg, Dach und Fenster waren dahin, Witterungsunbilden führten nach Jahren zum Einsturz des südlichen Querschiffs und des Hochchorabschlusses. Räuber schreckten nicht vor dem Diebstahl wichtiger Bauteile zurück. Im Winter 1830/31 stürzte noch ein Gewölbeteil des Hochchors ein, der Hauptaltar stand frei unter dem Himmel. Rettung kam vom preußischen Königshaus. Friedrich Wilhelm III., dessen Vorfahren im Altenberger Herzogenchor bestattet lagen, wünschte nicht nur, um «die Kirche lediglich als Ruine zu erhalten, Baukosten zu bewilligen», Friedrich Wilhelm IV. protegierte schon als Kronprinz den Wiederaufbau der zum Steinbruch verkommenen Anlage und ließ den Dom zwischen 1835 und 1846 restaurieren.

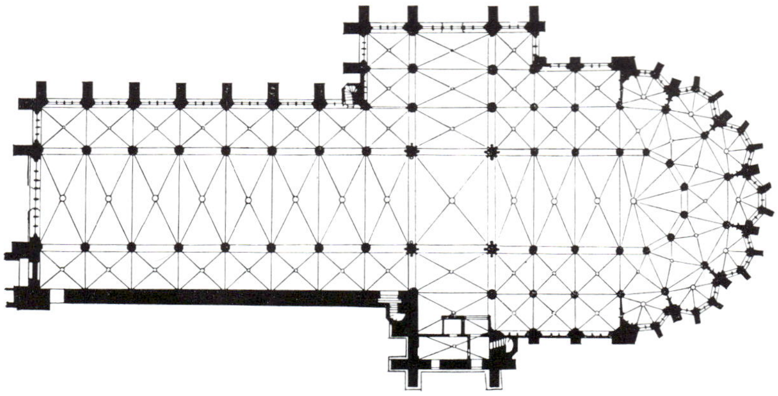

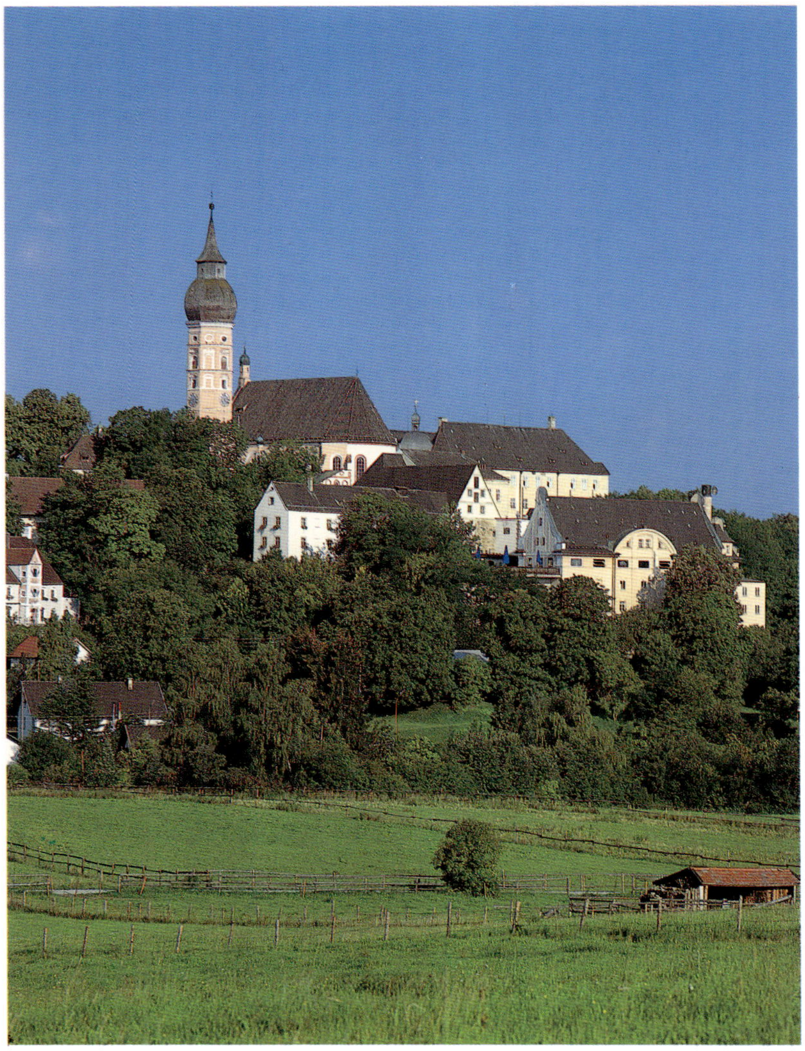

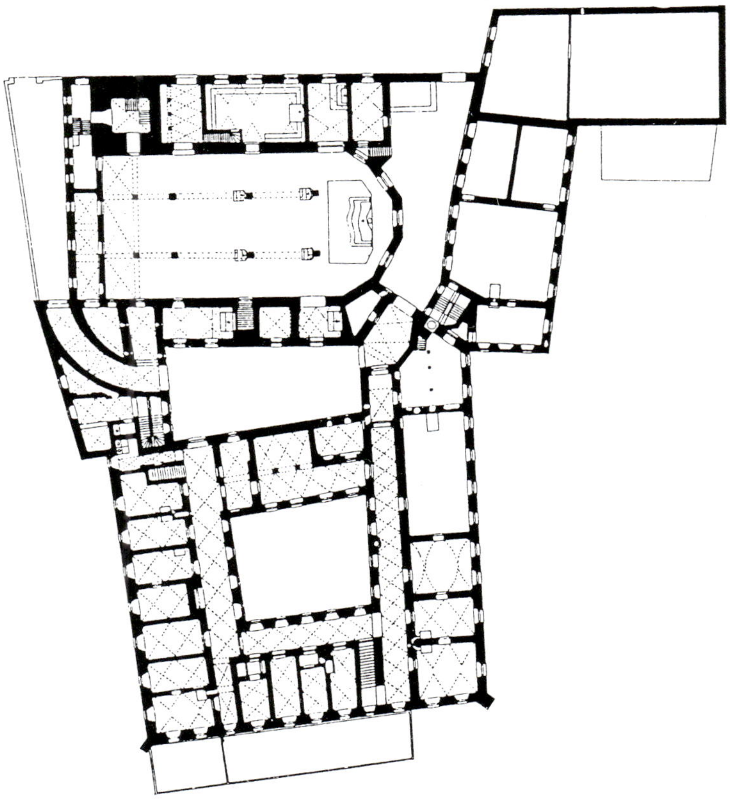

Andechs

Mehr als 700 Meter über dem Meeresspiegel gelegen, hoch am Ostufer des Ammersees, grüßt die anmutige Zwiebelkuppel der Wallfahrtskirche Andechs, und das Benediktinerkloster gruppiert sich dicht auf dem steilen Platz; hier befand sich seit dem 12. Jahrhundert der Stammsitz der Grafen von Dießen und Andechs. Umsichtige Heiratspolitik machte das Geschlecht mächtigen europäischen Adelshäusern verwandt. Im 10. Jahrhundert zog der so fromme wie streitbare Graf Rasso auf Kreuzfahrt ins Heilige Land und brachte unschätzbare «Heiltümer» mit: «Herrenreliquien» aus dem Umfeld Jesu Christi. Das Herzstück des Andechser Schatzes bildet eine Hostie, die, so die Legende, während der Meßfeier dem Papst Gregor blutend erschienen war – dieses «Sakrament des heiligen Gregor», mit zwei weiteren geheiligten Hostien in silberner Monstranz verwahrt, wurde im 12. Jahrhundert Zentrum einer Wallfahrt.

1248 erlosch der Stamm derer von Dießen-Andechs; ihre Burg wurde geschleift, die Reliquien blieben verschollen und tauchten erst im Jahr 1388 wieder auf. Matthäus Merian berichtet vom Heiligtum, das «so lange unter der Erde verborgen gewesen war und dessen wegen der Berg Andechs heilig genannt wurde». – Zur Betreuung der Wallfahrer gründete Herzog Albrecht III. 1455 das Kloster, dessen Wohlstand zahlreich herbeiströmende Pilger und großzügige Stiftungen mehrten. Reformation und Wirren des Dreißigjährigen Krieges brachten Unheil über das prosperierende Andechs: Die Schweden «marterten und quälten, plünderten und raubten, so daß es nach der Hand sowohl im Kloster als auch im Markt am notwendigsten Lebensunterhalt fehlte»", klagt die Chronik. Ein Brand im Jahr 1669 vermehrte das Übel. 1715 findet der Bruder Chronikschreiber bereits wieder freudigere Töne: «Himmel auf Erden. Das ist der heilige Berg Andechs, so vieler Heiliger Gottes Gebeine und Reliquien beliebte Ruhestatt und Wohnung.»

Die spätgotische Kirche nahm seit 1755 die bewegte, heitere Gestalt des Rokoko an; als Baumeister zeichnete Lorenz Sappel aus München. Farbenfrohe, reiche Dekorationen schuf Johann Baptist Zimmermann – der über Siebzigjährige überbot sich in fast jugendlicher Phantasie mit Rocaillen, zarten Ornamenten, vielfältigen floralen Elementen und leuchtenden Gemälden, die aus der Klostergeschichte erzählen; die umlaufende Empore setzt einen besonderen Akzent. Eine von Goldstrahlen umglänzte thronende Muttergottes (um 1470) ist Ziel von Wallfahrt und Verehrung. – Eine «Festbeschreibung» aus dem Jahr 1756 preist die neugestaltete Kirche in herzhaftem Lob: «Das auf Pfeilern sich steuernde Gewölbe hat mit der Zeit den rußigen Mantel weggeworfen und sich in einen irdischen Himmel verwandelt» und: «Wie das Innere der Kirche herrlich restauriert war, so machten großartige Dekorationen schon außerhalb derselben aufmerksam auf die hohe Feier» der neuen Weihe. Am 8. August 1758 «brachten Maultiere des Kurfürsten den neuen Reliquienschrein. Nachdem derselbe aufgestellt war, wurden die heiligen Hostien mit den übrigen Reliquien in demselben verwahrt.» «Bayerns Kleinod» leuchtete wieder «über Berge, dunkle Wälder, /Blaue Seen und grüne Felder», dichtete ein Poet des 19. Jahrhunderts.

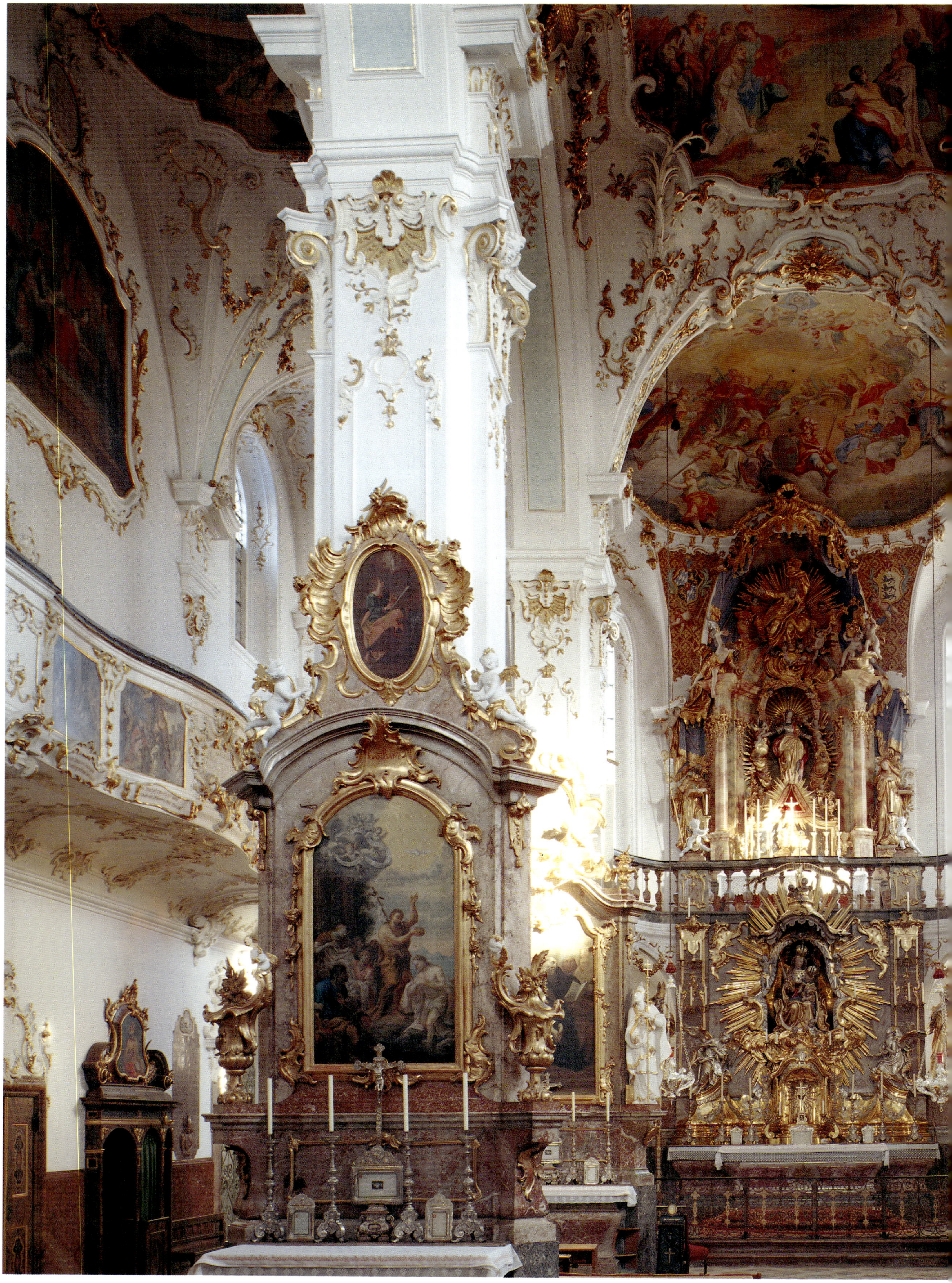

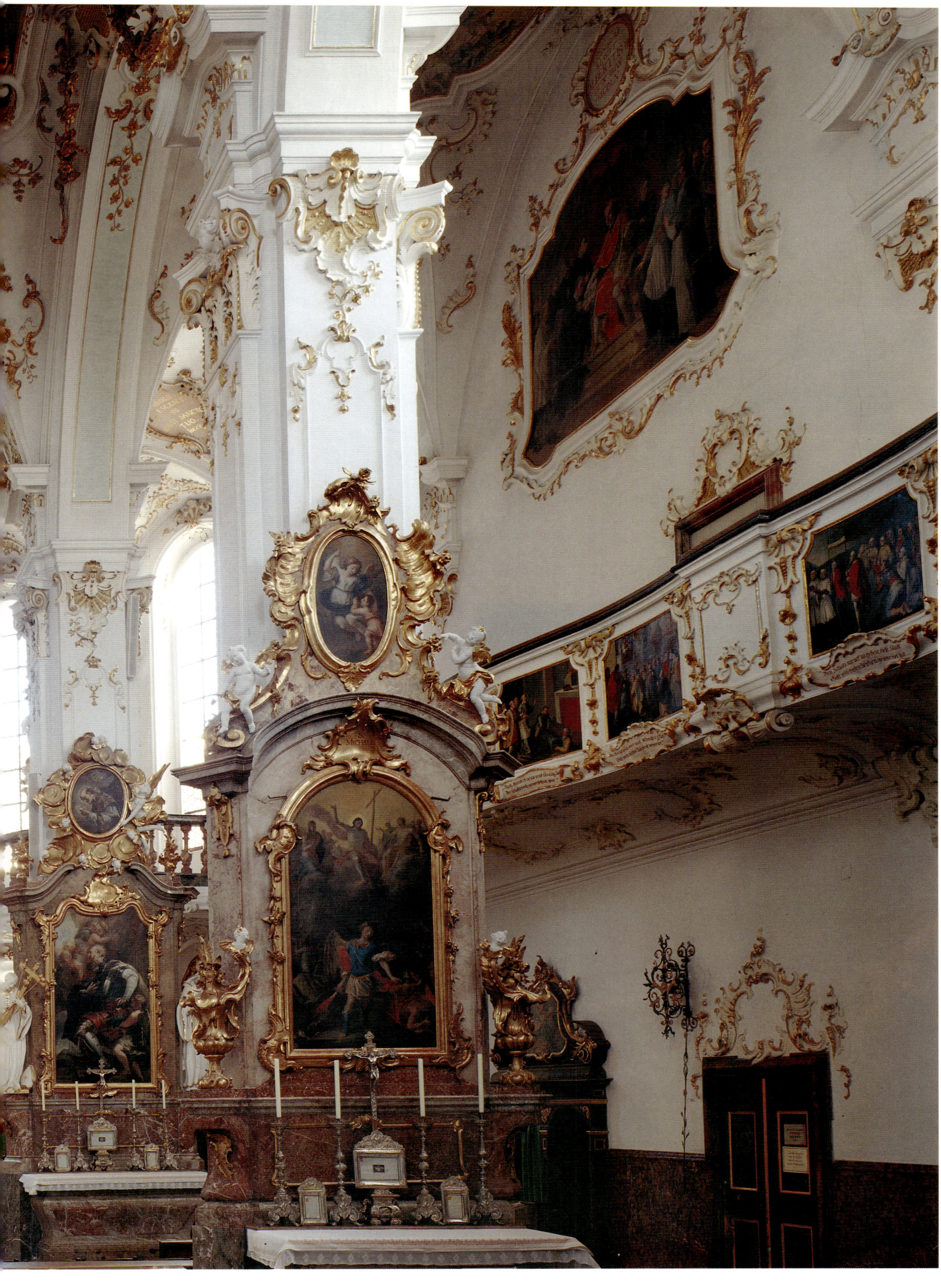

Banz

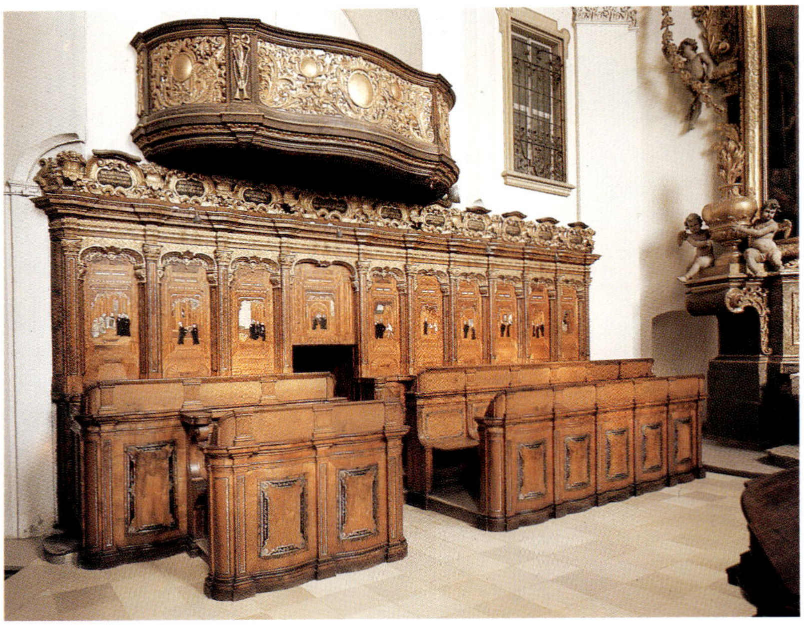

Im Jahr 1069 faßten die Markgräfin Alberada aus dem Haus der Markgrafen von Schweinfurt und ihr Gemahl, Hermann von Vohburg, einen großherzigen Entschluß: Sie stifteten ihre stolze neuntürmige Burg, gelegen im fränkischen «Banzgowe», und ließen an ihrer Stelle ein Benediktinerkloster einrichten. Als die Stifter starben, begann der Niedergang. Erst im 12. Jahrhundert zogen Mönche aus Hirsau herbei; Bischof Otto I. von Bamberg weihte 1114 die erneuerte Kirche, in den alten Mauern begann neues klösterliches Leben. Während des Mittelalters entstanden Neubauten, Umbauten. In grundsätzlichen Weisungen mußte Banz zwei Herren dienen: Alle weltlichen Angelegenheiten regelte Bamberg, die geistlichen Belange unterstanden Würzburg, und dieser Zwiespalt schuf Probleme um Kompetenzen und Prioritäten, die dem Gedeihen des Klosters abträglich waren. 1505 wütete ein Brand in der Kirche und allen Bauten, der Bauernkrieg 1525 tat sein zerstörerisches Werk. Zwar gelang es dem gewählten Abt, Alexander von Rotenhan, das Stift neu zu organisieren, er begründete die Bibliothek und eine gelehrte Schule. Als er aber 1554 starb, erwies sich alles als vergebens; die Konventualen wendeten sich gar der Reformation zu. Was neu oder wieder erstanden war, fiel plündernden Truppen im Dreißigjährigen Krieg zum Opfer: Aus den Trümmern schleppten die Marodeure Altargerät, Schätze der Buchbestände, selbst Kirchenglocken und die Orgel davon. Der Mut der Klosterinsassen und auch die finanziellen Mittel lagen darnieder. Betrübt schilderte im Jahr 1575 Abt Johann Burchardt dem Bischof Julius Echter das «zerrüttet, zerrissen, baufällig Werk» und versetzte noch 1582 einem Vorgänger verbale Hiebe, er begreife nicht, wie Abt Georg von Truchseß, trotz beträchtlichem Klostervermögen «die Zerrüttung nur habe ansehen mögen und derselbe sich vor den Leuten nicht geschämt habe». Aber dann aktivierte er entschlossen alle Kräfte und gab Banz Perspektiven für die Zukunft.

Erst im 18. Jahrhundert fing eine neue Blütezeit an, Planen und tätiges Bauen schritten voran. Es entstand der mächtige, weitläufige barocke Gebäudekomplex auf dem Banzerberg. Leonhard Dientzenhofer, fürstbischöflich bambergischer Hofbaumeister, errichtete Kloster und Konvent neu; sein jüngerer Bruder Johann schuf 1710-1719 die neue Kirche. Die gesamte Anlage wurde bis 1772 von Dientzenhofer jun., Balthasar Neumann und Johann Küchel vollendet. – «Ein großartiges Herrenschloß – Kloster Banz in Franken!» Der Dichter Victor von Scheffel begriff genau die Eigenart und Doppeleigenschaft: Wehrhaft und fromm zugleich, massiv, aber mit seinen eleganten, laternenbesetzten Türmen anmutig, thront Banz als «Stadt auf dem Berg» in baumreicher Gegend.

Die Klosterbauten stehen in überraschendem Kontrast zur überkuppelten Wandpfeilerkirche: In ihrem länglichen Oval und kühnen, rhythmischen Schwung von Gewölben und Gesimsen, reich ausgestattet mit Fresken vor allem von der Hand Melchior Steidls (1716) ist sie verbunden mit der Masse des ebenmäßigen, vertikal betonten Mauerwerks der Klostergebäude.

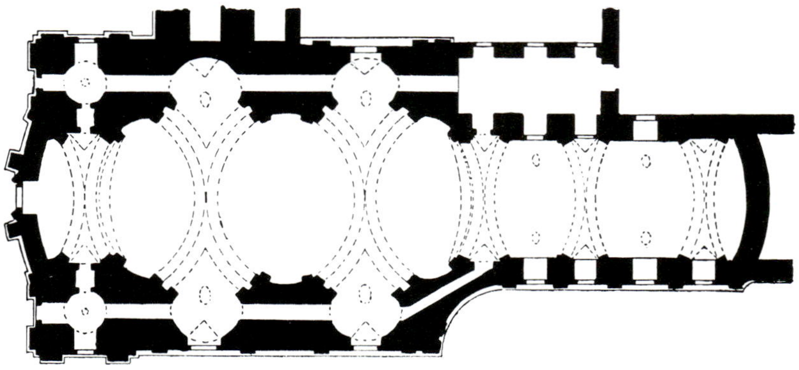

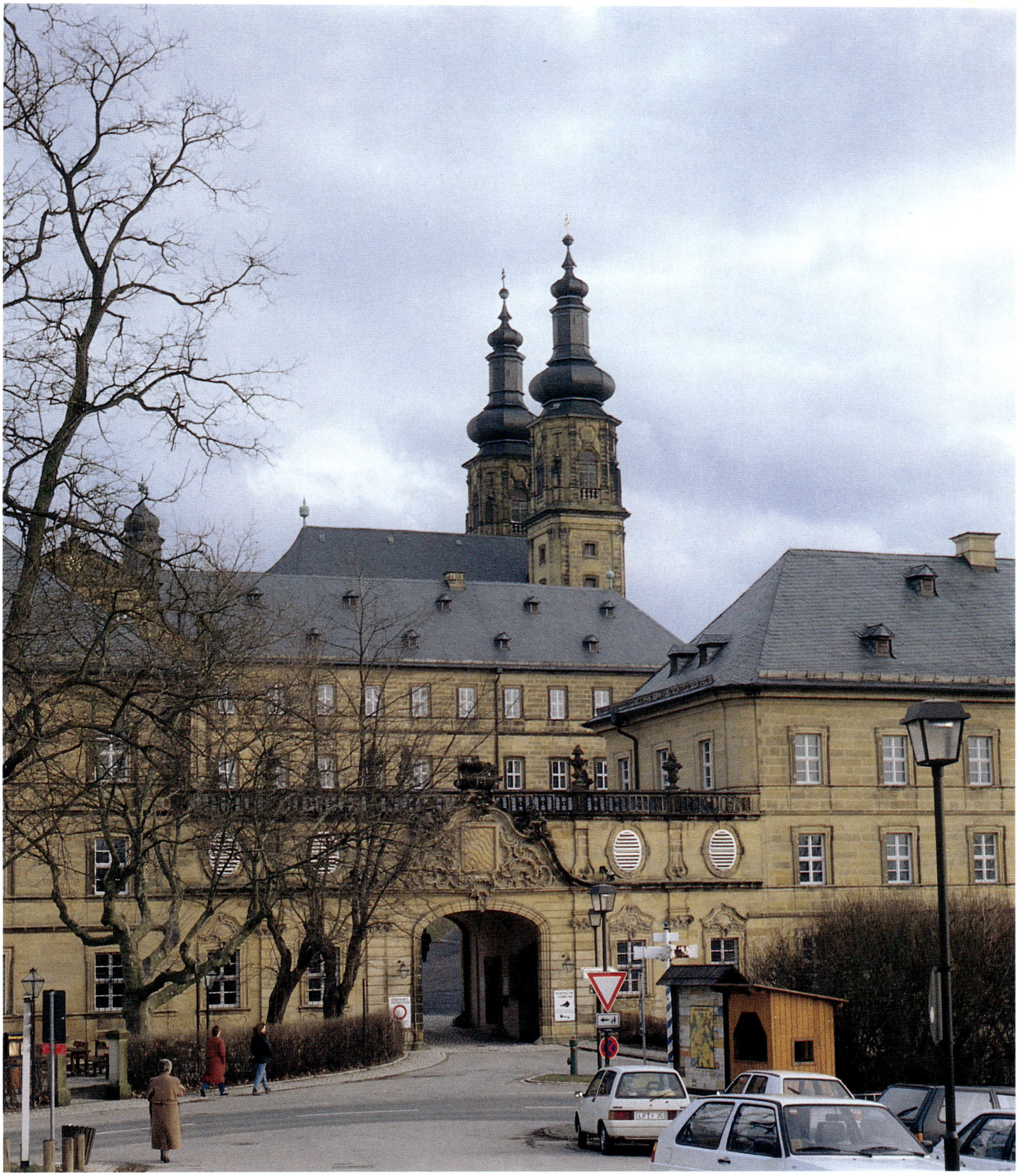

Brauweiler

Die ehemalige Benediktinerabtei St. Nikolaus in Brauweiler bei Köln am Niederrhein entstand aus dem hölzernen Kapellchen, das im Jahr 970 ein frommer Mann namens Bruno dem heiligen Medardus zu Ehren erbaute und den Namen des Stifters trug: Brunwiler. Schon 980 stand an diesem Platz die erste steinerne Kirche; 1024 stiftete Pfalzgraf Ehrenfried, der sich «Ezzo» nannte, zusammen mit seiner Gemahlin Mathilde ein Kloster. Die, eine Tochter Kaiser Ottos II., bürgte für raschen Fortgang des Unternehmens: 1028 war Weihe. Ezzos Tochter, Richezza von Polen, nahm sich in der Folgezeit mit Engagement und ihrem großen Reichtum der Sache an; seit 1048 entstand eine neue Kirche. Unter Abt Wolfhelmus, 1063-1091 im Amt, kam der Bau entscheidend voran. «Nach der Versetzung des Abtes Tegeno übernahm Wolfhelm die Vollendung der 1061 geweihten Klosterkirche», schreibt der Kunsthistoriker Walter Bader. «Die Vita Wolfhelmi berichtet die innere und äußere Ausschmückung der Kirche durch Malereien und Mosaiken, wohl auch Bauplastik, wozu er die Tituli verfaßte. In diesen Zusammenhang gehört die Weihenachricht des Johannes-Evangelista-Altares hinter dem Hochaltar im Jahr 1085. Ein Jahr früher, 1084, ist von dem Altar ‚in ecclesiae introitus' die Rede... An der Nordseite der Kirche war 1085 die Laurentiuskapelle vollendet, wahrscheinlich bedeutet dies Jahr, 1085, den Abschluß der Arbeiten.» Ein Erdbeben im Jahr 1117 richtete Schäden an. Im 13. Jahrhundert sollten dieser ersten Katastrophe weitere Zerstörungen durch Brandstiftung und Kriegseinwirkungen folgen.
Wieder mußte man mit neuem Bauen beginnen, wieder bemühten sich die Baumeister, zügig voranzukommen: Zwischen ungefähr 1135 und 1141 entstanden, orientiert an der Turmgruppe der Kölner Kirche St. Maria im Kapitol, die Westtürme, 1141 die Seitenschiffe; das Mittelschiff stammt aus der Zeit nach 1141, der Ostbau von 1187 bis um 1215 und das Langhaus von ca. 1220 bis 1225. Bereits kurz vor 1174-1190 war der Kreuzgang angefügt worden. Die siebenschiffige romanische Krypta aus dem ersten Kirchenbau wurde mit übernommen. Der Ausstattung Brauweilers gaben mehrere Epochen ihr Gepräge. Die Romanik herrscht vor mit Skulpturen an Kapitellen und Steinschranken, an den Portalen und am Altarretabel mit der Muttergottes zwischen Heiligenfiguren. Auch der sitzende heilige Nikolaus, aus Holz geschnitzt, stammt aus der romanischen Epoche. Im 18. Jahrhundert schließlich wurden die Abteigebäude im Stil des ausgehenden Barock angefügt sowie am Westbau eine Vorhalle im «Zopfstil».

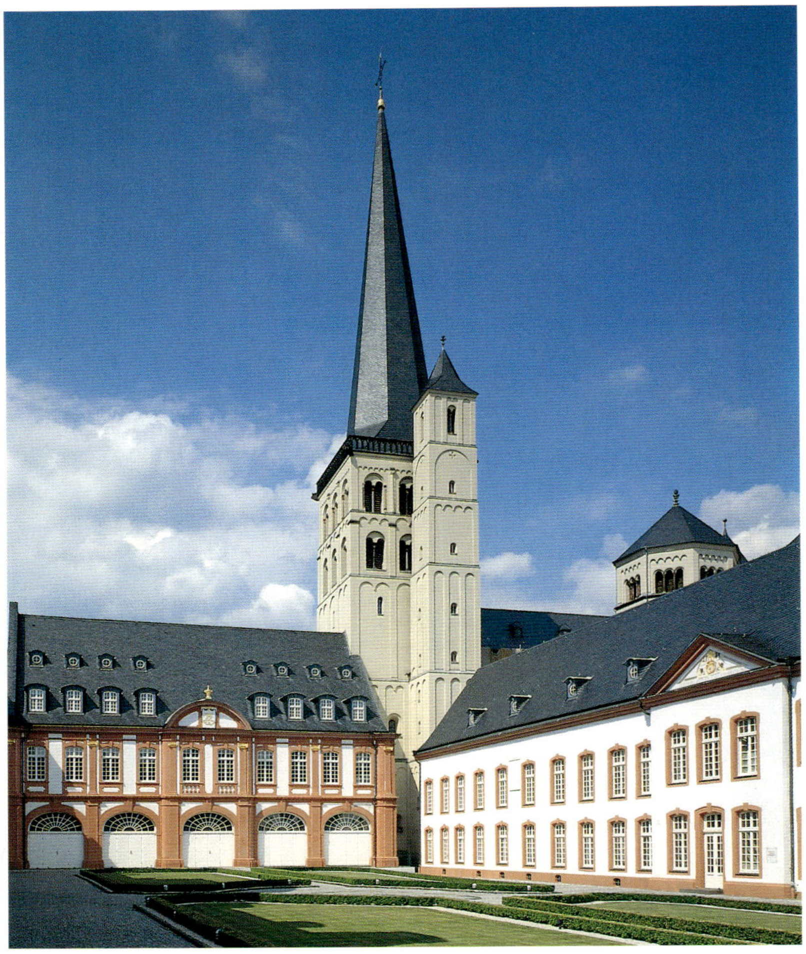

Michaelsaltar ▷

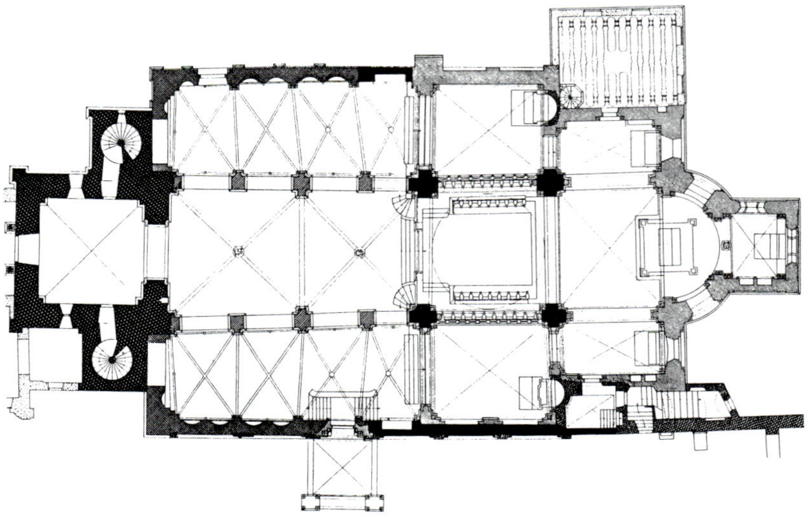

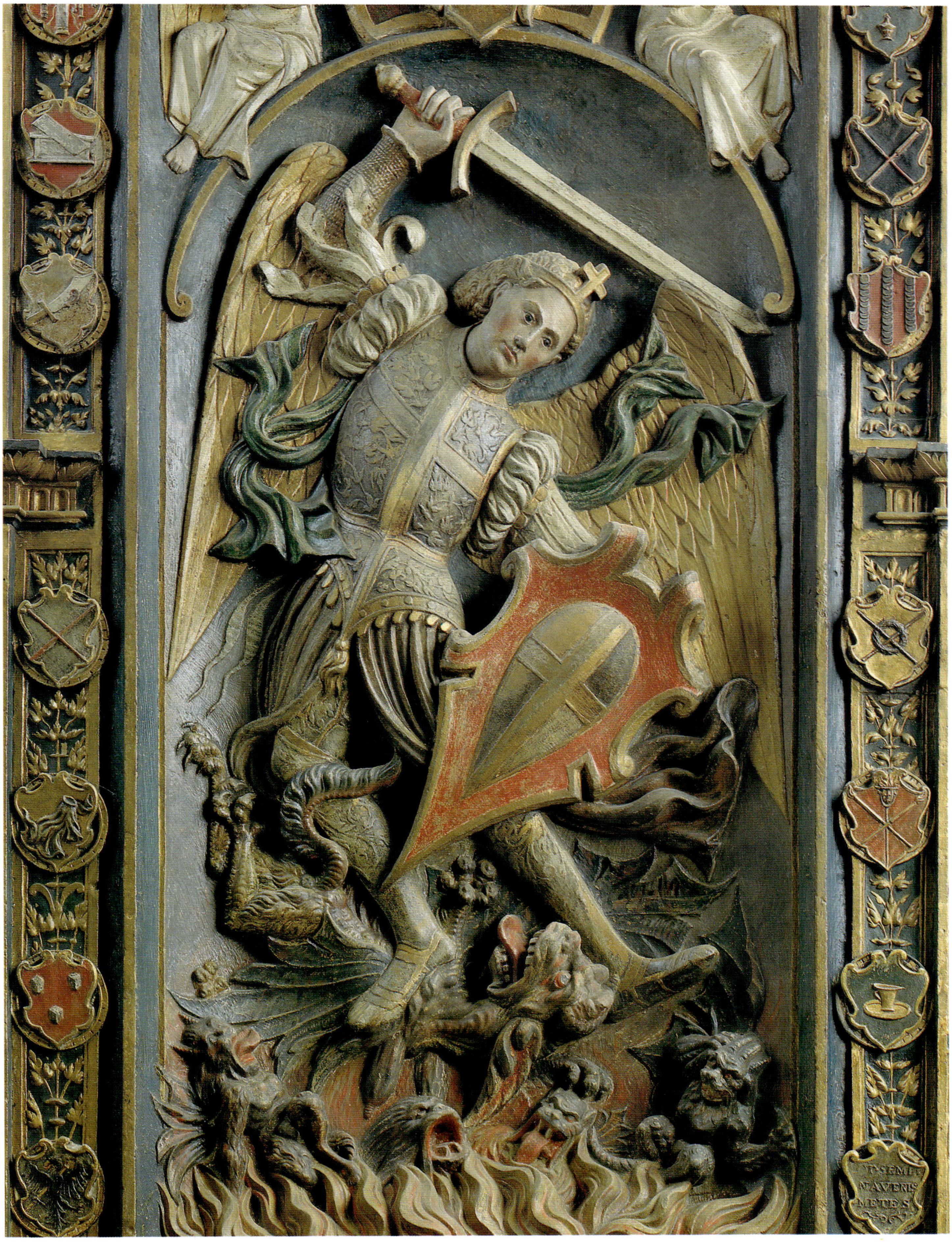

Buxheim

Die Kartause «Mariae Saal», «Cella Beatae Virginis», im allgäuischen Buxheim wurde 1402 gegründet mit einer Saalkirche mit polygonalem Chor, die der Kreuzgang in Mönchs- und Bruderchor unterteilt, mit Kleinem und Großem Kreuzgang und den Klostergebäuden. Sie profitierte rasch durch große Freigebigkeit zahlreicher Gönner. Der «Wohltäterbericht» erzählt von Grundbesitz, Geld, Kunstgütern, Kirchengerät, die gespendet wurden. Aber ganz besonders freuten sich die Ordensmänner über Bücher. Mancher reiche, gleichzeitig hochgebildete Mann, der, der Welt entsagend, ihrer Gemeinschaft beitrat, brachte handgeschriebene Folianten mit, so zum Beispiel im Jahr 1505 der Biberacher Hildebrand von Brandenburg. Er steuerte nicht nur 450 Bände bei, sondern 1508 gleich noch die Bibliothekskapelle.
Im Bauernkrieg 1525 flohen die Mönche aus der Kartause, ihre Kirche und die Altäre wurden verwüstet und geschändet; nur wenige Jahre später, 1546, störte neues Unheil den Frieden: Das Kloster geriet unter die Besetzung Memmingens, jetzt war das Chorgebet, die heilige Messe, sogar das Tragen des Ordensgewandes verboten. Nach den Wirren des Reformationszeitalters stand Buxheim dann, 1548, unmittelbar unter kaiserlicher Schirmherrschaft und durfte sich «Reichskartause» nennen.
Im Jahr 1631 schuf der Bildhauer Sigmund Schalk aus Memmingen den Hochaltar, 1684-1700 Ignaz Waibel aus Südtirol das herrliche Chorgestühl (es sollte, um drohenden Konkurs vom Kloster abzuwenden, zusammen mit der Bibliothek, Altären, Gemälden und anderem Besitz 1883 verkauft, aber 1980 glücklich wieder zurückerworben werden). Das Barockzeitalter schrieb seine Handschrift in Kirche, Bibliothek und Kreuzgängen; Johann Baptist Zimmermann und Mitarbeiter seiner Werkstatt schufen lichten Stuck und Gemälde (1709-1712). In der Zeit von 1725 bis 1727 entstand als Frühwerk des Schöpfers der Wieskirche, Dominikus Zimmermann, die Pfarrkirche Unserer Lieben Frau; der Meister gestaltete 1740 auch die Hauskapelle des Priors, die St.-Anna-Kapelle, im Stil des reinsten Rokoko aus.
Buxheims historische Mönchszellen von 1402, authentisch restauriert, geben Einblick in das Leben der Mönche. Ein jeder, so die Hauschronik, «besitzt hier am Kreuzgang eine eigene Klause, in der er arbeitet, schläft und ißt. Das Trink- und Waschwasser sowie das Wasser für andere Zwecke bekommen sie mittels einer Wasserleitung, die an allen Zellen vorbeiführt und durch eine bestimmte Ordnung in jedes Häuschen hineingeleitet wird.» Die «Eigenheime» der Ordensmänner bestanden aus Vorraum, Wohnraum, Schlafraum und Toilette. Sie durften darin handwerklich und wissenschaftlich tätig sein; vor jeder Zelle lag ein eigenes Gärtchen, in dem sie meditieren, vor allem aber nach Belieben graben, säen, pflanzen konnten. Wer aber Gemeinschaft suchte, fand sie draußen, im Kreuzgang, in der Kirche oder Bibliothek. Neben der Tür zum Kreuzgang hinaus befand sich eine Durchreiche zum Empfang des Essens, die so konstruiert war, daß niemand von außen in die privaten Stübchen hineinzuschauen vermochte; denn so verlangte es die Ordensvorschrift, ihr Kloster war so beschaffen, daß es «zwar ein geeignetes Zusammenleben ermöglicht, doch sie leben nicht klösterlich zusammen wie andere Mönche».

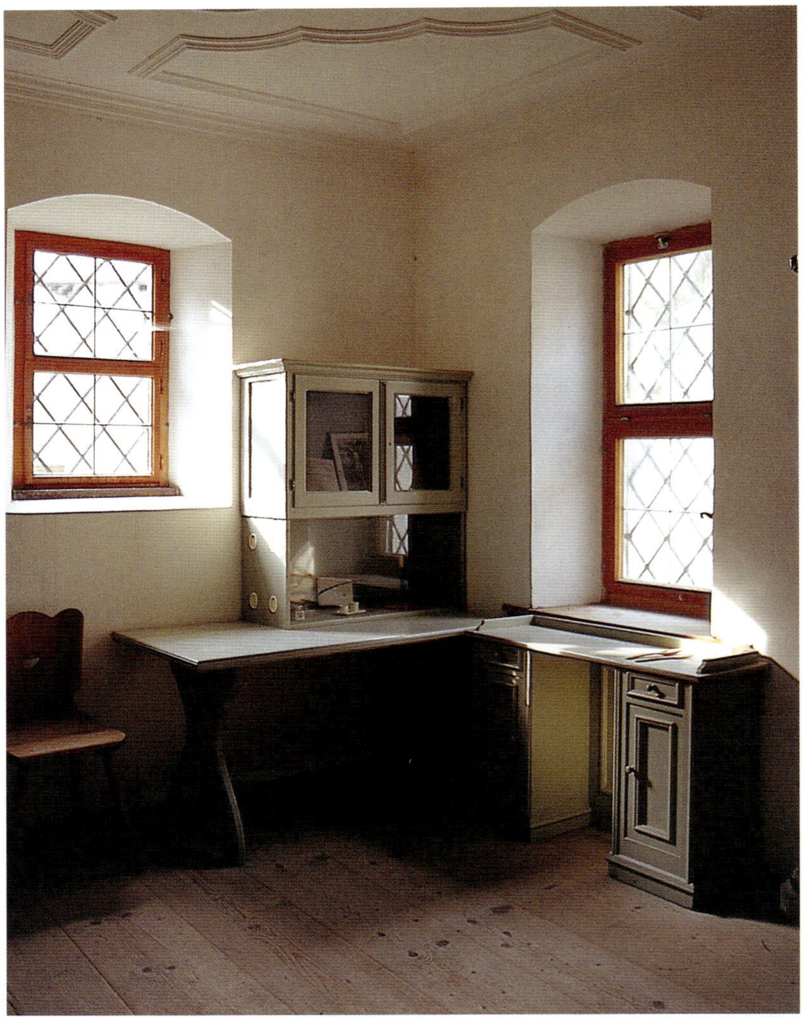

Mönchszelle

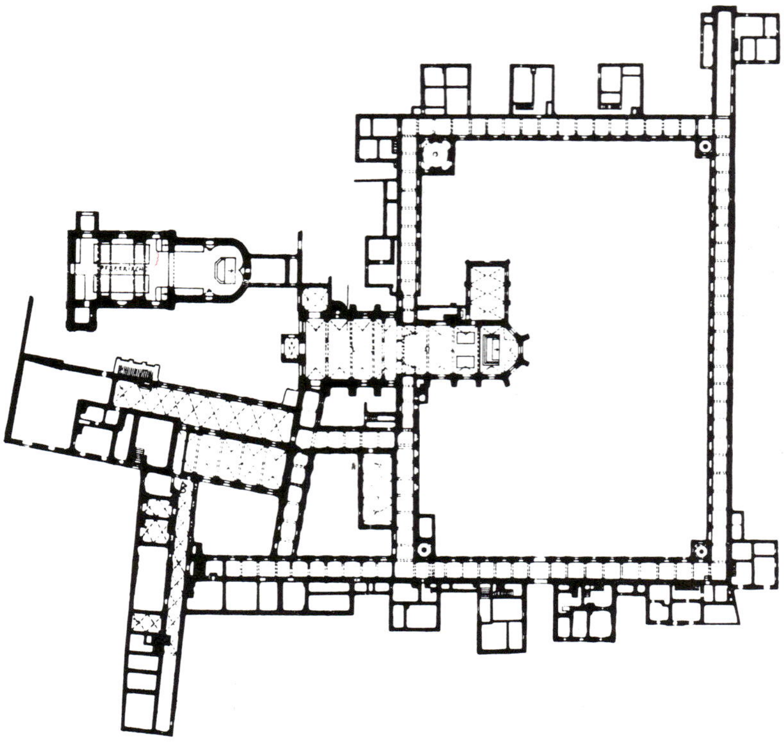

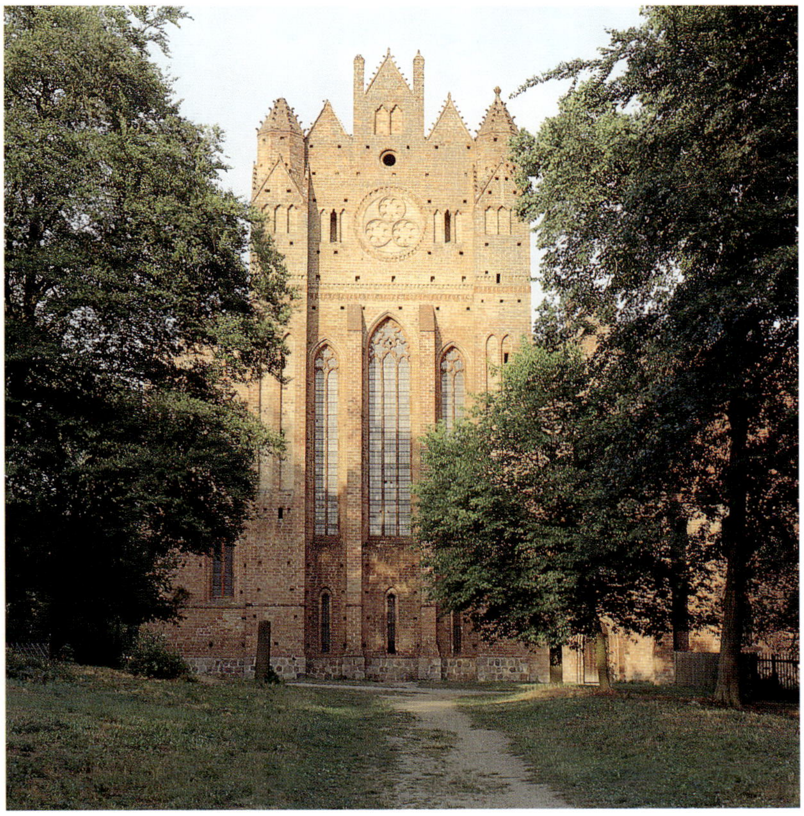

Chorin

Die Zisterzienserabtei Chorin, 1258 als Hauskloster der johannischen Linie der Askanier gegründet, 1260 von Lehnin aus besiedelt, 1272 an den Chorinsee verlegt und 1273/74 als dreischiffige, kreuzförmige Pfeilerbasilika mit Westempore, Querhaus mit zweigeschossigen Kapellen erbaut, gehört zu den bedeutendsten Bauwerken der mittel- und nordeuropäischen Backsteingotik; 1334 war Weihe. 80 Zisterziensermönche, unterstützt durch 400 Laienbrüder, rodeten zwischen Seen und Hügeln der Uckermark unwegsame Waldgebiete, legten Sümpfe trocken, machten das Land urbar – Gartenbau galt als Generaldisziplin ihres Ordens, sogar Wein rangen die fleißigen Arbeiter dem kargen Sandboden ab; Landwirtschaft war die Grundlage der Existenz, ihrem Gotteshaus schuldeten die Zisterzienser Armut, damit auch dort, wo sie «dem Herrn in aller Andacht bei Tag und bei Nacht zu dienen verlangten, nichts verbleibt, was von Hoffart und Überfluß zeuge». So gab es kein goldenes oder silbernes Altargerät, nirgends kostbare Teppiche, ohne Prunk und Schönheit der Ausstattung lag schmucklos das gemauerte Kirchenschiff. Dafür gestalteten sie ihre ureigensten Räume großzügig: Kapitelsaal, Dormitorium, Refektorium und vor allem die Küche mit ihrem mächtigen Kamin zeugen von vielfältigem Leben zahlreicher Insassen. Die Fassade der Kirche mit Staffelgiebel, schmalem Maßwerk und steilem Strebewerk, flankiert durch zierlichere Seitengiebel, umgeht mit Delikatesse eine Regel, die der Orden seinen Baumeistern abverlangt: auf Türme zu verzichten. Die Zinnen dieser Westfront wirken wie Turmbauten.

Chorins Blüte welkte endgültig im Dreißigjährigen Krieg; die Reformation bereits besiegelte den Niedergang, 1542 wurde das Kloster säkularisiert, seine Bauten lagen brach und verfielen auf Jahrhunderte.

Zu Beginn des 19. Jahrhunderts dienten die Reste der Anlage prosaisch als Stallungen, Scheunen, Nutzräume. – Zur Zeit der deutschen Romantik, als sich Kunst und Wissenschaft intensiv auf das ferne Mittelalter besannen, beschäftigte sich der Malerarchitekt Karl Friedrich Schinkel mit versunkenen Denkmälern der Vergangenheit in seiner märkischen Umgebung. 1818 zeichnete er den zerfallenen «Dom hinter Bäumen», die malerische Ruine Chorin, im «Versuch, die liebliche, sehnsuchtsvolle Wehmut» auszudrücken, die der Anblick der alten Mauern in ihm hervorrief. – Effektive Maßnahmen zur Rettung, zur Wiederherstellung ergriff man, eine Art zukunftweisenden «Denkmalschutz», erst in den Dreißiger Jahren des 19. Jahrhunderts. Kirche, Kreuzgang, Brauhaus, Pfortenhaus, Konversenhaus, Klausur und Abtshaus erhoben sich wie Phönixe aus der Asche. Schinkels Plan, dem Gebäude «als Denkmal altnationaler Geschichte» ein angemessenes Aussehen zu geben, nahm Gestalt an. – Ein Dichter wanderte durch die Mark Brandenburg und hielt inne beim unverhofften Anblick: In dem Moment, als wir «den letzten Hügel» auf dem Weg von Eberswalde nach Angermünde «passiert haben», schrieb Theodor Fontane, «steigt der prächtige Bau, den die Hügelwand bis dahin verdeckt hatte, aus der Erde auf», der «wie eine Überraschung wirkte».

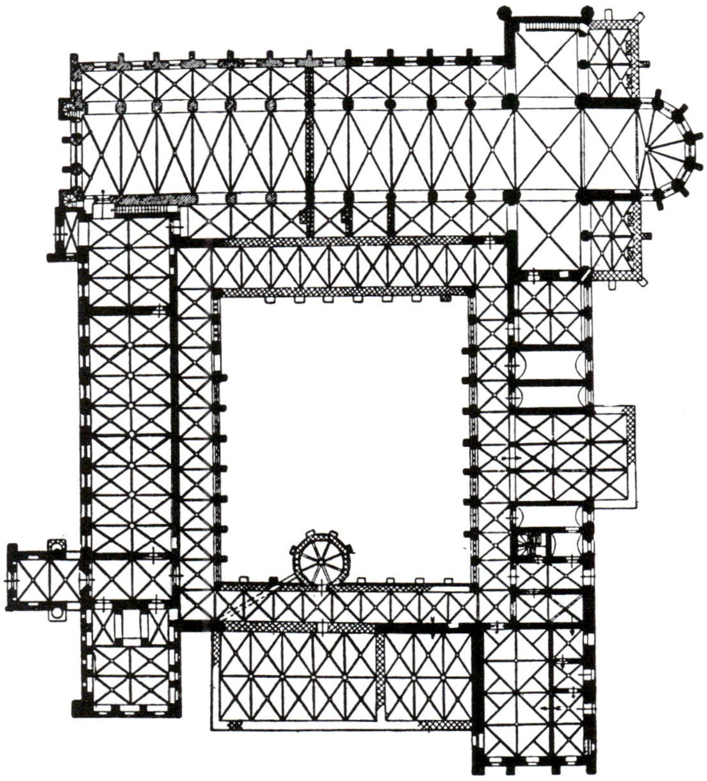

Corvey

Im Jahr 816 ließen sich Benediktinermönche aus Corbie an der Somme in Neuhaus im Solling nieder und zogen 822 weiter an das linke Ufer der Weser. Einer der Gründungsväter, Abt Paschasius Radbertus, schrieb, Corvey sei « entstanden, um unter Anstrengung der Seele die Armut des diesseitigen Lebens zu lieben ». Das Werk schritt rasch voran; sie « warfen die Schnur, schlugen Pflöcke ein und begannen zu messen, zuerst die Kirche, dann die Wohnungen der Brüder », berichtet die zeitgenössische Chronik.

Corvey entwickelte sich zu einem der bedeutendsten geistlichen und geistigen Zentren des Abendlandes. Kaiser Ludwig der Fromme, Karls des Großen Sohn, hielt schirmend seine Hand über die Neugründung, beschenkte sie mit Land, gewährte freie Wahl des Abts und Immunität. Der sächsische Adel zeigte sich großzügig mit Dotationen; die Abtei wurde reich, nicht nur an Geld, sondern vor allem an Gütern des Geistes. Ihre Bibliothek bewahrte bedeutende Handschriften, Hauptwerke der westfränkisch-karolingischen Kultur in Sachsen: Ciceros Schriften zum Beispiel; fünf Bücher der Annalen des Tacitus; die sächsischen Gesetze Karls des Großen. Karl hatte persönlich Anteil genommen am Entstehen von Corvey « und hinterließ den Sohn als Ausführer seines Willens ». Als « Wunder Sachsens und des Erdkreises » pries man Corveys Geisteskultur ehrerbietig und mit Respekt. Der Apostel Norwegens, Ansgar, lebte hier als Mönch und brach auf zur Mission im Norden Deutschlands und Skandinaviens. Der Historiograph Widukind schrieb 967 die « Geschichte Sachsens » in Corvey. Entsprechend der Bedeutung wuchsen Kloster und Kirche. Im Laufe ihrer Geschichte erfuhr die Kirche, vor allem im Barock, Veränderungen – das mächtige karolingische Westwerk (873-885) mit zweigeschossigem Atrium blieb als reinstes Beispiel seiner Entstehungszeit erhalten. Bei Hoftagen, die häufig in Corvey stattfanden und dem Ort eminente politische Bedeutung verliehen, saß der Kaiser während des Gottesdienstes in einer besonderen Ehrenloge, der « Kaiserlaube » im Westwerk, und konnte in den Johannischor sowie durch die Arkaden zum Hochaltar blicken. Die Edelleute nahmen auf der Empore Platz. Bedeutendster Abt von Corvey war von 1146 bis 1158 Wibald; er vor allem schlug die Brücke zwischen Kloster und Welt, denn er war in Personalunion Abt von Stablo und diente drei Kaisern als Minister.

Nach dem hohen Mittelalter begann Corveys Niedergang. Mitte des 17. Jahrhunderts entstand an der Stelle der alten Kirche ein barocker Saalbau; Schloß und einstige Abtei präsentieren sich im Stil des 18. Jahrhunderts. « Was man heute sieht », resümiert der Dichter Konrad Weiss, « ist ein großes und baulich habhaftes und doch, weil nur im Westwerk seit Ursprung erhaltenes, resthaftes Denkmal der Geschichte, das, schweigend über dem Boden des alten Stammes aufgerichtet, hier an der Weser Ort hat. »

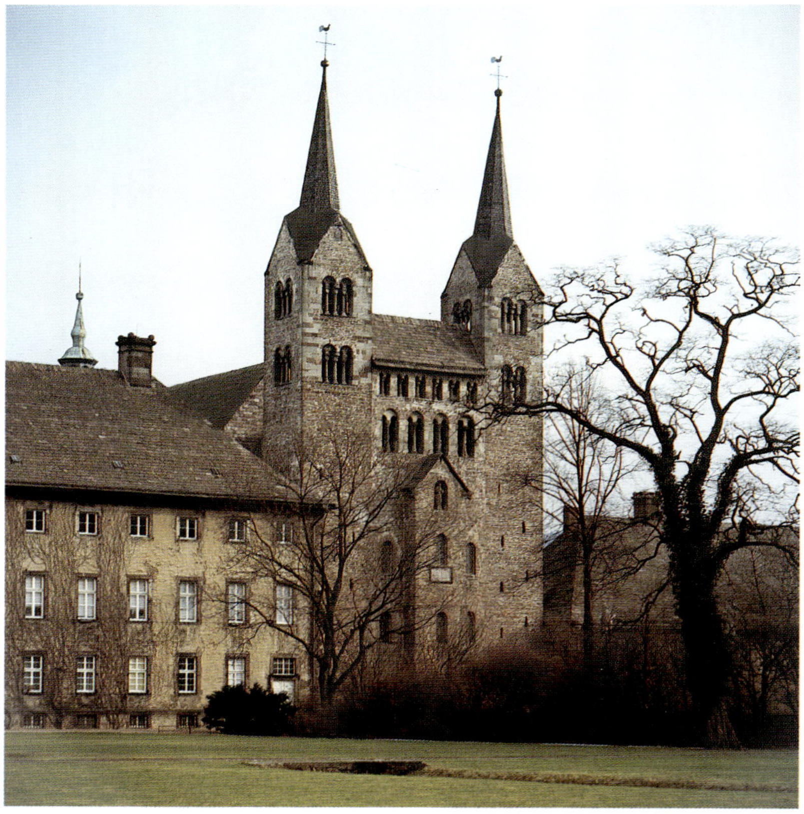

Matthäus-Evangeliar, um 1000 ▷

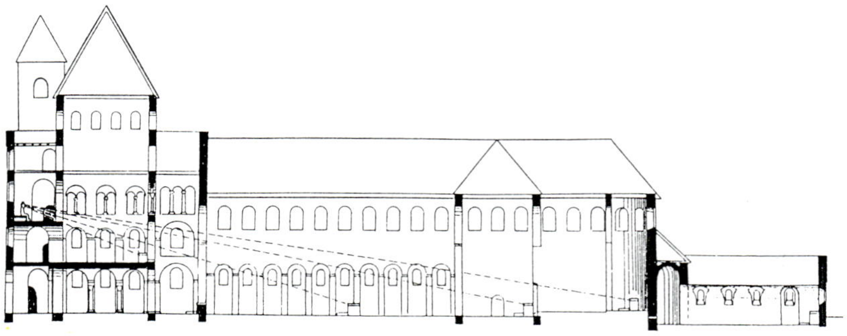

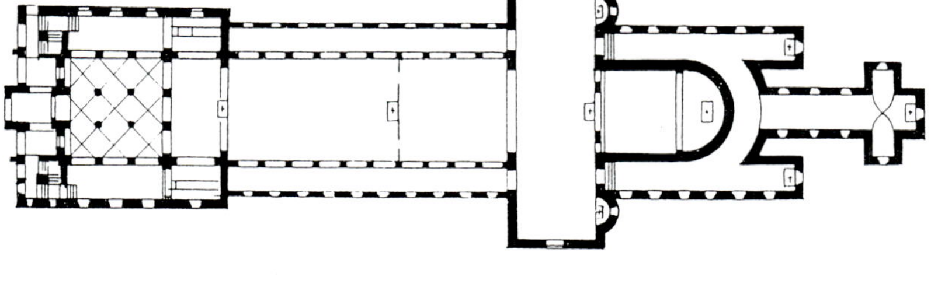

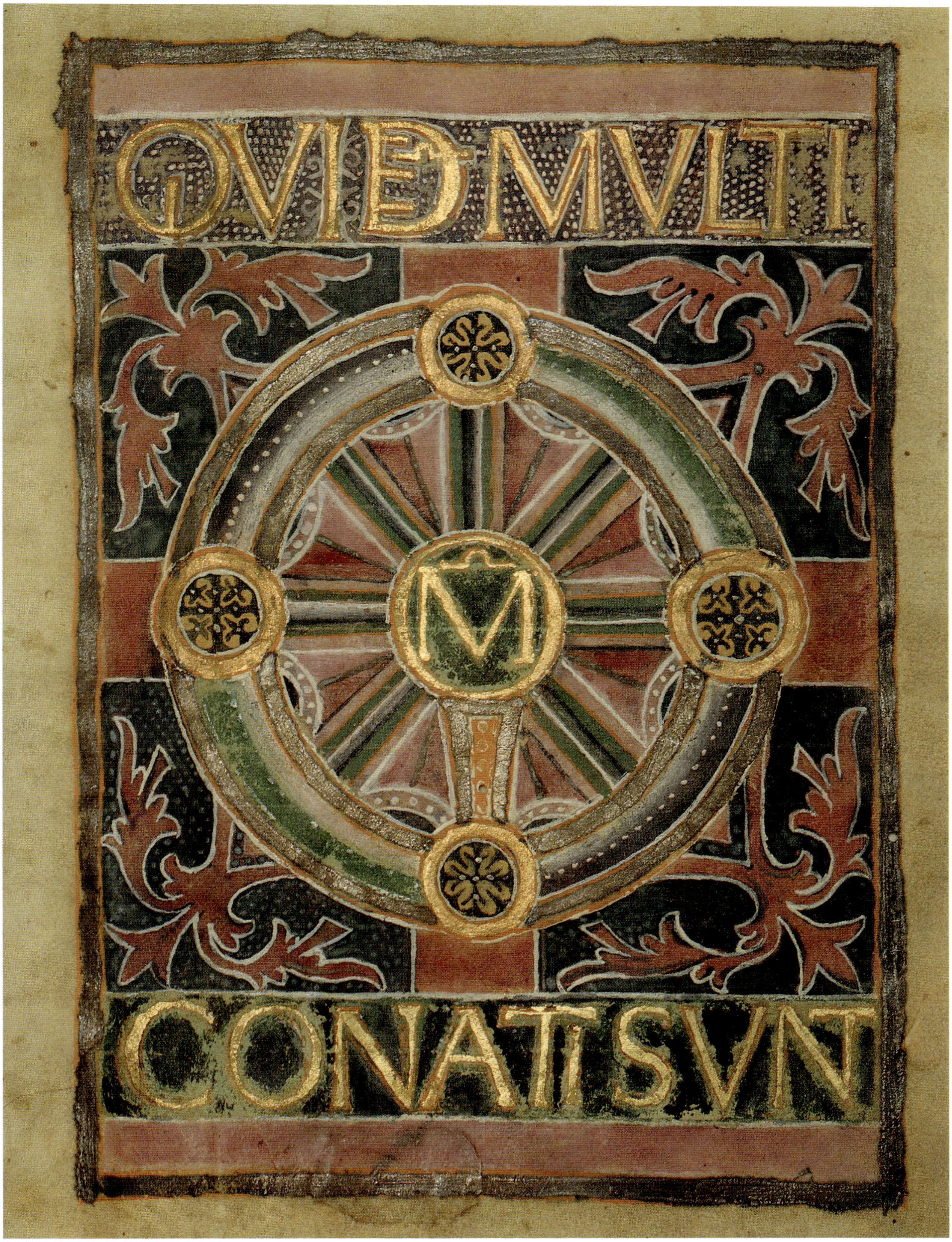
QVID MVLTI
CONATI SVNT

Doberan

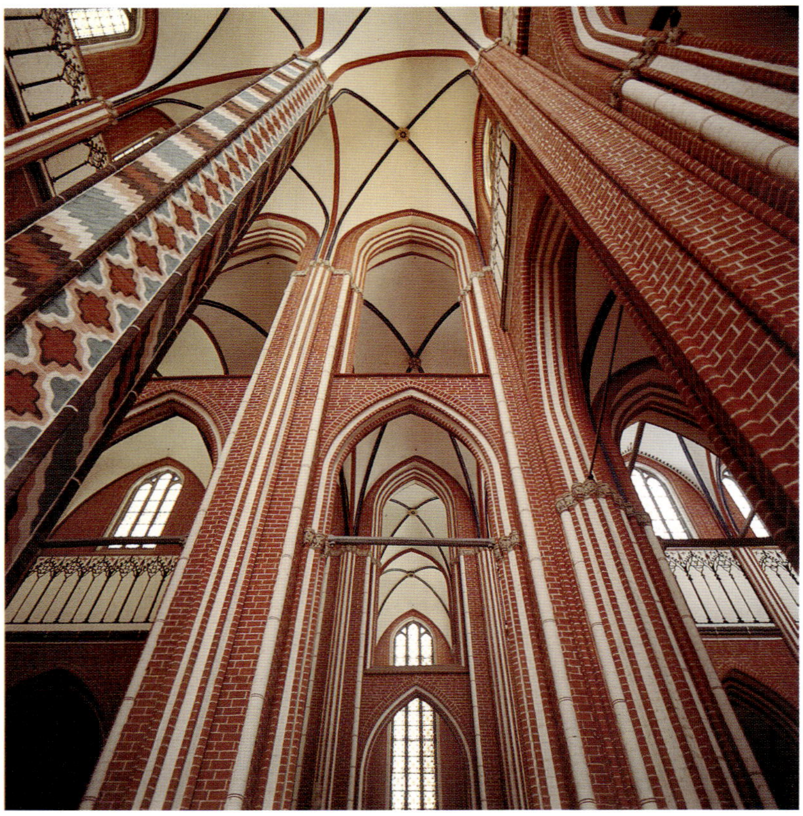

Der erste Bischof von Schwerin berief im Jahr 1171 Zisterziensermönche aus Amelunxborn nach Doberan. Als « Stifter des Glaubens und Vertilger der Götzenbilder in Slavien » hatten die frommen Männer, laut Stiftungsurkunde, zuvor gewirkt. Militante Wenden zerstörten den ersten Konvent. Die effektive Gründung geschah dann 1186 durch Fürst Heinrich Borwin I. Die erste Klosterkirche, eine romanische, kreuzförmige Backsteinbasilika, 1232 geweiht, vernichtete ein großer Brand. 1291 klagte ein Lübecker Franziskaner-Lesemeister: « Das Kloster zu Doberan verbrannte an unseres Herrn Himmelfahrt, abends, 30. Mai, durch Blitze und Unwetter, darum die Mönche sehr bedroht wurden. » Zwischen 1295 und 1368, dem Jahr der Weihe, entstand eine dreischiffige Basilika mit Querhaus, Vierungsturm und Chor mit Umgang und Kapellenkranz, der Zisterziensertradition gemäß ohne Türme.
Statt des Turmes befindet sich im Westen das für die Bauweise des Ordens typische hohe Mittelschiffenster; auch dafür waren drakonische Regeln vorgeschrieben: « Gemalte Glasfenster sollen binnen der Frist von zwei Jahren ersetzt werden; andernfalls fasten ab sofort Abt, Prior und Kellermeister jeden sechsten Tag bei Wasser und Brot, bis die Fenster ersetzt sind. » Es empfahl sich also dringend, die « Bau- und Kunstbestimmungen des Generalkapitels der Zisterzienser », seit 1134 formuliert und niedergeschrieben, genau einzuhalten, denn sie gaben kein Pardon: « Wenn also irgend jemand gegen diese Kapitelstatuten schon gebaut haben sollte », heißt es darin, dann « sollen diese Gebäude ohne jeden Dispens fallen und Kosten und Mühen umsonst sein. »
Im Dreißigjährigen Krieg sah sich Kloster Doberan in schlimmster Bedrängnis. Im Herbst 1637 notierte einer der Mönche voll Entsetzen und Abscheu in die Chronik, es « seien die Kaiserlichen auf dies Amt gefallen und daraufhin so hausieret, daß es einen Stein in der Erde hätte mögen erbarmen », denn es hätten « die gottvergessenen Buben die wohlerbaute Doberanische Kirche nicht nur erbrochen », sondern auch Gräber geschändet, « die hölzernen Särge zerschlagen », die bronzenen eingeschmolzen, « den Altar eingebrochen und heruntergerissen, die Orgel zernichtet » sowie « den Kirchenornat samt seinen Glocken hinweggeraubt ».
1552 wurde das Kloster säkularisiert, diente einige Zeit als fürstliches Jagdschloß und verfiel dann zur Ruine. Reste der Westwand des östlichen Klausurflügels von 1230 und auch Kornhaus, Brauhaus, Beinhaus und eine Klostermauer, alle aus der zweiten Hälfte des 13. Jahrhunderts, blieben erhalten.– Der Dichter Heinrich Seidel besuchte die ehrwürdigen Reste im Jahr 1894 und fand, der schönste Teil « liegt innerhalb der alten Klostermauern, die vom Mittelalter her noch vollständig erhalten sind. Eine merkwürdige Mischung von Altertum und modernem Wesen, von Schwermut und Heiterkeit wird von diesen hohen, verwitterten Ziegelmauern umfaßt. »

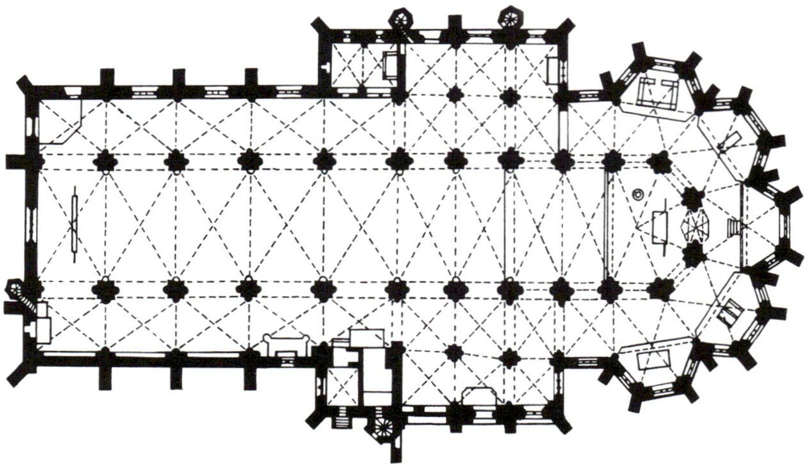

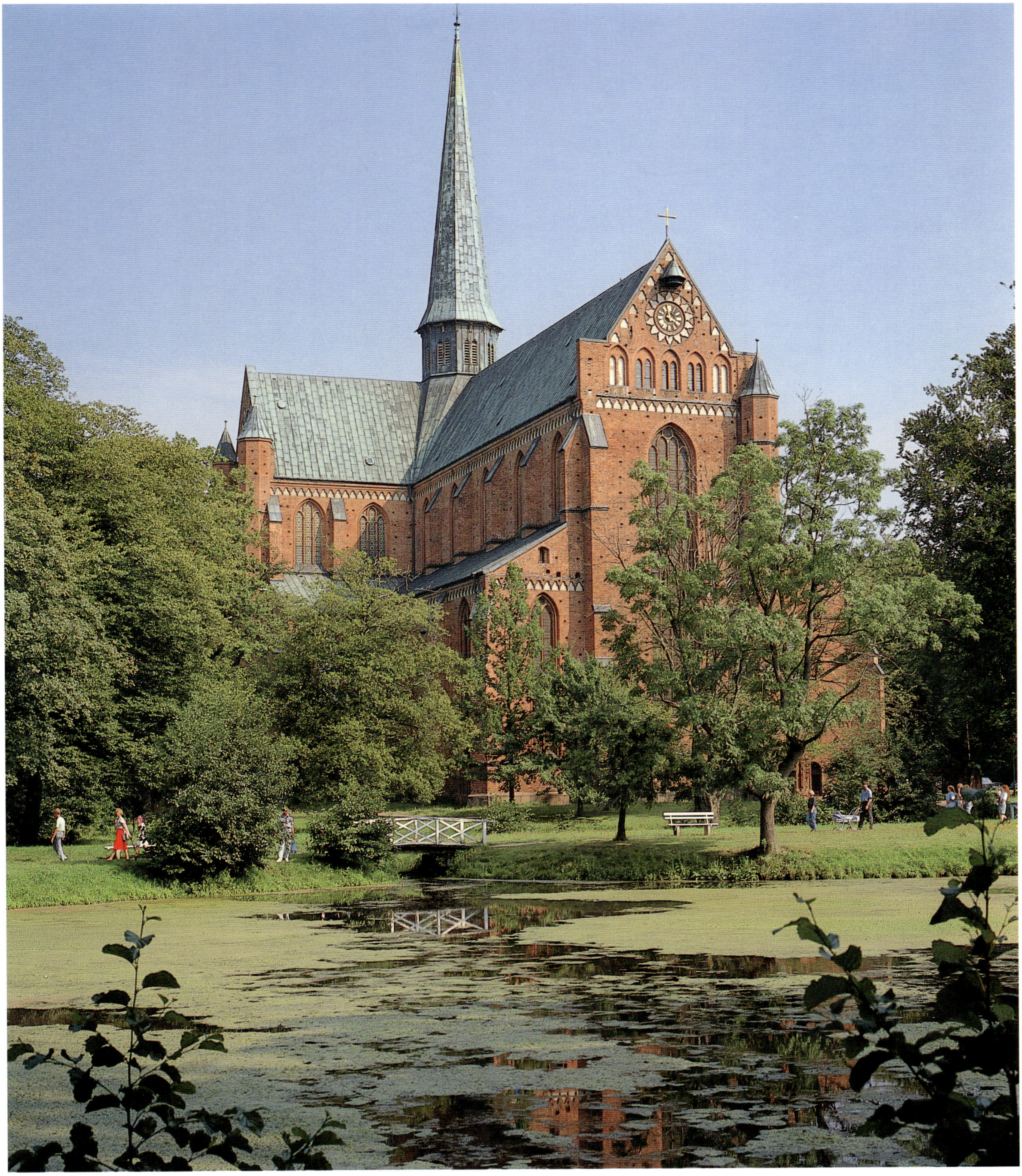

Ebrach

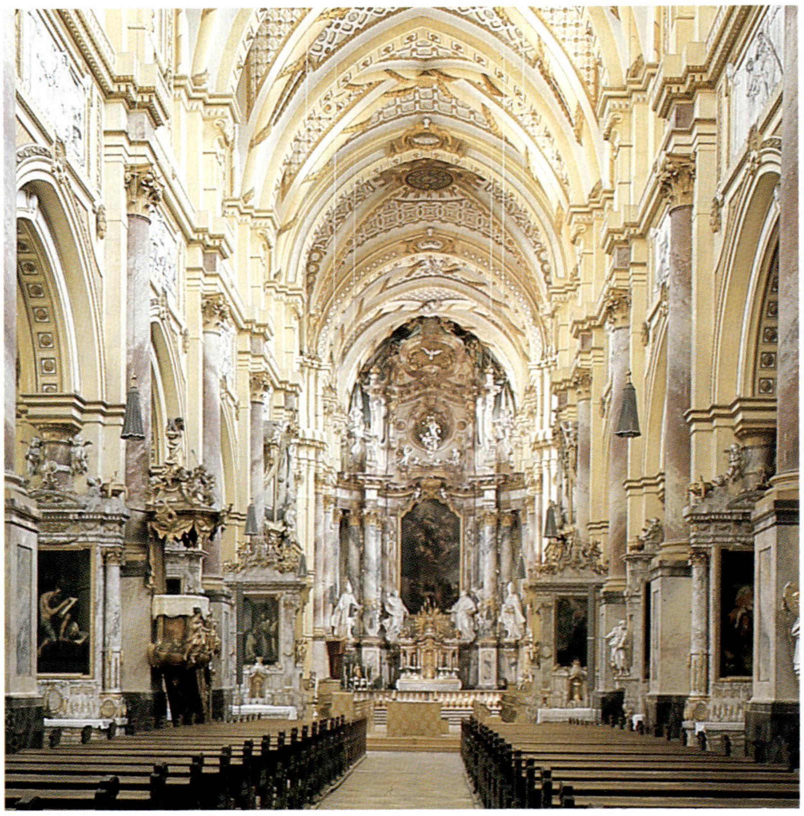

Das ehemalige Zisterzienserkloster Ebrach in Oberfranken wurde im Jahr 1127 als zweites deutsches Kloster des Ordens von Morimond aus gegründet. Weihe der ersten Kirche war 1134, sie ist nicht erhalten. 1200 begann man mit dem Neubau; sieben Jahre später stand bereits die Michaelskapelle im nördlichen Querschiff fertig da, Arbeiten am Chor begannen in diesem Jahr. Noch bevor der Bau vollendet war, fanden, 1218 und 1221, zwei Weihen statt; 1285 wurde die «hochheilige Handlung» endgültig vorgenommen durch den Würzburger Bischof Berthold von Sternberg, und es geschah «zu Ehren des allmächtigen Gottes, der allerseligsten Jungfrau und Gottesgebärerin Maria, des heiligen Apostels und Evangelisten Johannes und des heiligen Papstes Nikolaus», welche, so der hohe Geistliche weiter, «auch die Patronen der Kirche bilden».

Die große, spätromanische Pfeilerbasilika mit Kreuzrippengewölben, Querschiff und Chor mit Umgang und Kapellen ist turmlos; erst im 18. Jahrhundert wurde ihr ein kuppelartiger Dachreiter mit Laterne aufgesetzt. Auch Ebrach durfte das Wort von klösterlicher Ruhe und Besinnung nie ganz für sich in Anspruch nehmen. Viele der tapferen Äbte starben früh, zerrieben im Kampf mit Aufständischen, feindlicher Soldateska – besonders machte dem Konvent der Rivalenkampf mit dem Fürstbistum Würzburg zu schaffen. Ebrach war auf bischöflichen Schutz angewiesen, im Gegenzug nahmen die Würzburger sich das Recht, im Kloster «alle fünf Jahre in geistlichen und weltlichen Sachen zu visitieren und reformieren, obwohl uns als des Ordens obersten Visitator das selbst zusteht», klagte Abt Johannes 1555 – vergebens; der Bischof erschien im Februar 1556 in «eigener Person mit ungefähr 70 Pferden und 40-50 Hackenschützen», nahm die Schlüssel an sich, befahl den «Konventualen, in die Visitation einzugehen», hieß Prior, Mönche und den weltlichen Amtsleuten, «dem Abt keinen Gehorsam zu leisten» und hat «so das Kloster in das äußerste Verderbnis geführt, wiewohl er kein Recht hat, das Kloster mit einer Steuer, Atzung oder Auflag zu belegen. Es wird künftig nicht aufhören und eine große Schuldenlast dem Kloster erwachsen.»

Die Finanzen erholten sich wieder: Unter Abt Wilhelm Roßhirt warf die Kirche sich ein barock-klassizistisches «Prunkgewand» über. Der Stuckateur war Materno Bossi. «Dieser Künstler», urteilte der Kunsthistoriker Johann Jaeger, «hat es in meisterhafter Weise verstanden, dem Inneren durch seine eigenartige Dekorationsweise ein vollständig anderes Gepräge zu geben. Mit Hilfe der reichen Stuckierung und der feinen Farbenzusammenstimmung (Weiß, Gelb und Gold) verlieh er der Kirche ein sehr reizvolles, imposantes Aussehen», war es doch «durch die gegebenen schönen Raumverhältnisse ein Leichtes, seine ganze Kunst zur Belebung und Bereicherung dieser an und für sich einfachen Formen zu entfalten.»

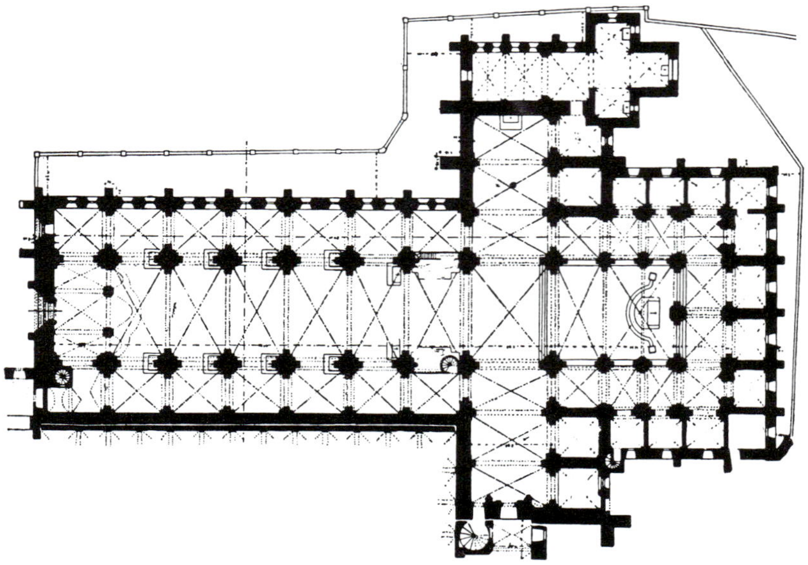

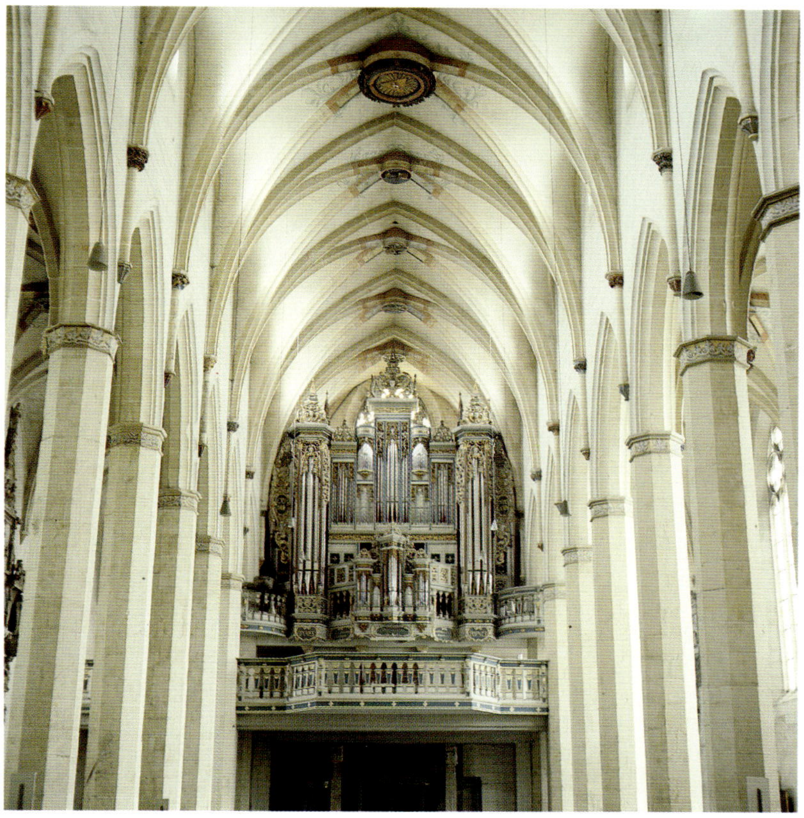

Erfurt Dominikanerkloster

Im Jahr 1228 kamen Dominikaner nach Erfurt und gründeten ein Jahr später dort ihr Kloster, vermutlich ein sehr schlichtes Gebäude; 1230 war die Weihe der ersten steinernen Kirche. Seit 1270 bis ins 14. Jahrhundert entstand eine dreischiffige, hallenartige Pfeilerbasilika, deren Mittelschiff sich nur wenig über die hohen Seitenschiffe erhebt, eines der schönsten Gotteshäuser der Stadt. 1279 war der Chor vollendet, um 1300 bis 1320 die außergewöhnlichen Chorschranken, nach 1400 der Lettner; 1445 stand das Langhaus fertig gewölbt, 1488 kam an der Südseite ein schmuckloser Glockenturm hinzu. Das Kircheninnere präsentiert sich als feierlicher Raum, für einen Bettelorden ungewöhnlich mystisch-geheimnisvoll durch das Licht, das indirekt aus den verborgenen Fenstern einfällt, dem gotischen Gewölbe Leichtigkeit, Schwerelosigkeit verleiht und schwebende Helldunkel-Effekte erzeugt.

Erfurts Bürger und Zünfte bedachten das Kloster reichlich mit Zuwendung, die Namen großer Gelehrter machten es weltberühmt. Meister Eckart zum Beispiel, der Vater der mittelalterlichen Mystik, war 1278–1298 Novize, Bruder, Prior und Vikar für Thüringen; von 1304 bis 1311 amtete er als Ordens-Provinzial für Sachsen im Erfurter Kloster. Wann immer er seine Stimme erhob zu seinen Mitbrüdern, tat er das in deutscher Sprache, damit auch der Schlichteste unter ihnen seine Rede samt dem immer neu variierten Grundsatz seines Glaubens verstehen konnte: « Entäußere dich deiner selbst und aller Dinge und all dessen, was du an dir selbst bist, und nimm dich nach dem, was du in Gott bist. » – Nachfolger im Rang des Provinzials wurde 1368 ein weniger milder Mann als Eckart: Der Dominikaner Walter Kerlinger, Sohn einer Erfurter Patrizierfamilie, waltete streng als Generalinquisitor für den mitteldeutschen Raum, gefürchteter Verfolger von Ketzern gegen den katholischen Glauben.

Mit der Reformation endete die Blüte der Dominikaner zu Erfurt. Schon 1521 verkündete Georg Forchheim, Freund Luthers und Melanchthons, in der Kirche das Wort Gottes im Geist der Reformation. Seit 1525 war die ehemalige Klosterkirche evangelisch, ab 1559 evangelische Hauptkirche der Stadt. Einige Mönche, die beim alten Glauben bleiben wollten, durften weiter in ihren Zellen wohnen. Einer der letzten Brüder der Gemeinschaft, berichet die Chronik, « war Jakob Schoppe, der den Klosterbesitz verschleuderte und wahrscheinlich auch das wertvolle Archiv beiseite brachte oder vernichtete ». Aber anders als in anderen Klöstern besiegelten die Reformation und ihr folgende Wirren nicht Verwüstung und Niedergang in Erfurt: 1574 wurden Gewölbe und das übrige Kircheninnere mit Figuren und Ornamenten neu ausgemalt; 1588 ging das Kloster, herrenlos geworden, an die Stadt über. Im Dreißigjährigen Krieg nahm König Gustav Adolf von Schweden 1631 an Gottesdiensten in der Predigerkirche teil, das Reformiertsein rettete sie zu einer Zeit, als anderswo, in Süddeutschland etwa, Mönche in Furcht vor den « Schwedischen » flohen und diese selbst die Geschirrschränke der Klöster plünderten.

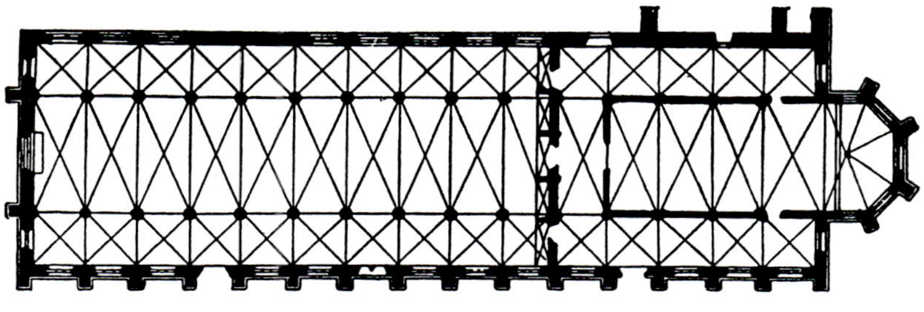

Ettal

Es werde, schrieb der Gelehrte Raderus, «fast kein Ort im Bayernlande gefunden, wo man herrlichere Anzeigung der Heiligkeit und Religion antreffen sollte» – der fromme Mann meinte die Stelle, an der, eingebettet in die Wiesen des Graswangtales, sich feierlich die Benediktinerabtei Ettal erhebt. Zur Ehre der Muttergottes stiftete sie Kaiser Ludwig der Bayer. Er kehrte, mit päpstlichem Bannfluch belegt, aus Italien zurück; zum Zeichen von Buß' und Reu' wollte er einer Marienstatue aus weißem Carraramarmor, die ihm ein Ordensmann geschenkt hatte, die Wallfahrt gründen. In entlegener Wildnis bei Partenkirchen wurde das Marienbild, ohnehin 12 Kilo schwer und 33 Zentimeter hoch, übermäßig gewichtig in der Satteltasche; auch, so erzählt die Legende, «fiel sein Roß dreimal hintereinander mit den Vorderfüßen auf die Knie». Ludwig legte im Jahr 1330 an diesem Platz eigenhändig den «ersten Stein mit dem Bilde, das ihm der Mönch zu Rom gegeben hatte». Ettal war Ritterstift, dessen Regeln der Kaiser selbst setzte: Er strebte die ideale Form weltlich-geistlicher Lebensgemeinschaft an. 20 Benediktinermönche lebten mit 12 Rittern, und diese durften ihre Frauen bei sich haben, irdischen Vergnügungen wie etwa der Falkenjagd nachgehen, mußten aber gottgefälliger Gesinnung sein. Die Ordensbrüder vor allem hatten damit schwere Probleme, auch quälten sie Zweifel, ob ein mit Kirchenbann belegter Herr ihr Meister sein dürfte. Aber, schrieb schließlich begütigend der Chronist von Ettal, 1341, «auch der Engel sündigte im Himmel und Adam im Paradies und jedermann auf der Welt und der Teufel in der Hölle».

Kirche, Kloster und Akademie gingen 1744 bei einem Brand zugrunde, nachdem 1552 bereits die Truppen des Kurfürsten von Sachsen schweren Schaden angerichtet und 1632 die Schweden verheerend gehaust hatten. Beim Neuaufbau entstand die Gesamtanlage im Barockstil. Dem mächtigen zwölfeckigen Zentralbau mit vorgesetzter Fassade, hoher Kuppel und Laterne, flankiert von wuchtigen Ecktürmen, erbaut von Enrico Zuccalli und Josef Schmuzer, lag als Vorbild die Architektur der Grabeskirche in Jerusalem zugrunde. Die Innendekorationen schufen in harmonischer Gemeinschaftsarbeit Johann Baptist Zimmermann und Johann Georg Üblher als Stukkateure und Johann Jakob Zeller sowie Martin Knoller als Schöpfer der Gewölbefresken. Die klar gegliederte frühklassizistische Ausstattung des Chores stammt von Johann Michael Schäffler und Roman Anton Boos, 1787/88; in Korrespondenz mit Kaiser Ludwigs Gnadenbild im Tabernakel des Hochaltars griff Knoller 1786 auf seinem Altarblatt der Himmelfahrt Mariens Ettals Generalthema wieder auf: «Unserem Herrgott zum Lob und unserer Frauen zur Ehre», lautete Kaiser Ludwigs Gründungsmotto. Die Gläubigen dankten kurz und bündig der «Frau Stifterin» Maria («Fundatrix Ettalensis») persönlich für heilsame Wundertaten und den prachtvollen Kirchenbau.

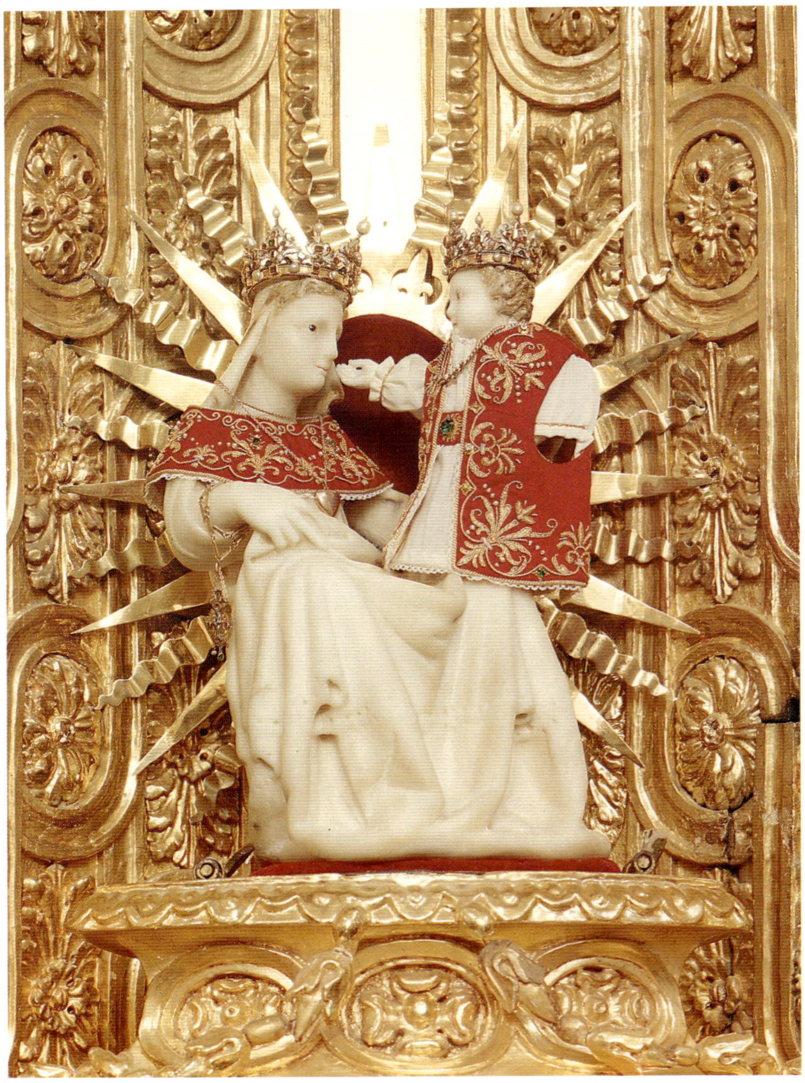

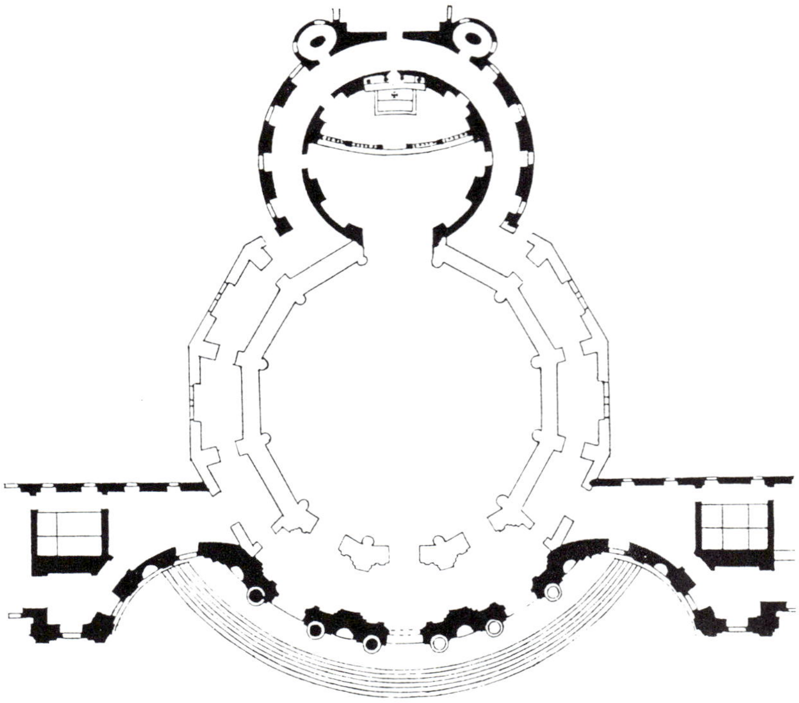

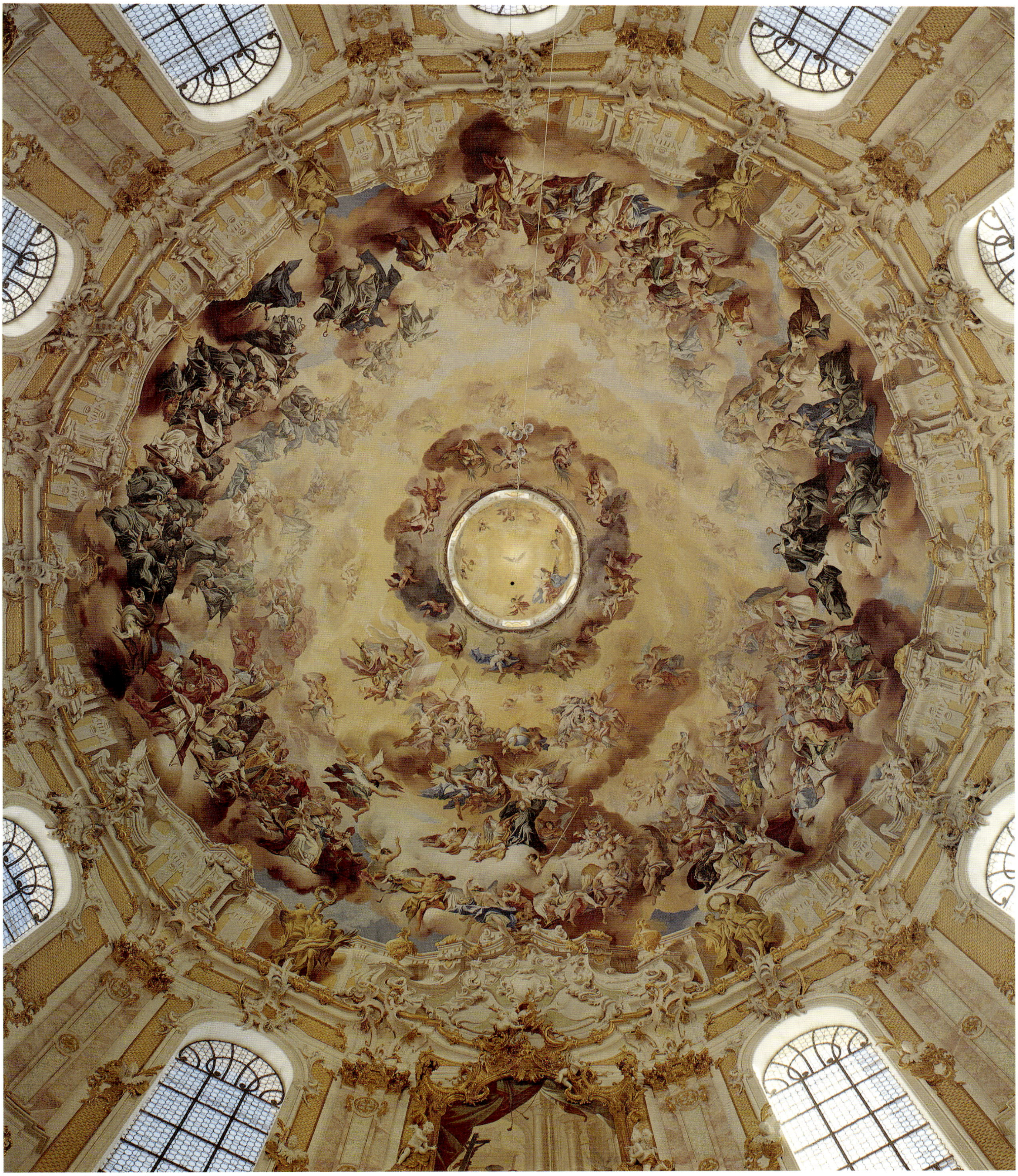

Frauenchiemsee

Die kleine Insel Frauenchiemsee, weltabgeschieden im «Bayerischen Meer» gelegen, erhielt ihren Namen nach adligen Klosterfrauen, Kanonissen, die dort streng geregelte Gemeinschaft suchten. Tassilo III. von Bayern gründete die Niederlassung um 770. Irmingard, eine Tochter Ludwigs des Deutschen, amtete in der ersten Blütezeit des Reichsstifts als Äbtissin und genoß Verehrung als Heilige und Patronin des Chiemgaus. Ihr Sarkophag wurde bei Ausgrabungen in den karolingischen Grundmauern der Kirche entdeckt.

907, in den Ungarnstürmen, ging Frauenchiemsee zugrunde. Mitte des 10. Jahrhunderts wurde es neu besiedelt. Die dreischiffige querschifflose Pfeilerbasilika mit quadratischem Chor, rechtwinklig geführtem Chorumgang mit Scheitelkapelle und einer Vorhalle im Westen stammt im Kern aus dem 11. und 12. Jahrhundert. Auffallend ist ihr nach Art eines italienischen Campanile freistehender achteckiger Turm mit einem Durchmesser von 8,8 Metern und ungewöhnlich starkem Mauerwerk, vor dem Jahr 1000 errichtet. Er diente wohl als Wehr- und Schutzturm gegen heranrückende Feinde und kam erst später in Gebrauch als Glockenturm des Klosters.

Im Laufe von Restaurierungsarbeiten des 20. Jahrhunderts entdeckte man an den Bögen des Hochchors und im Hochschiff Reste mittelalterlicher Malerei.

Die Formensprache der lebendigen Figuren, Szenen aus dem Leben Jesu, geschmückt mit Laubwerk und Vögeln, weist auf den Einfluß der Kunst im Salzburger Raum hin. Bedeutender und älter als diese Funde sind die sogenannten «Engelfresken» im Torhaus: Im Erdgeschoß dieses schlichten Baues befinden sich drei tonnengewölbte, durch Arkaden verbundene Räume, darüber der rechteckige Kapellenraum mit quadratischer Apsis. Aus der Entstehungszeit des Bauwerks läßt sich auf jene der schönen, wahrscheinlich von einem «höfischen» Meister geschaffenen Malereien schließen: 850-880.

Die hohen künstlerischen Qualitäten von Kirche und Kloster waren nur *ein* Bestandteil im Leben der Frauen, die hier als Benediktinerinnen ihr gottgefälliges Dasein führten: auf engem Raum, in außerordentlich karger Klosterzucht, lange Zeit nur aus edelgeborenem Geschlecht. Viele aus der Reihe der Äbtissinnen mußten sich äußerst streitbar, auch listig und beredt gegen Übergriffe wehren, denn ein Frauenkonvent galt als leichte Beute. Sie erhielten allerdings auch reichlich Stiftungen und Schenkungen, die enge Bindung an das Land Tirol gab innere Stabilität. Novizinnen, die sich nur den Traum vom beschaulichen Klosterleben verwirklichen wollten, begegnete bereits im ersten Jahr hart die Wirklichkeit: Sie durften nach Ordensbeschluß «den Garten nicht betreten, sich auch nicht an den Spazierfahrten auf dem See beteiligen», mußten «das Läuten, Auflegen der Gesangbücher, Reinigen der Kirchengeräte und die Putzarbeiten im Kloster» besorgen, wenn «an einem Mittwoch Fleisch gegessen wurde, was nur selten geschah, hatten sie Abstinenz. Sie waren an strengstes Stillschweigen gehalten und durften nur mit der Dechantin und ihrer Novizenmeisterin das Notwendigste besprechen.» Idyllisch sah es der Dichter Rainer Maria Rilke nur von außen: «Die kleine Insel samt ihrer innigen Natur» pries er, «in deren lichte, reine Ordnung manchmal ein Gitter zögernd erlaubten Einblick gewährt».

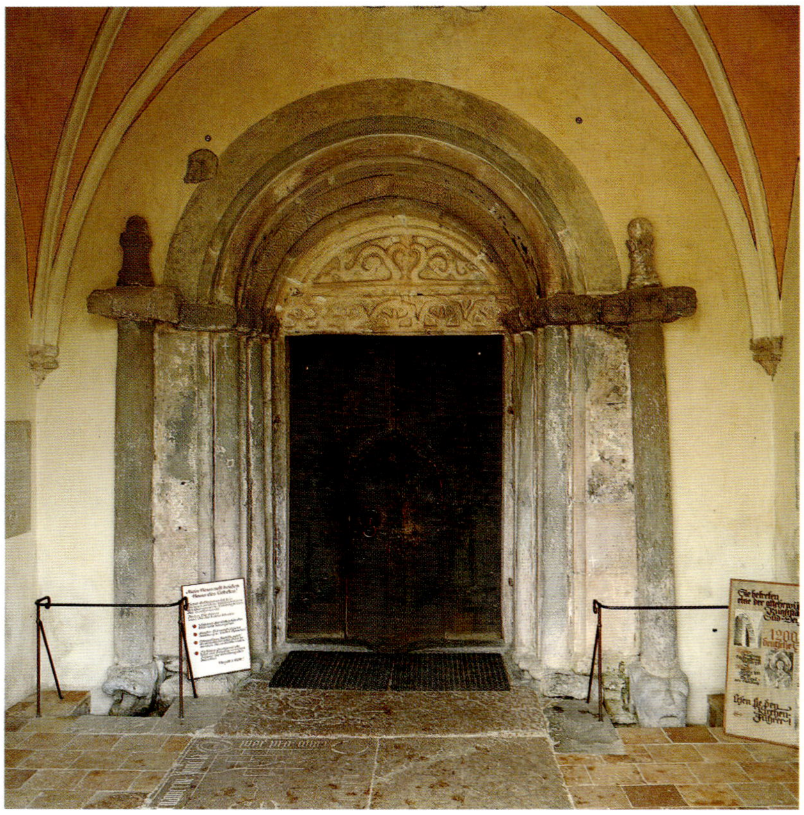

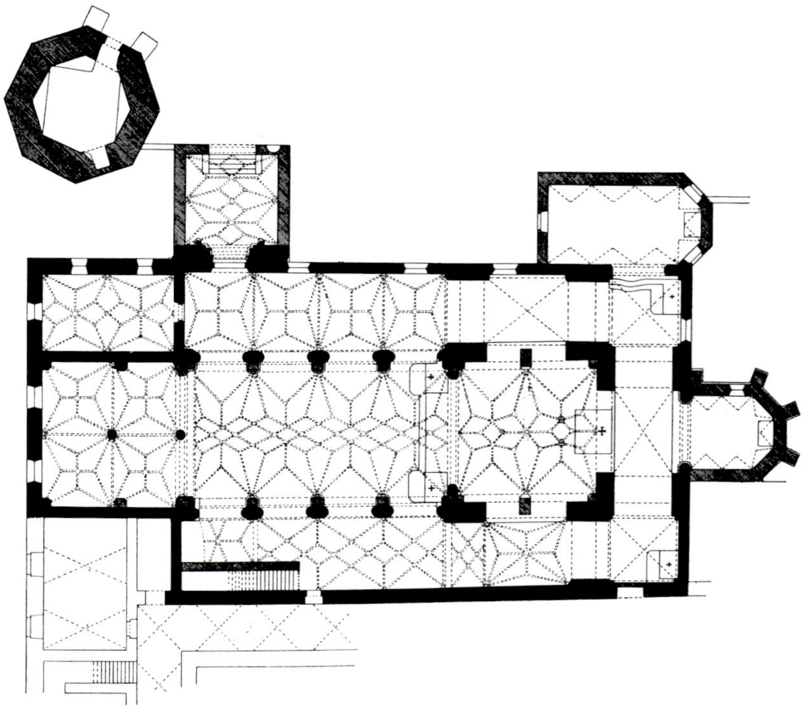

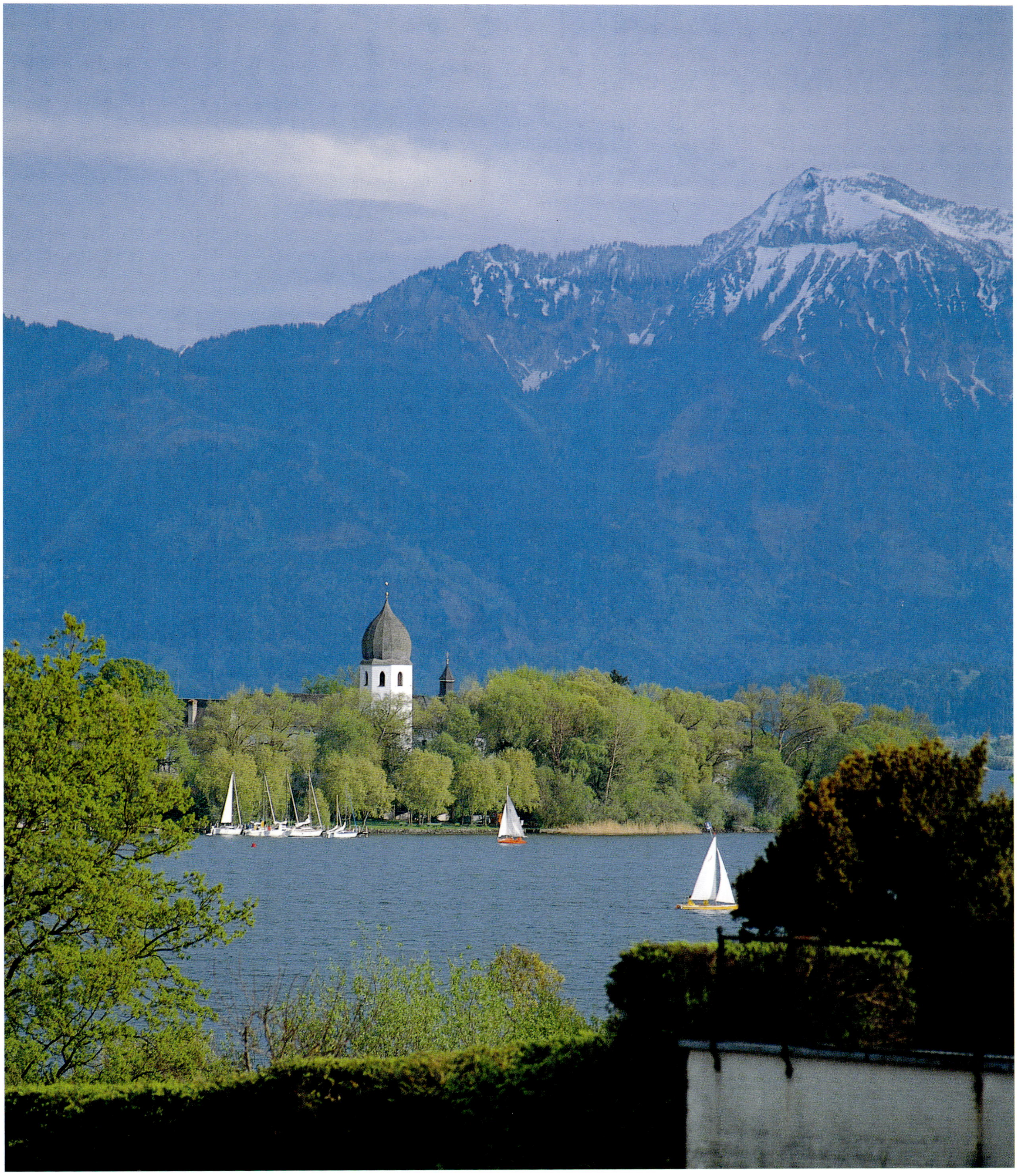

Freckenhorst

Massiv, wuchtig und wehrhaft wie Burggemäuer, ragen die aus Bruchstein aufgeführten Türme und Mauern der ehemaligen Stiftskirche Freckenhorst in Westfalen auf; ihr mächtiges Westwerk mit dem quadratischen Mittelturm, fensterlos bis zu den Obergeschossen, flankiert von runden Treppentürmen, scheint den frommen Beter eher abzuweisen als einzuladen in die dreischiffige, kreuzförmige Pfeilerbasilika mit Querschiff. Die Kirche wurde 1129 geweiht, die Westfront blieb übrig von einem Bau des 11. Jahrhunderts, der durch Brand zugrundeging.
In den «Xantener Annalen» war 861 bereits vom «monasterium quod dicitur Frikkenhorst» die Rede; eine niederdeutsche Gründungslegende des 15. Jahrhunderts erzählt von der Vision des Schweinehirten Freckyo – er erblickte ein Licht, das den Grundriß der künftigen Kirche umschrieb. – Zwischen der kargen Notiz und dem glaubensfrohen Märchen gibt es, selten für mittelalterliche Bauten, in der Kirche selber gesicherte Daten. Freckenhorst wurde um 860 von einer edlen Dame namens Geva und deren Gemahl, dem sächsischen Edelherrn Everwood, gegründet und war später Kanonissenstift für Frauen adeliger Herkunft.
Die lebensgroße Grabfigur der Geva in der dreischiffigen romanischen Krypta gehört zu den bedeutendsten Tumba-Plastiken des hohen Mittelalters; der Bildhauer hat seinen Namen an der Grabplatte hinterlassen: Gerbod. Auf der Grabinschrift steht zu lesen: «Mit entseeltem Leib liegt diesem Grab verbunden Geva, die Gründerin dieser Kirche, die tugendliebende, die Gottes Hand zur heiligen Ruhe geleiten möge, damit sie im Himmel lebe. Darum bete jeder Gläubige.» Das Werk ist zwar nicht datiert, bekundet aber, lateinisch, die Stiftung durch Geva, «fundatrix huius templi».
Ein romanischer Taufstein aus rötlichem Sandstein in Form einer Säulentrommel bezeugt das Datum der Weihe: «Im Jahr der Menschwerdung des Herrn, 1129, am 4. Juni, wurde vom ehrwürdigen Bischof Egbert von Münster im zweiten Jahr seiner Ordination diese Kirche geweiht», berichtet das lateinische Inschriftenband. Sieben Reliefs unter geschmückten Arkadenbögen erzählen vom Leben Jesu: Verkündigung an Maria; Christi Geburt; Taufe im Jordan; Kreuzigung; eine Doppelszene: Engel am leeren Grab und Christus mit einem Menschenpaar an der Höllenpforte; Christi Himmelfahrt; Jüngstes Gericht mit Christus als Weltenrichter. Die statuarische Ruhe romanischer Plastik ist gemildert, oft fast aufgehoben, durch feine Details und ausdrucksvolle Gestik und Körpersprache – «Goldschmiedewerk aus Stein» hat man diese meisterhafte Arbeit eines unbekannten Künstlers deshalb genannt; die lebensvolle Darstellung der heiligen Nacht ist das älteste Christgeburtsbild Westfalens.

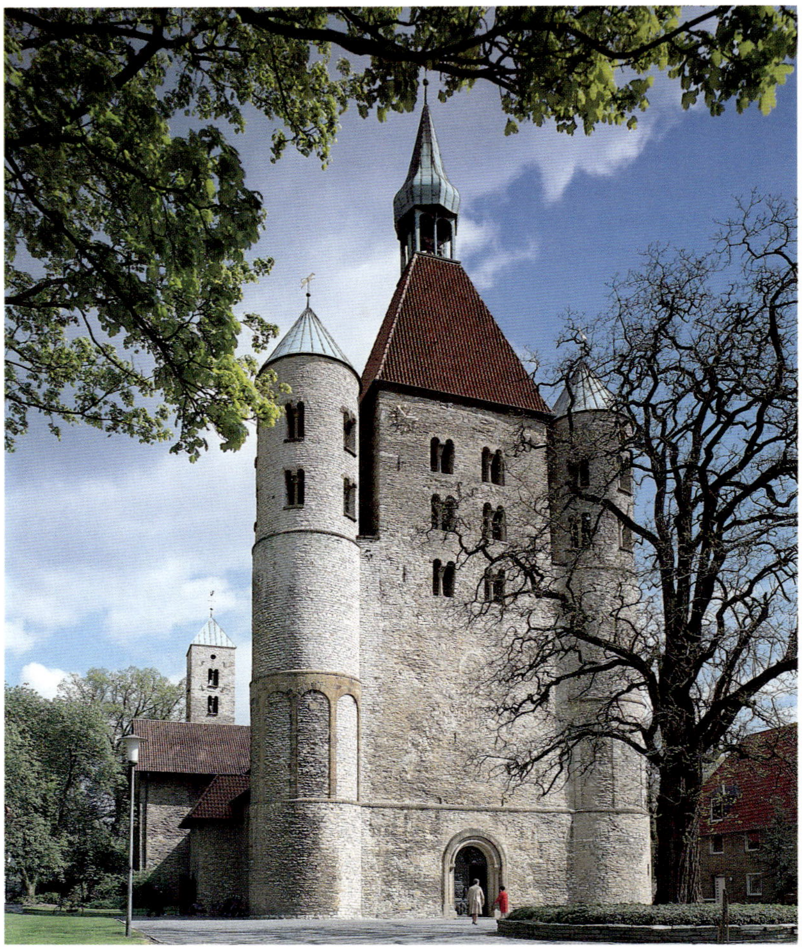

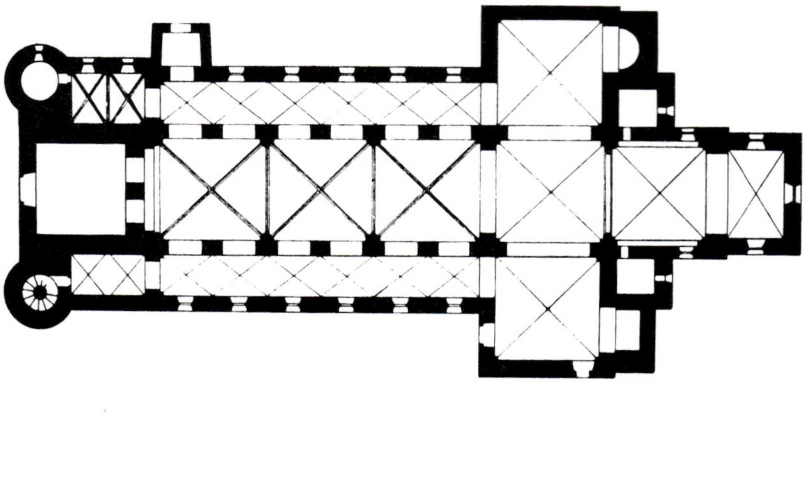

Hirsau

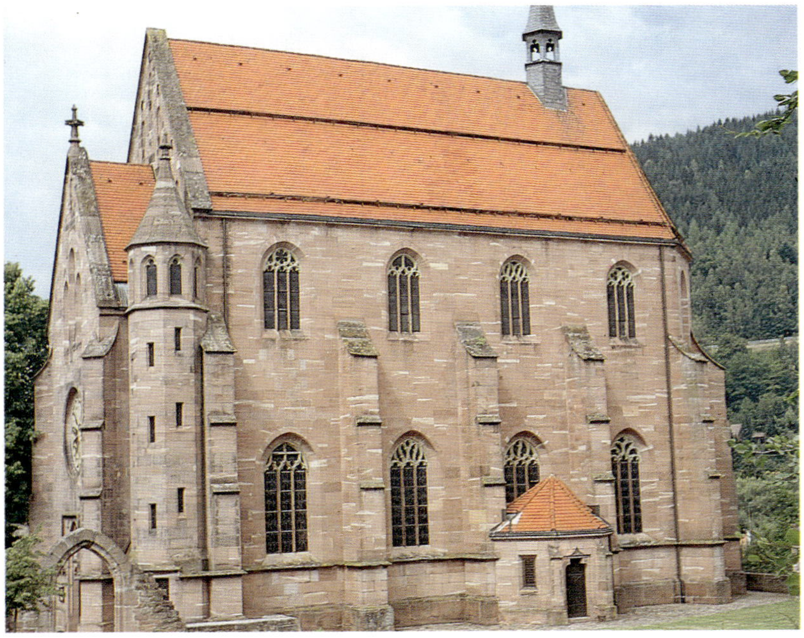

Marienkapelle

Das ehemalige Benediktinerkloster Hirsau, im Tal der Nagold im Schwarzwald bei Calw gelegen, wurde im Jahr 830 vom Grafen Erlafried von Calw gegründet; Hrabanus Maurus, einer der berühmtesten Gelehrten Europas in dieser Zeit, nahm 838 die Weihe vor. Hirsaus Bedeutung wuchs, als Bischof Noting von Vercelli die Reliquien des heiligen Aurelius hierher übertrug. Die Hirsauer Klosterschule, die im 10. Jahrhundert in Blüte stand, machte den Namen weit berühmt; doch schon mit der großen Pest um 986 und dem Schisma, welches 988 unter den Mönchen entstand, begann der Niedergang.
Im Jahr 1071 kam der Benediktiner Wilhelm, ausgebildet im Kloster St. Emmeram zu Regensburg, als Abt nach Hirsau, ein hochgebildeter, wortgewandter, außerordentlich willensstarker Mann, der Hirsau zu neuer Größe führen sollte. Er fand ein bescheidenes Klösterlein vor mit der stattlichen Basilika St. Aurelius, kreuzförmig, dreischiffig, mit drei Apsiden, Krypta, Vierungsturm und Türmen an der Westfassade neben der Vorhalle, erbaut 1059-1071 in romanischem Stil; ganze zwölf Mönche lebten dort. Wilhelm ordnete den Bau eines neuen Klosters an: St. Peter und Paul, 1082-1091 aufgeführt, etwas weiter oberhalb im heutigen Ort Hirsau gelegen, dokumentierte den Rang, den Wilhelm alsbald seinem Haus verlieh. Die gewaltige, flachgedeckte Säulenbasilika besaß drei Schiffe, vier Türme waren geplant, ein Querschiff mit Apsiden, Vierungsturm, ein dreischiffiger Chor, reichlich Altäre, im Westen eine dreischiffige Vorkirche mit zwei Westtürmen – für die rasch stattlich anwachsende Zahl der Benediktinerbrüder gab es kommode Wirtschaftsgebäude: Wohnung des Klostervogts, Mühle, Küferei, Pfisterei, Brunnen, Mönchshaus, Kapitelsaal, Kreuzgang, die schöne zweigeschossige Marienkapelle, Bibliothek.
Das alles legte im Jahr 1692 der französische General Mélac in Schutt und Asche. Nur der « Eulenturm » aus dem 12. Jahrhundert und Ruinen sind erhalten. Die berühmte, von Ludwig Uhland besungene Ulme ragt aus hohlen Umfassungsmauern. – « Zu Hirsau bei dem Abte, / Da kehrt der Ritter ein / Und trinkt bei Orgelschalle / den kühlen Klosterwein », noch einmal Uhland, der das christliche Mittelalter im Sinn der Romantik des 19. Jahrhunderts begriff.
In Wirklichkeit heftete sich an Hirsaus Namen der Geist Clunys. Abt Wilhelm schloß sich der cluniazensischen Reform an und schrieb, zusammen mit Ulrich von Zell, seinem Konvent die strenge Hirsau-Regel, « Consuetudines Hirsaugienses », auf: Die Vorschriften des heiligen Benedikt, strikt gefaßt und einzuhalten, verlangten hier konsequent Askese, Disziplin, Armut; die oft so selbstherrlichen Benediktinermönche mußten mit Gleichmut akzeptieren, daß Angehörige niederer Stände als Laienbrüder in ihr Kloster kamen, dort allerdings auch « niedere » Arbeit in der Wirtschaft taten. 1076 schloß er mit den Grafen von Calw den Vertrag, in dem diese freiwillig und für immer auf ihre Rechte und Pflichten als Eigenkirchenherren verzichteten. – Der Verfall Hirsaus selbst setzte ein Jahrhundert nach dem Tod des « heiligen » Abtes ein, die finanzielle, wissenschaftliche und religiöse Bedeutung des « süddeutschen Cluny » schwand dahin.

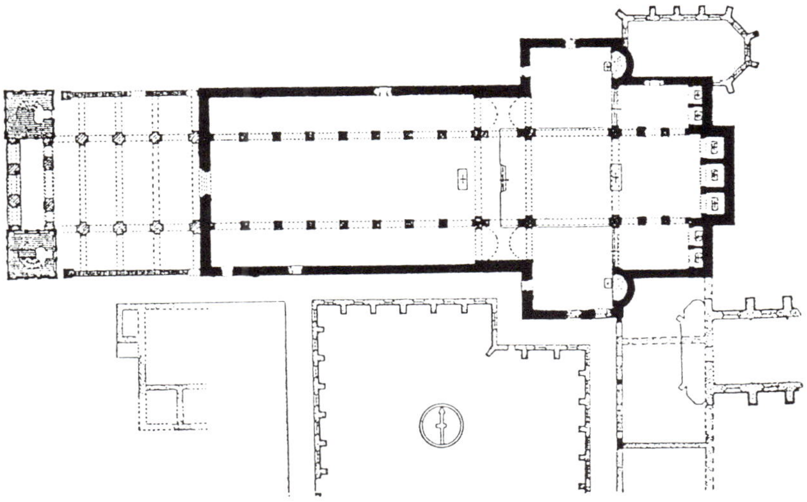

Kornelimünster

In unmittelbarer Nähe der alten Kaiserstadt Aachen, im Tal am Flüßchen Inde, liegt die Benediktinergründung Kornelimünster. Ludwig der Fromme, ein Sohn Karls des Großen, stiftete das Kloster 814/815; es sollte für das gesamte fränkische Reich zum « Muster » einer Reform dienen. Denn die Benediktinerklöster waren nach dem Tod Kaiser Karls oft weitgehend in die Geschäfte der Welt verstrickt, vergaßen ihre frommen Ideale mönchischer Armut und Einfachheit; Ludwig erteilte seinem Berater und Freund, dem heiligen Benedikt von Aniane, Auftrag, als Abt des damals noch « Inda » benannten Kornelimünster die Reformpläne für alle Reichsklöster durchzusetzen; als « Reichsabt » besaß Benedikt große Befugnisse, 817 trat in Aachen unter kaiserlichem Schutz eine Äbtekonferenz zusammen, auf der seine Reformpläne, die « Capitularia », verkündet wurden. Die Regeln des « italienischen » Benedikt wurden da deutlich beschnitten, und die « Aachener Erlasse » sollten in allen fränkischen Klöstern einheitlich gelten: Ludwigs Protektion und vor allem Einschränkungen, die der Person des Klostervorstehers galten, machten die Äbte mißtrauisch, ärgerlich, ablehnend. Der Heilige mußte Kompromisse suchen, doch ehe er einen Konsens gefunden hatte, starb er 821. Ludwig, wie oft Söhne großer Väter innerlich in Zwiespalt, zeigte sich enttäuscht, war ihm doch daran gelegen, seinen Titel « der Fromme » mit diesem Akt kirchlicher Erneuerung zu schmücken. Eine einschneidende Tat wie die Klosterreform hätte getaugt, sich und Kloster Inda das Denkmal zu setzen. Noch zu Lebzeiten seines Freundes, im Jahr 814, hatte Ludwig unter dem Westvorbau für sich und seine Gemahlin Irmgard ein Doppelgrab anlegen lassen, so sehr empfand er das Kloster an der Inde als seine ureigenste Schöpfung, sein Lebenswerk. « Wenn nun plötzlich nahte das Ende des menschlichen Leibes », bat er Benedikt, « würden die Glieder ins Grab dort im Kloster gelegt. »

Im 11. Jahrhundert erhielt das zur freien Reichsabtei avancierte Kloster die Reliquien des Papstes Cornelius; von da an führte es erst den Namen « Benediktinerkloster St. Cornelius in Inda », später kurz: Kornelimünster. Kloster und Wallfahrt prosperierten, kaiserliche Privilegien gewährten Immunität und Reichsunmittelbarkeit, der Abt verfügte über die Rechte eines Landesherrn, wurde Reichsfürst und Inhaber weltlicher Hoheitsrechte.

Die erste dreischiffige Basilika mit Querhaus, über dem lateinischen Kreuz angelegt, wurde durch die Normannen zerstört. Der Neubau von 1310 fiel innenpolitischer Fehde zum Opfer. Seit dem 14. Jahrhundert entstand als fünfschiffige Halle eine große gotische Kirche; 1470 kamen südlich zwei Seitenschiffe und westlich der Kreuzgang hinzu. Ab 1520 wurde das nördliche Seitenschiff verbreitert und ein weiteres mit der schönen Abtsempore errichtet. Die oktogonale Corneliuskapelle am Chorhaupt des Mittelschiffes mit dem Stifterbild Ludwigs und dem Gemälde von der Aufnahme des heiligen Cornelius in den Himmel ist barock ausgestattet. Ihr kommt eine besondere Bedeutung zu: Seit dem 14. Jahrhundert ist Kornelimünster in die Aachener Heiligtumsfahrt einbezogen, die alle sieben Jahre stattfindet. In prachtvoller Prozession werden die « großen » Reliquien aus dem Schatz Karls des Großen verehrt: ein mit Borten verziertes Leinenkleid Mariens; das Lendentuch Christi und das Enthauptungstuch Johannes des Täufers. Die Kapelle dient dann zur Ausstellung der Reliquiare.

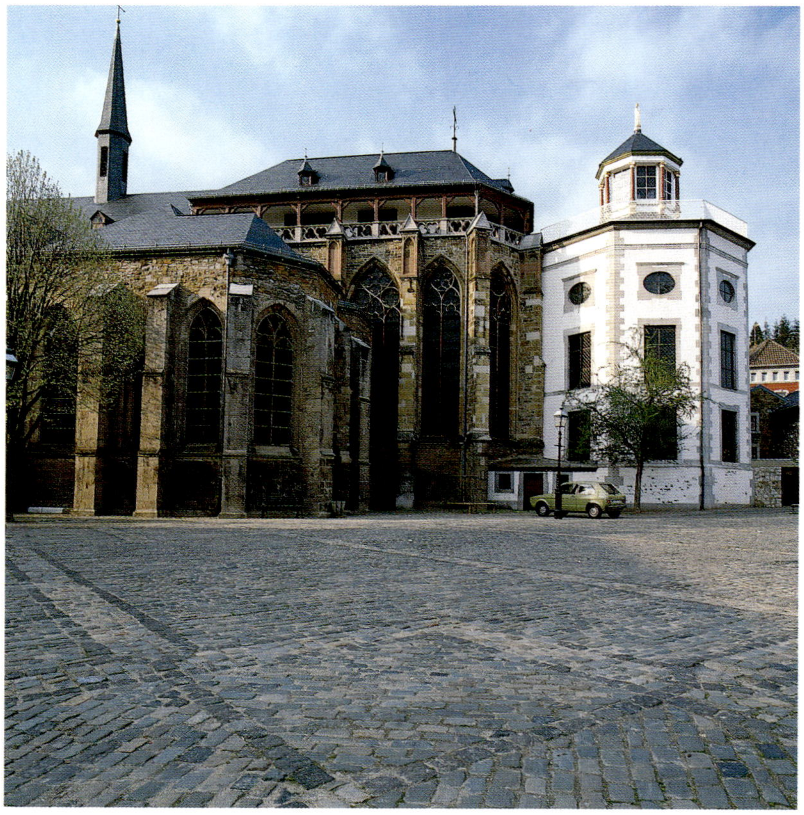

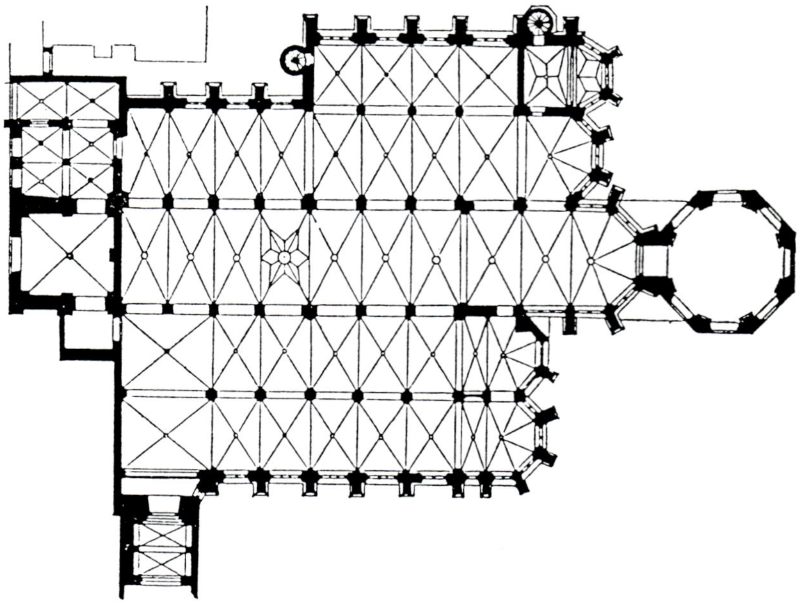

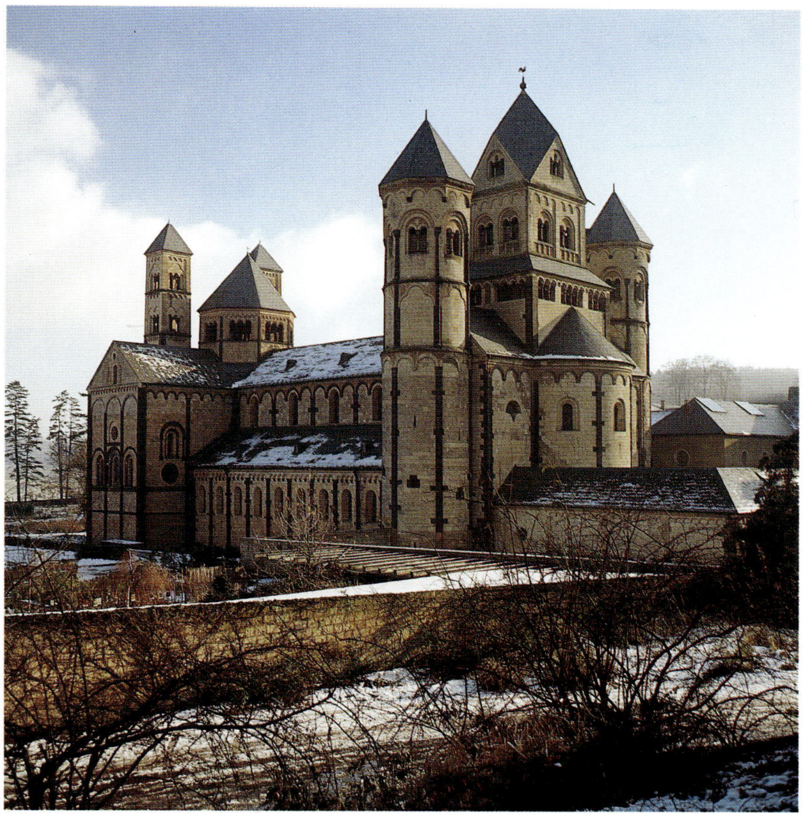

Maria Laach

Der lothringische Pfalzgraf Heinrich II. und seine Gemahlin, Adelheid von Orlamünde, stifteten im Jahr 1093 das der Mutter des Herrn gewidmete Kloster Laach, gelegen am größten Krater-See der Eifel. Die Gründermönche, Benediktiner, stammten von S. Maximin in Trier; als das Stifterpaar wenig später (1095 und 1100) starb, geriet das fromme Werk ins Stocken. Um 1112 berief der Stiefsohn Siegfried Ordensbrüder aus dem Kloster Affligem in Brabant, und diese stellten den ersten Abt, Gilbert, der 1152 starb. Die rein romanische Anlage wurde 1156, noch unvollendet, geweiht. Die Westbau-Obergeschosse entstanden 1160-1170; das Westatrium um 1220; die vollständig gewölbte, kreuzförmige Pfeilerbasilika mit Querschiff, Chor, Apsiden, Hallenkrypta, Vierungsturm und Osttürmen strebt in ihrer massiven Erscheinung wie eine trutzige Burg zum Himmel auf und blieb, trotz einiger Zutaten späterer Zeiten, Urbild der Romanik. Ihr Inneres ist dunkel und kontrastiert mit den gelblichen Tuffquadern der grauen Basaltlava, dem Sand- und Kalkstein der Außenmauern.

Maria Laach besitzt zwei kostbare Besonderheiten: «Nach außen abgeschlossen, kommt man durch ein torloses Portal in einen Säulenrundgang, der zu den hohen Pforten des Westwerks führt», schreibt der Kunstgelehrte Bastian Müller, und, überraschend, im «Geviert des inneren Säulenrundgangs ist das Paradiesgärtlein». Dieses «Paradies» im Atrium soll mit seinem grünen Rasen, geöffneten Arkaden und einem auf vier Löwengestalten ruhenden Springbrunnen den biblischen Garten Eden symbolisieren. Aus den Mäulern der wilden Tiere sprudelt geruhsam das Wasser des Lebens nach allen vier Himmelsrichtungen; den Ort der Besinnung und Einkehr würdigte im Jahr 1516 Humanist Johannes Butzbach in seiner «Chronika eines fahrenden Schülers»: «Ein prächtigeres und festeres, reizender und friedlicher gelegenes Kloster gibt es nimmermehr.» Und ein anonymer Wandersmann des 19. Jahrhunderts notierte ins Reisetagebuch: «Die Klarheit der Romanik, gespiegelt in der lichten Düsternis des Laacher Maars, preist Gottes Lob in Ewigkeit.»

Ewig jung, aus farbig gefaßtem Holz, ruht auch Heinrich der Stifter, im gold-bunten Gewand, umhüllt von seinem roten Mantel, unter einem Säulenbaldachin im Ostchor. Das Pfalzgrafenmonument, Werk eines unbekannten Künstlers aus dem 13. Jahrhundert, zeigt einen jungen, schwarzlockigen Mann; in der Rechten hält er das Modell der Kirche Maria Laach. Der Gründer hat den Bau nie fertig gesehen, aber er brauchte sich auf dem Totenbett keine Sorgen zu machen um den Fortgang der Arbeiten. Seine Witwe Adelheid ließ, dies ist beurkundet, «in Gegenwart vieler Zeugen die großherzige Tat ihres Gatten erneuern, um dadurch deren Fortbestand größere Sicherheit zu verleihen».

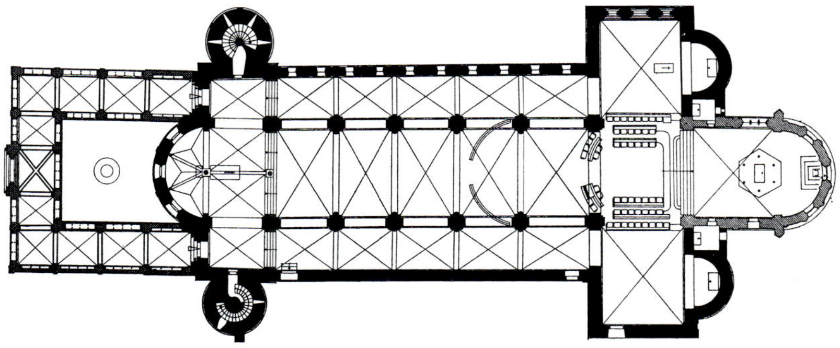

Maulbronn

Das ehemalige Zisterzienserkloster Maulbronn in Nordwürttemberg ist die einzige Klosterstadt Europas, die seit dem Mittelalter so gut wie unversehrt erhalten blieb. – 1138 wurde sie durch Walter von Lomersheim gegründet und 1147 von Mönchen aus dem Elsaß besiedelt; der Zuzug dieser frommen Männer gab den Namen: Die Legende erzählt, daß sie ihr Maultier an einer Quelle im heutigen Klostergarten tränkten und blieben. – Es war allerdings ein wenig einladendes Stück Land, in das sie den ersten Spatenstich zum künftigen Bau gruben, «nur mit geringer Anstrengung bebaut oder gänzlich vernachlässigt», «völlig wüste und allen Vorübergehenden durch Nachstellungen gefährlich», heißt es in der Gründungsurkunde.
1178 war Weihe der langgestreckten, niedrigen Pfeilerbasilika St. Maria, aus Schilfsandstein gebaut, streng nach Ordensgebot schmuck- und turmlos, nur vom (späteren) spitzen Dachreiter bekrönt. Das düstere, enge Querschiff ist mit eingezogenen Kapellen besetzt. Eine steinerne Schranke trennt den westlichen, den Laien vorbehaltenen Teil streng vom Mönchschor. Das prachtvolle gotische Maßwerkfenster im Chor und bemalte Netzgewölbe verleihen der dunklen Askese des Kircheninneren lichtere Akzente. Westlich ist, um 1210, eine geräumige Vorhalle der Kirche angebaut, das sogenannte «Paradies».
Der Kreuzgang präsentiert sämtliche mittelalterlichen Bauformen: der Südflügel Romanik, der Westflügel mit zweigeteilten Fenstern Frühgotik, der Nord- und Ostflügel mit viergeteilten Fenstern Hochgotik. Am nördlichen Flügel befindet sich ein lichtdurchfluteter neuneckiger Zentralraum des 14. Jahrhunderts, in dessen Mitte ein Brunnen majestätisch aus drei sich nach oben verjüngenden Steinschalen Wasser gießt. In dieser «Brunnenkapelle» wuschen sich die Mönche, bevor sie sich über den Kreuzgang zum gegenüberliegenden hellen, zweischiffigen Herrenrefektorium begaben, um zu speisen – die Laien blieben, wie in der Kirche, auch bei Tisch getrennt und aßen in einem separaten Flügel. Gewölbe über Brunnen und Speisesaal der Mönche bemalte im Jahr 1512 Jörg Ratgeb aus Schwäbisch-Gmünd: Die «ganz locker auf die Wand geschnörkelten Dekorationen, worin sich Wildleute und muntere Putten legendären Tieren zugesellen» (Wilhelm Fraenger), wurden erst 1937 freigelegt, ein «sehr reizvolles und originelles Dokument spätmittelalterlicher Zierkunst», aus der «schreibmeisterliche Schwungkraft und vergnügte Phantasie sprechen». – Im Kapitelsaal des Nordflügels gegen den Kreuzgang geöffnet und im Inneren völlig in Maßwerk aufgelöst (14. Jahrhundert), sind die ältesten Netzrippengewölbe Deutschlands erhalten.
Das Kloster wurde bereits im Jahr 1530 aufgehoben und diente, nachdem Herzog Ulrich von Württemberg 1534-1537 die Reformation eingeführt hatte, als evangelische Klosterschule, später als theologisches Seminar. Friedrich Hölderlin lebte von 1786 bis 1788 in dem streng klösterlich geführten Internat, auch Hermann Hesse war Schüler in Maulbronn und beschrieb 1914 in Erinnerung an Schlafsaal und Professorengarten, Klosterküche und «den Ton der Morgenglocke» seinen Eintritt in die Brunnenkapelle: Ich «sah im klaren Schatten des gewölben Raumes die drei Brunnenschalen übereinanderschweben, und das singende Wasser fiel in acht feinen Strahlen ... und das Gewölbe spielte im ewigen Dornröschentraum verzaubert mit den lebendigen Tönen, heute wie gestern, heute wie damals, Jahre und Jahrzehnte hindurch.»

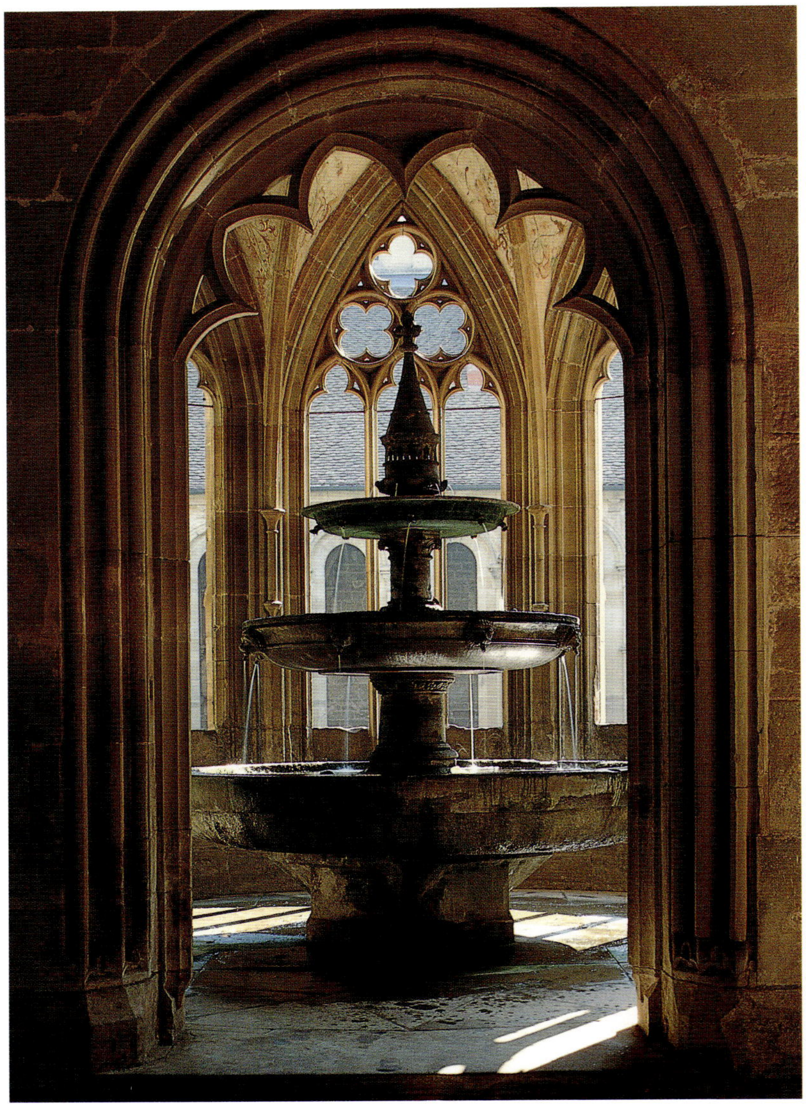

Brunnenhaus

Herrenrefektorium ▷

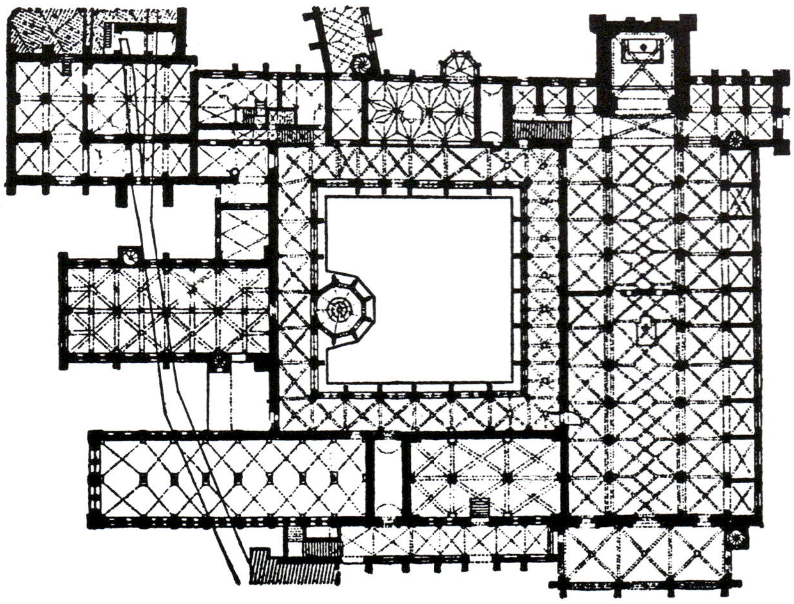

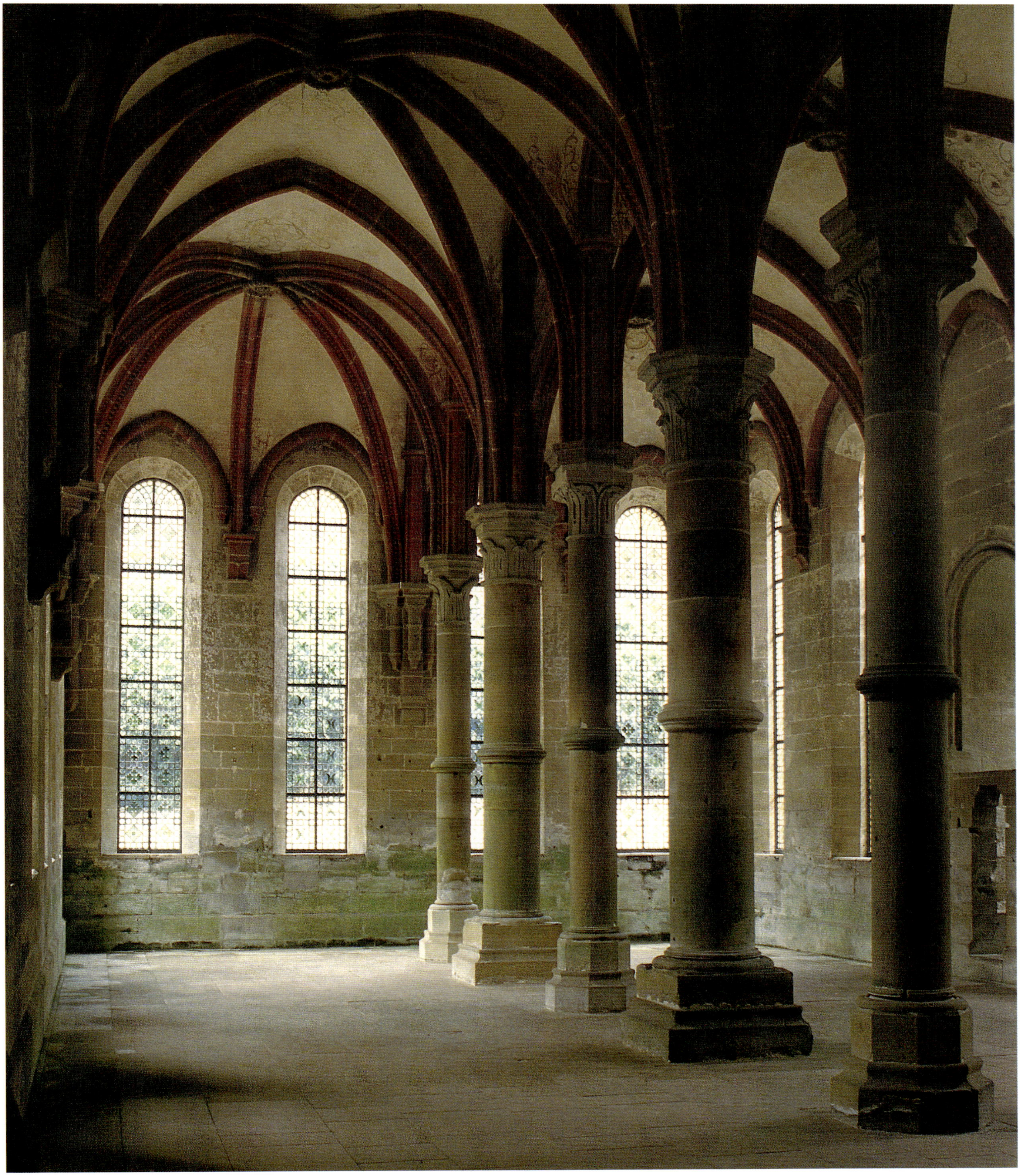

München — Jesuitenkolleg

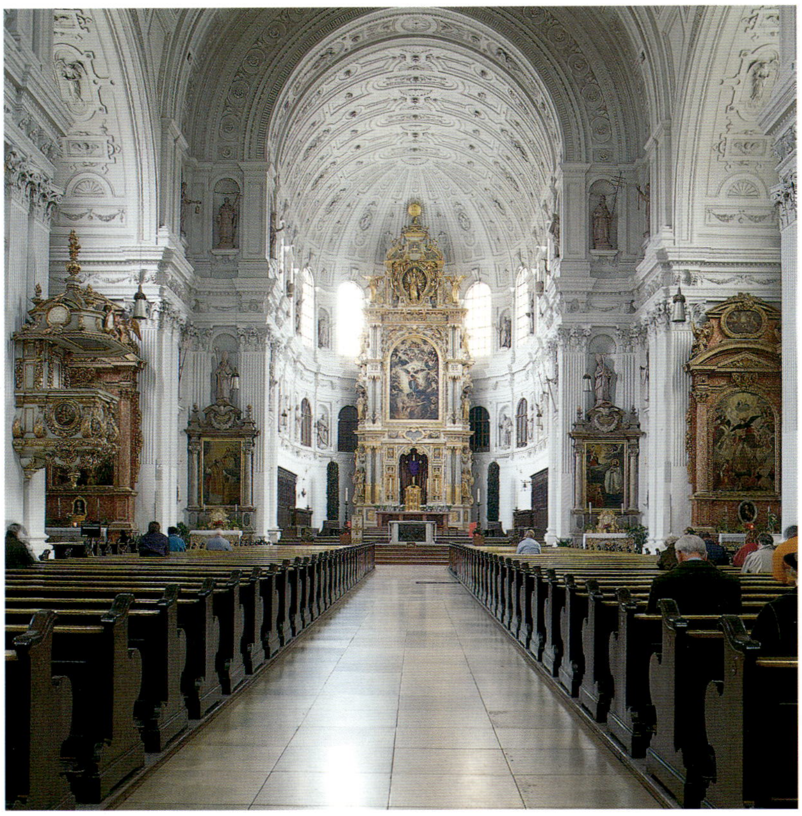

St. Michael, der Drachenbekämpfer und -bezwinger, steht mit gutem Grund als Namenspatron der Jesuitenkirche in München. Protestanten, « Ketzer », das Geistesgut Martin Luthers bereiteten dem Katholizismus in der Stadt Sorgen, und die Gesellschaft Jesu galt deshalb als Hoffnungsträger des wahren Glaubens. 1559 kam sie nach München, erst 1581 begannen die Bauarbeiten zu ihrem Konvent als Hort der Gegenreformation. Bauherr Herzog Wilhelm V. zögerte nicht, große Summen Geldes aus eigener Schatulle zu bezahlen. Im Jahr 1590 brach der Turm an der Ostseite des Chores ein – für den frommen Mäzen ein drastischer Hinweis des Erzengels, der deutliche Wink des Himmels, er solle ein größeres Gebäude zu beider Ehren errichten. So geschah es, und man konnte trefflich großzügig aus dem Vollen schöpfen, denn es war nicht, wie meist bei sakralen Bauten, auf Vorgängerkirchen und -konvente Rücksicht zu nehmen. Ein anonymer Zeitgenosse notierte, das « Jesuitische Collegium » habe « eine überaus große Weite, das der Größe halber ein König darin Hof halten könnte, mit unterschiedlich großen Höfen, Gärten, großen und kleinen Zimmern in starker Anzahl, hübschen Refektorien, Speisestuben, Schulen, Sälen », und « der Rektor sagt, so ist dieses nach dem Escorial in Spanien das vornehmste Collegium in ganz Europa. » Den Patres war dies wohl auch zuviel des Guten, der Provinzial fand « die meisten Räumlichkeiten zu prächtig und zu groß », er hoffe, die Wohnungen « mit Erlaubnis des Herzogs der religiösen Einfachheit mehr anpassen zu können ».

Das Kloster ist weitgehend zerstört. Die Kirche St. Michael wurde 1597 geweiht und nach Aufhebung des Jesuitenordens 1773 Hofkirche. Viele Meister arbeiteten an St. Michael. Chor und Querschiff schuf der Niederländer Friedrich Sustris, der seinen Stil in Italien geschult hatte: Der große, weite Raum erinnert an die römische Kirche Il Gesù; der mächtige Saal mit Emporen über den Seitenkapellen wirkte zur Entstehungszeit wie ein Fremdling, das 20 Meter überspannende Tonnengewölbe über dem Schiff imponierte den noch ganz im späten Mittelalter befangenen Münchnern. Fehlende Farbigkeit im Inneren, die gesammelte, reiche Renaissanceform der Kapellendekorationen erregte Bewunderung; bayerische Frömmigkeit fand sich nicht in den gewaltigen Dimensionen, dem großen Chor, den breiten Pfeilern.

Auch die Fassade in drei Geschossen mit dem eleganten Dreiecksgiebel ließ die Gläubigen staunen, wärmte aber kaum ihr Herz. Nur Michael, der « unbesiegte Gottesheld » in der mittleren Nische des Untergeschosses, modelliert von Hubert Gerhart, gegossen durch Martin Frey, eroberte sie rasch. So menschlich, wohlgestalt und körperlich schön kannten sie Heiligenbilder nicht: « Den Glaubensernst des Herzogs und seiner Partei enthält dieses Werk weniger vollkommen als des Künstlers phantastische Wildheit und versteckte Koketterie », bemerkte der Kunstgelehrte W. A. Luz; der « Erzengel Michael ist ein junger Athlet », und des Bösen « Erscheinung hat nichts vom Höllenfürsten, im Gegenteil ist der Teufel Gerharts eine geplagte Kreatur », im « Schmerz des Sturzes verzieht er sein Gesicht und öffnet ein breites Maul ».

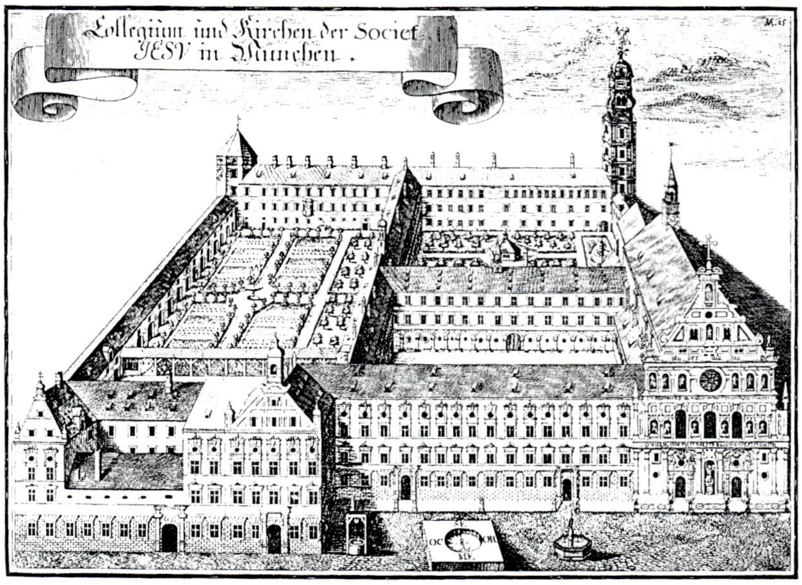

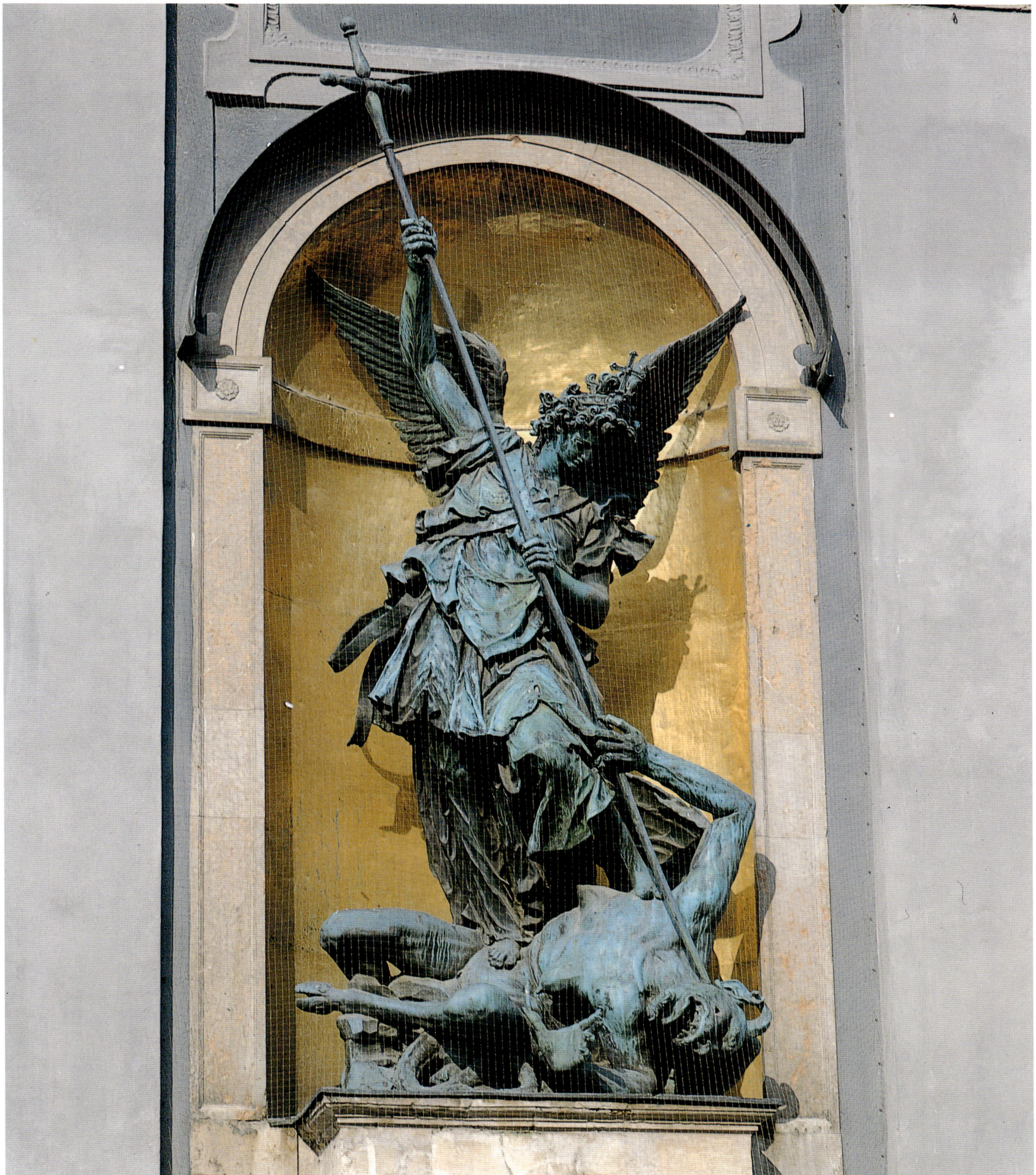

Neresheim

Die Abtei Neresheim wurde im Jahr 1095 durch Graf Hartmann und Gräfin Adelheid von Dillingen-Kyburg als Chorherrenstift gegründet und 1106 in ein Benediktinerkloster umgewandelt. Eine im Jahr 1119 geweihte romanische Kirche wurde mehrmals umgebaut, im 13. Jahrhundert stand das Kloster, vor allem durch die Ausdehnung seiner Ländereien, in reicher Blüte. Doch geriet es während der Machtfehden zwischen Kaiser und Papst in Bedrängnis; mehrmals fiel es Marodeuren in die Hände, wurde beraubt und gebrandschatzt. Das Unheil wiederholte sich in Kämpfen des Dreißigjährigen Krieges, die ganze Gegend verkam fast gänzlich; 1647 lebten nur noch fünf Patres in Neresheim, der Klosterchronist klagte ein Jahr später: «Niemand war in den Dörfern, das Hertsfeld war eine Einöde. Der Abt bemühte sich, die verödeten Landgüter wieder urbar zu machen, aber fast niemand war da, der sie auch nur als Geschenk übernehmen wollte. Das Kloster hatte kaum mehr Löffel und Messer.»
Es ging aber wieder bergauf; 1745 konnte man den Neubau in Angriff nehmen. Balthasar Neumann, der große Barockbaumeister, entwarf sein letztes Werk, und als er im Jahr 1753 starb, mußte man seine kühnen Pläne vereinfachen, modifizieren, baute aus Holz, was in Stein gedacht war, etwa die große Mittelkuppel und die Säulen, die sie trugen. Der Sohn, Ignaz Neumann, eben zwanzig Jahre alt, bewarb sich um die Fortsetzung des «angefangenen schweren Kirchenbaues» und begehrte dagegen auf, daß man «ein hölzernes Gelächter daraus machen wollte». Dominikus Wiedemann, Johann Georg Konradi (1757/58) und Johann Baptist Wiedemann, der 1764 die Wölbung vollendete, erbauten schließlich die monumentale kreuzförmige Wandpfeilerkirche mit zwei Kuppeln im Langhaus und mächtiger Vierungskuppel; bereits 1777 fanden Gottesdienste statt, doch erst 1792 die abschließenden Weihehandlungen.
Deckenfresken und Dekorationsmalerei sind Arbeiten des Tiroler Meisters Martin Knoller, der von 1770 bis 1775 in der Kirche tätig war. «Hier kann, hier muß ich mir einen Namen machen», gelobte er zuversichtlich zu Beginn. Seine Meisterschaft in der Perspektive hatte ihn empfohlen; Stationen im Leben Christi standen im Zentrum seines Programms, das er mit barocker Emphase, eminentem Gespür für die Gestaltung der Landschaft und leuchtendintensiver Farbpalette bewältigte. «Martin Knoller fec. 1771» signierte er das Auferstehungsfresko im Chorraum. Angesichts der überwältigenden Fülle der Malwerke fast unglaublich: Der Künstler war träge bei seinem Werk. Grämlich notiert die Neresheimer Chronik «anno 1775 war er mit seiner Arbeit fertig, nachdem er in sechs Jahren auf das Ganze nicht mehr als einundzwanzig Monate und siebzehn Tage verwendet hatte. Für jede Stunde hatte er eine Dukate.»
Neresheim war im Jahr 1764 zum Reichsstift erhoben worden, der Abt durfte sich von da an «Reichsprälat» nennen – die Herrlichkeit dauerte nur kurz und endete 1802 mit der Aufhebung des Klosters durch Säkularisation. König Friedrich von Württemberg machte sich zum Protektor und sorgte für den Bestand der Kirche: «Ich will, daß dieser Tempel erhalten werde», befahl er, denn er «ist eine Zierde meines Landes». Das «hölzerne Gelächter» tönte allerdings Jahrhunderte später noch: Einsturzgefahr führte in Neresheim 1966 zur mehrjährigen Schließung.

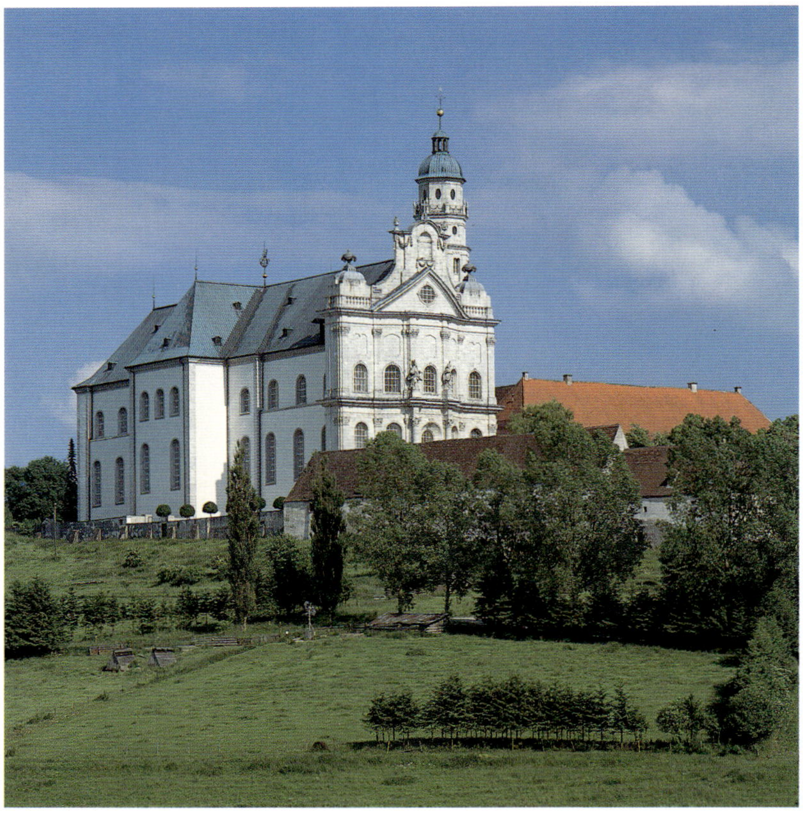

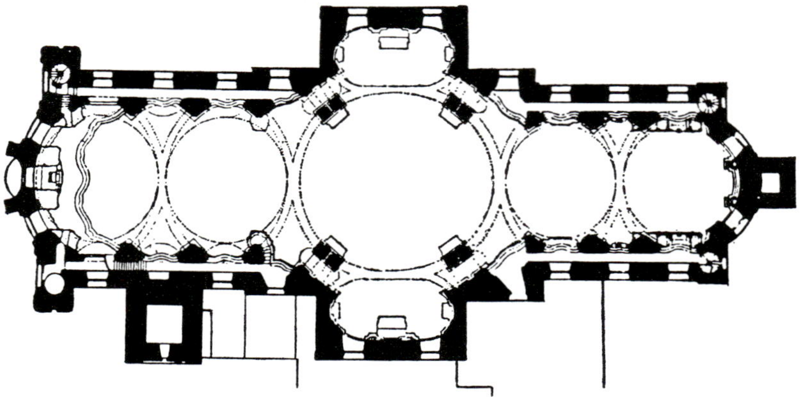

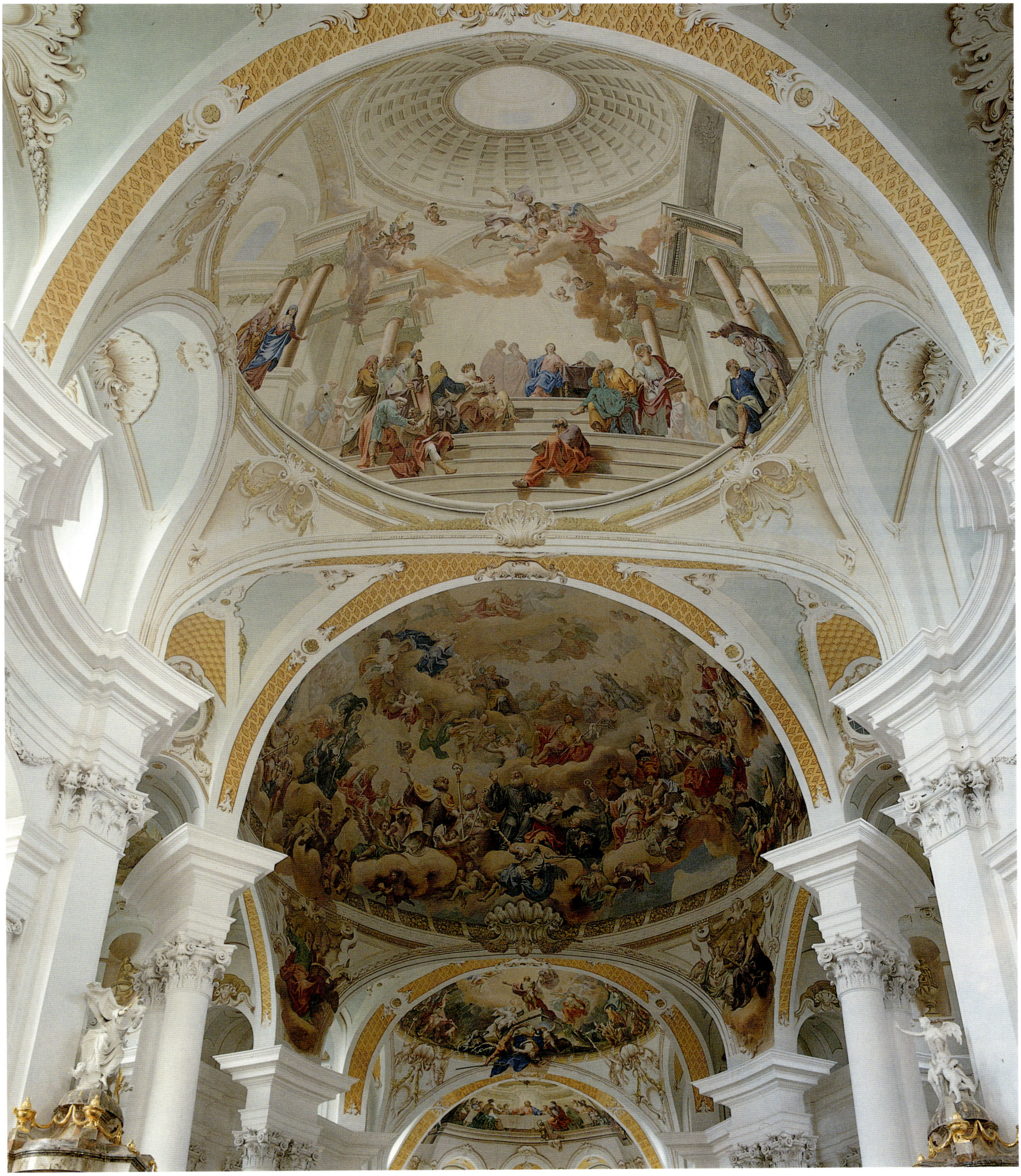

Ottobeuren

Ottobeuren, herrlich im Alpenvorland gelegen, zählt zu den prächtigsten Klosteranlagen des deutschen Barock. Den «Schwäbischen Escorial» hat man die Benediktinerabtei genannt; eine Inschrift über dem Hauptportal grüßt bescheidener, frömmer: «Haus Gottes und Himmels Pforte.»

Das ehemalige Reichsstift wurde im Jahr 764 gegründet, erlebte 1102-1145 unter Abt Rupert I., der die Hirsauer Reform einführte, eine hohe Blütezeit. Der Dreißigjährige Krieg verschonte auch Ottobeuren nicht: durchziehende Schweden richteten an den Bauten des Klosters 1630-1635 schwere Schäden an. 1711 entschloß man sich zum völligen Neubau einer barocken Anlage, 1737 begann die Arbeit nach Plänen von Simpert Kraemer. Sein Entwurf fand jedoch wenig Gefallen bei Abt Anselm Erb. Der Münchner Hofbaumeister Joseph Effner erhielt 1744 den Ruf, und als dieser ein Jahr später starb, übernahm der Architekt Johann Michael Fischer 1748 die Bauleitung.

Fischer konnte nicht frei, von Grund auf schöpferisch entwerfen, sondern fand sich an die Pläne der Vorgänger gebunden; die mächtig dimensionierte «Kathedrale», die er schuf, mit kühn geschwungener, doppeltürmiger Fassade und einer eleganten Verbindung aus Längsbau und Zentralraum, ist dennoch der Wurf *einer* genialen Hand. Festlich steigen aus dem Mittelschiff die Arkaden empor, über denen das strenge Gebälk den Kontrapost bildet zu der bewegten Fülle an Schmuck, Ornamenten, Gemälden und Stuck. Alles wirkt harmonisch gebunden, leicht und klar. Die Innenausstattung führten die Besten ihrer Zeit aus: Johann Jakob und Franz Zeiller die Malereien, Johann Michael Feichtmayer die Stukkaturen, Johann Christian die Skulpturen. Zu den bedeutendsten Stücken gehören die beiden Chororgeln von Franz Joseph Riepp – die dritte, mittlere stammt aus späterer Zeit. Der Künstler hatte im Elsaß und in Frankreich gelernt, 1766 vollendete er sein Werk: Die «Heilig-Geist»-Orgel besitzt 27 Register auf zwei Manualklavieren und Pedal, die «Dreifaltigkeit»-Orgel 66 Register auf vier Manualen und Pedal. Mit barockem Schwung erheben sie sich über dem kostbaren, geschnitzten Chorgestühl.

Um drei Höfe ordnen sich großzügig die weißen Klostergebäude aus den Jahren 1711-1725. Im Kaisersaal, vor mächtigen Säulenpaaren, 16 vergoldete Figuren der Habsburger Kaiser; im Theatersaal künden Fresken Franz Spieglers (1725) mit Themen aus der antiken Mythologie von sehr «heidnischen» Vorstellungen des Malers. Der lichtdurchflutete, langgestreckte Bibliothekssaal bekräftigt sein Programm mit einer Inschrift, die zugleich als Motto gelten darf: «Palast der Musen – Bollwerk der Religion.» In der Mitte des von Bücherregalen rundum bestückten zweigeschossigen Raums mit umlaufender Galerie auf korinthischen Säulen steht die Statue der Pallas Athene von Joseph Anton Sturm (1725): die Beschützerin der Wissenschaften ist Mittlerin zwischen Heidentum und Christentum. – 1828 schrieb der Bischof von Linz, Gregor Ziegler, an König Ludwig I. von Bayern: «Ottobeurens herrliche Kirche ward in ihrer Art noch nirgends erreicht, viel weniger übertroffen; das Kloster selbst ist und bleibt Muster der Baukunst nicht bloß in Deutschland, sondern in dem ganzen Erdkreis.»

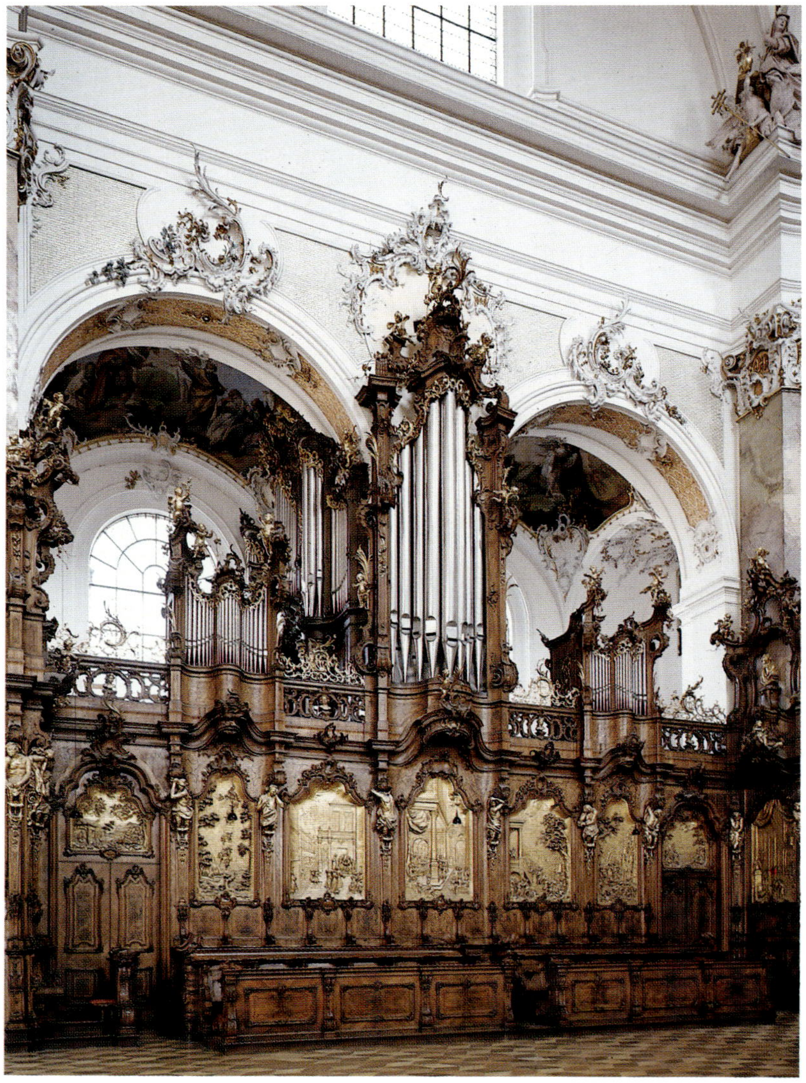

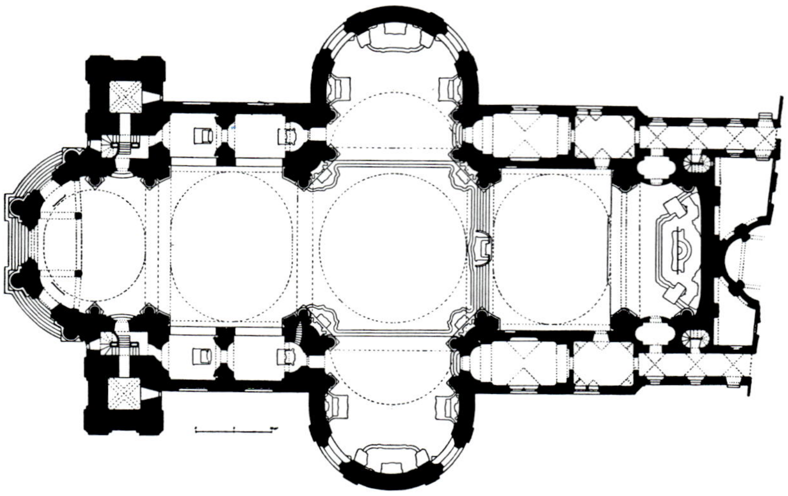

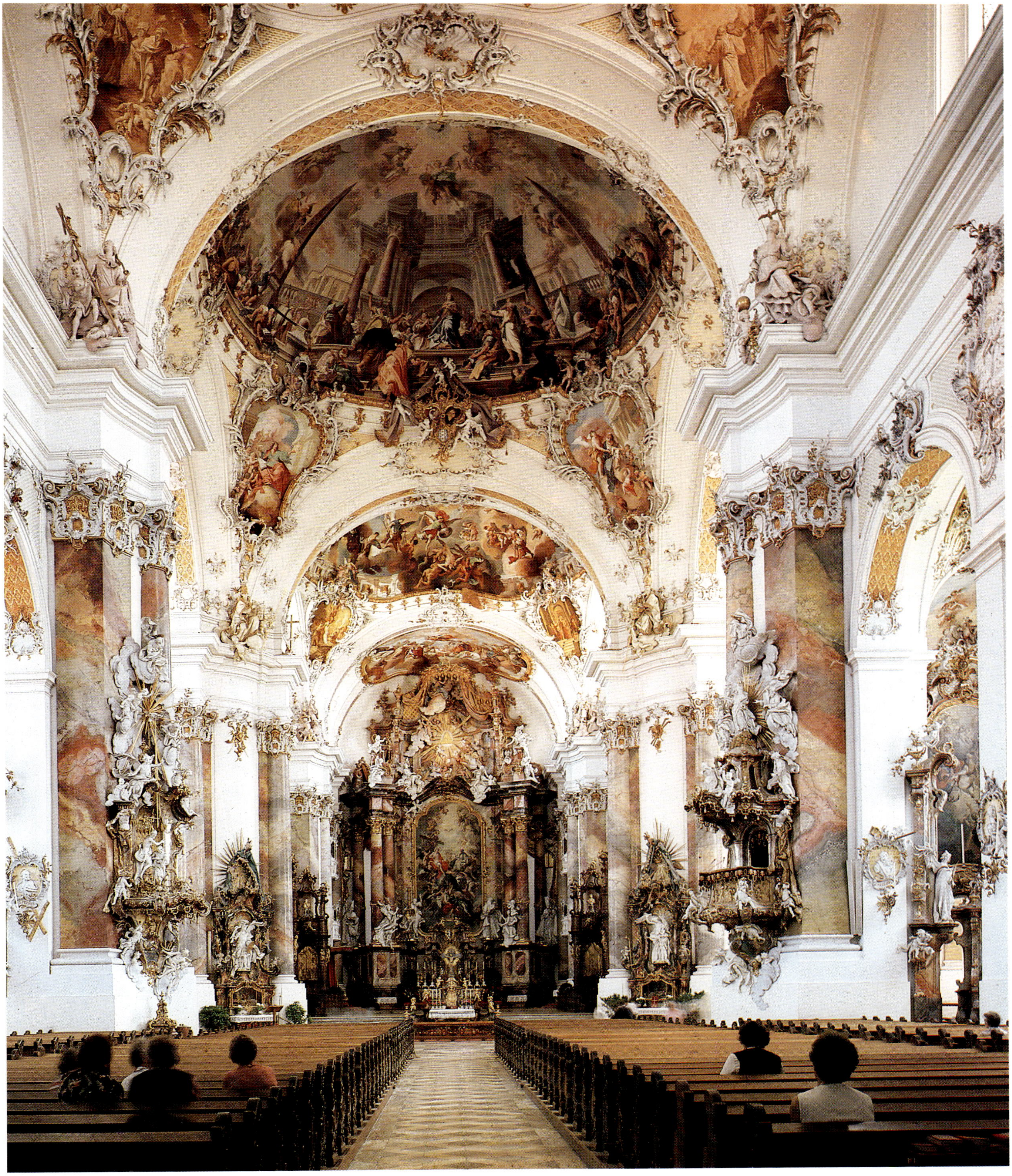

Reichenau

Die Insel Reichenau im Zeller- oder Untersee des Bodensees, fünf Kilometer lang und zwei Kilometer breit, ist mit drei mittelalterlichen Kirchen besetzt und zählt zu den bedeutendsten Stätten klösterlicher Kultur in Europa.

Im Jahr 728 stiftete der westgotische Wanderbischof Pirmin die Benediktinerabtei « Augia Dives », und die fromme Legende erzählt, daß sich Ungeziefer und Gewürm scharenweise ins Wasser stürzte und floh, als der Heilige mit seinem Nachen vom Festland nahte. Die Lage der « Reichen Aue » war ideal für mönchische Abgeschiedenheit, und doch nahe den großen Zentren St. Gallen und Konstanz, mit denen reger geistiger Kontakt bestand. So blühten Baukunst und Wissenschaft, Musik, Goldschmiedekunst, Malerei und vor allem die berühmte Buchmalerei auf der Insel. Walafried Strabo, der große lateinische Dichter Reichenaus, verkündete als Motto: « Glücklich, wer zu der Selbsterkenntnis gelangt, daß er an einem ehrenvollen Werk voll und ganz beteiligt war. »

Die dreischiffige, doppelchörige Pfeilerbasilika in *Oberzell* entstand 890-896 und erfuhr Ende des 10. Jahrhunderts Veränderungen. Der Bau präsentiert sich schlicht und massiv, mit gedrungenem Vierungsturm über dem hohen Mittelschiff, Chor und quadratischem Altarraum im Osten. Im Inneren überrascht er mit vorzüglich erhaltenen Fresken der ottonischen Epoche: durch Mäanderfriese gerahmte Szenen mit den Wundertaten Jesu an den Wänden des Mittelschiffs, die in ihrer geschlossenen Eindringlichkeit wie Teppiche wirken.

Das langgestreckte Münster St. Maria und Markus in *Mittelzell*, dessen Turm und Westteil 1048 geweiht wurden, erlebte viele Um- und Neubauten und steht heute als dreischiffige Pfeilerbasilika mit östlichem Querschiff und Langchor. Um das Jahr 1000 erklang in dieser Kirche zum ersten Mal das « Salve Regina ».

Die Stiftskirche St. Peter und Paul in *Unterzell*, eine im Innenraum barokkisierte dreischiffige Säulenbasilika mit zwei Osttürmen, wurde im 8. Jahrhundert begonnen und im 11. vollendet. « Reichenau gewann solchen Ruf », schrieb die Dichterin Ricarda Huch, « daß keine Mönche mehr aufgenommen wurden, die nicht von hohem Adel waren, nicht einmal ritterbürtige. »

Kräftiger noch als die eindrucksvollen Bauwerke bekunden die herrlichen Handschriften, die auf der Reichenau entstanden, den hohen Standard des Klosterwesens: Prachtvolle Folianten mit kunstvollen figürlichen Darstellungen, Farb- oder Goldornamenten, mit reichen Beschlägen, edelsteinbesetzt und alle Themenbereiche berührend (Theologie, Philosophie, Naturkunde, Musik und Noten, Psalter und Regularien, um nur einige zu nennen), nahmen im Mittelalter ihren Weg von der Insel in die Welt. Geistliche und irdische Würdenträger verbanden ihre Namen mit kostbaren Evangeliarien und Codices.

Die « Reiche Aue » verlor seit dem 16. Jahrhundert ihre große Bedeutung, wahrte aber bis ins 19. Jahrhundert das Flair selbstbestimmten Klosterlebens. « Lang und niedrig », beschrieb Victor von Scheffel, « streckte sich im See eine Insel: Turm und Mauern des Klosters spiegelten sich im ruhigen Gewässer; Rebhügel, Matten und Obstgärten wiesen dem Auge den Fleiß der Bewohner. »

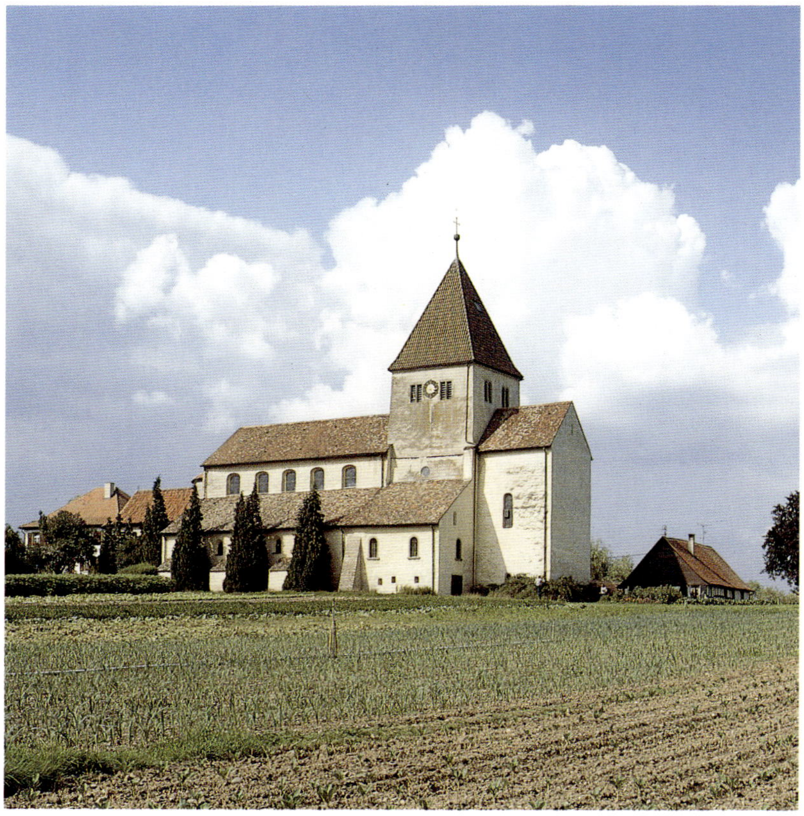

St. Georg, Oberzell

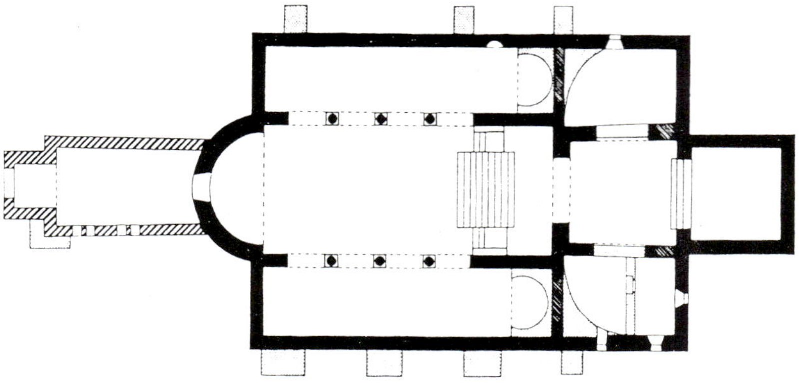

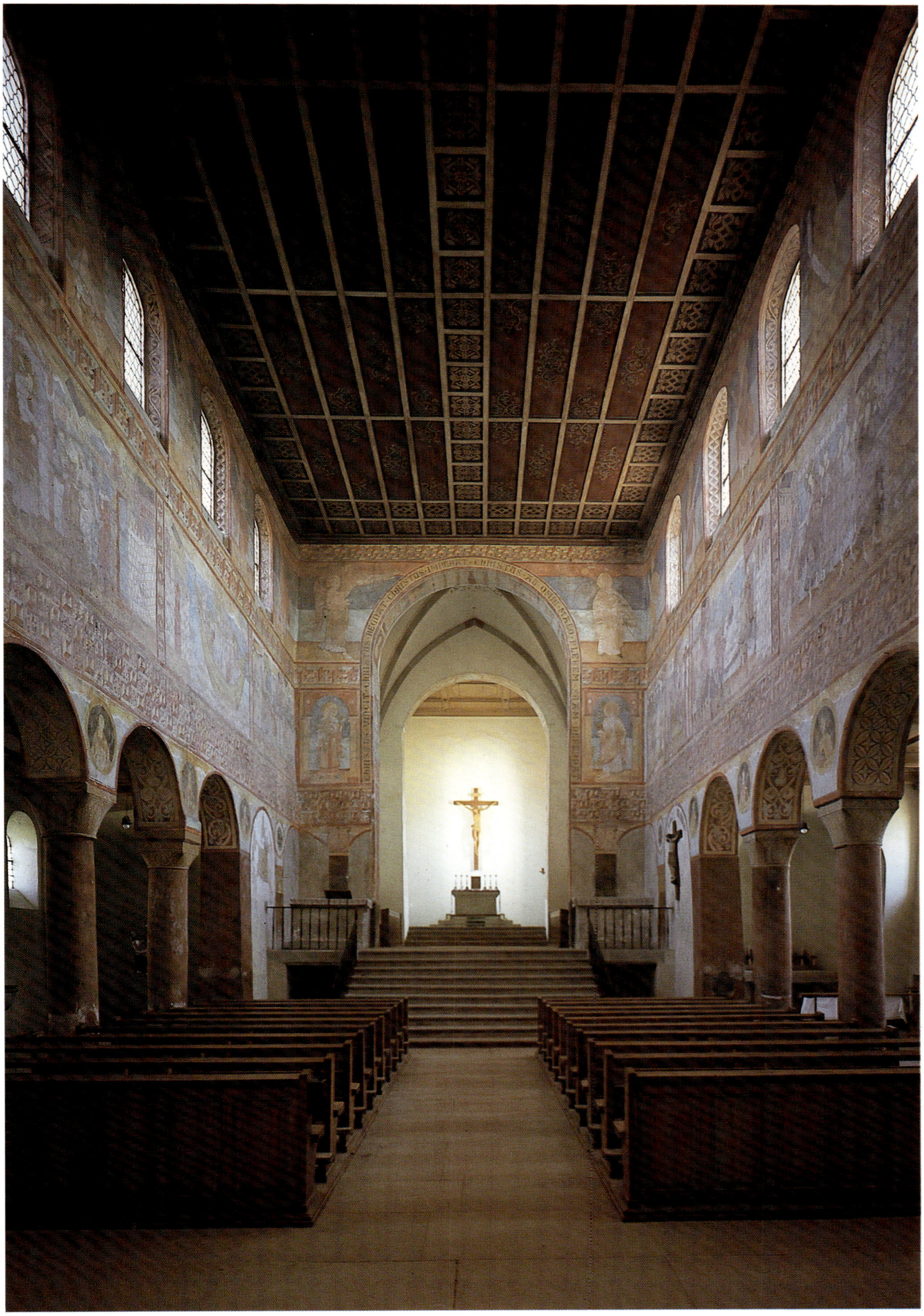

St. Blasien

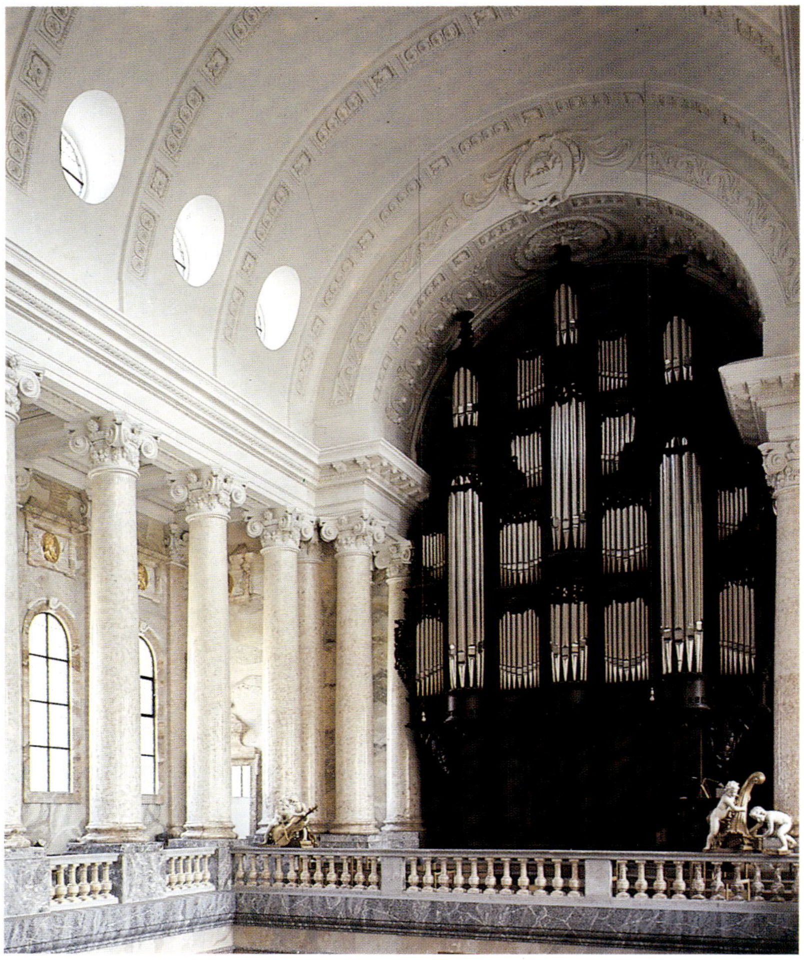

Die Benediktinerabtei St. Blasien im Oberen Albtal gehörte zu den ältesten und ehrwürdigsten Klöstern im Schwarzwald. Einsiedlermönche, die sich erst «Brüder an der Alb» und ihre Behausung «Albzelle» nannten, kamen im 9. Jahrhundert in Besitz der Gebeine des heiligen Blasius und gaben ihrem Kloster dessen Namen. Im Jahr 915 trat Reginald von Seldenbüren, ein Edelherr, der Gemeinschaft bei und brachte reichen Besitz mit ein. 1095 begann der Bau einer großen Pfeilerbasilika mit Querschiff, dreischiffigem Chor und doppeltürmigem Westbau, 1108 war Weihe – ein solch aufwendiges Unternehmen erwies sich der Bedeutung des Klosters durchaus als angemessen, denn seine Äbte genossen im Mittelalter politischen Rang und Gehör bei Hofe, erhielten bereits im 10. Jahrhundert kaiserliche Privilegien wie Reichsunmittelbarkeit, außerdem große Ländereien als Geschenk. Fromme Stiftungen und päpstliches Wohlwollen hielten die geistliche Waage zum weltlichen Fortkommen.

In den Jahren 1728-1842 traten neue Gebäude in ausgedehnter Anlage, im Stil des Barock errichtet, an die Stelle der alten. Baumeister Johann Michael Beer entwarf sie weitläufig in der Art französischer Schlösser, die Kosten betrugen 452.630 fl. St. Blasien besaß jetzt auch hohen wissenschaftlichen Rang, Gelehrte zählten zu den Äbten und Mitbrüdern. Ein verheerender Brand im Jahr 1768 zerstörte fast alle neuen Bauten, auch die kostbare Bibliothek wurde ein Raub der Flammen. Das Feuer war im Trakt über dem Theatersaal ausgebrochen und vernichtete den gesamten Konvent, Abtei, Kirche und alle Nebengebäude: «Zweiundzwanzig Priester, neun Studenten, sechzehn Laienbrüder und neun Novizen hatten kaum noch Brot zu essen», klagt die Klosterchronik, dabei war es noch Glück im Unglück, daß zu dieser Zeit so wenig Männer in St. Blasien lebten und niemand ernstlich zu Schaden kam.

Zum Neubau der Kirche berief man den französischen Architekten Pierre d'Ixnard, der am Stuttgarter Hof tätig und 1764 zum fürstlichen Baudirektor in Hechingen berufen war; der südwestdeutsche Architekt Franz Josef Salzmann, «im Lande gebürtig und ansässig», so der Wortlaut seines Arbeitsvertrags, «stand ihm als zweiter Baukünstler» zur Seite. Als Vorbild für den mächtigen Zentralbau St. Blasiens wählte der elegante Klassizist nichts Geringeres als die Kuppel des Petersdoms in Rom; das Klosterdiarium weist 1400 Gulden jährlich aus als Salär dafür, daß d'Ixnard «den Grundriß wie auch die ganzen Verzeichnis' gegenwärtiger Kirche größtenteils erfunden habe». Unter gewaltigem finanziellem Aufwand ging von 1771 bis 1783 der Bau vonstatten. Der Architekt schuf die kreisrunde Kuppel, von kolossalen Säulenstellungen gestützt, in den Außenmauern aus rotgrauem Sandstein, und scheute keineswegs den Vorwurf, der ihn zur Sparsamkeit mahnen wollte, er überfrachte den abgelegenen Ort im Wald mit übergroßem Pomp. Noch im 18. Jahrhundert, der Zeit der Aufklärung, durfte er sich mit Erfolg auf die Ehre Gottes, der alles zum Wohle geschah, berufen; denn auch die Grabeskirche in Jerusalem stand seinem Werk Pate, und die letzte Ruhestätte des Herrn blieb jede Erinnerung wert und heilig. – Fresken und Innendekorationen gingen 1874 durch einen neuen Brand verloren, die Kuppel stürzte ein, wurde wieder aufgebaut und bildet einen imposanten Kontrast zu den grünen Hügeln und Waldungen der Umgebung.

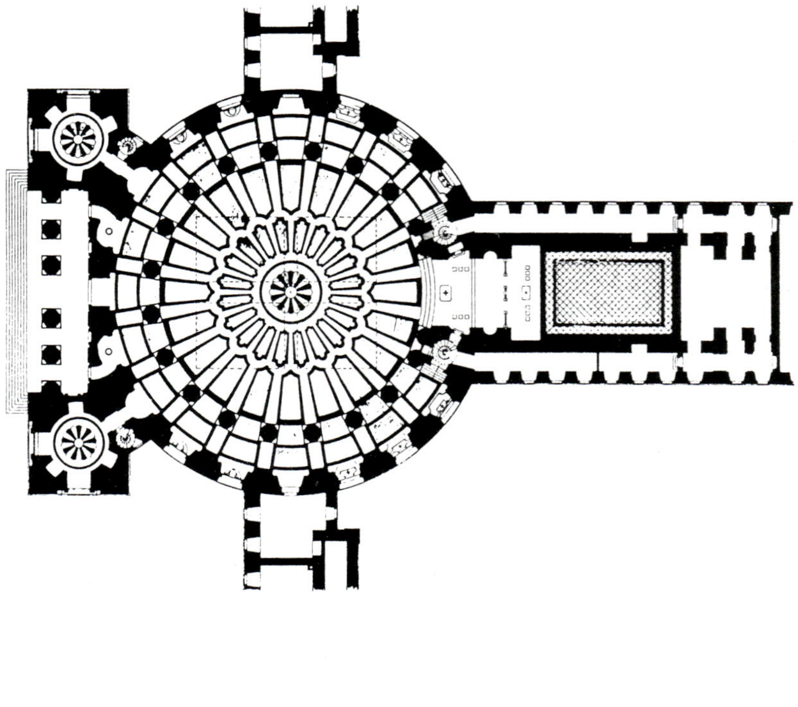

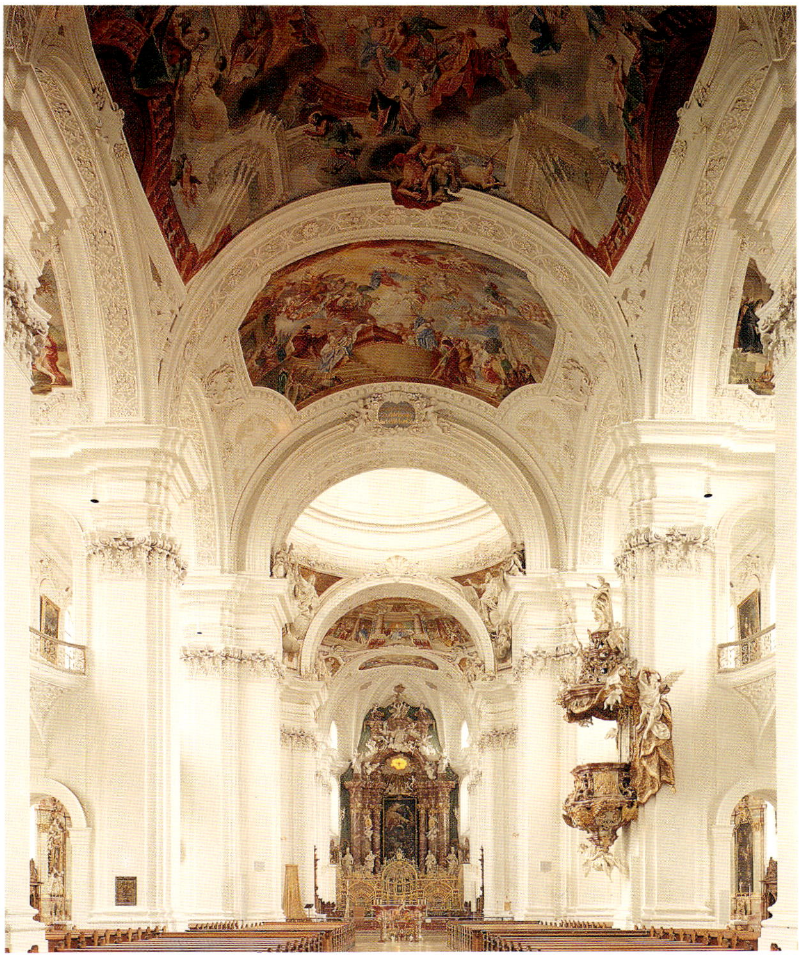

Weingarten

Im Jahr 920 gründete der Welfengraf Heinrich in Altdorf im Tal ein Frauenkloster zu Ehren der heiligen Jungfrau Maria, das 1053 durch Feuer vernichtet wurde. Welf III. verlegte es auf den nahen Martinsberg und gab ihm, wohl «wegen des um den Berg gepflanzten Weinbergs», den Namen Weingarten. Die Nonnen siedelten 1057 nach Altomünster über, die dort ansässigen Mönche zogen nach Weingarten, die Gründe für diesen spektakulären «Wohnungstausch» liegen im Dunkel des Mittelalters, der Name «Weingarten» erhielt jedenfalls neuen, frommen Klang: Arbeiter im Weingarten des Herrn hüteten nun den Berg, der zugleich Grablege des Welfengeschlechts war.

Seit 1090 bewahrt das Kloster eine Heiligblutreliquie als Geschenk der Welfin Juditha auf, die Ziel der Wallfahrt zur Verehrung des Kostbaren Blutes Jesu ist: Bis heute findet jedes Jahr am Freitag nach Christi Himmelfahrt eine Flurprozession statt, bei der rund 3000 bäuerliche Reiter die Reliquie mit dem Blutstropfen des Heilands beim «Blutritt» mit sich führen.

1124 entstand auf dem Martinsberg eine neue romanische Basilika, 1182 geweiht, die 1215 und auch in späteren Jahren Bränden zum Opfer fiel: Raub der Flammen, das Todesurteil vieler Klöster im Mittelalter, fast eine «Litanei» der Geschichte des Klosterbaues, blieb es bis an die Schwelle der Neuzeit eine unabwendbare Katastrophe, so heillos wie Überfälle infolge der Reformation. Gerwig Blarer, Abt von Weingarten, klagte 1534: «Es fürchtet sich jedermann, und doch weiß niemand, vor wem», und 1545 voll Zorn: «Die Protestanten wachen, während wir schlafen und schnarchen.»

Der barocke «Vinea Florens» als «Blühender Weingarten» nahm im Jahr 1715 mit dem Neubau von Kloster und Kirche St. Martin und St. Oswald seinen Anfang. Die spätbarocke Basilika der Benediktiner, doppelchörig, machtvoll in ihren Ausmaßen und überwältigend im Schwung ihrer architektonischen Gestaltung, wurde 1715-1724 erbaut. Zu den Architekten zählen berühmte Namen: Kaspar Moosbrugger aus Vorarlberg, Michael Thumb und Enrico Zuccalli, Franz Beer und Andreas Schreck hatten Anteil an den Entwürfen; 1717-1719 wurde noch Donato Frisoni hinzugezogen. 1724 war Weihe der neben Ottobeuren größten Barockkirche Deutschlands. 117 Meter mißt das Langhaus, 43 das Querschiff, elegant verbinden sich Elemente des Zentralbaus mit jenen des Längsbaus: imposante Vierungspfeiler tragen die hohe Kuppel. Bereits aus weiter Entfernung sichtbar, ragt die schwungvoll gekurvte Westfassade zwischen stattlichen quadratischen Türmen mit geschweiften Kupferhelmen über das Schussental.

Weingartens Geschichte, seine Lage, selbst die heilige Reliquie werden strahlend überhöht durch die Ausstattung: Der Wessobrunner Franz Schmuzer schuf 1718 den feinen Stuck aus flachem Band- und Rankenwerk; Frisoni den monumentalen Hochaltar. Das perspektivisch gezeichnete Chorgitter in funkelndem Goldton entstand um 1730; die große Orgel Joseph Gablers (1737-1750) gilt gleichermaßen als Wunderwerk an Wohlklang *und* Schönheit der künstlerischen Gestaltung. Die Fresken vor allem, Cosmas Damian Asams erstes Meisterwerk, verbinden barocke Bewegung, illusionistische Effekte und Scheinarchitektur mit einer vielfältigen Palette lichter Farben. 1718 schloß der Künstler, noch am Beginn seiner Karriere, den Vertrag mit dem Kloster – zwei Jahre später brachte er das riesige Programm triumphal zu Ende.

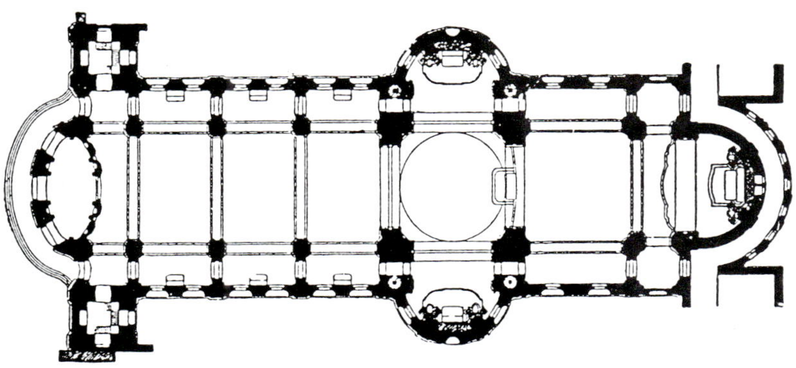

Weltenburg

Im Jahr 617 wurde in Niederbayern an der Donau, an der Stelle des heutigen Weltenburg, nahe dem grandiosen Stromdurchbruch, ein kleines Kloster gegründet; Herzog Tassilo, der Agilolfinger, erhob es 760 zur Benediktinerabtei, die durch das ganze Mittelalter hindurch wechselnde Schicksale bewältigen mußte: Krieg und Hungersnot, Machtgelüste weltlicher und geistlicher Herren, Mißliebigkeiten sogar zwischen Papst und Abt, Seuchen und immer wieder Fehden machten ihm zu schaffen. Der für so viele Klöster verderbliche Dreißigjährige Krieg, die Schweden vor allem, schlug die Mönche in die Flucht. Viele verbargen sich in der Nähe; einer rettete sich gar in den Kirchturm und empörte sich später: «Es ist nicht ein Rößlein oder anderes Vieh, auch keine Schüssel, kein Teller, geschweige ein anderer Hausrat oder Kirchenornat beim Kloster, in summa das Geringste nicht vorhanden.»
Maurus Bächl, im frühen 18. Jahrhundert Abt des Klosters, verhalf Weltenburg zu Glanz, machte es zur Perle des Barock. Zwei junge Männer hatten sich durch gute Arbeiten in anderen Kirchen Bayerns respektablen Ruf erworben: Cosmas Damian Asam, Baumeister und Maler, und sein Bruder Egid Quirin, Bildhauer und Stukkateur, 29 und 23 Jahre jung, erhielten die Chance ihres Lebens, weil er sie berief. Die beiden schufen in Weltenburg ihr ureigenstes «Gesamtkunstwerk». Nur ihrer Phantasie verantwortlich, entwarfen sie Grundriß, Bau, Raum, Bildwerke und Dekorationen. Die Klosteranlage auf dem schmalen Rand des Donauufers wuchs rasch, zwischen 1714 und 1725. Von 1716 bis 1718 entstand die Kirche St. Georg und St. Martin; im Herbst 1718 fand die erste Weihe statt, am Hochaltar mit seinen berühmten Skulpturen arbeiteten die Brüder in den Jahren 1721 bis um 1735. – Wenn andere Kirchenräume des 18. Jahrhunderts, die Wies etwa oder der Dießener Himmel, des lieben Gottes Festsäle genannt werden, so kann Weltenburg als sein Theater gelten: Im geheimnisvollen Licht, das hinter dem Hochaltar in die Kirche bricht, reitet der heilige Georg in die Kulisse – kein Bühnenauftritt könnte effektvoller sein: schimmernde Rüstung, glänzender Helmbusch, die fast arrogante Pose des Ritters auf dem schön gezäumt trabenden Pferd; mit lässiger Gebärde ficht er den Drachen nieder, und die abwehrende Armbewegung der geretteten Jungfrau verliert sich in einer Geste des Triumphs und Willkommens zugleich. Diese fulminante Inszenierung der Frömmigkeit durch ritterliche Tugend als überschäumendes Glaubensfest setzt sich in jedem Detail der Kirche fort, und zwar in Stuck, Plastik und Malerei gleichermaßen. Zwischen den gewundenen Säulen seitlich des Hochaltars schnattert zu Füßen des heiligen Martin mit gestrecktem Hals ein wütendes Gänslein den Drachen an. Aus dem lichten, farbigen Deckenfresko über dem ovalen Kirchenraum lehnt sich Cosmas Damian, Architekt der Kirche und Urheber ihres überwältigenden malerischen Schmucks, im Selbstbildnis als wohlgefälliger, fast eitler Betrachter seiner Werke über die Brüstung – Theater auch hier. Vom künstlerisch ebenbürtigen Bruder ist weniger Aufhebens. Cosmas Damian war noch jung, als er Weltenburg schuf, in späteren Jahren gab er die Gottvater-Pose mit der er «sah, daß es gut war», auf: Der Malerkollege Johann Heinrich Füssli beschrieb ihn nach einer kurzen Begegnung als «Mann von untadeligen Sitten, höflich und gesellig».

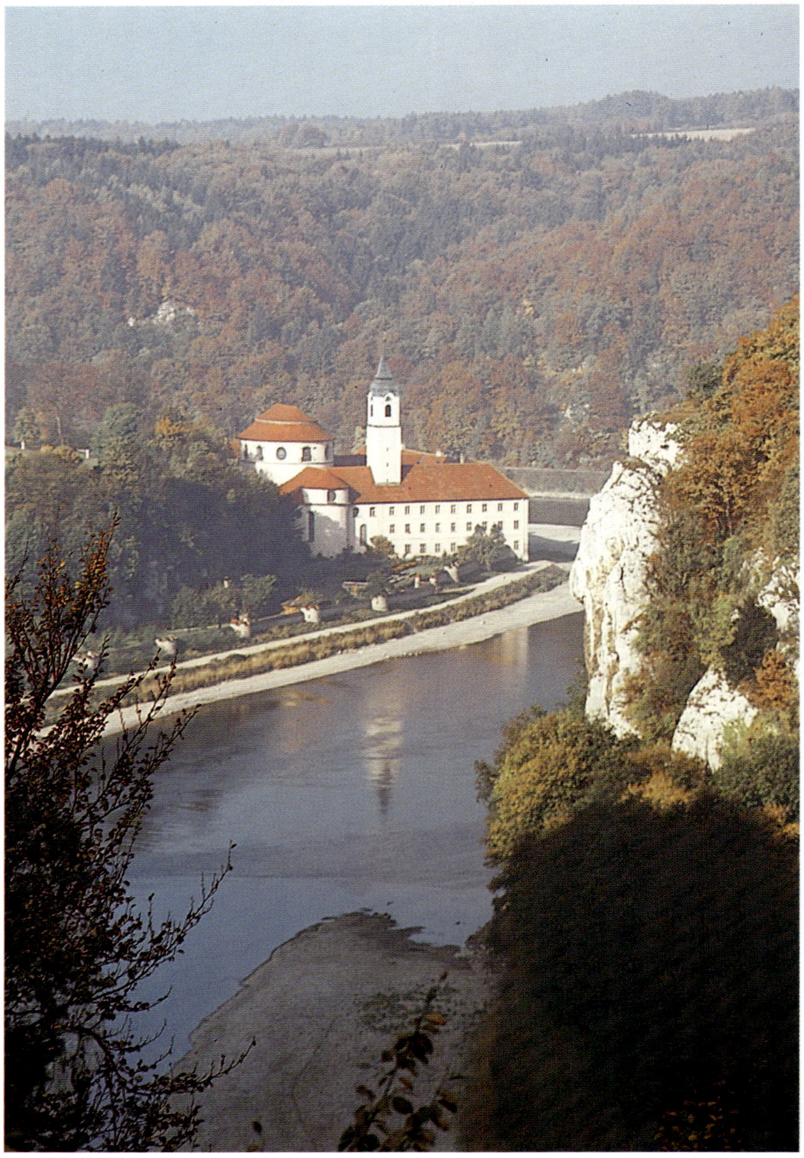

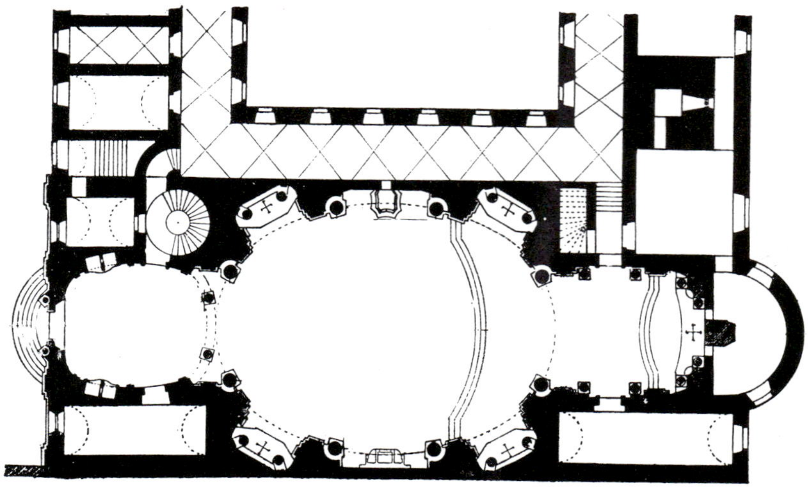

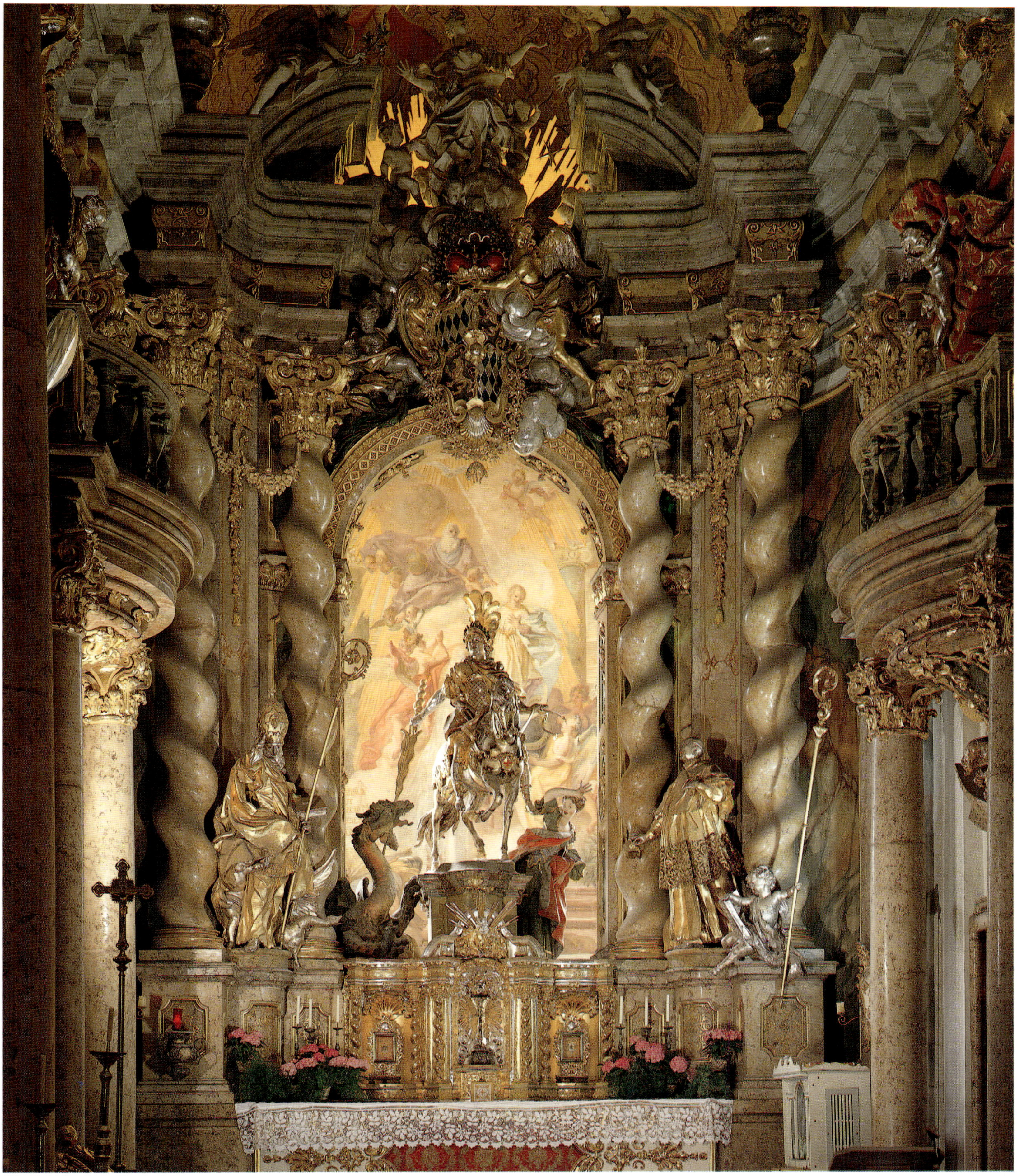

Frankreich

Arles

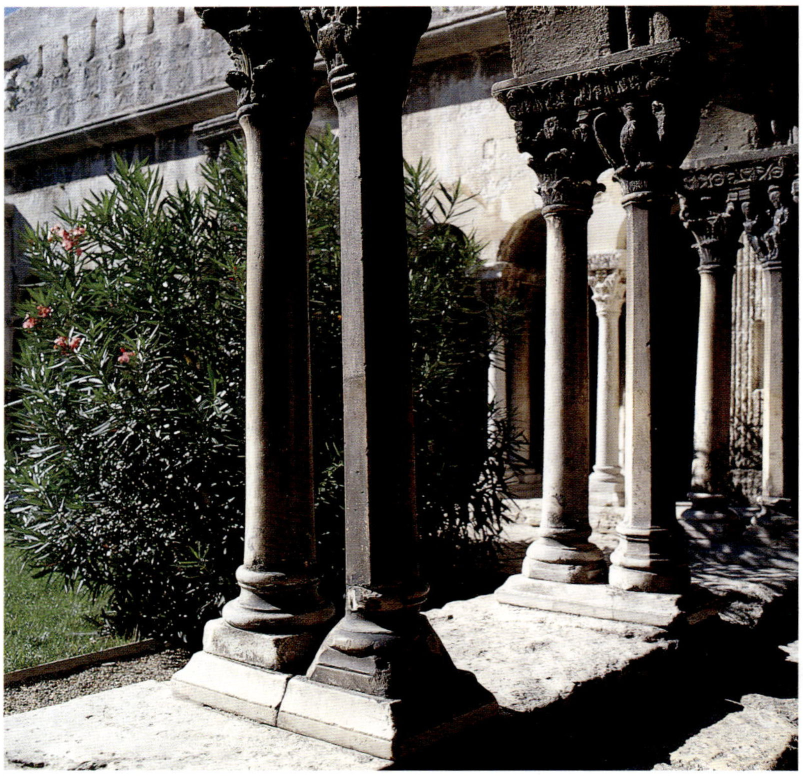

Arles in der Provence, eine der ältesten Städte Frankreichs, blickt auf Jahrtausende Geschichte zurück. Die Punier siedelten hier, Griechen, Kelten kamen, bevor die Römer unter Kaiser Konstantin sie zur zweiten Hauptstadt ihres Imperiums machten und mit Theater, Amphitheater und Thermen ihre gültige Handschrift schrieben. Das « Gallische Rom » fiel später an die Westgoten, Burgunder, Franken – inmitten der deutlichen Spuren des Altertums nimmt sich die romanische Kathedrale Saint-Trophime aus dem 12. Jahrhundert « jung » aus, ist aber doch fest mit dem Geist der Antike verwoben. Ein Vorgängerbau, 606 geweiht, erhob sich über den Ruinen eines römischen Gerichtssaals. Die heutige Kirche steht zu Ehren des heiligen Trophimus, der vor 250 als Bischof in Arles wirkte. Die Gebeine des Heiligen kamen 972 vorübergehend, 1152 endgültig in die Kathedrale; zu dieser Zeit wurde emsig gebaut am Gotteshaus: Langhaus, Turm und Fassade datieren aus dem 12. Jahrhundert (der gotische Umgangschor erst 1454-1465).

Bevor die Trophimus-Reliquien gebettet wurden, entstand in Anlehnung an die Abteikirche Saint-Gilles das der Westfassade vorgeblendete Prachtportal, ein Meister- und Hauptwerk der provencalischen Plastik der Hochromanik: im Tympanon Christus als Weltenrichter zwischen den Evangelistensymbolen, im Gewändefries darunter Szenen aus dem Marienleben. Die Reihe der stehenden Heiligen und Apostel zwischen schlanken Säulen, die auf Löwengestalten ruhen, schlägt den Bogen zurück zur Plastik der Antike; diese bärtigen Männer in schön gefalteten Gewändern und mit ihren dem Beschauer gerade zugewandten Charaktergesichtern – Bartholomäus, Jakobus der Ältere, Trophimus, Johannes und Petrus (links von außen nach innen); Philippus, Jakobus der Jüngere, Stephanus, Andreas und Paulus (rechts) –, durch Bücher in ihren Händen namentlich ausgewiesen, könnten auch Sokrates und Platon, Solon oder Perikles heißen. Das ikonographische Programm des Kirchenportals von Saint-Trophime umfaßt Szenen aus der Heilsgeschichte.

Zwischen beiden Bauphasen der Kirche wurde der aufwendige, schmuckreiche Kreuzgang für die nach der Augustinerregel in klösterlicher Gemeinschaft lebenden Kanoniker angelegt: um 1130 der Nordtrakt, zu Beginn des 13. Jahrhunderts der Ostflügel, im 14. Jahrhundert West- und Südflügel. Figuren und figurierte Arkadenkapitelle beleben das lichtdurchflutete Geviert; vor allem das « Personal » des Nordflügels in seiner gesammelten, ruhigen Haltung erinnert an die Portalfiguren und damit wiederum an Vorbilder des Altertums. Am Nordwestpfeiler hat ein unbekannter Künstler des Mittelalters den heiligen Trophimus als Säulenfigur (datiert 1188) dargestellt; eine seiner Legenden erzählt, er sei Grieche gewesen und aus Ephesus nach Arles gekommen – sein steingewordenes Porträt könnte dafür sprechen. Allerdings, solche Gesichtszüge trägt mancher Provencale, mancher « Arlesien »; der Dichter bemerkt vor allem an Mädchen und Frauen « die feierliche römische Schönheit, die Kameenprofile und den königlichen Gang », so Hugo von Hofmannsthal. « Sie gehen beten in die große Kathedrale von Saint-Trophime, und im Halbdunkel zwischen steingrauen Aposteln und Greifen, Engeln und geflügelten Stieren atmet junge griechische und sarazenische Schönheit. »

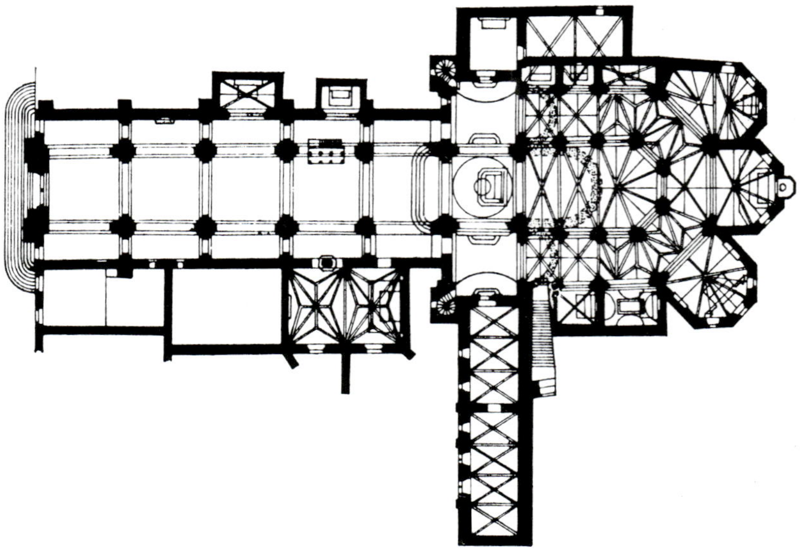

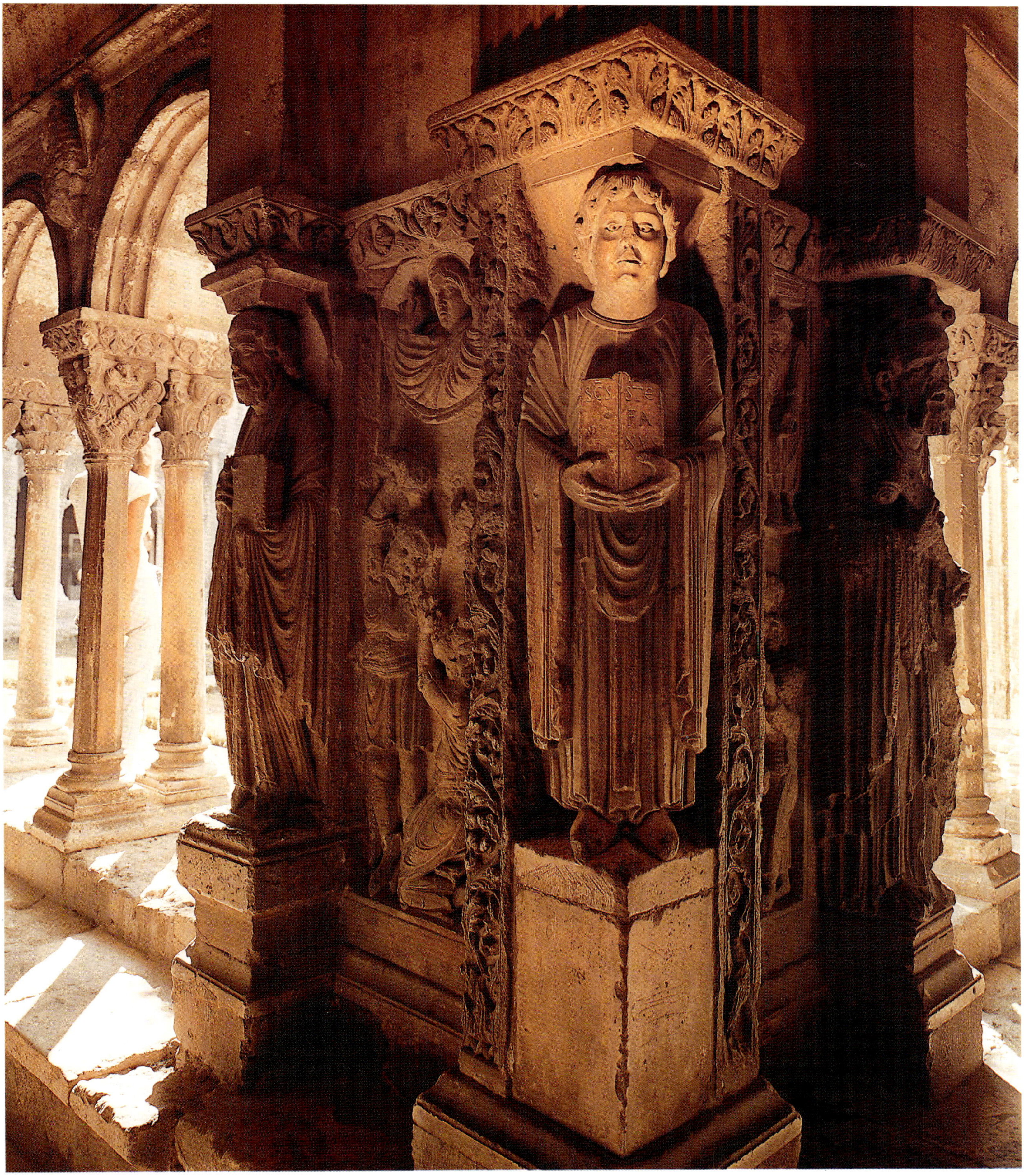

Champmol

Die Kartause von Champmol liegt in der Nähe von Dijon in Burgund. Die Mönche lebten dort nach der Ordensregel des heiligen Bruno in Zellenhäuschen, die um den Großen Kreuzgang gruppiert lagen. Strengste Abgeschiedenheit von der Außenwelt, sehr rare Gemeinschaft der Brüder, die sich oft nur zur Messe trafen, arbeitsames Leben, Gebet, Einsamkeit in den kleinen Räumen der Klause, hieß dort die Devise. – Um einen zweiten Kreuzgang sammelten sich südlich der Anlage Kapitelsaal, Bibliothek, Refektorium, das Haus des Bischofs und Nutzgebäude, sie bildeten den Kern der Kommunikation, denn die Kartäuser sollten nicht nur Einsiedler sein, sondern im Glauben miteinander Umgang pflegen.

Die Klosterkirche, ein einschiffiger Saal mit dreiseitigem Chorschluß, befand sich in der Nordostecke. Sie diente, während der Großen Revolution ruiniert, im 14. und 15. Jahrhundert als aufwendig und groß geplante Grablege der Herzöge von Burgund. Bereits im Jahr 1377 begannen die Arbeiten an der Begräbnisstätte; den Grundstein zur Kirche legten 1383 Margarete von Flandern und Johann Ohnefurcht. Der Architekt Drouet de Dammartin machte sich 1386 an Entwurf und Ausführung der Kirchenfassade; für plastischen Schmuck sollte der berühmte niederländische Skulpteur Jean de Marville sorgen, doch er starb bereits 1389. Während die Mönche der Kartause, das wußte und befahl das Haus Valois, «unablässig für das Heil der Seelen und für die gedeihliche Entwicklung des öffentlichen Wohles und der Fürsten» beteten, tauchte in Champmol ein ganz Großer seiner Zeit, «Claus Celoistre», Claus Sluter aus den Niederlanden, auf. Er galt als einer der bedeutendsten Künstler Europas und prägte die Ausstattung des «Mortuariums» der Burgunderherzöge mit genialen, dramatischen Plastiken: Am Portal der Kartause mit den Heiligen Johannes Baptist und Katharina, das Herzogspaar: Philipp der Kühne kniet vor der Madonna; zwischen 1389 und 1397 gestaltete, inszenierte der Meister aus Haarlem die Gruppe lebendig und effektvoll wie einen Bühnenauftritt.

Den großen Moses- oder Prophetenbrunnen in der Kartause schuf Sluter zwischen 1385 und 1406, das Werk stellte einen mächtigen Kalvarienberg dar, fast neun Meter hoch, geschmückt mit Statuen von Moses, David, Jeremias, Zacharias, Daniel und Jesaias, den Propheten der Passion. Revolutionäre des 18. Jahrhunderts zerstörten den Kalvarienberg, nur der eindrucksvolle Christuskopf tauchte später wieder auf, die biblischen Männer mit ihren vitalen Gestalten und realistischen Charakterköpfen verschonten sie.

Am Grabmal Philipps des Kühnen, dem Abbild des Herrschers auf erhöhter Tumba, knienden Engeln zu Häupten und einem ruhenden Löwen zu Füßen, arbeitete Sluter von 1385 bis zu seinem Tod vor 1406; sein Neffe, Claus de Werve, vollendete das prachtvolle Monument aus schwarzem Marmor und weißem Alabaster, nobel vergoldet, mit dem berühmten Zug der Trauernden, den «Pleurants», am Sockel: In kleinen Figuren, einem echten Begräbnisgang nachgebildet, ziehen Mitglieder des Herzogshauses, Höflinge, Geistliche, Meßknaben und Mönche durch alabasterne Kreuzgangarkaden. Sluters Menschenauffassung, der Ausdruck von Würde, Kummer, Hoffnung auf die Kraft des Gebetes, sind lebensnah, nur in den reichen Faltengewändern berührt vom anmutigen «weichen Stil» der Gotik.

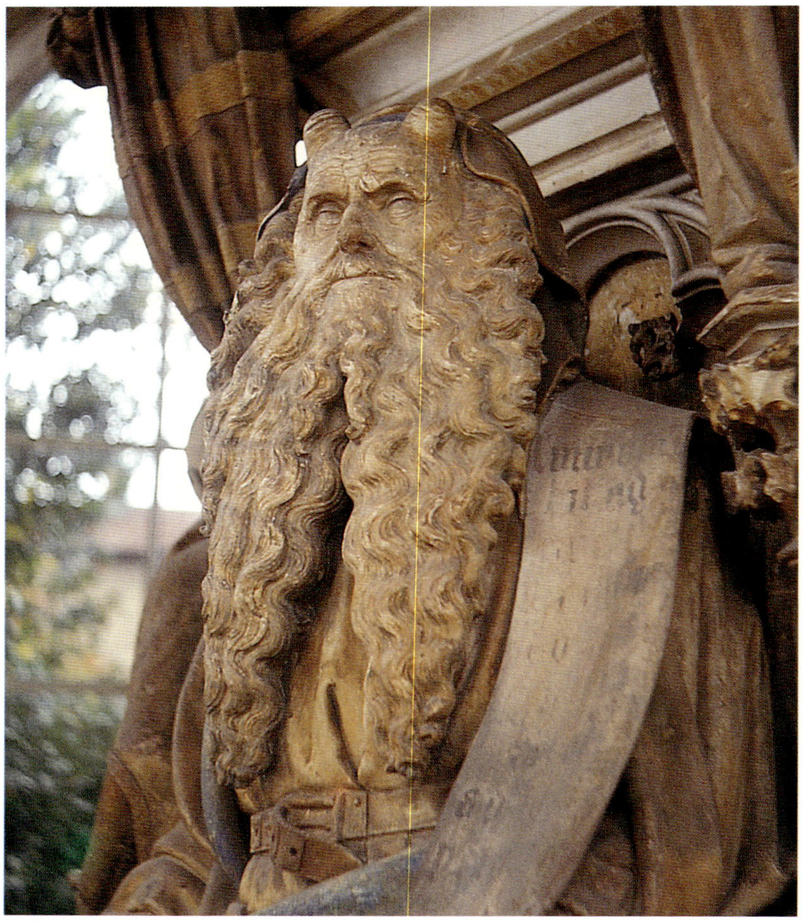

Mosesbrunnen

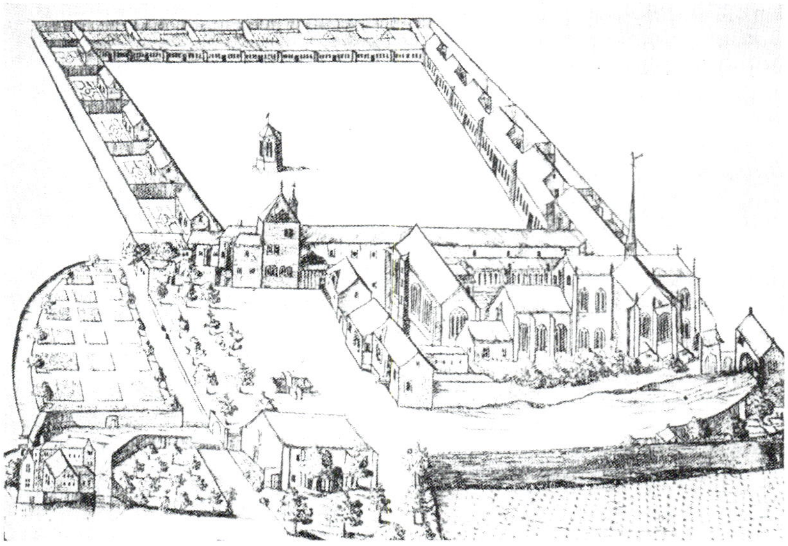

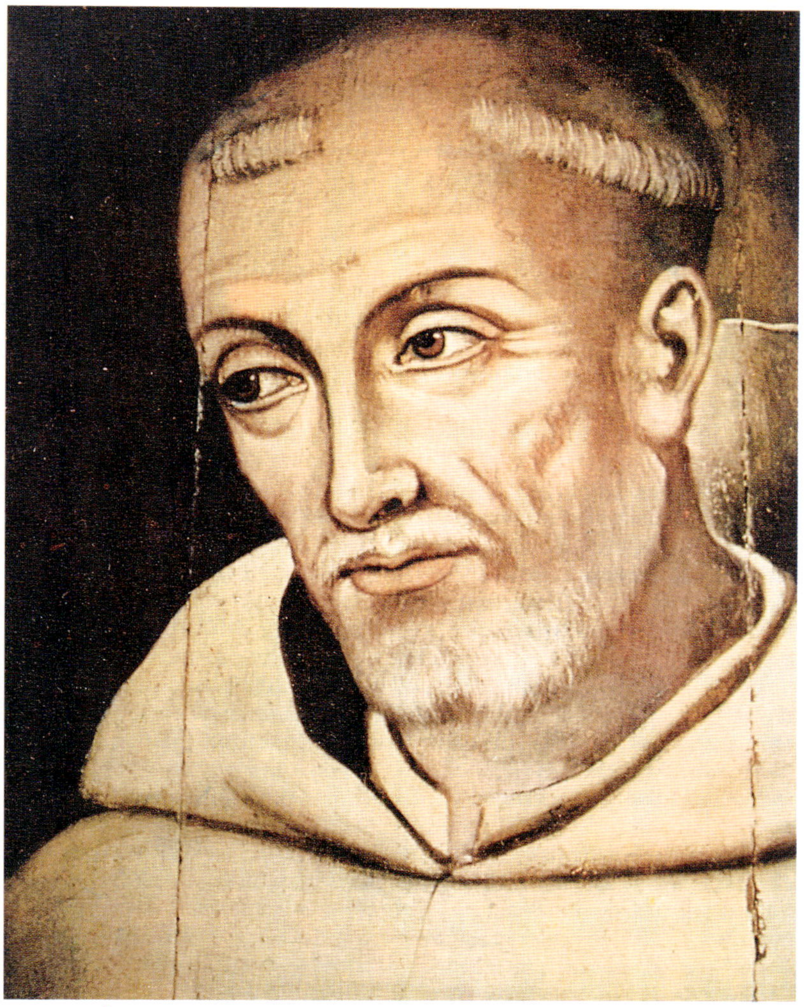

Bildnis des Bernhard von Clairvaux

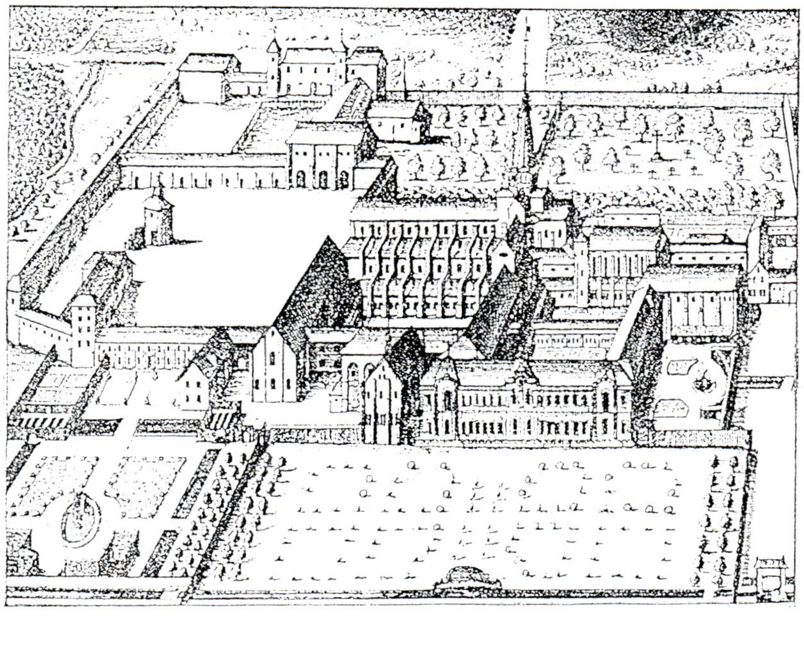

Cîteaux

Cîteaux, die Urzelle des Zisterzienserordens, besteht heute nur noch aus Mauerwerk, malerisch und abgeschieden gelegen in einem Waldstück in Burgund. Es wurde im Jahr 1098 durch Robert von Molesme gegründet; im 12. Jahrhundert standen hier zwei steinerne Kirchen, die kleinere erhielt ihre Weihe im Jahr 1106, die größere 1193. Es waren, gemäß den Zisterzienserregeln, gestreckte, kreuzförmige Pfeilerbasiliken mit rechteckigem Chor und Querhaus.
Im Jahr 1112 klopfte ein junger, eben zweiundzwanzigjähriger Mann aus edlem burgundischen Geschlecht, Bernhard von Fontaine, an die Klosterpforte von Cîteaux. Mit ihm kamen vier seiner Brüder, einige Vettern und Freunde, ein ganzer «Clan» begehrte, in den Orden aufgenommen zu werden. Bernhard blieb nicht lange, drei Jahre später amtete er bereits als Gründerabt im Kloster Clairvaux und schickte sich an, den Orden der Zisterzienser zu reformieren. Er trat in Kontakt mit den Großen in ganz Europa; Bischöfe, sogar Päpste, die Äbte und Brüder aller Orden, suchten seinen Rat. Er gab sich nicht zufrieden als frommer Mann und Diener Gottes, sondern rief wortgewaltig zum Kreuzzug auf, als es galt, Christi Grab in Palästina zu befreien. Ostern 1146 hielt er vor der burgundischen Basilika Vézelay eine so feurige Ansprache, daß König Ludwig VII. und zahlreiche Edelleute aus seiner Hand das Kreuz entgegennahmen. Die große Karriere in der Kirchenhierarchie, die ihm leicht hätte gelingen können, lehnte er ab, persönlich blieb er demütig und bescheiden. Er sprach, er predigte allerdings mit gewaltigem, häufig emotional überschwänglichem Wortschatz: «Doctor mellifluus» nannte man ihn respektvoll: honigfließender Lehrer. Alles, was seiner innersten Überzeugung vom schlichten, asketischen Leben widersprach, geißelte er mit der Macht seiner Sprache und gönnte den meditierenden Mönchen nicht einmal den Schmuck im Kreuzgang, der mancherorts gerade im Mittelalter seinen Reichtum entfaltete: «Außerdem im Kreuzgang bei den lesenden Brüdern, was machen dort jene lächerlichen Monstrositäten, die unglaublich entstellte Schönheit und formvollendete Häßlichkeit?» und schalt, den Geboten widersetzlich den Namen Gottes «vergeblich führend» in zornigem Hausvatergeiz: «Bei Gott! Wenn man sich der Albernheiten schon nicht schämt, warum gereuen dann nicht die Kosten?» Der Mönch und Chronist Wilhelm von Malmesbury beschrieb Bernhard und seine Männer 1118 respektvoll in der «Gesta regum Angelorum»: «Sie kamen nach Cîteaux, einer Gegend, die früher ganz mit Wäldern bedeckt war, nun aber von der überfließenden Frömmigkeit der Mönche ganz erfüllt ist. Viele ihrer Regeln erscheinen sehr streng, besonders diese: Sie tragen nichts, was aus Pelz oder Leinen gemacht ist; sie schlafen in ihren Kleidern; niemand bleibt den täglichen Andachten fern, außer den Kranken; der Abt gewährt sich selbst keinerlei Schonung, nur daß er nicht mit den anderen ißt, sondern mit Fremden oder den Armen. Aber er ist ebenso sparsam mit Speise und Rede; Speck und Fleisch gibt es nur für die Kranken; sie verlassen das Kloster nur, um zu arbeiten, und sprechen niemals, außer zum Abt oder Prior.»
Von Cîteaux aus verbreiteten sich die Regeln des heiligen Bernhard mit mehr als 1000 Klostergründungen über ganz Europa.

Cluny

Die Benediktinerabtei Cluny im französischen Departement Saône et Loire in Burgund, einst Hort höchsten geistlichen und geistigen Anspruchs in Europa, der Ort, an dem die neben St. Peter zu Rom größte Basilika der Christenheit stand, präsentiert sich heute als Ruine: Erhalten blieben der 33 Meter hohe südliche Kreuzarm des Querschiffes mit oktogonalem Gewölbe und dem 62 Meter hohen «Weihwasser»-Turm darüber; der kleinere Uhrenturm; im Mehlspeicher aus dem 13. Jahrhundert zehn herrliche Kapitelle von den Chorsäulen, um 1100; das Äbtepalais des Jean III. von Bourbon (1456-1485); ein paar Tore und Mauerreste.
Herzog Wilhelm der Fromme von Aquitanien gründete das berühmte Kloster im Jahr 910; die erste Kirche wurde 915 geweiht (Cluny I). Die zweite (Cluny II), um 954 errichtet, war eine kreuzförmige, dreischiffige Basilika mit Vorkirche, Atrium und einer von zwei Türmen flankierten Eingangshalle. – Zum dritten Bau (Cluny III) fand 1088 die Grundsteinlegung und 1095 durch Papst Urban die Weihe statt. Die gewaltige, fünfschiffige Basilika mit doppeltem Querschiff, Westchor mit Umgang und Kapellenkranz und einer dreischiffigen Vorhalle stand zu Beginn des 13. Jahrhunderts vollendet. Sieben spitze Türme und mehrfach gestufte Dächer überragten die feierliche Gottesburg. Ins Innere von insgesamt 187,31 Metern Gesamtlänge fiel Licht aus dreihundert Fenstern; im Chorgestühl des Querschiffs fanden über 250 Mönche Platz – ein Ort, dazu geschaffen, «damit sich die Engel darin ergingen», fand der Bischof von Le Mans. Die ganze Herrlichkeit ging mit der Französischen Revolution zugrunde. Ein Abbruchunternehmer aus Mâcon erwarb die Anlage für 2 Millionen Francs Assignaten als «Steinbruch» und verkaufte die ehrwürdigen Trümmer als Baumaterial.
Geblieben ist der «Geist von Cluny», die Idee vom «Gottesstaat», der sich im idealen Mönchsleben von klösterlicher Perfektion verwirklichen sollte. «Ich suche das Mitleid und die Gnade Gottes in Eurer Gemeinschaft» – mit dieser demütigen Formel baten Novizen um Aufnahme. Die ersten Äbte wachten mit strengster Konsequenz über die Klosterzucht: Gründungsabt Berno aus altem burgundischen Adel, vor allem aber Odo (927-942), ein herber Mann, der mönchische Unterwerfung mit sehr irdischen Worten verlangte: «Nicht die Natur hat die Adeligen hervorgebracht, sondern die gewaltsame Aneignung der Macht.» – Machtanspruch und gewaltige kirchenpolitische Bedeutung erhob und erhielt Cluny in einem Maß, daß zeitweise Roms Vorherrschaft aus dem Zentrum geriet. Cluny gründete und reformierte Klöster, sein Abt war Oberhaupt der gesamten Kongregation und spielte gern auch in weltlichen Belangen «Zünglein an der Waage». Die Päpste versahen Cluny reichlich mit Privilegien und Dotationen. Drei Nachfolger Petri gingen aus dem Orden hervor: Gregor VII., Urban II. und Paschalis II. Doch auf dem Gang nach Canossa, 1070, begleitete Abt Hugo (1049-1109) den weltlichen Widerpart im Investiturstreit, Heinrich IV. Solche Unabhängigkeit führte ohne Umschweife weg vom Prinzip unbedingter Einhaltung der Ordensregeln, von einem Konvent, so Abt Hugo, «welcher der Liebe des Herrn lebt». Die Regeln sind treulich notiert – einer der Großen von Cluny, Bernhard, schrieb sie zwischen 1039 und 1048 nieder im «Ordo Cluniacensis».

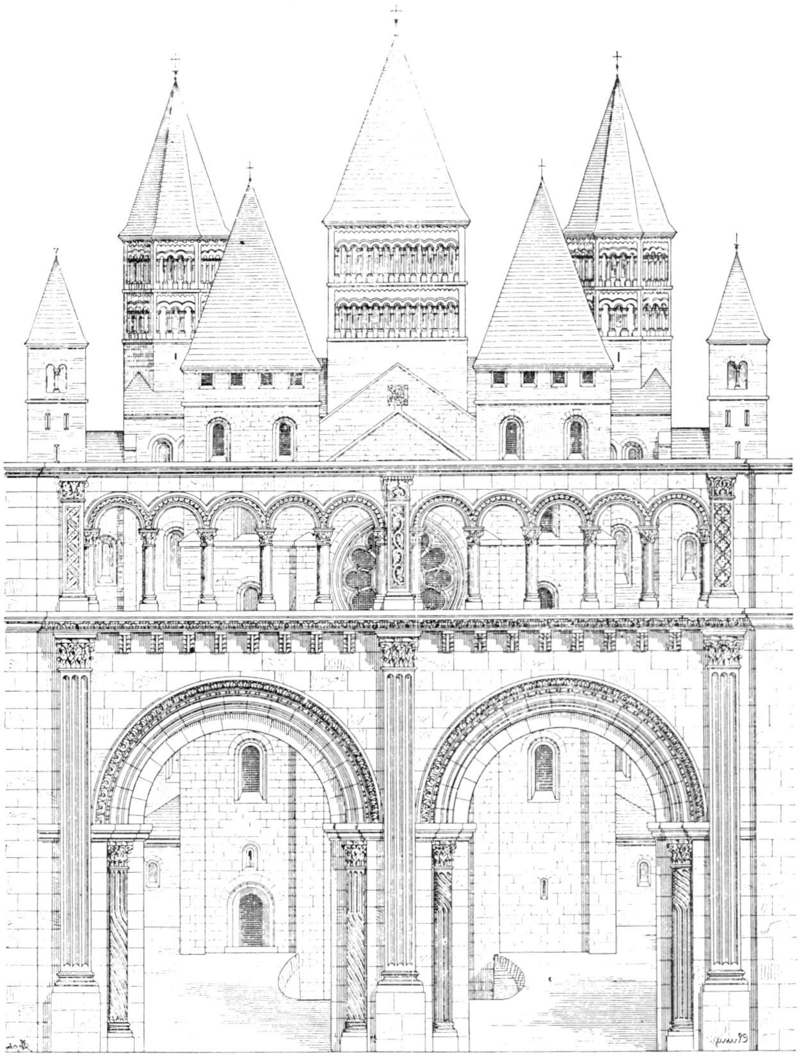

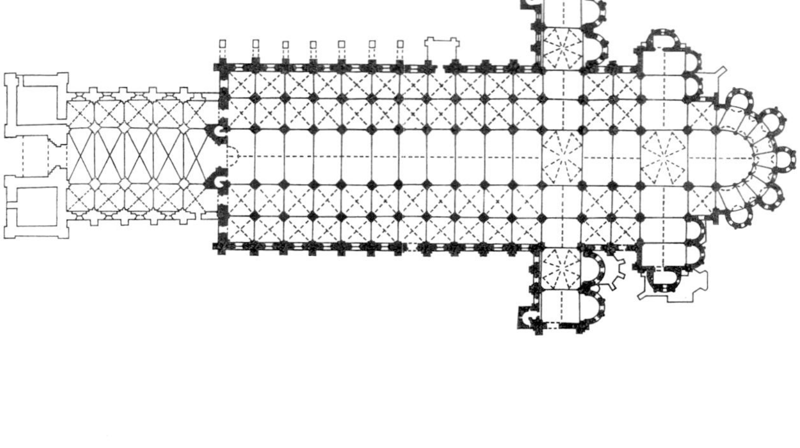

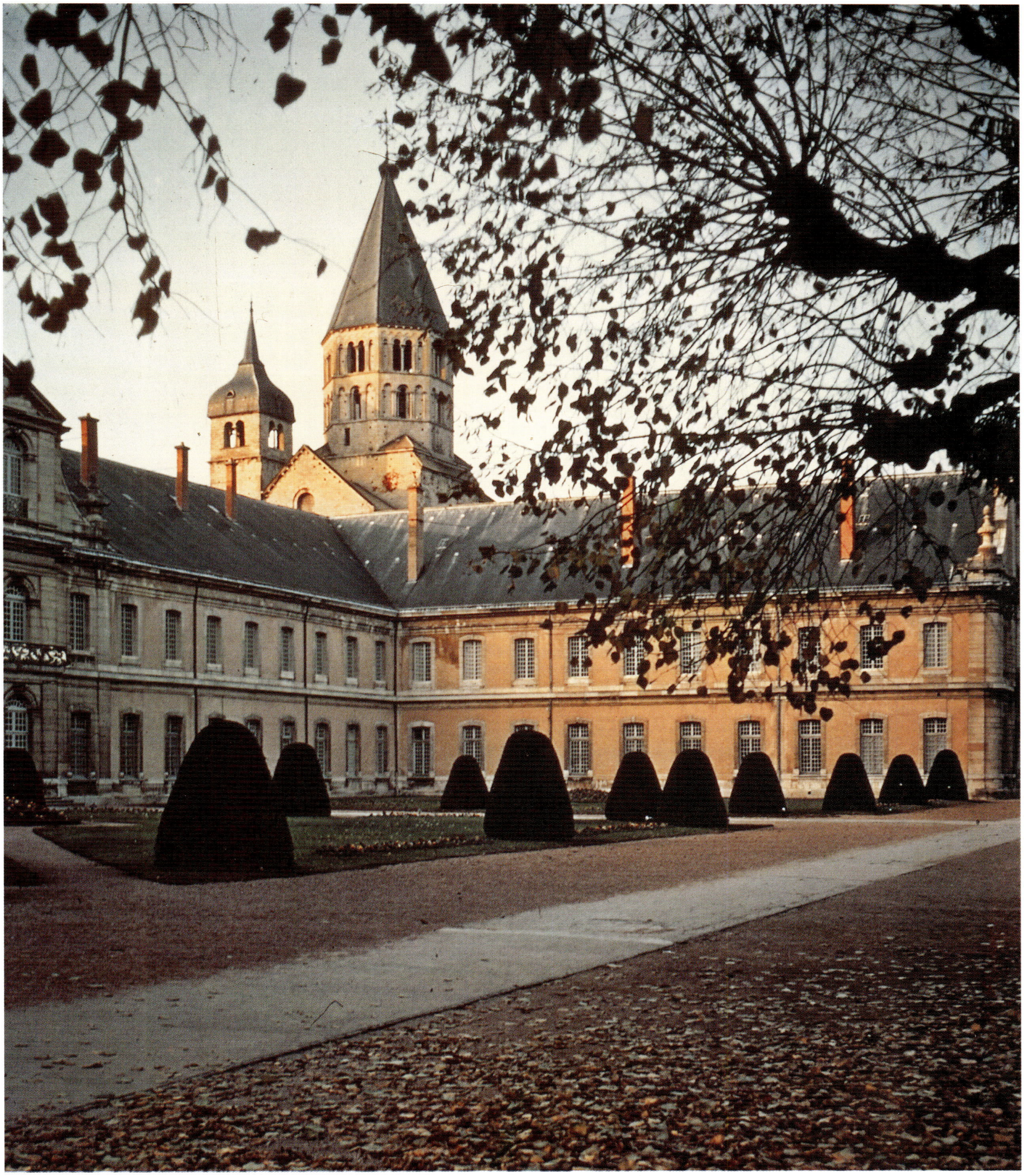

Fontenay

Die ehemalige Zisterzienserabtei Fontenay, in einem idyllischen Waldstück gelegen, wurde im Jahr 1118 gegründet; der heilige Bernhard, Stifter des Ordens, erhob Fontenay zur Tochterabtei der Klöster Cîteaux und Clairvaux. Der umfangreiche Klosterkomplex erlebte seine Blütezeit im 15. Jahrhundert und den Niedergang nach der Französischen Revolution. Er wurde verkauft und in eine Papierfabrik umgewandelt. Erst zu Beginn des 20. Jahrhunderts wurde Fontenay restauriert. Die Kirche, eine kreuzförmige Basilika ohne Oberlichtgaden, 1147 geweiht, steht kahl und schmucklos; ihr einziges künstlerisches Inventar ist eine lächelnde Madonnenstatue vom Ende des 13. Jahrhunderts, Notre-Dame de Fontenay. Das Kloster ist das am besten erhaltene Zisterzienserkloster in Burgund und vermittelt ein gutes Bild von der einstigen Gemeinschaft der Mönche: Kreuzgang; Gästetrakt, in dem Pilger Herberge fanden; die Bäckerei aus dem 13. Jahrhundert mit ihrem runden Schornstein; das Taubenhaus des 17. Jahrhunderts; der elegante Kapitelsaal mit seinen feinen Säulen; der alte Schreib- und Lesesaal, das sogenannte «Scriptorium»; vor allem der riesige Schlafsaal der Brüder aus dem 15. Jahrhundert. Im Keller besaßen sie eine kleine Schmiedewerkstatt, daneben das Gefängnis, in dem jene eingesperrt wurden, die sich größerer Verstöße gegen die Ordensregel schuldig gemacht hatten.
Der heilige Bernhard war ein gestrenger Herr, strikt gegen allen Zierat in Kirche und Kloster gewandt. «O Eitelkeit der Eitelkeiten», pflegte er zu wettern: «Es strahlt die Kirche in ihren Mauern, und in ihren Armen leidet sie Mangel! Ihre Steine kleidet sie in Gold, und ihre Kinder läßt sie nackt! Mit den Gaben der Bedürftigen wird den Augen der Reichen gedient. Die Neugierigen kommen, damit sie erfreut werden und nicht die Elenden kommen, damit sie genährt werden.» Askese lautete die Devise, als Luxus galt bereits ein Kräutergarten, der in Fontenay auf einem östlich gelegenen Hang angelegt war zum Nutzen der Küche und geruhsamen Lustwandeln nach getaner Arbeit und Gebet.
Gartenarbeit gehörte zu den Tätigkeiten, die das Generalkapitel des Ordens im Jahr 1143 geradezu bindend vorschrieb: «Brüder unseres Ordens sollen ihren Unterhalt durch ihrer Hände Arbeit erwerben, durch Gewinnung von Kulturland und Viehzucht. Deshalb dürfen wir zu eigenem Gebrauch Wasser, Wald, Rebgelände, Wiesen und Äcker besitzen.» Damit aber nicht etwa ein Mönch sein Herz an die vierbeinige Kreatur verlieren könnte, heißt es weiter: «Der Besitz von Tieren ist auf solche Arten beschränkt, die weder die Neugier noch die Eitelkeit befriedigen, sondern irgendwelchen Nutzen bringen.»

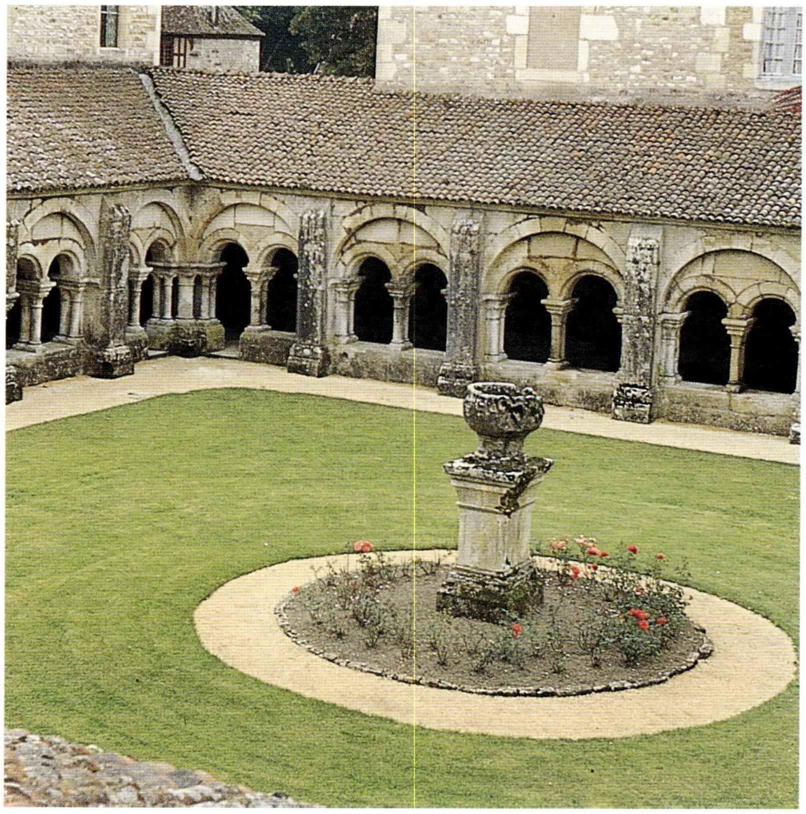

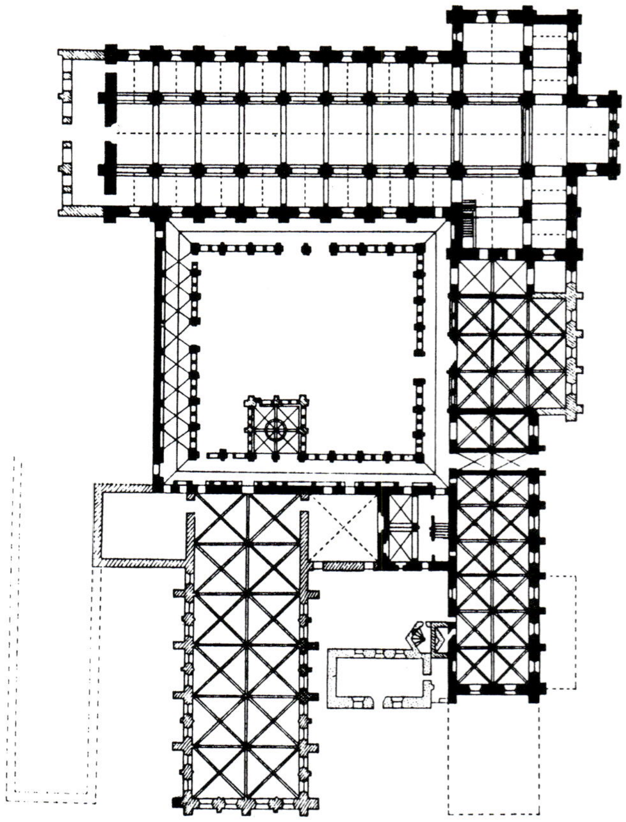

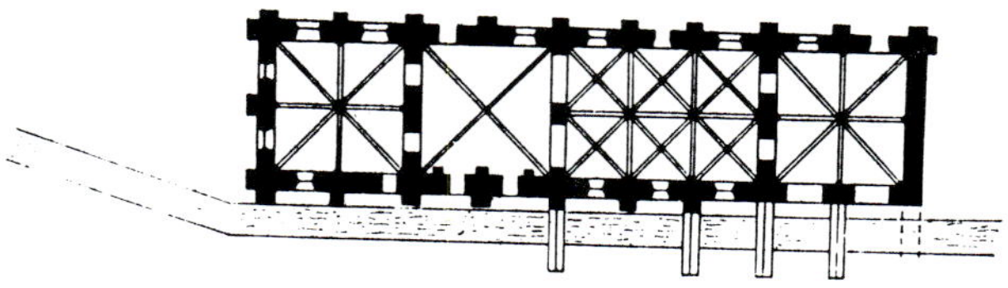

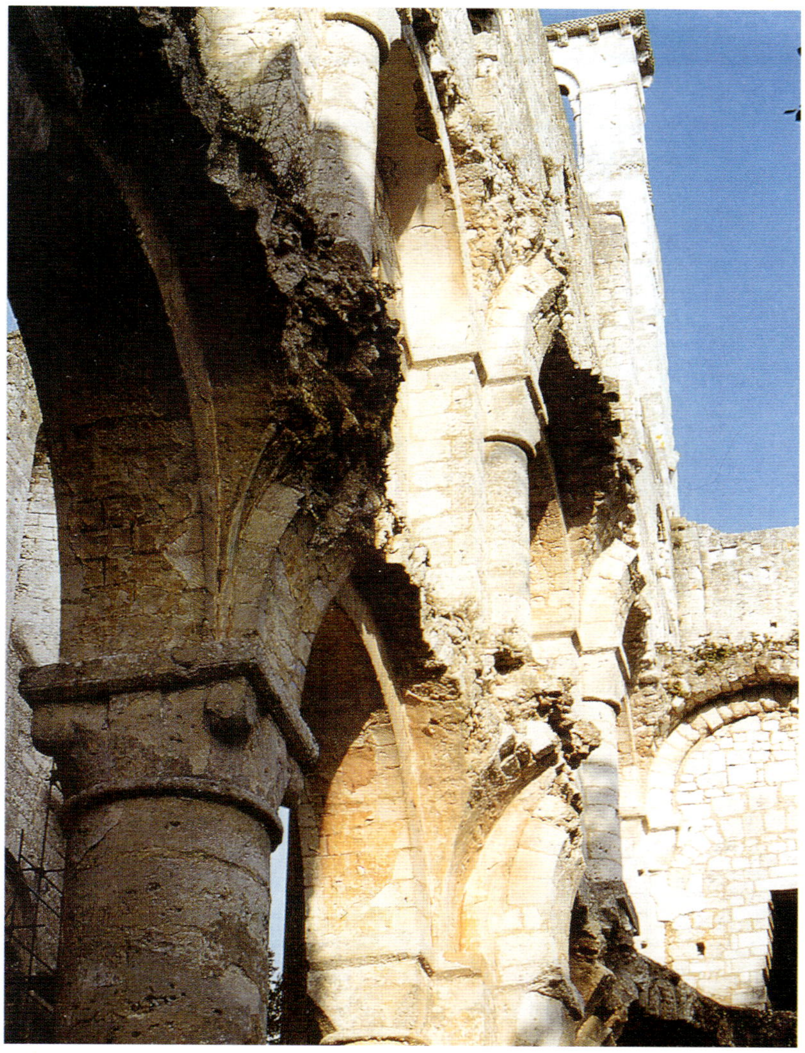

Jumièges

Der heilige Philibert gründete im Jahr 661 nahe der Stadt Rouen die Benediktinerabtei Jumièges – eingestürzte Gewölbe, hohle Fenster, zerbrochene Mauern der Kirchen Saint-Pierre und Notre-Dame aus vorromanischer Zeit und dem 13. und 15. Jahrhundert erzählen von der einstigen Größe der Anlage, derentwegen sie zur Entstehungszeit und noch Jahrhunderte später Legende war. Fast unversehrt ragt die Fassade auf; massive Türme, das dreistöckige, offene Schiff und der elegante, 41 Meter hohe Triumphbogen der grandiosen Ruine spiegeln ihre Bedeutung noch heute. Notre-Dame war, so schreibt die Vita des Stifters, «in Gestalt eines Kreuzes errichtet, dessen vornehmste Stelle die nährende Jungfrau Maria innehat». Es erhebt sich «von Süden die Zelle des Heiligen Gottes, die steinerne Einfassung leuchtet. Das an Steinen reiche Klaustrum begleiten Bogenhallen, wechselnde Zier ergötzt den Sinn, von rauschenden Wassern umgürtet.»
Philibert erhielt für sein Bauvorhaben «vom König der Franken, Chlodwig, und dessen Königin Baldechilde einen Platz im Rotomagensischen Gau, den das Altertum mit sehr altem Namen Gemeticum zu nennen pflegte, demütig gewährt, und er errichtete dort, wie man sah, ein vornehmes Kloster», fährt die Lebensgeschichte «S. Filiberti, Abbatis Gemeticensis, auctore gemeticensi monacho anonymo» fort.
Kloster Jumièges, eines der reichsten und mächtigsten der Normandie, machte Furore nicht nur durch aufwendige Sakralbauten, sondern auch durch die Fürsorge, die man dem Alltagsleben der Mönche entgegenbrachte: Großzügig konzipiert «ragt nach Süden zweifach das Schlafhaus hervor. Für jedes einzelne Bett dringt Licht durch die Fenster, so begünstigt das Licht, das Glas durchdringend, die Lesenden»; neben geistiger Erbauung durch Lektüre, die offenbar bequem auf dem Lager ausgestreckt erlaubt war, fand auch das leibliche Wohl die Aufmerksamkeit Abt Philiberts: «Darunter sind Zwillingsräume, zwei Aufgaben günstig. Hier werden die Weine gehütet und gehortet, dort die guten Mahlzeiten bereitet.» Das Mönchsleben gestaltete sich offenbar angenehm für jene, die «würdig Christus dienen, kein Eigen besitzen, keines Gewinnes bedürfen, da sie, auf den Herrn hoffend, keines Gutes ermangeln». Zu Jumièges ließ es sich gut der Welt entsagen. Für irdische Befindlichkeit war wohl gesorgt und deshalb auch die Gemeinschaft des Glaubens intakt: «Hier leuchtet bewundernswerte Liebe, große Enthaltsamkeit, höchste Demut, Keuschheit in allem.» – Von den Klosterbauten existieren noch der Kapitelsaal, dessen Gewölbe zerstört sind, und die romanisch-gotischen Kellereien; die Wohnung des Abts stammt aus dem 17. Jahrhundert. – Jumièges wurde während der Großen Revolution als «nationales Besitztum» verkauft und stückweise abgetragen.

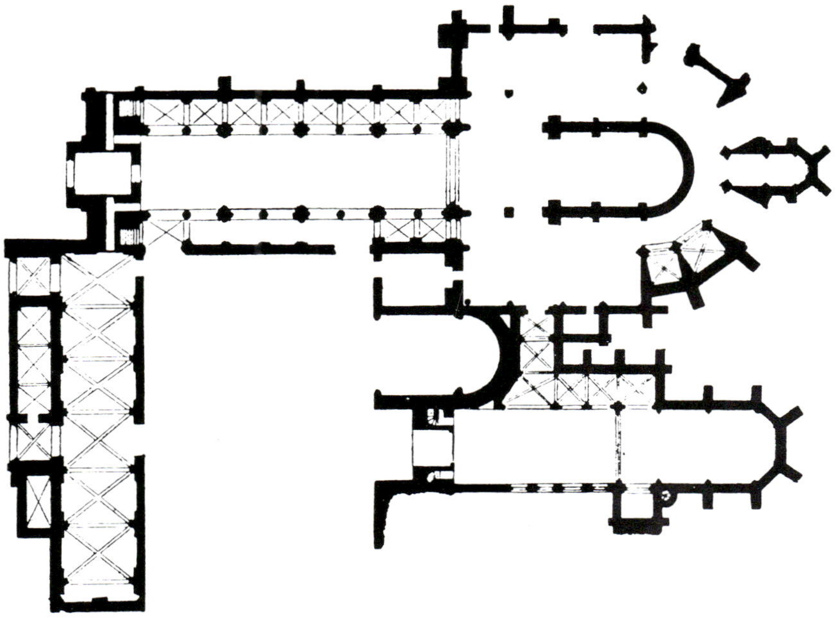

La Tourette

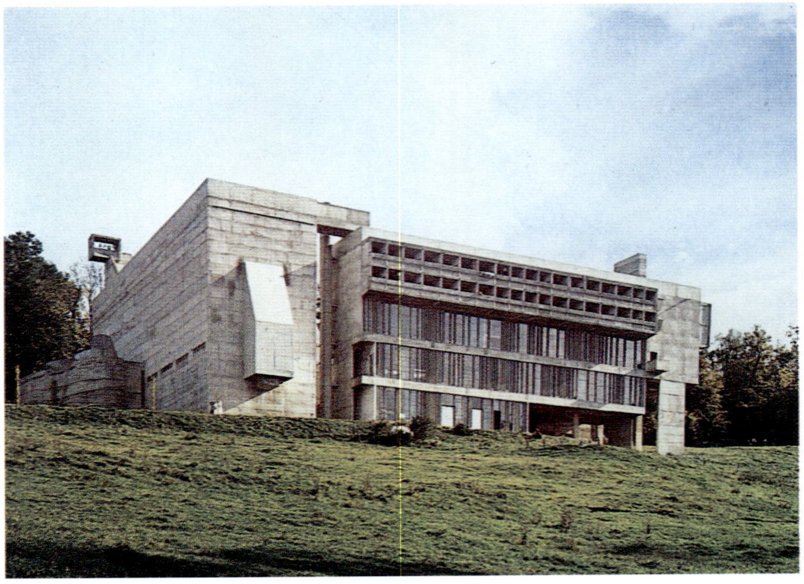

In Eveux sur Arbresle, 26 Kilometer von Lyon entfernt, liegt das Dominikanerkloster La Tourette, ein Klosterbau, den Le Corbusier entwarf. – «Warum gerade ihn? Warum diesen Architekten?», hatte man den Bruder des Ordens Frère Belaud, gefragt. «Warum?» antwortete der. «Wir kannten Le Corbusiers Werk und seine Eingebung, deshalb haben wir ihn gebeten; man muß nicht den Glauben besitzen, aber als Baumeister die Zeichen und Bedingungen des menschlichen Glaubens verstehen.»
Der Künstler kannte Klöster. Er hatte die Certosa Ema bei Florenz gesehen, Athos besucht und auch Le Thoronet in der Provence; der Geist mönchischer Gemeinschaft war ihm nicht fremd, nun galt es, ihn in das Gewand der Moderne zu hüllen. Bereits im Jahr 1952 hatte das Provinzialkapitel der Dominikaner in Lyon mit Le Corbusier über das Projekt verhandelt. Pater Couturier, sein Auftraggeber, ließ dem Architekten freie Hand. Le Corbusier mochte allerdings nicht einfach die alten Bauschemata der Klöster auf die Neuzeit übertragen. Er nahm den steilen Westhang der Anhöhe La Tourette als gegeben und staffelte den Bau kompakt auf drei Ebenen: Kirche, Kreuzgang, Refektorium und Kapitelsaal im Erdgeschoß; Schlaf- und Arbeitszellen der Mönche, den Ordensregeln entsprechend in Zellen für Kranke, Gäste, Laienbrüder und Priester aufgeteilt, im Obergeschoß; dazwischen schob er ein Mittelgeschoß, in dem sich Studienräume, Hörsäle, Gemeinschaftsräume für die Laienbrüder und Patres und die Bibliothek befinden; eine kleine Kapelle im Geviert des Innenhofs dient als Oratorium. Groß, abgeschlossen, wie ein Kasten, ruht daneben die Kirche im Hang. Das Baumaterial, nackter Beton, bringt leichte, klare Wirkung zustande; der Architekt plante sein Werk quasi von «oben»: die Zellentrakte lagern gleichmäßig und massiv auf den unteren Geschossen; das Erdgeschoß wird zum Teil durch freistehende Pfeiler abgestützt.
Das «Wunder» La Tourette besteht darin, daß ein «abstraktes» Material wie Beton, sonst für Fabriken und Hochhäuser benutzt, nicht kalt und starr wirkt, die kräftige Betonung des Obergeschosses nicht drückend, die sparsam verwendete Farbe nicht grell und die wenigen verputzten Flächen nicht aufdringlich. – «Das innere Bild des Baugedankens», so der Kunsthistoriker Anton Henze, «verwirklichte sich hier zum ersten Mal in der Geschichte des christlichen Klosters.»
Dies kam allerdings nicht ganz problemlos zustande; Le Corbusier besaß ein Atelier mit mehreren Mitarbeitern, von denen jeder seine eigenständige Funktion übernommen hatte. Uneinigkeit, Eifersüchteleien bezüglich der Kompetenzen, vor allem die Überschreitung der vorberechneten Kosten für La Tourette brachten das Projekt in Gefahr, denn das Budget der mönchischen Bauherren war klar umrissen und beschränkt. Der Meister versuchte Ruhe in den aufgeregten Disput der Werkstatt zu bringen und schrieb begütigend seinem Finanzsachverständigen Wogensky: «Es scheint mir, daß er (der Kollege Xenaki) mit seinen Überlegungen Recht hat und daß die Realisierungsmodalitäten von Ihnen und ihm und seinen Mitarbeitern auf natürliche Weise, fast wie in einer Familie, gefunden werden können», und: «Profitieren wir davon, Xenakis mit Gardien und Andreini damit zu beschäftigen, den finanziellen Teil dieser Geschichte ins Lot zu bringen.»

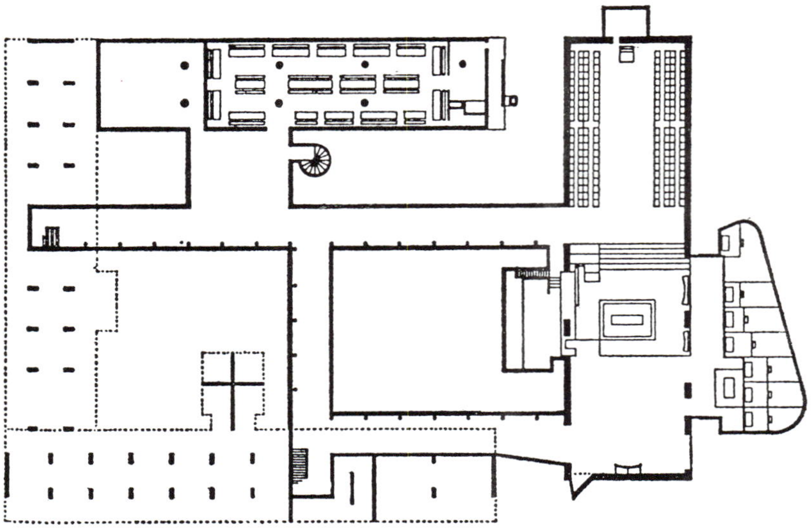

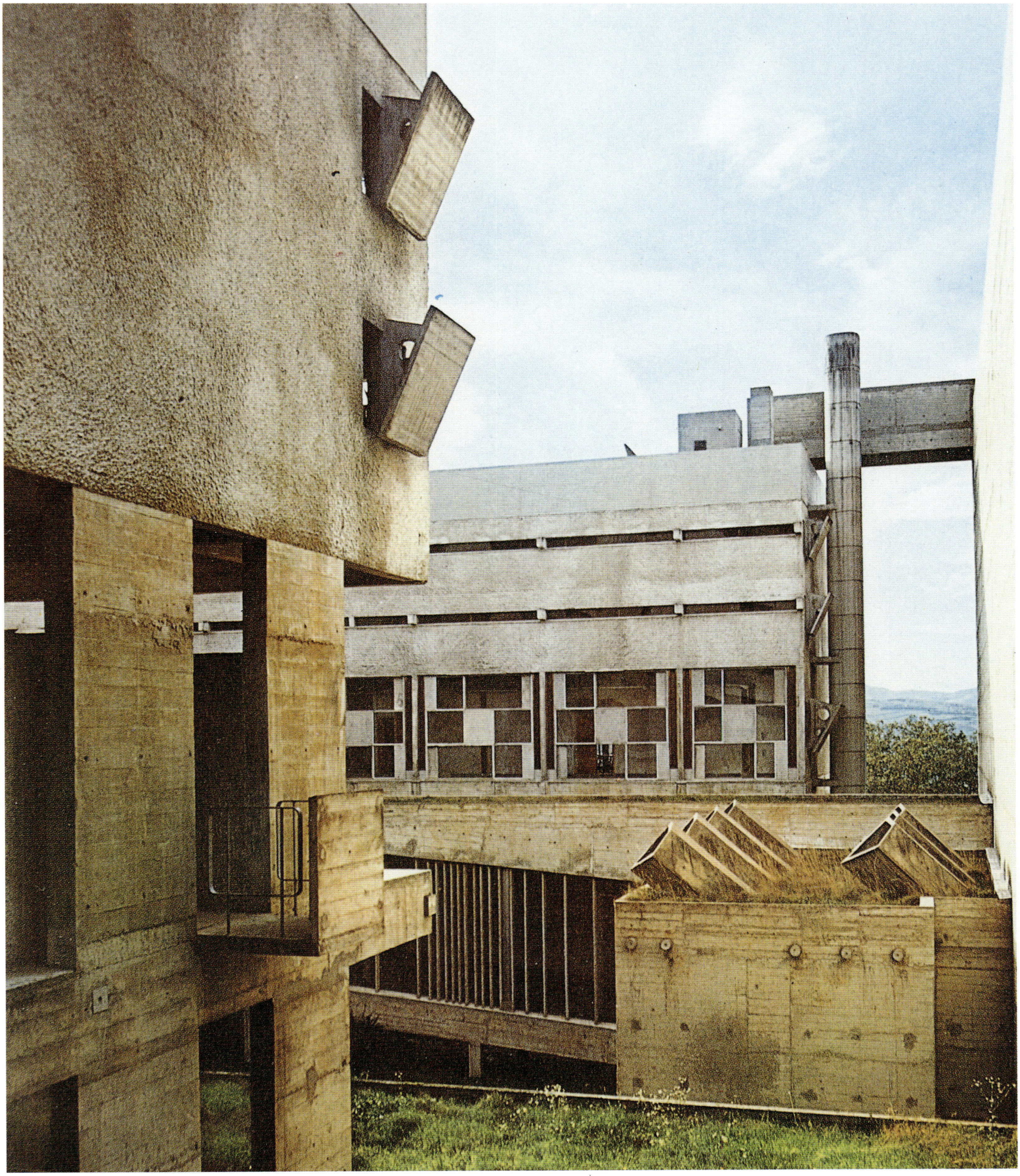

Le Thoronet

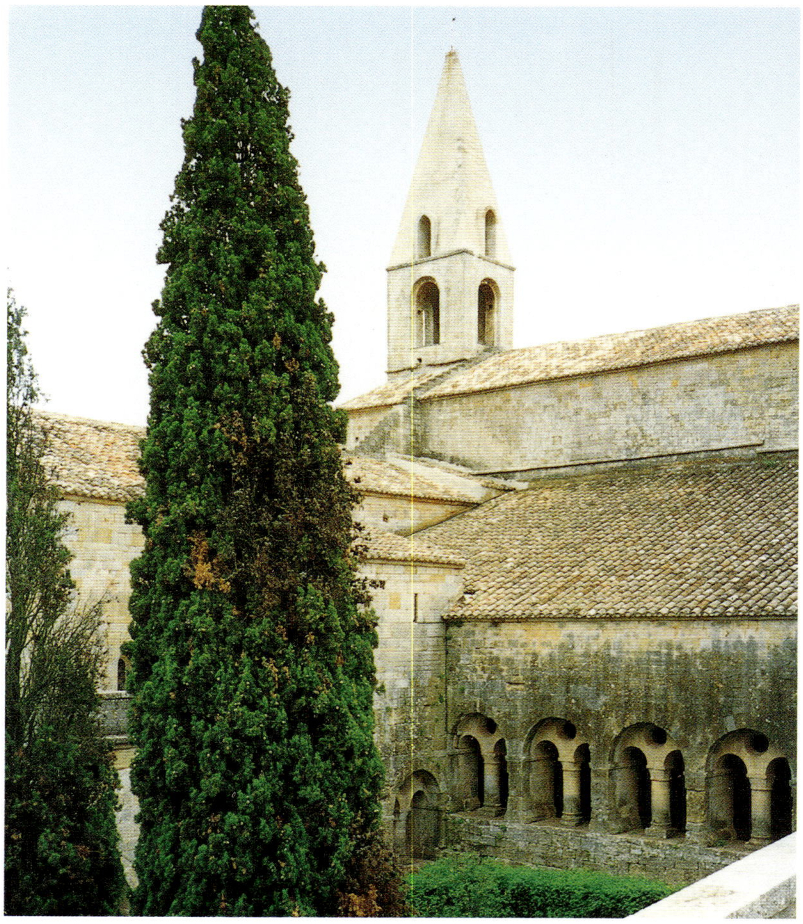

Le Thoronet in der Provence verkörpert exemplarisch die Musteranlage eines Klosterkomplexes, so ganz nach den Prinzipien, dem Herzen des Ordensgründers der Zisterzienser, Bernhard von Clairvaux: abgeschieden im waldigen Tal am Wasser gelegen, in einfacher, schnörkelloser Architektur; die Kirche Notre-Dame-de-Florilèges, eine Basilika mit weit ausladendem Querschiff, aus schwerem, behauenem Gestein gefügt, die Wände ohne Schmuck oder gar Bildwerke, übersichtlich der Raum – das komplette Kontrastprogramm zu Clunys hohen, turmreichen, repräsentativen Formen, von denen der Heilige seine Bau- und Lebensregeln mönchischen Daseins so strikt absetzen wollte. Die Kirche ist groß, 41 Meter lang, 8,5 Meter breit das Mittelschiff, 16 Meter die Scheitelhöhe, aber in ihren Proportionen gemäßigt. Durch schlichte Fenster fällt klares Licht, kein buntes Farbenspiel; Altäre von aufwendiger Art untersagt die Ordensregel, deshalb bleibt der Chor klein: das schmale Querschiff besitzt an der Ostseite der Kreuzarme je zwei Kapellen – sie dienten dem stillen Gebet der einzelnen Mönche oder einsamen Bußübungen.

Le Thoronet wurde um das Jahr 1160 von einem etwas weiter gelegenen Ort an diese Stelle umgesetzt. König Alfons von Aragon, Graf von Barcelona und der Provence, bestätigte es 1176 mit Privilegien: große Stiftungen anderer Gönner schlossen sich an; um 1200 standen Kirche, Kreuzgang und Konventgebäude als fertige Bauten, das Kloster erfreute sich reichen Zuzugs von Mönchen. Im 14. Jahrhundert nahm man die Ordensregeln bereits weniger streng, im 15. waren sie dann gänzlich gelockert: es entstanden Einzelzellen; das Refektorium erhielt gefälligere, behaglichere Gestalt. Die meisten Klosterbauten zeugen noch von der ursprünglichen Intention: Der Kreuzgang, über dem Grundriß eines verschobenen Trapez', ist der größte in der Provence: seine kaum gegliederten Mauern und Gewölbe, gedrungene Schwere und absolute Schmucklosigkeit unterwerfen sich der einzigen Funktion, die Bernhard diesem im Klosterleben so wichtigen Trakt zugestand: Er bildete die «Durchgangsstraße» zu sämtlichen wichtigen Alltagsräumen, und wer sich lesend in Gott erbauen wollte, brauchte keinerlei Zierat oder gar pittoresk-ergötzlichen Plastikschmuck: «Was machen dort jene lächerlichen Monstrositäten, die unglaublich entstellte Schönheit und formvollendete Häßlichkeit? Was sollen unreine Affen? Was wilde Löwen? Was monströse Zentauren? Was Halbmenschen? Was gefleckte Tiger? Was kämpfende Krieger? Was blasende Jäger?» las Bernhard ambitionierten Bildhauern die Leviten. Der Kreuzgang war kürzester Verbindungsweg zwischen Andacht und Alltag; um ihn gruppieren sich Bibliothek (in Le Thoronet ein sehr kleiner Raum), Kapitelsaal (mit 9,50 auf 8 Metern und drei Rundbogenfenstern auch nicht opulent), das schmale Parlatorium, die Treppe zum Schlafsaal (unter dem für «Sünder» ein kleines Gefängnis eingerichtet wurde), das Brunnenhaus; Refektorium Küche und Wärmeraum sind nur noch durch Zugänge markiert. An das Querschiff der Kirche schließt sich der Schlafsaal an. – Der kleine Glockenturm rief die Mönche zum Gebet – der Regel der Zisterzienser entgegen: «Steinerne Glockentürme sollen nicht gebaut werden.» In Thoronet mochte die Menge der Brüder den Verstoß erklären, der Sakristan saß in einem winzigen Zimmerchen, von dem aus er in die Kirche schauen konnte, und läutete, bis auch der letzte sich zur Andacht eingefunden hatte.

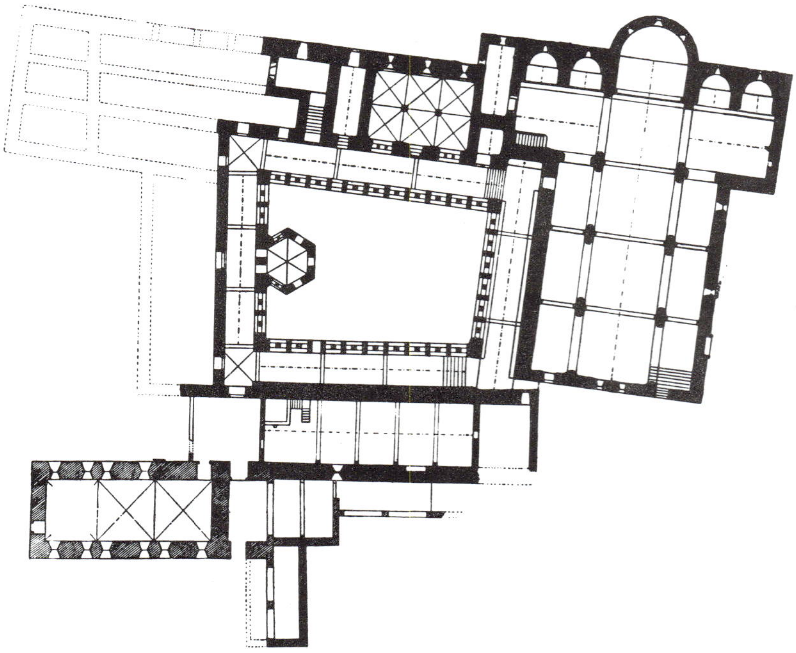

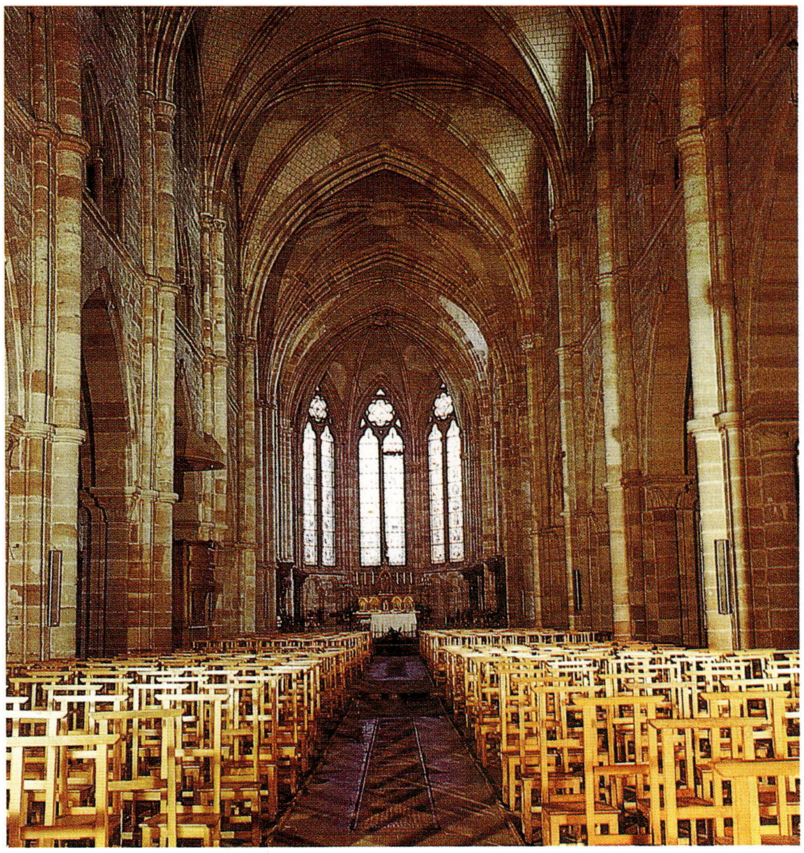

Luxeuil

Um 590 gründete der heilige Columban westlich von Mühlhausen das Kloster Luxeuil, dessen erster Abt er wurde. Der gebürtige Ire bereiste mit zwölf Gefährten als Missionsprediger Irland, England, kam schließlich in die Bretagne und nach Burgund. – Der Apostel legte eifernde Leidenschaft in seine Rede, scharte begeisterte Jünger um sich, richtete allerorten Klöster ein und schrieb sich und seinen Brüdern strengste Regeln vor. In Luxeuil herrschte er mit Konsequenz über die Mönche, aber alle priesen die große Gerechtigkeit ihres Abtes. Das Kloster kam so rasch in den Ruf einer Musteranstalt: Philibert, der «Kollege» aus Jumièges, machte fast ein Jahrhundert später Visite, da er, so sein Chronist, als vollendeter Mensch «das Vollendetere anstrebte»; er besichtigte zu diesem Zweck «Luxeuil und Bobbio und andere Klöster, die unter der Regel des heiligen Columban lebten».

«Der bedeutendste irische Mönchsführer, der heilige Columban (530/40-615), beeinflußte vor allem durch sein Poenitentiar, eine Sammlung von Strafbestimmungen, auch gegen die undeutlichsten Regungen einer sinnlichen Vorstellung, die Entwicklung des Mönchslebens», erklärt der Kunsthistoriker Wolfgang Braunfels, und so «bleibt das Bild der einsamen Mönche unvergeßlich, die im bewegten Meer vor der irischen Küste von Sonnenuntergang bis Sonnenaufgang bis zum Hals im Wasser standen, um unter Psalmengesang eine Versuchung des Fleisches abzubüßen. Man hatte erkannt, daß man auch die Mönche nie allein und auch in kleinen Gruppen nie unbeobachtet lassen durfte, daß zum wirklichen Vollzug jeder Regel eine Mindestzahl von Mönchen erforderlich war, deren Absinken meist den Sittenverfall zur Folge hatte. Ferner hatte Columban in Luxeuil und Bobbio das ununterbrochene Gotteslob eingeführt, in dem sich die Mönchschöre ablösen sollten. Der nächtliche Chordienst im Winter wurde auf 75 Psalmen (im Sommer 24) erweitert. Es blieben knapp vier Stunden noch für den Schlaf.»

Zu Lebzeiten des irischen Klosterstifters kamen immer mehr Männer nach Luxeuil und verlangten, hier Novize zu werden; übergroße Härte der Klostervorschriften stieß sie nicht ab, auch nicht die unbeugsame Offenheit Columbans, der 25 Jahre seiner Gründung als Oberhaupt vorstand. König Childebert von Burgund protegierte ihn und die Seinen; der Nachfolger, Theuderich, ärgerte sich, weil der Heilige den Hof und das lasterhafte Leben dort scharf geißelte, und verwies ihn schließlich des Landes. Columban starb 615 in seinem zuletzt gegründeten Kloster Bobbio im langobardischen Oberitalien. «Ich glaube, wir dürfen nicht schweigen von der Insel Irland, die zwischen Spanien und Britannien liegt, denn von dort ist uns ein Strahl großen Lichtes gekommen», schrieb im 9. Jahrhundert der Mönch Ermenrich von Sankt Gallen als Nachruf.

In Luxeuil entstand im 13. Jahrhundert die Abteikirche Saint-Pierre. Der gotische, dreischiffige Bau enthält Chorgestühl aus der Zeit der Renaissance, 1545, und eine herrliche Orgel aus dem Jahr 1617. – Der Kreuzgang, in rosa Sandstein erbaut, stammt aus dem 14. und 15. Jahrhundert.

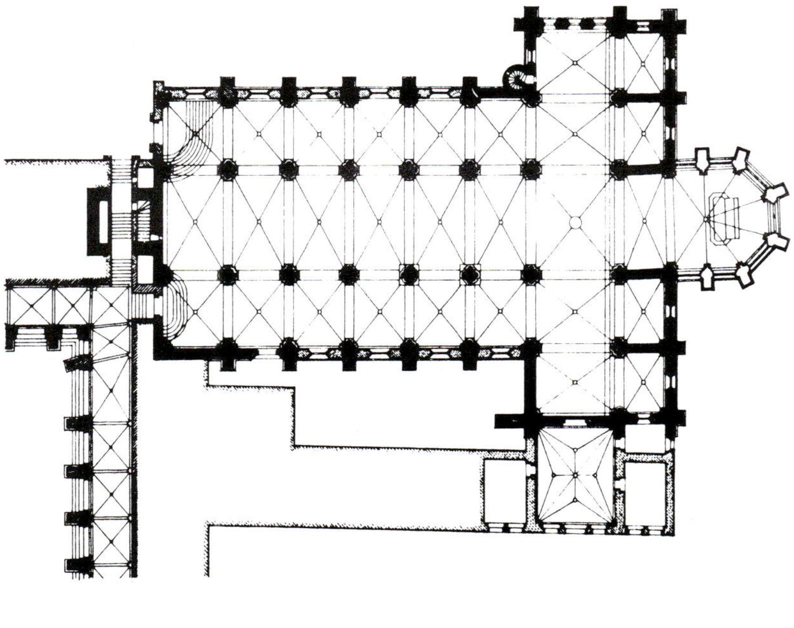

Moissac

Um die Mitte des 7. Jahrhunderts wurde in Moissac im Tarn-et-Garonne eine Benediktinerabtei gegründet; das Kloster kam, nachdem es mehrmals Zerstörungen erlitten hatte, im Jahr 1074 unter Verwaltung der Abtei Cluny. Ein Vorgängerbau der Kirche Saint-Pierre entstand zwischen 1048 und 1072; das heutige Gotteshaus, unter Abt Ansquitil, der 1085-1115 regierte, als einschiffige Anlage mit mächtigem quadratischem Westturm begonnen, erfuhr vom 11. bis zum 15. Jahrhundert mehrere Zerstörungen, Neu- oder Umbauten.
Am künstlerisch hoch bedeutenden Südportal befinden sich Skulpturen, die neben denen in Vézelay und Autun zu den großartigsten Werken romanischer Plastik zählen: im Tympanon ein majestätisch thronender Christus, umgeben von den Symbolen der Evangelisten, zwei Engeln und den 24 Ältesten der Apokalypse; am Mittelpfeiler die sechs apokalyptischen Löwinnen; an den Seitenpfosten Jünger Christi; rechts am tonnengewölbten Gewände die Jugendgeschichte Jesu, links, in phantastischen Figuren, Formen, Arabesken, die der Hölle verfallenen Laster Luxuria und Avaritia. Auch die biblische Geschichte vom reichen Mann und vom armen Lazarus stehen sich so gegenüber. Das gesamte Portal mit seinen bewegten, gestenreichen und zugleich erhabenen Gestalten wirkt fast fremd vor dem schlichten Kircheninneren, in dem eine Skulptur des Gekreuzigten (12. Jahrhundert) über dem Altar den Blick auf sich zieht. Die Chorschranke stammt aus dem 16., das Chorgestühl aus dem 17. Jahrhundert.
Der Kreuzgang mit fast hundert Säulen und prächtigen Kapitellen, teils mit Laubwerk, teils mit figürlichen biblischen Darstellungen (Blumen, Bestiarien, Szenen des Alten und Neuen Testaments) geschmückt, gehört zu den schönsten in ganz Frankreich und erhielt 1100 seine Weihe. «Der Kreuzgang», schreibt Wolfgang Braunfels, wurde durch diese plastischen Darstellungen «zu einem Ort der Belehrung und der Betrachtung, eine hochgemute Festlichkeit zog mit den farbigen Reliefs in dieses Atrium des Mönchsbaues ein, die das Selbstverständnis und die Selbstachtung des Kluniazensischen Benediktinertums kennzeichnet. Man geht nicht fehl in der Annahme, daß hier das Zeitalter die oberste Stufe der ‚Wohnkultur' erreicht hat. Man bewegte sich in einem durchaus von Kunstwerken umschlossenen Bezirk.» Der Kunsthistoriker Werner Weisbach analysiert die Eigenart des namentlich unbekannten Skulpteurs: «Der Künstler besitzt eine für die Zeit erstaunliche Fähigkeit, die ihn instand setzt, ein in ihm liegendes Vermögen des Erzählens und Charakterisierens im Material des Steines zu verwirklichen.» Vom alten Kloster ist noch der Palast der Äbte erhalten, ein großer, mittelalterlicher Bau mit einer gotischen und einer romanischen Kapelle.

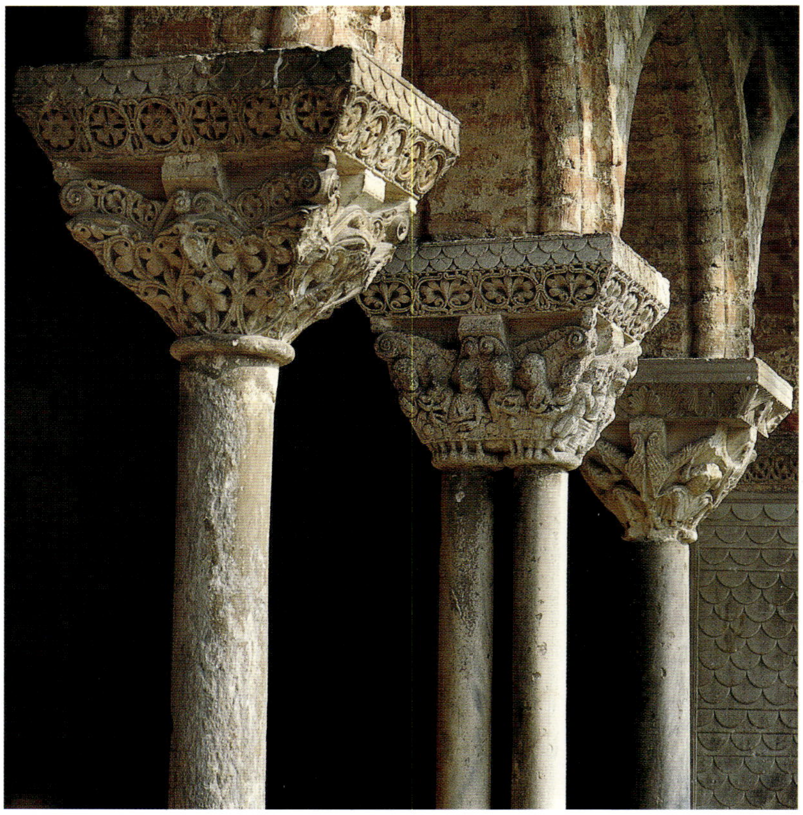

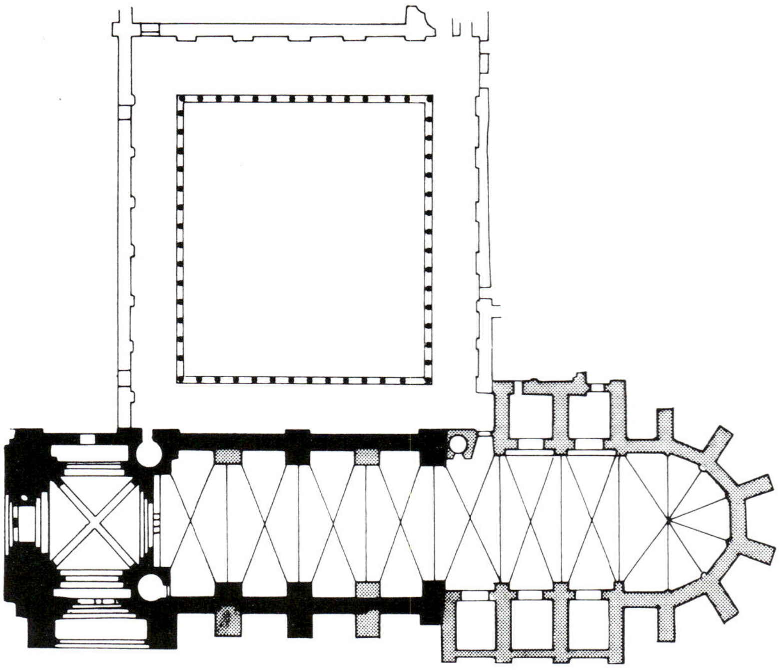

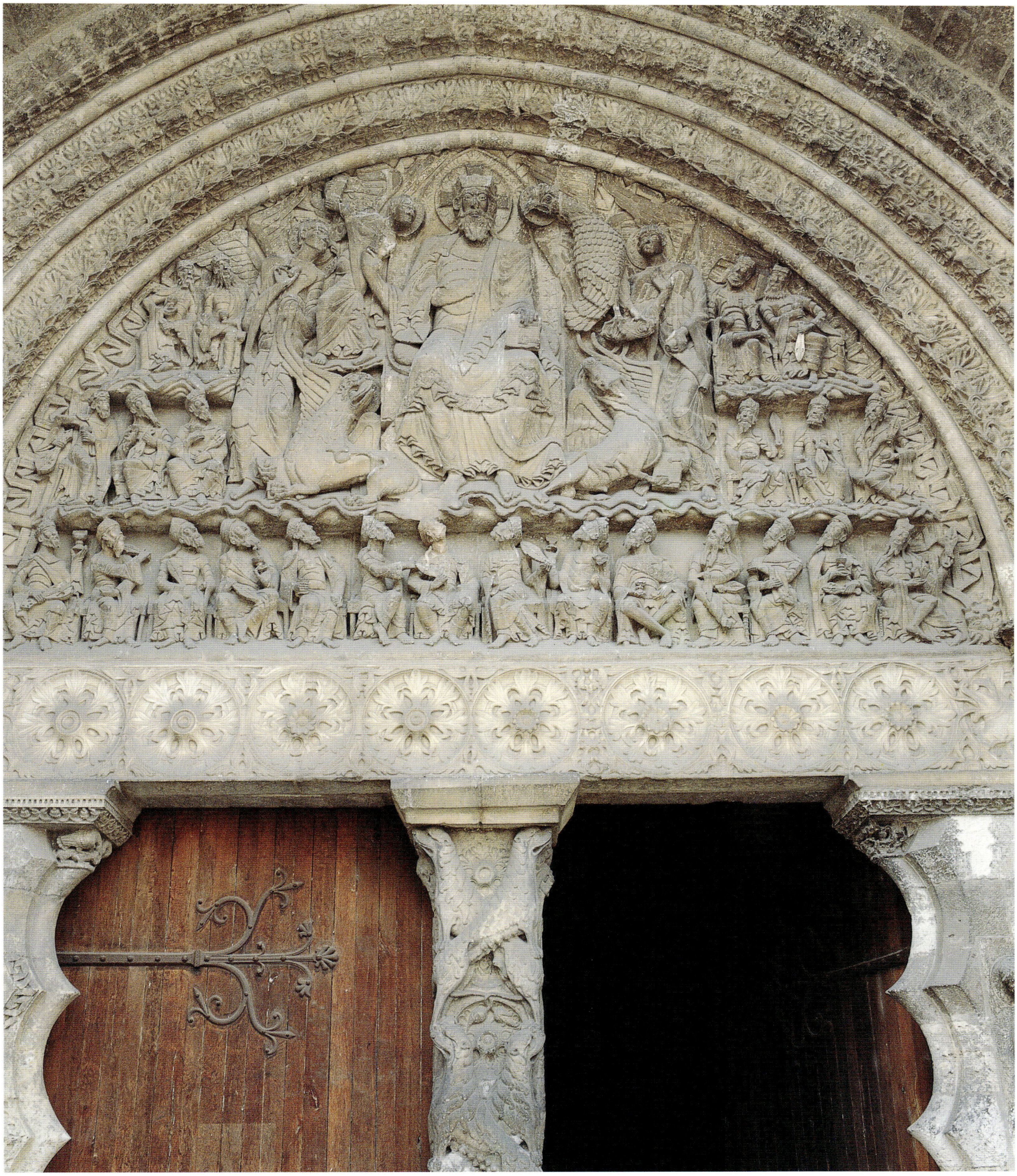

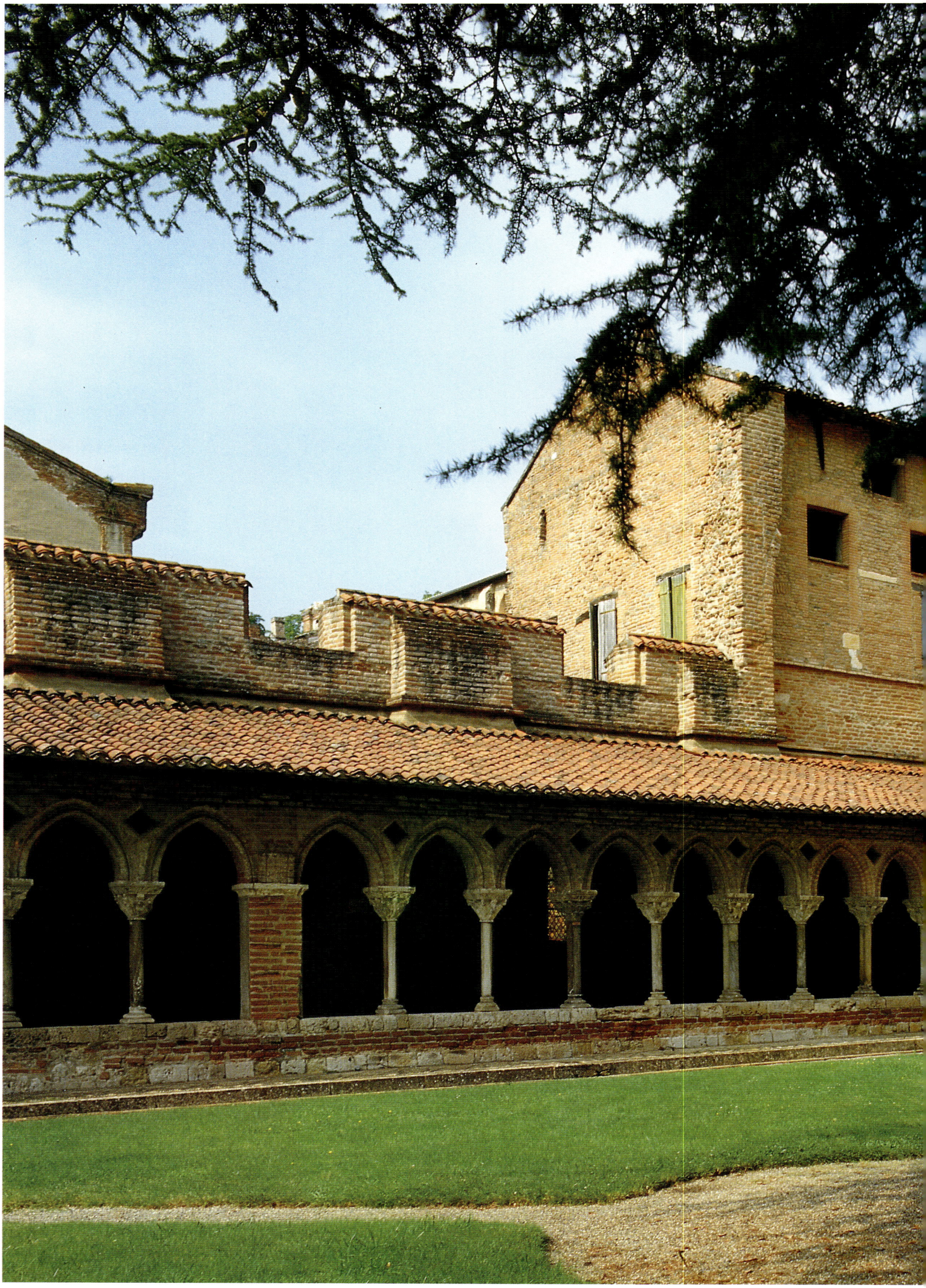

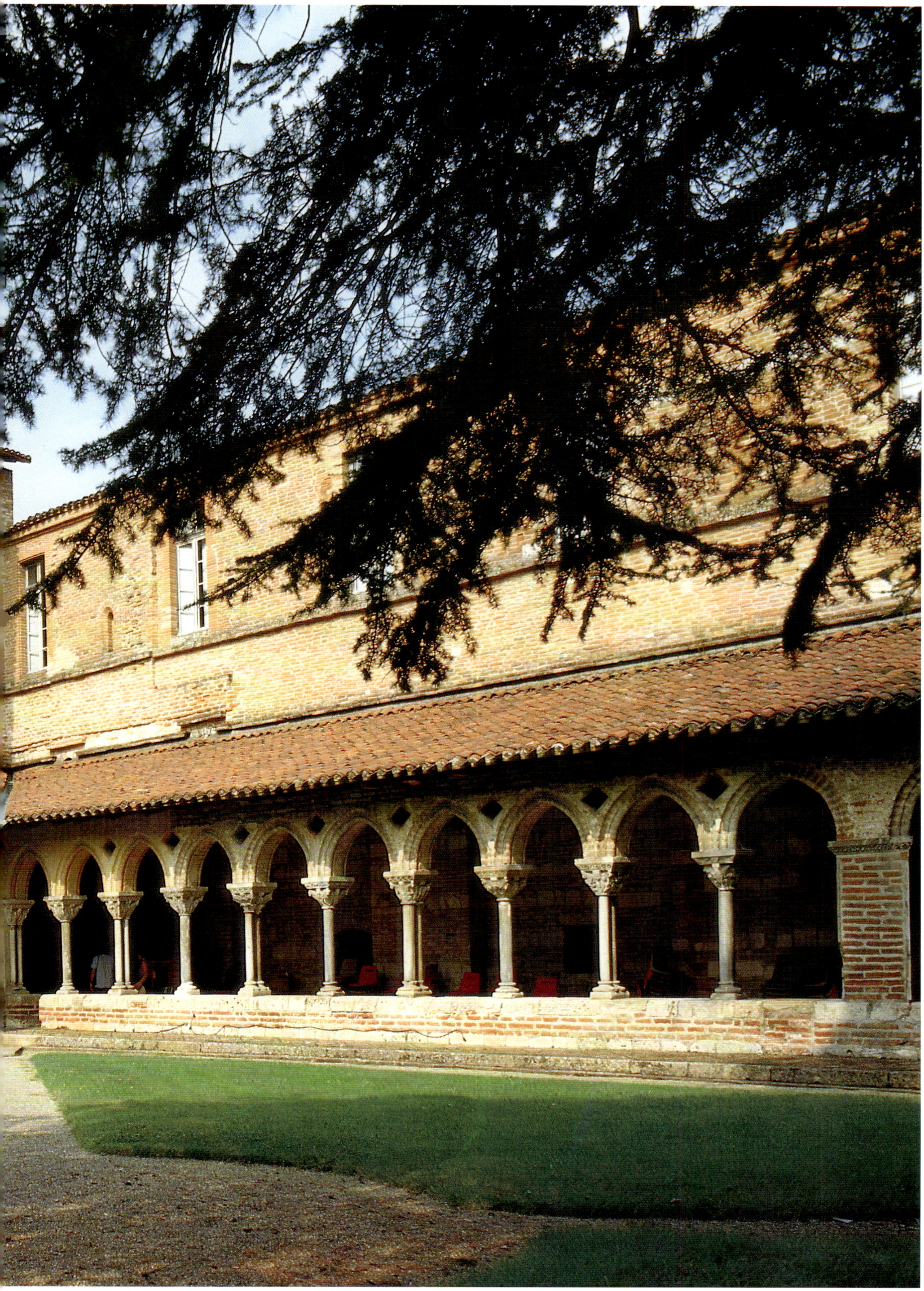

Mont-Saint-Michel

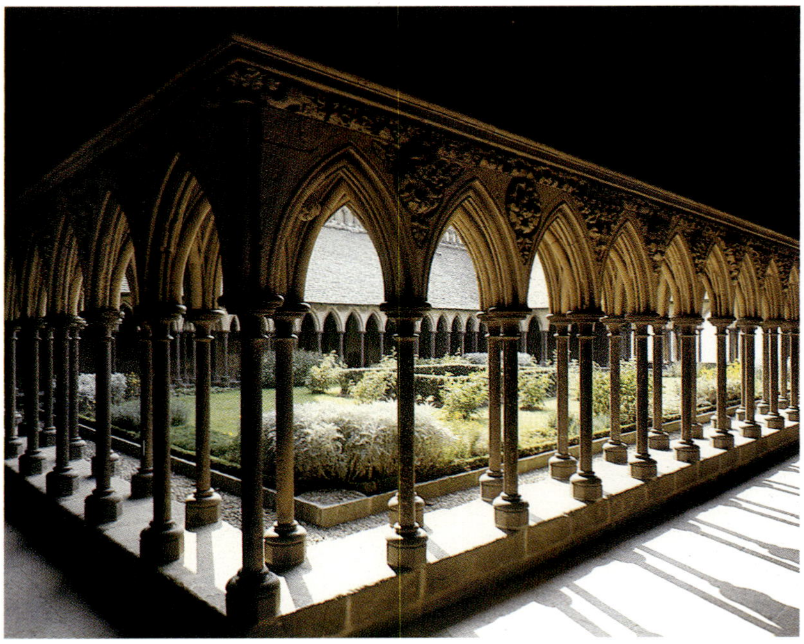

Der Klosterberg Mont-Saint-Michel, erdentrückt zwischen Wasser und Himmel schwebend, Jahrhunderte lang nur bei Ebbe vom Festland zu erreichen, 900 Meter an Umfang, 78 Meter hoch über dem Ärmelkanal an der bretonischen Grenze zur Normandie gelegen, gründet sich auf Vorbild *und* Legende. Ende des 5. Jahrhunderts ließ Bischof Laurentius von Siponto hoch über der apulischen Adriaküste, im Gargano, das Michaels-Heiligtum Monte Sant'Angelo errichten. Der Erzengel war dort mehreren Hirten erschienen. Die Kirche im Felsen entwickelte sich zur stark frequentierten Wallfahrtsstätte. Mehr als zweihundert Jahre später erschien St. Michael dem französischen Amtsbruder des Laurentius, Aubert von Avranches in einer Vision auf dem Felsen im Kanal; drei Mal wiederholte er seinen Besuch und befahl, auf dem granitenen Eiland eine Kapelle zu bauen.

Dies geschah: Die kleine, kreisrunde Andachtsstätte, 706 geweiht, bot rund 100 Andächtigen Platz und lag als Höhle im Fels. Ein vorromanischer Bau vom Ende des 10. Jahrhunderts trug deshalb später den Namen Notre-Dame-sous-Terre und diente einer größeren romanischen Kirche als Krypta. Auberts Stiftung, erst von wenigen Eremiten bewohnt, denen die unzugängliche Lage sehr willkommen war, kam 966 an die benediktinischen Reformmönche. In den Jahren 1017 bis 1144 entstand eine in nichtgewölbter, normannischer Romanik erbaute Abteikirche.

Mont-Saint-Michel entwickelte sich im Lauf der Jahrhunderte zu einem blühenden Zentrum der Kultur und zur vielbesuchten Wallfahrt. Im 13. Jahrhundert begann man mit dem Bau einer gotischen Anlage, an der bis ins 16. gearbeitet wurde. Der Chor stürzte ein und wurde im 15. Jahrhundert neu erstellt. – Der Berg, auf so überaus engem Raum, und doch ungeschützt gegen See, mußte aus der Not eine Tugend machen: Seine Gebäude wuchsen zusammen in großer Fülle an Stilrichtungen und Nutzzwecken, als Mischung aus zierlich aufragenden Türmchen an den Kirchenbauten, geschlossenen Klostertrakten und grimmig abwehrender Burg. Für Treppenaufgänge gab es wenig Platz, so behalf man sich mit engen Wendeln. In die Breite konnte man nicht bauen, deshalb saßen die einzelnen Teile über- oder aufeinander. Im 14. Jahrhundert kam eine Torburg, im 15. eine stattliche Ringummauerung hinzu. Die einst von Land und Meer her fast uneinnehmbare klösterliche Festung läßt sich mit einer Schnecke vergleichen, die sich in ihr enges Haus windet. Der Dichter Gustave Flaubert schrieb: «Man verirrt sich, eine einzige Besichtigung genügt nicht, um die besondere Anlage dieser Bauten zu verstehen.» – Immer wieder stürzte ein Trakt ein, mußten Teile erneuert werden. Allein das Baumaterial heranzuschaffen, architektonische Ergänzungen zu konstruieren und auszuführen, verlangte enormes strategisches Geschick.

Einer der schönsten Komplexe des Michaelsberges ist das im 13. Jahrhundert begonnene «Merveille», ein elegantes dreigeschossiges Klosterschloß. Im obersten Stockwerk liegt der 1228 vollendete Kreuzgang, eine Art «hängender Garten»; daneben das Refektorium etwa aus der gleichen Zeit: ein weiter Saal, in den Licht durch hohe, schmale Fenster einfällt und dem Raum einen besonderen Zauber der Leichtigkeit verleiht: unter diesem Speisesaal der Mönche ein zweischiffiger Empfangssaal des 13. Jahrhunderts. Unter dem Kreuzgang befindet sich der vierschiffige Rittersaal, ganz unten sind Keller- und Vorratsräume und die «Aumônerie», in der arme oder kranke Pilger Almosen empfingen.

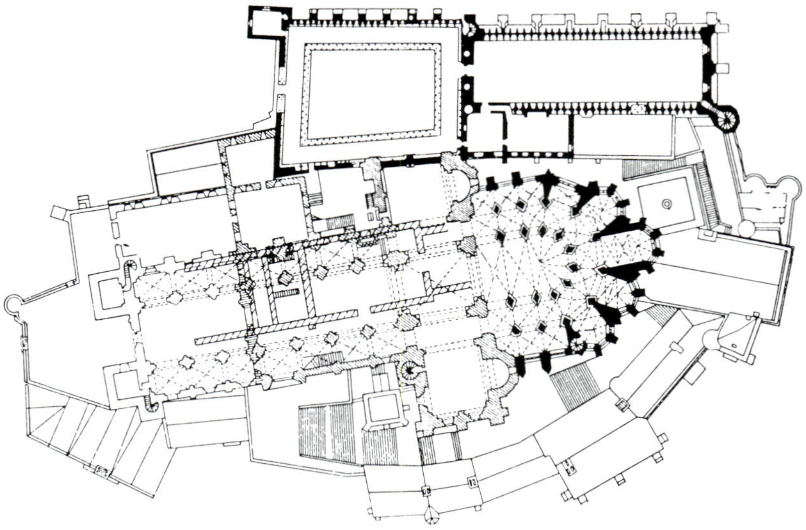

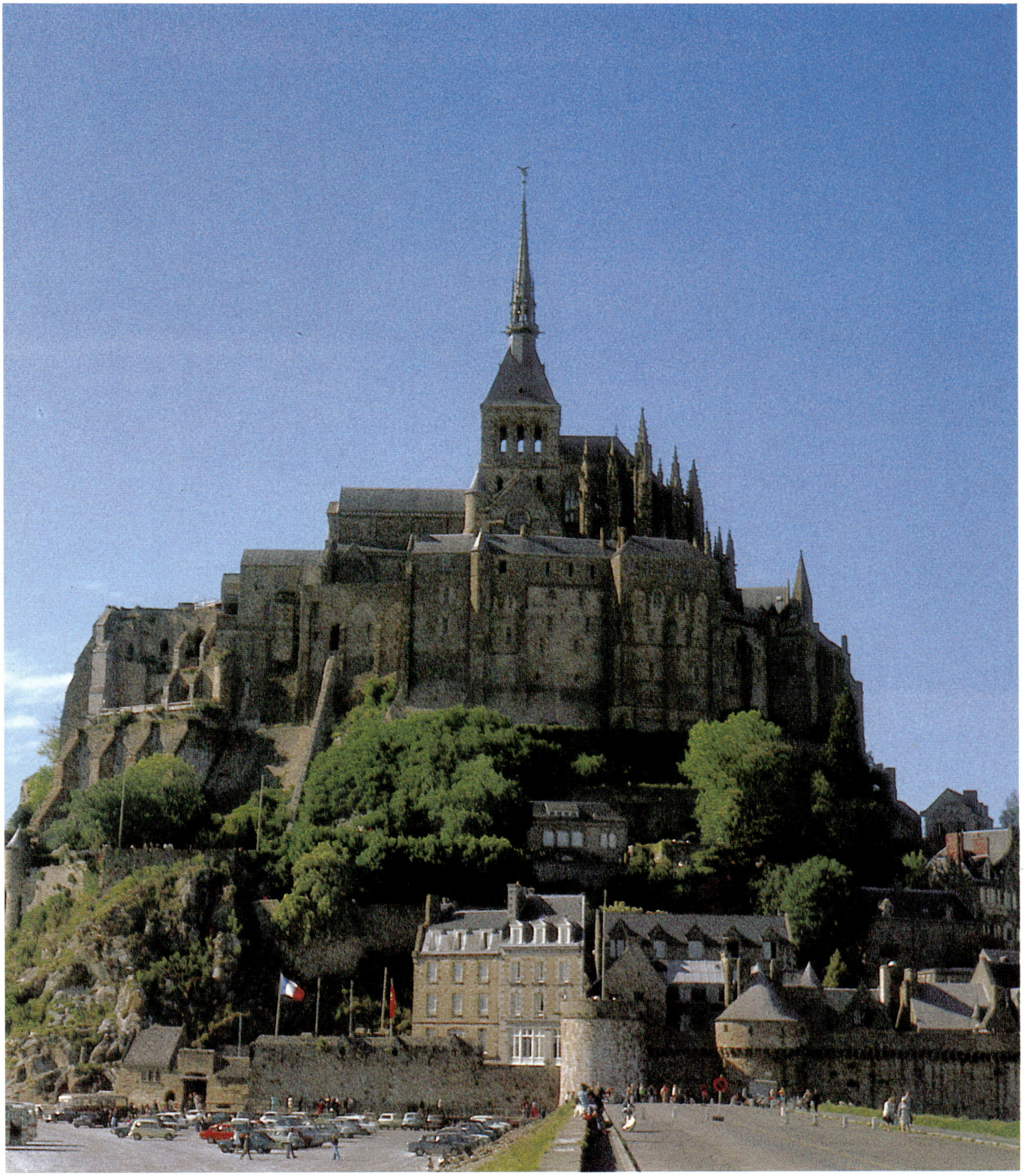

Morimond

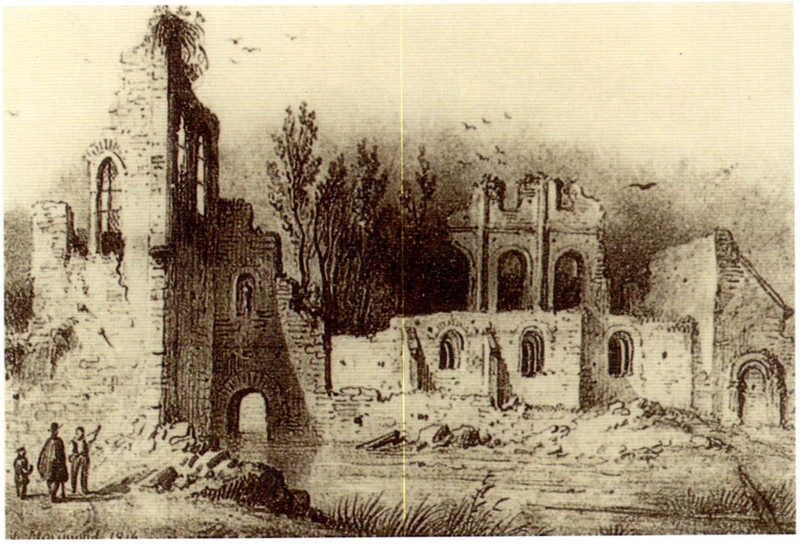

«Stirb der Welt» – allem Irdischen Adieu sagte im 12. Jahrhundert der junge Mann, der in die Zisterzienserabtei Morimond eintrat. Sie wurde im Jahr 1115 von Abt Stephan Harding, dem dritten Abt von Cîteaux, gegründet und war eine der vier Töchterklöster Cîteaux' im Umfeld von 100 Kilometer Entfernung, neben La Ferté im Süden, Pontigny im Westen und Clairvaux im Norden. Morimond selbst, östlich gelegen, wurde wiederum zum Mutterkloster vieler Niederlassungen des Ordens in ganz Europa. Die neue Gemeinschaft fand regen Zulauf junger Leute; eine Elite von Jünglingen lebte in der Abgeschiedenheit und Stille, die ihre Ordensregel vorschrieb. Sie siedelten im unwirtlichen Gelände, kultivierten Wald und Seen, um zu bauen, Gärten anzulegen – reiche Grundbesitzer, die mit solchen öden Ländereien wenig anfangen konnten, schenkten sie deshalb gern den fleißigen Mönchen, so in Morimond der Herr von Aigrémont, Odolric, und seine Gemahlin, Adeline von Choiseuil.

Einer der berühmtesten Männer aus Morimond war Otto, Sohn des Markgrafen von Österreich Leopold IV. und seiner Gattin Agnes, Tochter Kaiser Heinrichs IV. Er, ein Geistlicher, studierte in Paris, trat dann in das Zisterzienserkloster ein, wurde dessen Abt, und schied betrübt, als er, 1137 zum Bischof von Freising gewählt, ein Jahr später in seinem Bistum erwartet wurde. Otto machte sich als bedeutendster Geschichtsschreiber des deutschen Mittelalters einen Namen. Über seine Zisterzienserbrüder, die «wahren Bürger des Gottesstaates», schrieb er: «Sie leben im Diesseits im Verborgenen, tragen kein Verlangen danach, daß ihr Ruhm erstrahle, führen schon auf Erden ein Leben in himmlischer, engelhafter Reinheit»: denn «Sie leben in Gemeinschaft, legen sich gleichzeitig schlafen, stehen einmütig auf zum Gebet, nehmen gemeinsam in einem Raum die Mahlzeiten ein, und Tag und Nacht beschäftigen sie sich mit Beten, Lesen, Arbeiten.» Nicht genug damit: «Sie heilen Kranke, treiben Dämonen aus, und bisweilen bekommen sie, soweit das im Diesseits möglich ist, durch Kontemplation einen Vorgeschmack von den Wonnen des himmlischen Vaterlands und bringen deshalb, obwohl durch Arbeit ermattet, durch Nachtwachen erschöpft, durch Fasten abgezehrt, wie die Grillen, die mehr zirpen, wenn sie hungrig sind, fast die ganze Nacht mit Gesang der Psalmen, Hymnen und geistlichen Lieder wachend zu.»

Die dreischiffige kreuzförmige Anlage mit gerade geschlossenem Chor, bei dem alle Seiten mit Kapellen besetzt und durch einen Umgang miteinander verbunden sind, nach Bauvorschrift der Zisterzienser schlicht und streng, ohne Türme und jeden künstlerischen Schmuck, besaß nur einen Dachreiter; in ihm waren die Glocken installiert, die, dem Gottesdienst notwendig, zum Gebet riefen. Außen- und Innenmauern standen kahl, mit schlichten Flächen und Pfeilern.

Während der Religionskriege, im Jahr 1572, und noch einmal 1636, im Dreißigjährigen Krieg, wurde Morimond zerstört. Nur die Kirche war erhalten geblieben, im 19. Jahrhundert verfiel sie zur Ruine; ein Fragment des nördlichen Seitenschiffs der mittelalterlichen Abtei steht, auch das Eingangsportal der Abtei des 18. Jahrhunderts findet sich noch sowie Pavillons, Arkaden und die Bibliothek. – Betrübt klagten im Tagebuch 1857 die Dichterbrüder Goncourt, als sie die spärlichen Reste gesehen hatten. «Morimond! Was von der herrlichen Abtei geblieben ist, würde noch für den schönsten, melancholischen Besitz Frankreichs reichen, siebzig Morgen Wasser, in dem sich hundertjährige Bäume spiegeln, zu ihren Füßen Bausteine, um ein kleines Versailles zu errichten.»

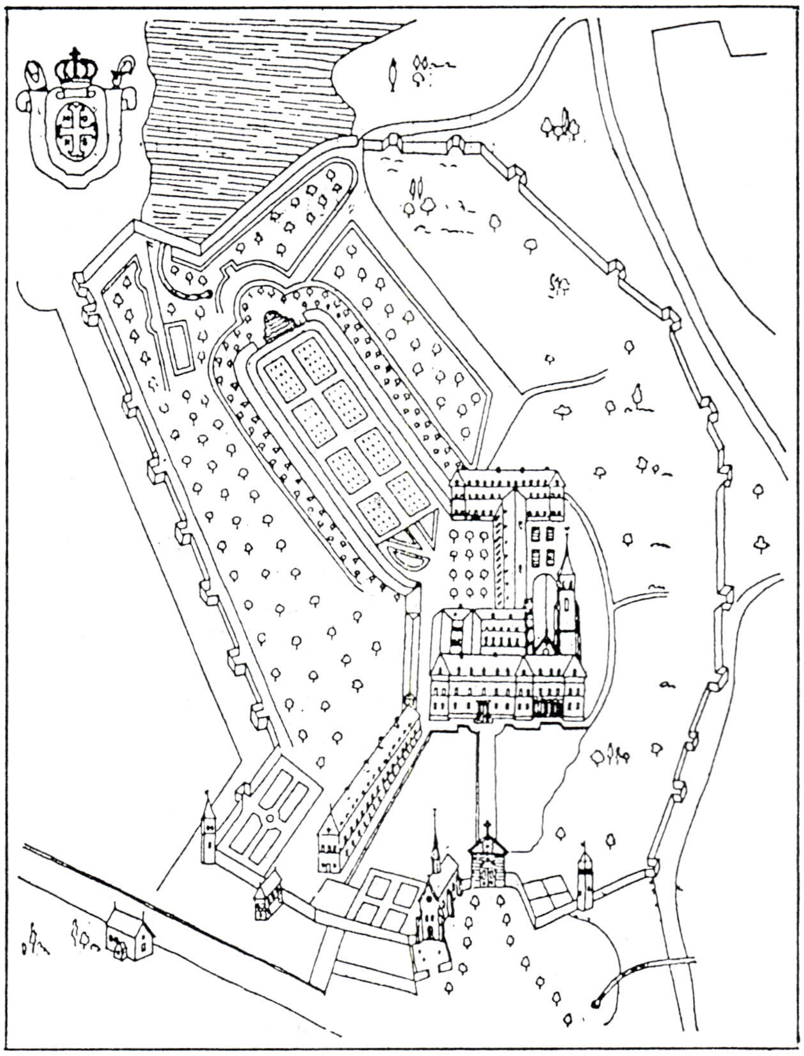

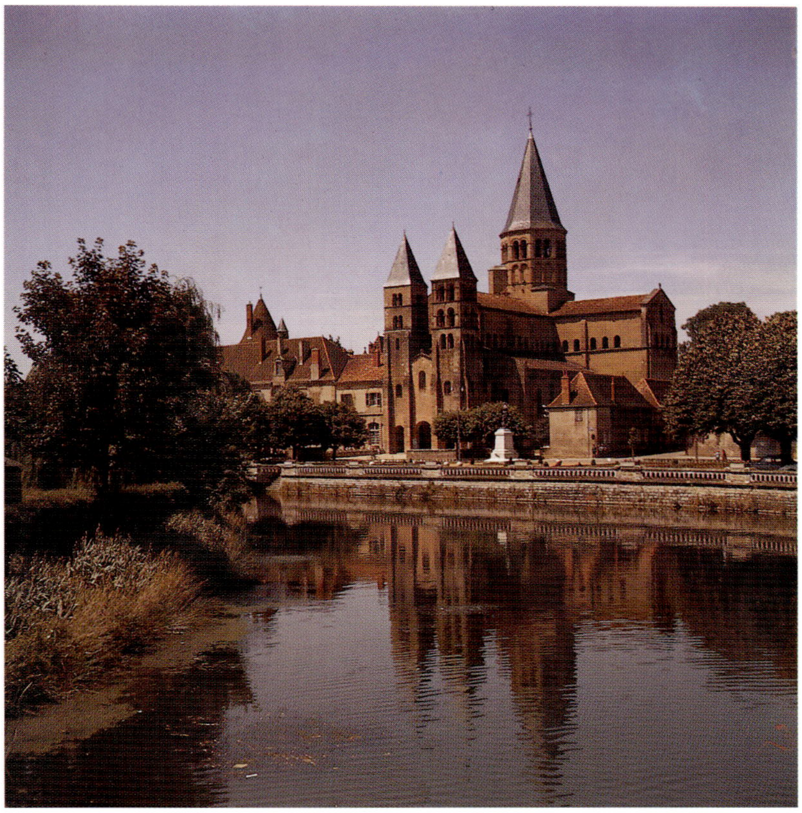

Paray-le-Monial

Paray-le-Monial in Burgund wurde im Jahr 977 als Benediktinerkloster gegründet und 999 als Propstei der Abtei Cluny unterstellt. Die Prioratskirche Notre-Dame, ein bedeutender Bau der burgundischen Frühromanik, im frühen 11. Jahrhundert begonnen, im 12. vollendet, eine Basilika mit Doppelturmfassade mit Vorhalle, enormer Höhe des Innenraumes (22 Meter), kurzem Langhaus und mächtigem Querhaus, hohem Vierungsturm, Umgangschor mit schlanken, an den Kapitellen schön skulptierten Säulen und Kapellenkranz, entstand in enger Anlehnung an Cluny. Abt Hugo persönlich war anwesend, als sie geweiht wurde; Bauleute, die noch an der Mutterkirche gearbeitet hatten, kamen unmittelbar von dort und schufen als ihr Abbild ein Klein-Cluny. Ein «gewissermaßen reduziertes Cluny», nannte der Kunsthistoriker Helmut Domke Paray-le-Monial, «in Gestalt der radial ausstrahlenden Kapellen der Apsis, die zum Chorumgang gehören, zu dem man nach cluniazensischem Brauch die Seitenschiffe erweitert und vorgezogen hat, und obendrein im ganzen Aufbau des ockerbraunen Gemäuers, das Dach über Dach emporklimmt, bis der gewaltig auffahrende Vierungsturm erreicht ist. Es atmet wirklich Clunys Geist.»

Allerdings: «Die Detailvielfalt und die Raumhöhe stellen einen Verlust der baukünstlerischen Ideale des Reformmönchstums dar» (Ernst Badstübner). Besonders Cluny III hatte Kritik auf sich gezogen: zu hoch, zu breit, zu lang, lautete der Tadel; Bernhard von Clairvaux schalt: «Durch einen gewissen Kunstgriff wird das Vermögen ausgegeben, damit es sich vervielfacht, das Geld wird ausgegeben und gemehrt, und Verschwendung schafft Reichtum. Denn durch das Anschauen verschwenderischer, aber wunderbarer eitler Dinge werden die Menschen mehr zum Geben als zum Beten herangezogen.»

Dies ging sogar manchem Mitstreiter des Heiligen zu weit. Rupert, Abt von Deutz (seit 1120), Verteidiger, Anhänger der Reform, widersprach vehement: «Wenn auch das innere göttliche Prinzip der auf dem Altar zelebrierten Messe unaufhörlichen Glanz ausstrahlt, so ist doch deren äußerer Kultus, was die heiligen Gefäße, die Ausstattung des Altars und der ihn Bedienenden betrifft, zwar immer heilig, aber doch nach der Bedeutung des Tages zu gewissen Zeiten glänzender. Am Festtag glänzt der Gottesdienst von Gold, Silber und kostbaren Steinen, je nach der Leistungsfähigkeit der Gläubigen, und wenn diese Dinge in weltlicher Hinsicht Zierden sind, so sind sie in kirchlicher und göttlicher Hinsicht Spenden der Frömmigkeit.»

Wunderbare Dinge ereigneten sich für Paray-le-Monial im 17. Jahrhundert und etablierten eine große, vielbegangene Wallfahrt. Eine fromme Dame, Marguerite-Marie Alacoque, hatte Visionen; Christus erschien ihr mehrmals und deutete auf sein Herz – ihre Erzählung von diesem Ereignis begründete den Herz-Jesu-Kult, der beträchtliche Pilgerscharen in Bewegung setzte: Seit dem Jahr 1875 heißt Notre-Dame in Paray Herz-Jesu-Basilika.

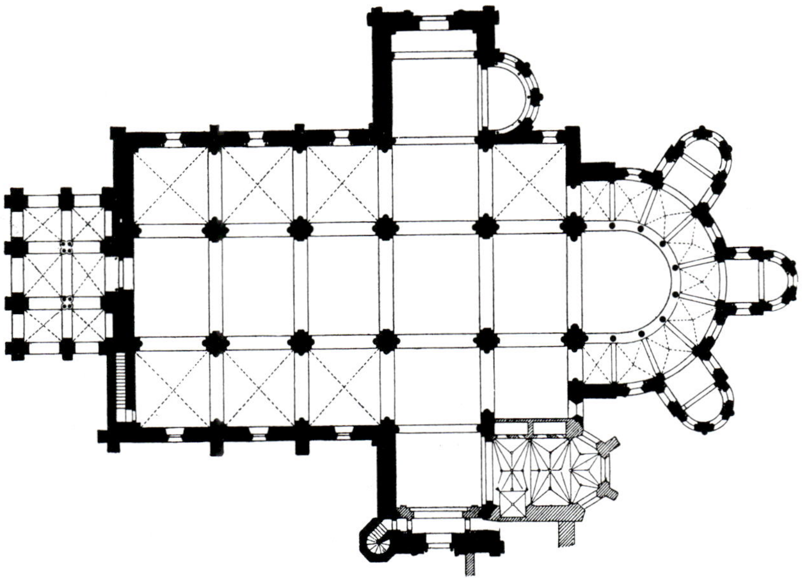

Pontigny

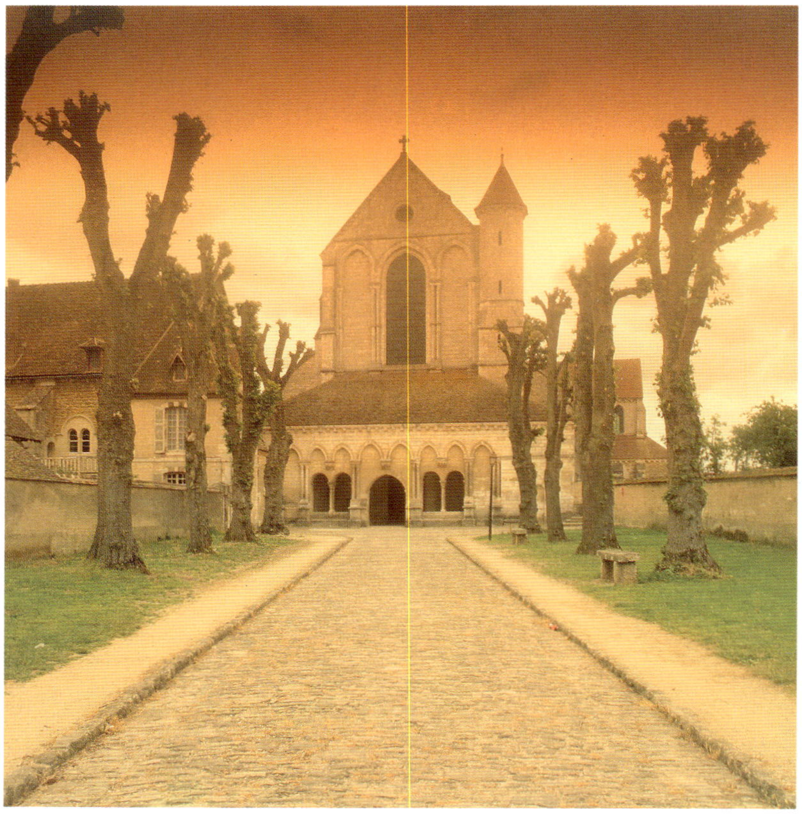

Pontigny, nahe Auxerre in Burgund, entstand im Jahr 1114 im unwegsamen Sumpfgebiet des Serein. Wie so oft bedurfte auch diese Zisterzienserabtei der harten Vorarbeit ihrer Brüder, die Baumeistern den Boden bereiteten. Die «zweite Tochter» von Cîteaux wurde durch zwölf Mönche des Mutterklosters unter Führung von Abt Hugo von Mâcon gegründet. Die besondere Lage nahe den Ebenen der Île-de-France und der Champagne prädestinierte Pontigny als Zufluchtsstätte von England her. Die gastfreundlichen, hilfsbereiten «weißen Mönche» nahmen bereits 1164 Thomas Becket, den Erzbischof von Canterbury, auf, der vor König Henry II. floh, und behielten ihn für Jahre sicher in ihren Mauern. Erst als der britische Monarch dem Kloster drohte, zog der Verfolgte weiter. – Der heilige Edme, damals noch Edmund Rich, bat im Jahr 1240 um Hilfe: zwei Jahre später starb er und liegt in der Kirche begraben.

Das Gotteshaus, in der Mitte des 12. Jahrhunderts im schlichten, schmucklosen Stil der Zisterzienserarchitektur konzipiert, weicht bereits von den Maßgaben der einfachen Bauformen ab: Der frühgotische Chor besitzt einen Umgang mit Kapellenkranz; er wurde seit 1185 errichtet. In Pontigny bricht, so Helmut Domke, «trotz hartnäckiger Berufung auf die Tradition» Neues durch: «Scharfe, durch Rippen akzentuierte Joche überspannen das Mittelschiff, reich profilierte Pfeilerbündel mit vorgelegten Diensten wallen empor, und wider alle zisterziensische Regel ist sogar ein Chorumgang da.» – Der ungewöhnlich langgestreckte Bau, feierlich in seiner mächtigen Dimension, besitzt keinen Turm, klar proportioniert liegt das Schiff. Pontigny zählte in seiner Blütezeit sehr viele Mönche, dies vor allem dürfte ein Grund gewesen sein, die Kapellen zu öffnen. Von den Klosteranlagen ist allerdings nichts mehr erhalten. Im nördlichen Querhausarm finden sich noch vermauerte Zugänge zu Kreuzgang und Dormitorium.

Ungeachtet der Eigenwilligkeiten und Abweichungen bleiben die Kirche von Pontigny und ihr lichter, Ruhe und Erhabenheit ausstrahlender Innenraum ein Ort, den St. Bernhard verlangt hat: ein «Haus zum Beten». – «Gewiß, die Weihe durch die Bischöfe, die häufigen Lesungen der heiligen Schriften, die inbrünstigen Gebete, die Reliquien der Heiligen, die Gegenwart der Engel bewirken, daß diese Mauern heilig genannt werden und es auch sind», predigte er. «Aber trotzdem darf man nicht im mindesten annehmen, sie würden um ihrer selbst willen als heilig verehrt, da sie ja auch sicherlich nicht um ihrer selbst willen geheiligt wurden.»

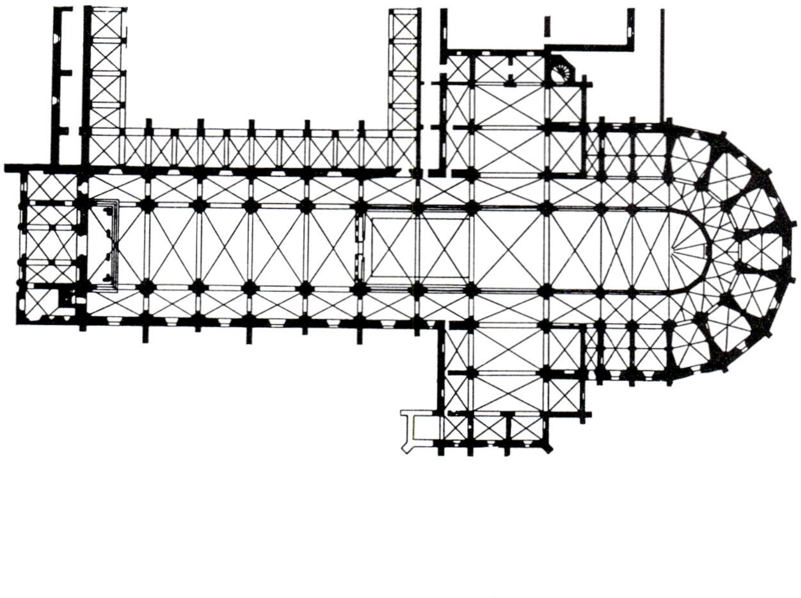

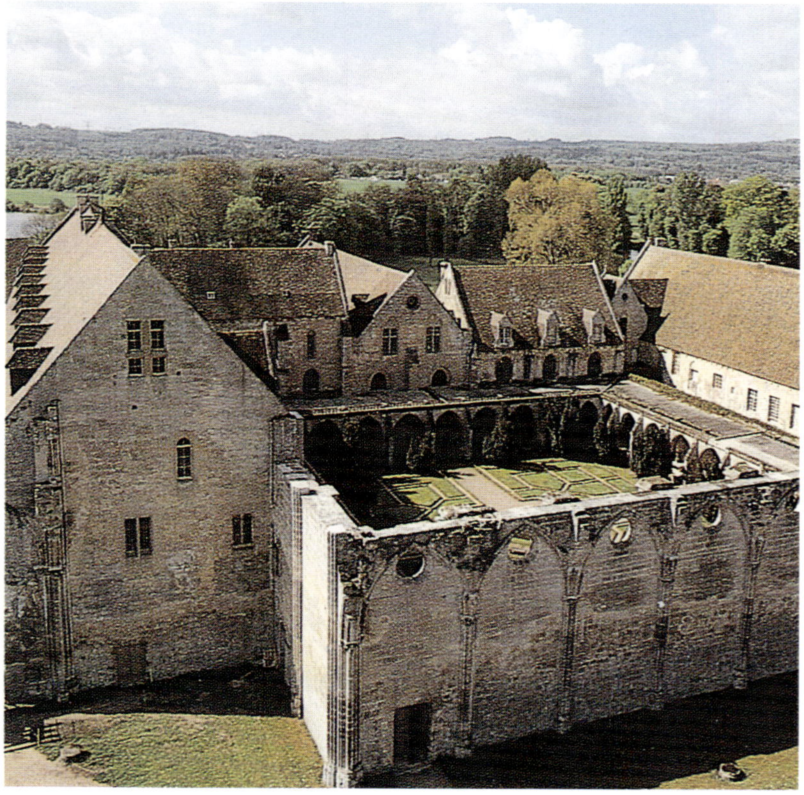

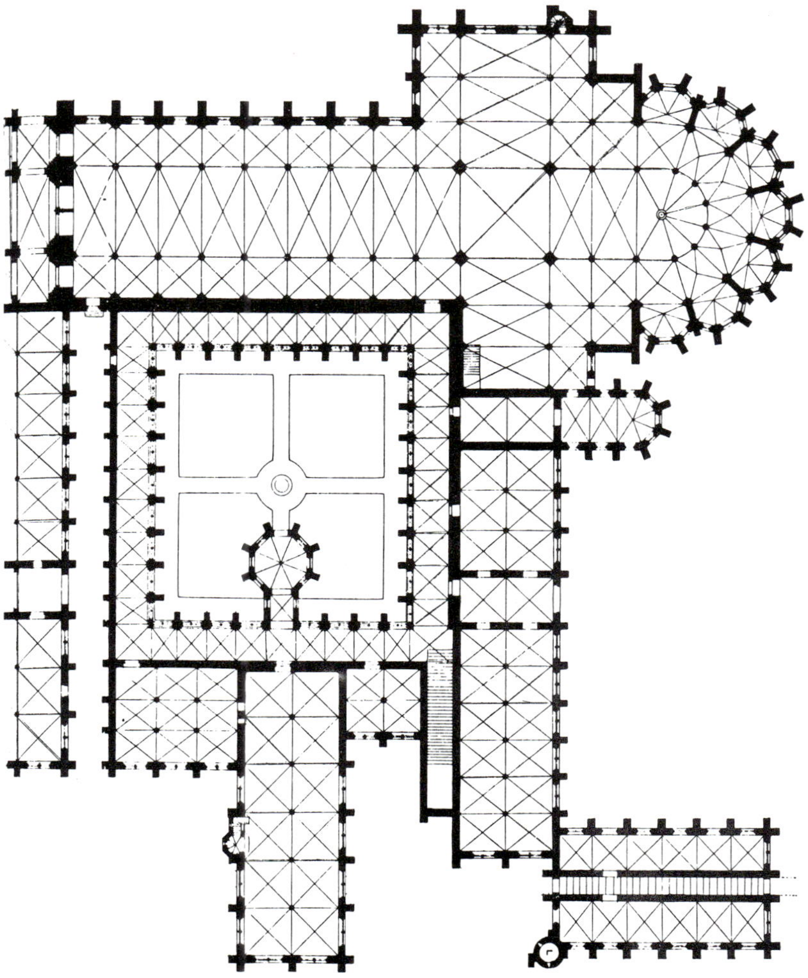

Royaumont

Ludwig der Heilige gründete im Jahr 1228 die Zisterzienserabtei Royaumont, die im Mittelalter sehr großen Einfluß besaß. Die Klostergebäude wurden im 13. Jahrhundert aufgeführt; Häuser, die um den schönen Klostergarten liegen, besitzen Galerien mit terrassenförmig gedeckten Dächern. – Das Refektorium aus dem 13. Jahrhundert, ein gotischer Bau, birgt das Grabmal des Grafen von Harcourt, eine Arbeit des Bildhauers Antoine Coysevox. – Die Küche, wie immer, wenn man in alten Klöstern auf die «weltliche» Notwendigkeit trifft, vermittelt sinnliche Vorstellung davon, daß auch Mönche essen, folglich kochen, Speisen einkaufen, Vorrat halten und aufbewahren und, je nach Vorschrift des Gebots der Enthaltsamkeit, zusammenstellen mußten. Die Abteikirche, ehemals reich ausgestattet und groß dimensioniert, steht ruiniert. Auf benachbartem Grund befindet sich ein kleines Äbtepalais, «Schloß von Royaumont» genannt, das ahnen läßt, wie groß die Anlage gewesen sein muß. – Frankreichs sakrale Baukunst, seine Klosterruinen, repetieren immer wieder dasselbe Schicksal im Sturm oder Nachklang der Großen Revolution: «Freiheit, Gleichheit, Brüderlichkeit», lauteten die Forderungen bürgerlicher, weltlicher Qualität. Reklamierte Menschenrechte, Beseitigung sozialer Mißstände. Kampf den reaktionären Maximen des Klerus – da fand kein Revolutionär mehr Zeit, über jahrhundertealte Kunst zu sinnieren. Mönchstum, Tugenden, die auf dem Christentum beruhten, galten nicht mehr. «Weg mit dem Alten, eine Gasse dem Neuen!» – Mit solchen Devisen schauten die Revolutionäre nach vorn: die Rayons der Klöster legte man nieder, ohne Rücksicht auf Tradition, Ehrwürdigkeit, Schönheit; «Kunst» sah man überhaupt nicht mehr in den verhaßten Monumenten der Vergangenheit. Deshalb verkaufte man die alten Mauern und zerschlug das Inventar von Kirchen und Klosterbauten. Steine – wohlfeiles Baumaterial; Räume – gut genug als Lagerhalle; Kirchen – zum Abbruch geeignet. Die Vandalen stützten sich sogar auf staatliche Artikel, die zwar nicht unbedingt Zerstörung sanktionierten, aber die Klöster Frankreichs eindeutig dem Untergang preisgaben. In einer Verordnung der Revolutionsregierung heißt es: «Die Vielzahl der Klöster steht im Gegensatz zum Wohl und der Bevölkerung des Staates. Die Nutzlosigkeit der religiösen Gemeinschaften ist hinlänglich bekannt und ihre Abschaffung von den meisten jener, die den Orden verpflichtet sind, erwünscht. Ein Mittel, um den Staat von den Schulden, die ihn drücken, zu befreien, ist es, alle religiösen Orden zu säkularisieren; dabei wird allen Individuen, die sie bilden, ein anständiger Lebensunterhalt gesichert; der Verkauf ihrer Güter wird anständige Summen aufbringen, um die Schulden zu tilgen, die die Nation schon lange Zeit würgen. Das wird ein Mittel sein, neue Steuererhebungen zu verhindern, zumal die gegenwärtige Lage den einzelnen Provinzen nicht erlauben würde, diese einzutreiben.» Bald kursierten regelrechte Auktionslisten, in die sich Interessenten einschrieben, die Grundstücke oder Mauerwerk, Inventar und Kirchengüter preiswert erwerben wollten.

Um die Rettung oder Wiederherstellung des Schadens machte sich im 19. Jahrhundert Eugène Viollet-le-Duc (1814-1879) verdient, Architekt, Restaurator, Fachschriftsteller, der die Bauten des Mittelalters, speziell jene der Gotik, genau kannte. «Wichtiger als die eigenen Schöpfungen Viollets blieb die ergänzende Tätigkeit», bemerkte der Kunsthistoriker Cornelius Gurlitt. In Royaumont blieb nicht mehr viel zu tun, zu total war der Ruin. Andere Klöster, Vézelay zum Beispiel oder Saint-Denis in Paris, gab er die Schönheit zurück, die sie vor der Großen Revolution besessen hatten.

Saint-Benoît

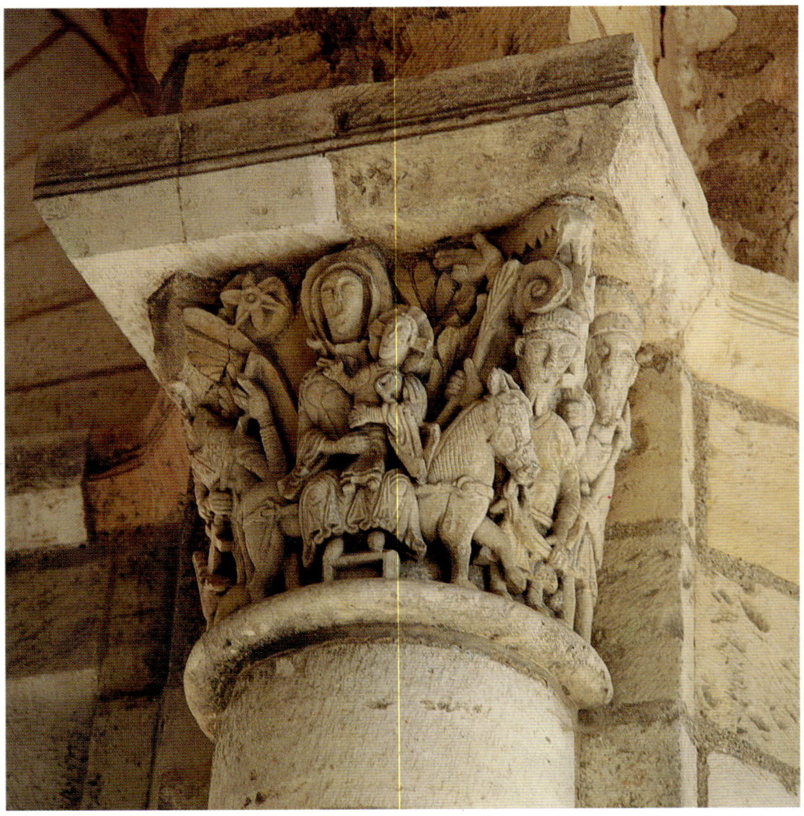

Mächtig erhebt sich, etwas abseits der Loire, die romanische Basilika Saint-Benoît. Im Jahre 672 als Benediktinerabtei Fleury gegründet, wurde das Kloster seit dem Jahr 703 ein Zentrum gläubiger Verehrung, als man die Gebeine des heiligen Benedikt und seiner Schwester Scholastika von Montecassino hierher überführte. Zu Beginn des 9. Jahrhunderts entstand die berühmte Klosterschule, kostbare Miniaturen trugen den kunstreichen Mönchen großen Ruf ein. Die kriegerischen Normannen berannten Saint-Benoît drei Mal, doch waren die heiligen Gebeine stets in Sicherheit gebracht.
Die Benediktiner bauten wieder auf, was zerstört war und befestigten es neu durch starke Mauern. Im 10. und 11. Jahrhundert, unter den Äbten Abbon und Gauzlin, stand das Kloster in seiner höchsten Blüte, anstelle des kleineren Vorgängerbaues der heutigen Kirche errichtete man die große Basilika mit ihrer gewaltigen Länge von 112 Metern in drei Bauphasen: 1004-1030 den Vorhallenturm im Westen, seit 1067 Chor und Querschiff; gegen 1150 begann die Arbeit am Schiff, 1218 war Weihe. Der Turm, ein fast autonomer Baukörper vor dem dreischiffigen Langhaus, das Wahrzeichen von Saint-Benoît, ist innen mit reich geschmückten Kapitellen versehen, an denen sich deutlich der Übergang von der dekorativen Akanthusform zu figürlicher Darstellung ablesen läßt. Der Langchor mit dem Chorhaupt zählt zu den bedeutendsten Werken romanischer Architektur.
Klosterbauten finden sich nicht mehr. Der Ordensgründer hatte sehr detailliert die Räume zugewiesen, in denen sich mönchisches Leben nach seiner Vorstellung gestalten sollte. Dem Kirchenraum gab er dabei große Bedeutung, besonders der Art, wie «das Chorgebet während des Tages zu halten ist». Saint-Benoîts feierliche Basilika vermittelt noch eine Ahnung vom Ernst der frommen Zeremonie: «Wir tun, wie der Prophet sagt: ‚Ich lobe dich des Tages siebenmal.' Diese geheiligte Siebenzahl erfüllen wir dann, wenn wir zur Zeit des Frühgottesdienstes, der Prim, Terz, Sext, Non, Vesper und Komplet unsere Dienstpflicht erfüllen... Vom Nachtgottesdienst sagt der Prophet: ‚Um Mitternacht erhebe ich mich zu deinem Lobe.' Loben wir also unseren Schöpfer ob seiner gerechten Satzungen», das heißt: «auch des Nachts wollen wir uns erheben, ihn zu preisen».
Das Heiligengrab befindet sich in der Krypta unter dem Chorhaupt. Wie und weshalb Benedikt von Nursia, der Vater des abendländischen Mönchstums, in Umbrien geboren, in Montecassino gestorben, nach Frankreich umgebettet wurde, ist unbekannt – es wird darum die Authentizität der Reliquien von Saint-Benoît oft angezweifelt. Auch die große Klosteranlage an der Loire erfuhr während der Französischen Revolution das Schicksal vieler anderer Klöster: Sie wurde verkauft und bis auf den Kirchenbau selbst zerstört.

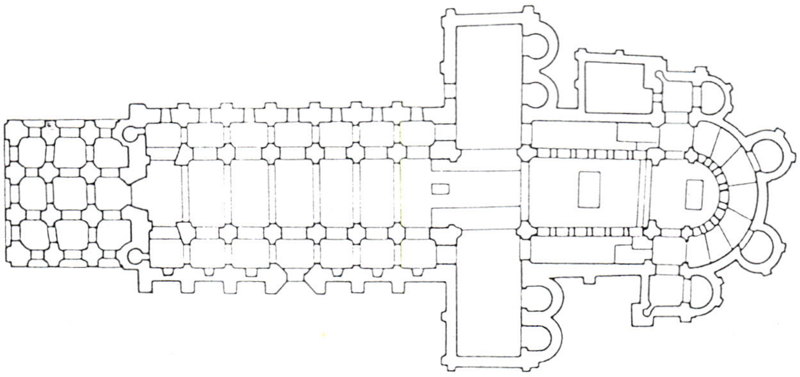

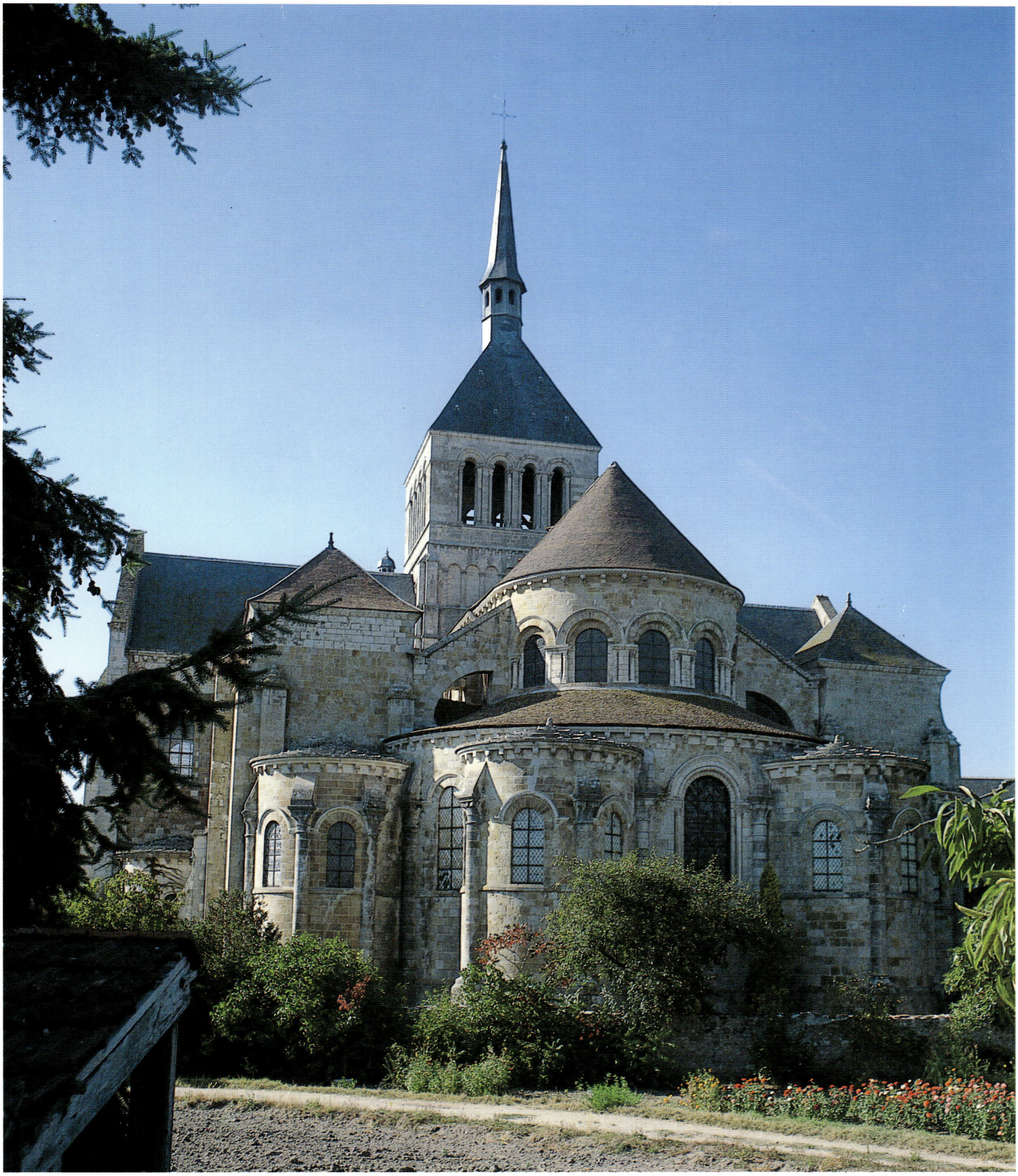

Saint-Denis

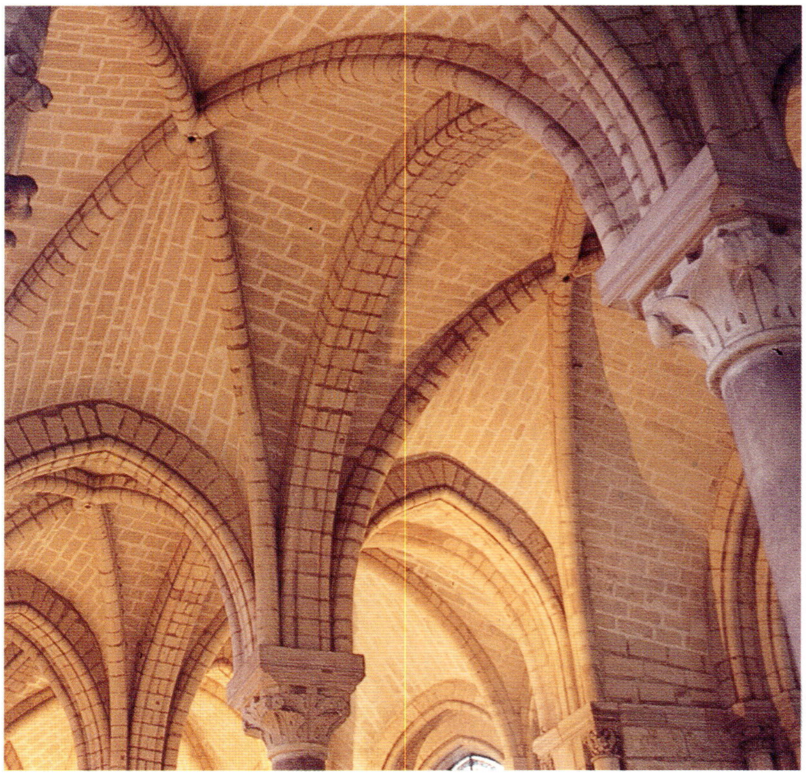

Die Basilika und ehemalige Abteikirche Saint-Denis, im Norden von Paris heute im Vorort eingemeindet, ist eine der berühmtesten Kirchen Frankreichs. Bereits im 5. Jahrhundert stand an dieser Stelle ein Kloster, das im 7. zur Abtei erweitert wurde: Der Merowingerkönig Dagobert I. errichtete über der Grabstätte des heiligen Dionysius um das Jahr 625 die Urkirche. Dionysius, Schutzpatron Frankreichs, erster Bischof von Paris und einer der Vierzehn Nothelfer, kam in der Mitte des 3. Jahrhunderts aus Rom nach Gallien, um hier zu predigen und zu missionieren. Er wurde verhaftet und zusammen mit zwei Glaubensgefährten in *einem* Streich enthauptet. Die Legende erzählt, er habe sich erhoben, seinen Kopf in die Hände genommen und, von einem Engel geführt, den «Mons Martyrium» verlassen – zwei Meilen lief der Märtyrer bis zu der Stelle, wo er «nach seiner Wahl und Gottes Willen ruhen wollte».

Das älteste Gotteshaus zu seinen Ehren ließ Abt Suger, der Staatsminister Ludwigs VI. um die Mitte des 12. Jahrhunderts umbauen: Fassade und Vorhalle entstanden 1137-1140, der Chor 1140-1143; der mittlere Teil der Kirche wurde erst ein Jahrhundert später abgerissen; Hochchor, Quer- und Langhaus wurden unter Leitung von Pierre de Montreuil im Stil der Hochgotik errichtet. Der Architekt Ludwigs IX. und Meister der Sainte-Chapelle starb im Jahr 1264; er verlieh der in der äußeren Erscheinung wehrhaft-romanischen Kirche gotische Klarheit, fand den Übergang vom Rund- zum Spitzbogen, errichtete die 108 Meter lange, fast 30 Meter hohe dreischiffige Basilika, mit hochaufstrebenden Pfeilern und 37 je 10 Meter hohen Fenstern: als «Architektur des Lichtes» preist man den Innenraum, wie die „Heilige Kapelle", die bewundernd «Architektur der Farben» genannt wird. Hier wie dort ist die Wand als tragender Teil aufgelöst durch große Fensterflächen, übernehmen Kreuzrippengewölbe, Stützen, Säulen, Pfeiler im Inneren und Strebepfeiler von außen die Last der Baumassen.

Saint-Denis ist Grablege der Könige von Frankreich: Hier ruhen Chlodwig I., Dagobert I., Karl Martell, Pippin der Kurze, Ludwig XII., Franz I., Heinrich II., Ludwig XIV. und Ludwig XV. mit ihren Gemahlinnen, die Gebeine von rund 800 Mitgliedern der Häuser der Merowinger, Kapetinger, Orléans', Valois' und Bourbon. Während der Französischen Revolution wurde die Gruftkirche, in der sich die Sarkophage befanden, geschändet und geplündert; das Gotteshaus stand vernachlässigt. Erst Napoleon gab im Jahr 1806 Befehl, es zu restaurieren; seit 1817 sind die königlichen Gebeine wieder restituiert.

Das Grab des Heiligen, dem im Mittelalter reiche Wallfahrten galten, besaß zur Gründungszeit von Kloster und Kirche im fränkischen Reich ähnlich hohes Ansehen wie die Ruhestätte des Apostels und ersten Papstes Petrus in Rom: seine Reliquien werden noch heute in Saint-Denis verehrt.

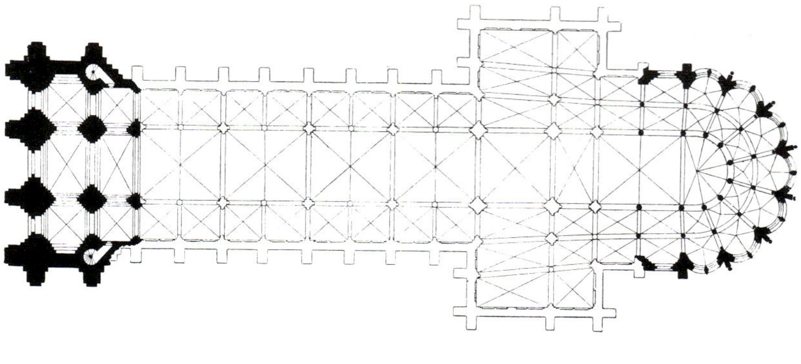

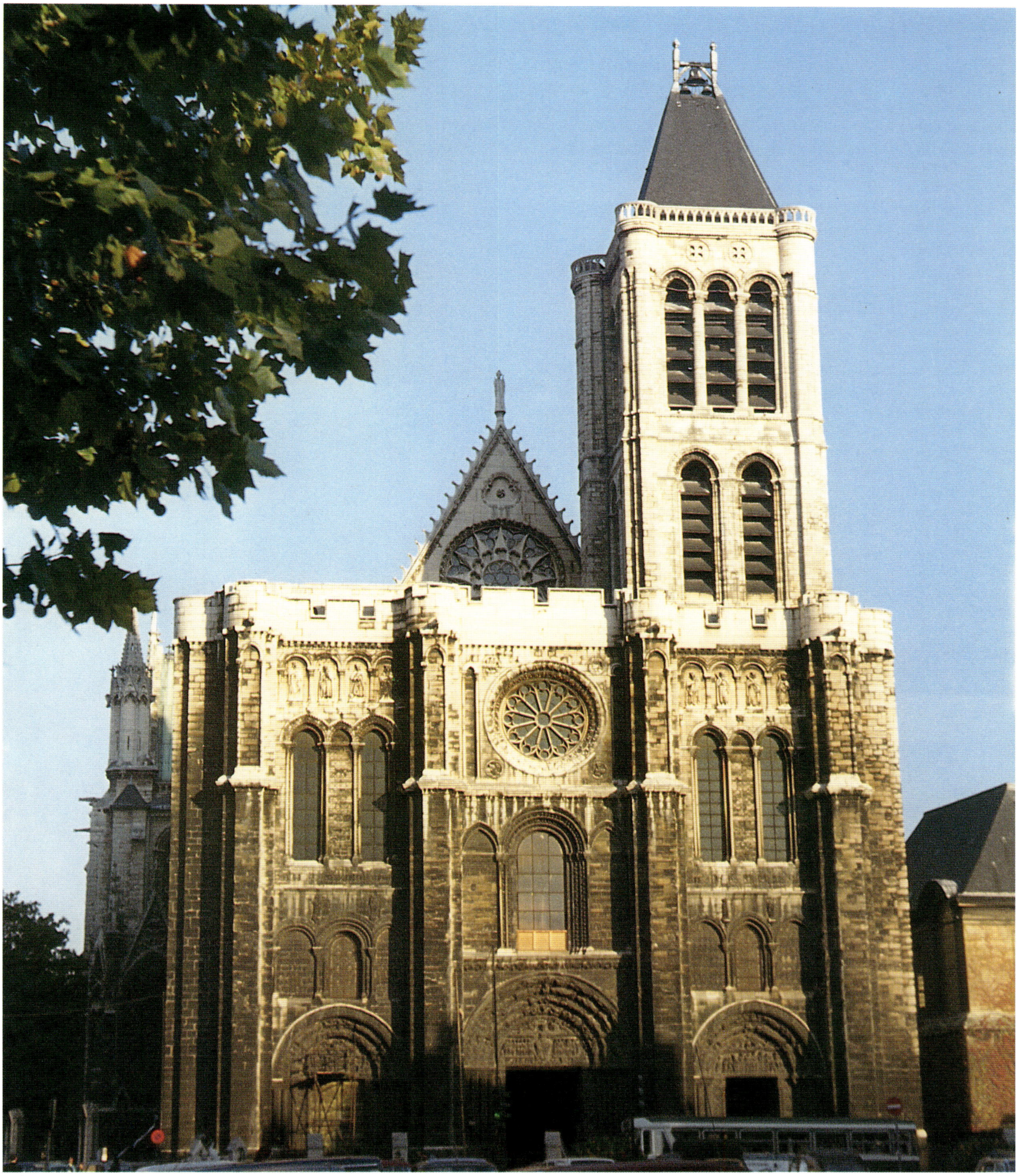

Toulouse Dominikanerkloster

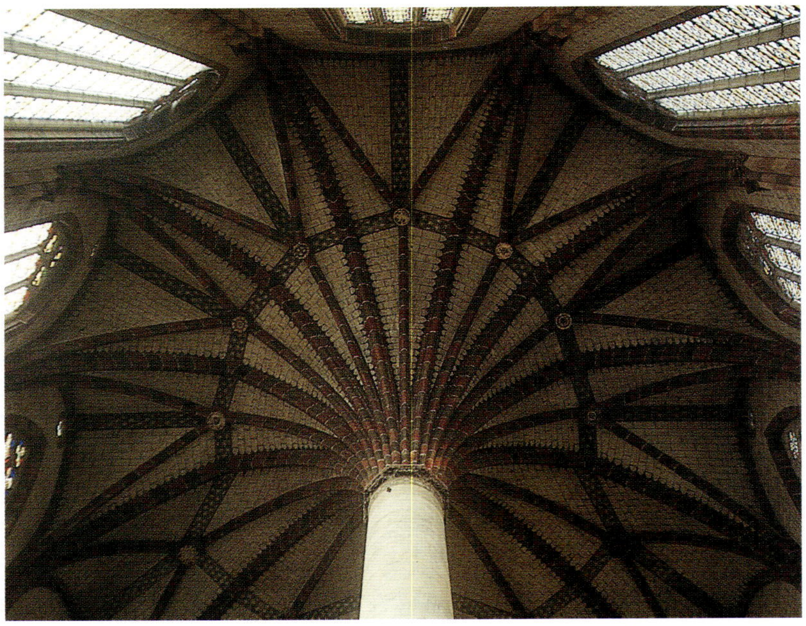

Die «Eglise des Jacobins» in Toulouse, Saint-Romain, ist die Mutterkirche des 1215 gegründeten Dominikanerordens. Dominikus etablierte seine Gemeinschaft von Predigern, die von hier aus mit äußerstem Eifer die Regeln des Ordensstifters verbreiteten: Armut und Studium, Kampf jedem vom katholischen Glauben Abtrünnigen, Wiedergewinnung der einst Gläubigen. Papst Honorius III. bestätigte 1216 den neuen Orden.

«Dominikaner sind seit Gregor IX. in Rom selbst die Vertrauensleute des Papstes in allen Fragen dogmatischer Rechtsgläubigkeit», so der Historiker Friedrich Heer. Sie «sind nicht zuletzt wichtige Werkzeuge der Päpste in ihren Auseinandersetzungen mit Bischöfen und lokalen kirchlichen Institutionen. Der Orden des heiligen Dominikus hat innerlich nie mit den Versuchungen zu kämpfen gehabt wie die Söhne des Franziskus: das Emotionale und Ekstatische, das Prophetische und Eschatologische liegen ihm fern. Andere Versuchung entsprach seiner Geistesart: intellektuelle Neugierde und ein Wissensdrang, der ‚die Höhen und Tiefen der Gottheit' geistesmächtig, stolz und hochgemut erforschen will. Meister Eckart und andere deutsche und französische Dominikaner werden durch ihr Werk zeigen, daß auch hier der Geist, wenn er tiefer zündet, alle Grenzen und Mauern hinter sich läßt.»

1230 stand hier ein Vorgängerbau der heutigen Kirche; um 1285 und 1292 geweiht (die Schlußweihe war erst 1385), wurde die gewaltige, ohne Querhaus massiv hingelagerte, zweischiffige gotische Hallenkirche aus Backstein errichtet. Das Innere ist ganz auf Bedürfnisse der Predigt konzipiert: weiträumig, damit viele Hörer Platz finden, schlicht bei aller Eleganz, um den Sinn nicht abzulenken, in zwei gleich breite Schiffe unterteilt, um Eingang und Ausgang des «Publikums» in Harmonie, ohne Gedränge, zu sichern. Ein Saal wurde benötigt, um allen genügend Platz zu bieten, die den «domini canes» lauschen wollten – ein schwarzweiß gefleckter Hund mit der Fackel im Maul, Wächter des Herrn in Hundegestalt, ist eines der Attribute des heiligen Dominikus. – Sieben hoch aufsteigende, schlanke Rundpfeiler trennen die hohen Längsschiffe; der letzte Pfeiler geht palmenartig in einem Sternengewölbe mit feinen Rippen auf; denn der Raum endet im Osten im polygonalen Chorhaupt mit fünf weit ausladenden Kapellen. – 1294 entstand der Turm im gotischen Stil, er gilt als das schönste Bauwerk der Epoche in Toulouse.

Vom Kloster erhalten sind Kreuzgang vom Anfang des 14. Jahrhunderts, Kapitelsaal, die Kapelle Saint-Antonin (1326-1347), die vollständig mit Fresken ausgemalt ist. – Die Jakobinerkirche, Gotteshaus des Bettelordens, ein harmonischer Bau in schöner Einheit mit den klösterlichen Gebäuden, ist typisch für das Ordensgesetz: Schlichtheit, Armut, kein Aufwand an Ausstattung, der den frommen Sinn ablenken könnte von Demut und Gebet.

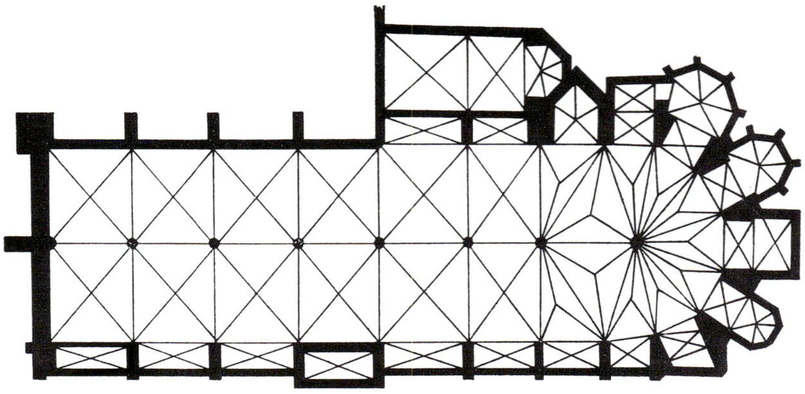

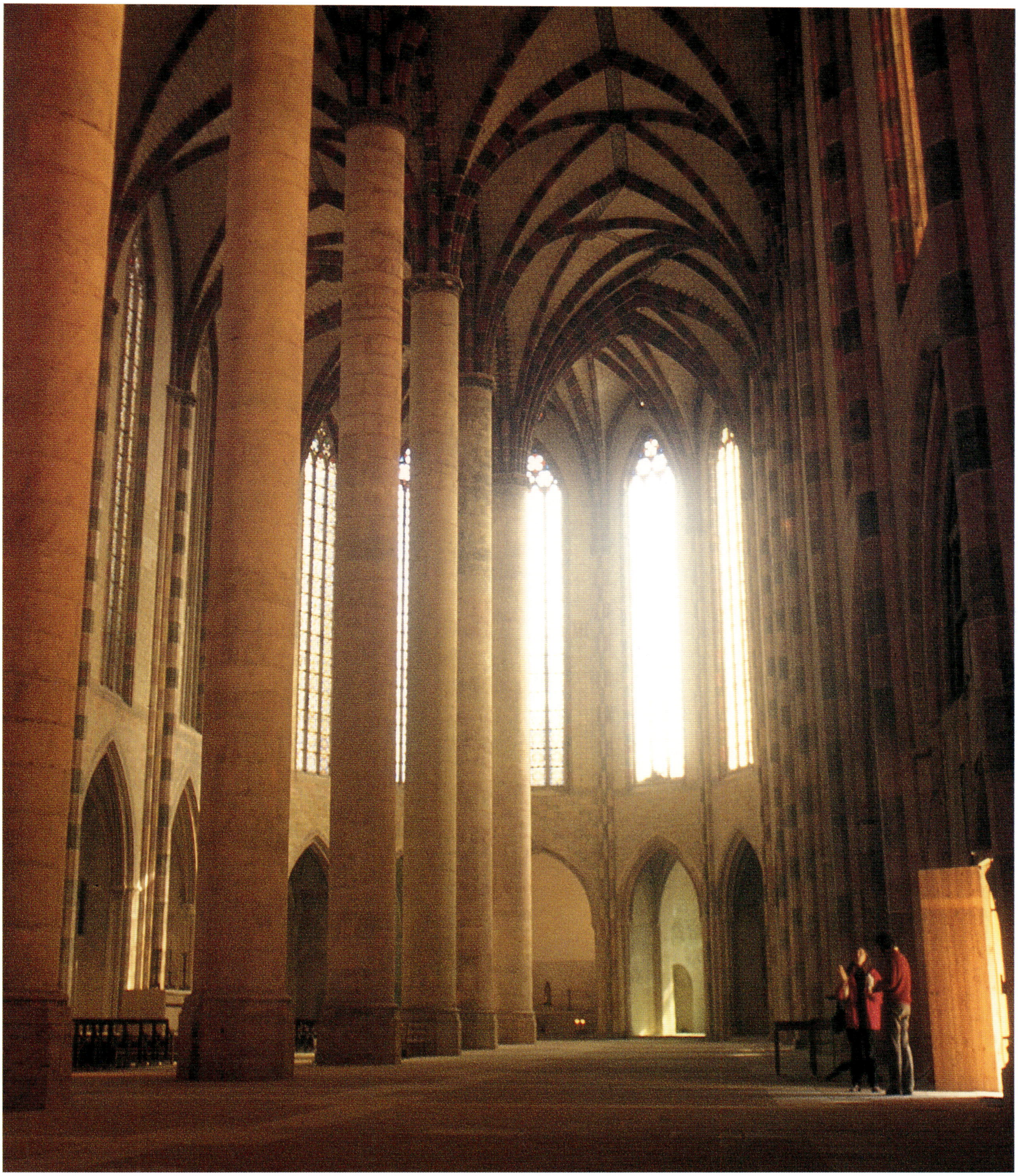

Tournus

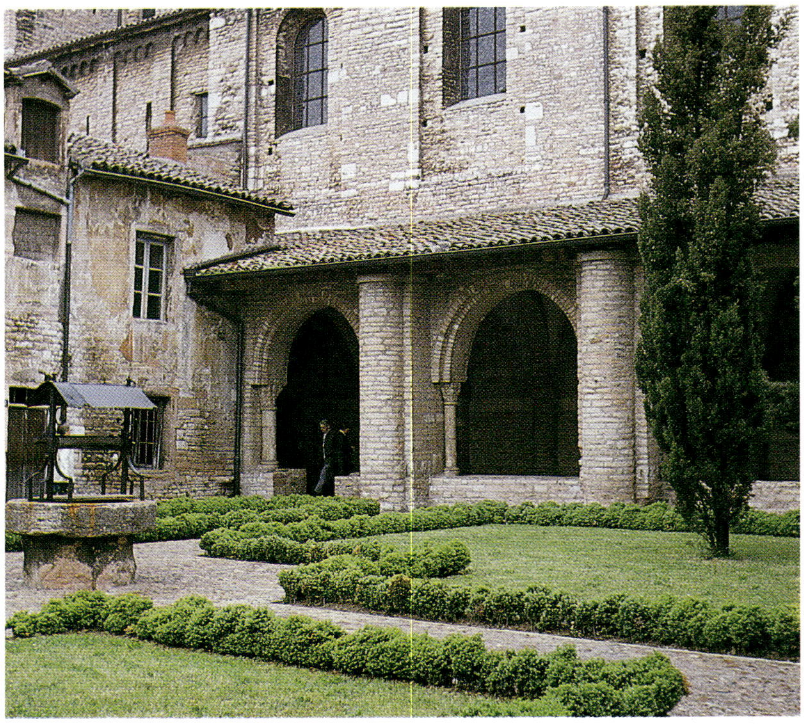

Auf einer Anhöhe des Flusses Saône in Burgund liegt die Abtei Tournus mit der großen Kathedrale St. Philibert. – Der heilige Valerian erlitt an dieser Stelle im Jahr 178 für seinen Christenglauben das Martyrium. Sein Grab wurde Ziel einer Wallfahrt und Urzelle des späteren Klosters. Karl der Kahle siedelte dort 875 einige Mönche an, die ein von Wikingern bedrohtes Claustrum an der Seinemündung verlassen mußten. Sie brachten die Gebeine des heiligen Philibert nach Tournus.

Der berühmte Abt von Jumièges war schon zu Lebzeiten Legende: Da « die göttliche Macht sein Licht auf einen Kandelaber setzen wollte, auf daß die Lampe seiner Heiligkeit weitherum mit blitzendem Strahl seiner Tugenden leuchte, gab sie in das Herz dieses heiligsten Mannes, daß er aus eigenem ein Kloster bauen müsse », berichtet seine Vita; postum baute man ihm seit dem Jahr 1000 die mächtige Kirche (Weihe 1019). Diese, in strengem Gleichmaß die Fassade, mehr als 28 Meter hoch aufsteigend, ohne Sockelgeschoß, nur sparsam mit Blenden und Bogenwerk geschmückt, ist eine dreischiffige Basilika mit quadratischer Vierung im großen Querschiff, Umgangschor mit Kapellenkranz und Westwerk mit dreischiffiger, drei Joche tiefer Vorhalle. Von den Doppeltürmen blieb einer unvollendet; der rechteckige Glockenturm über der Vierung entstand im 12. Jahrhundert. Der wehrhafte, abweisende Bau präsentiert sich im Inneren erstaunlich licht und hell, mit hohen, aufstrebenden Rundpfeilern, klar und schlicht gegliedert, tonnengewölbt, die Mauern schmucklos; doch bestand die Kunst des Baumeisters eben darin, die Schwere leicht, die Fülle nicht lastend wirken zu lassen, die Materie aufzulösen und dem kompakten Stein seine kräftige, karg behauene Qualität zu belassen, ohne durch massive Wucht Bedrückung zu schaffen.

Über der Vorhalle befindet sich die Michaelskapelle, ursprünglich von den Seitenschiffen des Langhauses aus, heute über eine Wendeltreppe, zu erreichen. Der niedrige, kräftige Bau mit nur zweieinhalb Meter hohen Rundpfeilern, aber zwölfeinhalb Meter hohem Mittelschiff, basilikal angelegt, tonnengewölbt, zur Kirche hin offen, ist mit schön skulptierten Kapitellen geschmückt; auf einer großen Arkade die so eindrucksvolle wie rätselhafte Figur, die Rechte zum Segen erhoben, in der Linken Handwerkzeug: « Abbate Gerlannus » nennt ihn die Inschrift rechts vom Bogen, aber sie ist verstümmelt: « arc de Gerlannus » könnte man lesen – Abt oder Baumeister des Gotteshauses?

In der Krypta unter der Apsis, erbaut am Ende des 10. Jahrhunderts, befinden sich ebenfalls gut erhaltene Kapitelle. Zu den wichtigsten Stücken der Ausstattung zählt die Statue der « Notre Dame la Brune », einer Muttergottes aus Zedernholz, entstanden in der ersten Hälfte des 12. Jahrhunderts; feierlich, dem Beschauer frontal zugewandt, das ebenso erhabene Jesuskind im Arm, aber bereits mit irdisch-menschlichem Gesichtsausdruck, thront sie in der Wandnische.

Von den Klosterbauten des Mittelalters existieren noch Reste des Kreuzgangs, der rechteckige ehemalige Heizraum, ein gotisches Portal, der Kapitelsaal aus dem 13. Jahrhundert, eine dreischiffige Halle in eleganten Formen, das schlichte Refektorium mit Tonnengewölbe und der ehemalige Weinkeller aus dem 12. Jahrhundert. – Das zweigeschossige Abtshaus mit schönen spätgotischen Fensterbögen, im polygonalen Turm eine Wendeltreppe, im 15. Jahrhundert erbaut, liegt am Ausgang des Kreuzgangs, an der Place des Arts.

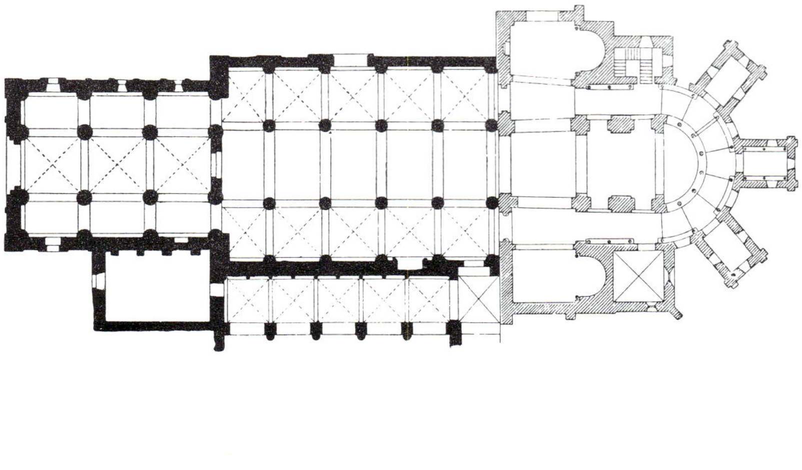

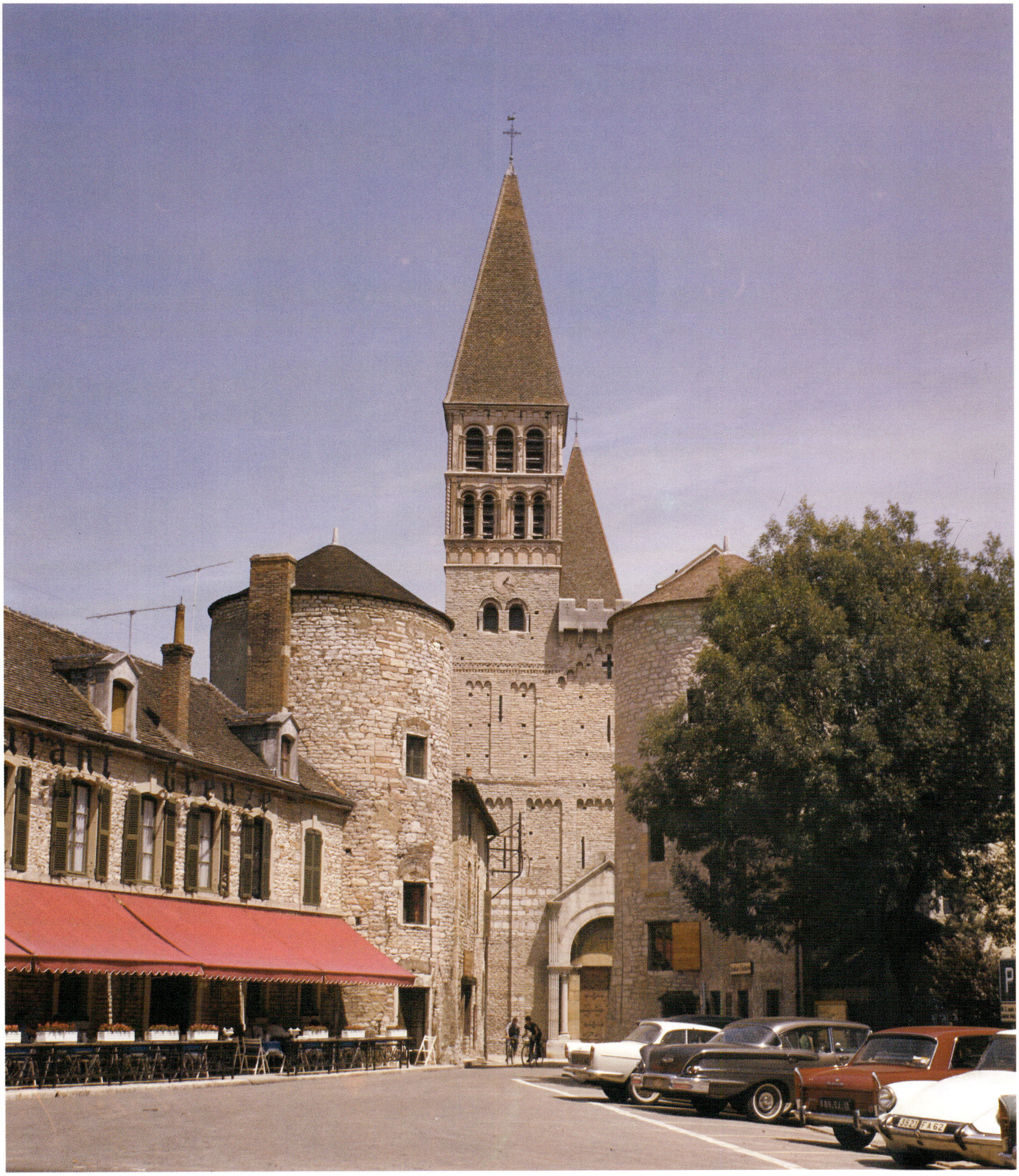

Vézelay

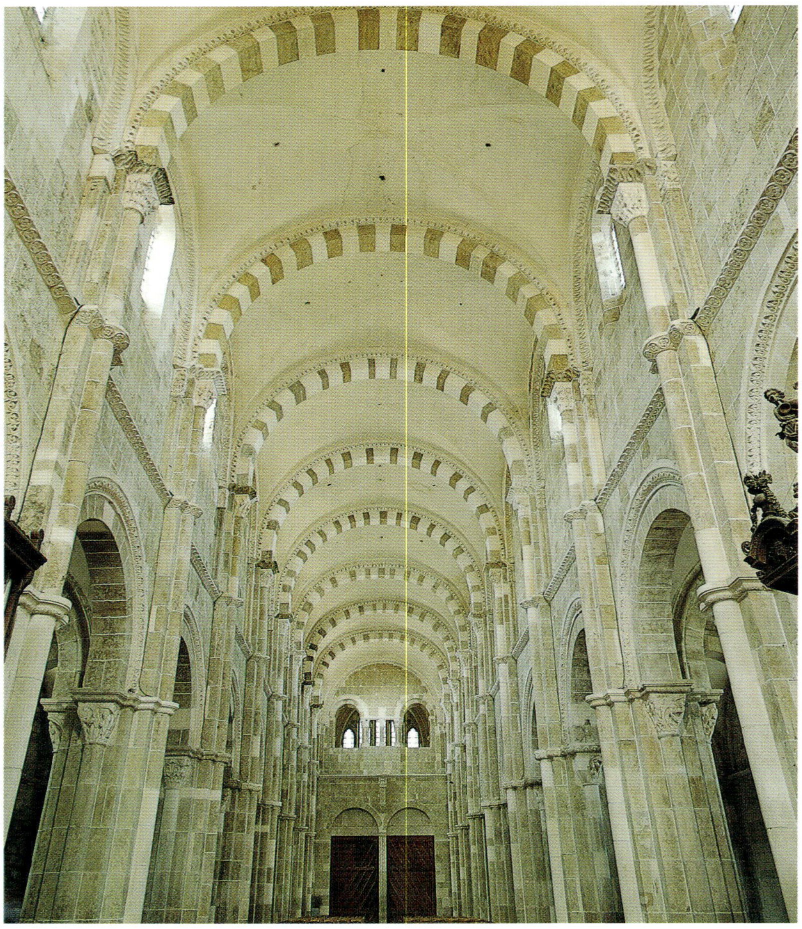

Ein anonymes provencalisch-altfranzösisches Heldenepos aus der zweiten Hälfte des 12. Jahrhunderts berichtet vom Leben des Ritters Girart de Roussillon, einem Grafen von Burgund, der, am Ende seines Lebens fromm geworden, die Gebeine der heiligen Maria Magdalena auffindet und dem Kloster in Vézelay übergibt. Historisches Vorbild war wohl Gerardus, Graf von Lyon und Vienne, der um 860 das burgundische Kloster gründete; Papst Johannes VIII. nahm 878 die Weihe der Benediktinerabtei vor. In den Normannenstürmen ging sie zugrunde; die Mönche flüchteten auf eine nahegelegene Anhöhe und bauten dort neu: Sainte-Madeleine. Die Reliquien der Heiligen bildeten im Mittelalter Ziel einer großen Wallfahrt, die reiche Spenden und Schenkungen eintrug, denn Vézelay war Ausgangspunkt einer der vier großen Pilgerstraßen nach Santiago de Compostela. – 1096, unter Abt Arnaud, entstand eine großzügige neue Basilika, deren Chor und Querhaus 1104 geweiht wurden.
Im Jahr 1120 geschah ein schreckliches Unglück: Beim Brand der Kirche am 22. Juli stürzten die Mauern ein und begruben 1000 Pilger, die in frommer Andacht beteten. – Rasch, noch im selben Jahr, begann der Wiederaufbau mit romanischem Schiff (bis 1140) und späterem frühgotischem Chor (bis 1215), in dem die sterblichen Reste der inbrünstig verehrten heiligen Büßerin ruhten. – Sainte-Madeleine, für die Zeit der Romanik von einmalig gewaltiger Dimension, 18 Meter hoch, 62 Meter lang, mußte im 13. Jahrhundert mit Strebepfeilern von außen abgestützt werden, um das mächtige Tonnengewölbe zu sichern.
Im Jahr 1146 rief Bernhard von Clairvaux von Vézelay aus in hinreißendem Appell vor Volk und Adel, in Gegenwart König Ludwigs VII., zum zweiten Kreuzzug ins Heilige Land auf. Hier nahmen 1187 auch Philipp von Frankreich und Richard Löwenherz, König von England, das Kreuz zum Grabe Christi.
Es war fatal für Sainte-Madeleine, daß um 1300 in St. Maximin in der Provence weitere Reliquien der Heiligen gefunden wurden, das bedeutete Niedergang der Wallfahrt. – 1569 fielen die Hugenotten plündernd ein, die Französische Revolution verschonte Kirche und Kloster nicht; 1811 fuhr ein Blitz in das bereits verwüstete Bauwerk, das danach völlig verfiel. – Der «Carmen»-Dichter Prosper Mérimé rief in seiner Eigenschaft als Inspecteur des Monuments Historiques als erster zur Rettung auf; zwischen 1840 und 1859 fand unter Viollet-le-Ducs Leitung der Neuaufbau statt.
Das Raumwunder von Vézelay mit den weißen und falben Steinen und seinem «mytischen» Licht riß den frommen Dichter Paul Claudel zur beinahe erotisch beschwingten Lobpreisung des Leibes, des Blondhaars und der rosigen Wangen der Kirchenpatronin hin. – Bedeutender fast als die Architektur sind die Kapitelle mit figürlichen Darstellungen aus Bibel, Heiligenleben, Höllensturz, daneben Szenen aus der Antike, so die Erziehung des Achill oder Ganymeds Entführung. – Das Tympanonrelief des Hauptportals zwischen großer Vorhalle und Mittelschiff ist ein Meisterwerk burgundischer Plastik; es zeigt in dynamisch gespannter Pose und lebendigem Ausdruck die Ausgießung des Heiligen Geists durch Christus auf die Apostel; an den Seitenportalen Szenen aus dem Leben Jesu.

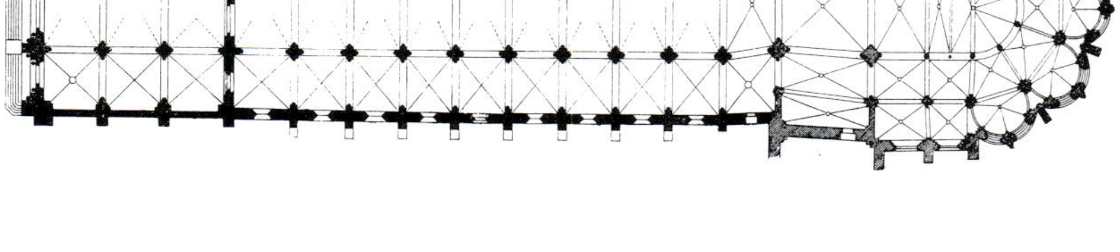

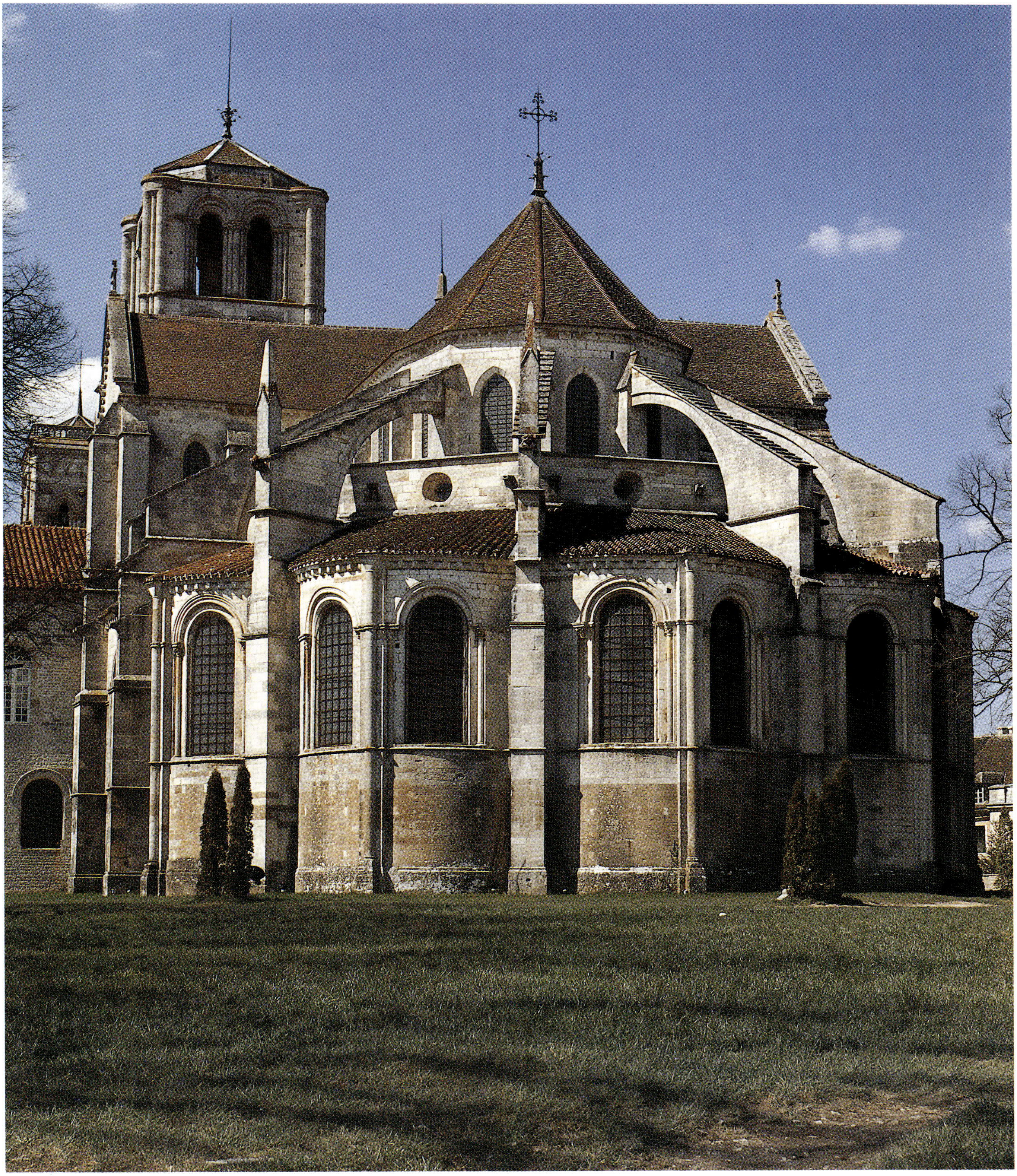

Griechenland

Athos

Athos, der «heilige Berg» («Hagion Oros»), ein Gebirge auf der griechischen Halbinsel Chalkidiki im Ägäischen Meer, blickte bereits auf eine wechselvolle Geschichte zurück, als sich die ersten Männer Gottes dort niederließen und ihre bis heute geheimnisumwitterte Mönchsrepublik gründeten.
Rund 60 Kilometer lang, 10 Kilometer breit, mit dem Gipfel des Athos 2033 Meter hoch, mit imposanten Berghängen und zum Teil prachtvoll bewaldet, war sie bereits früh besiedelt: Dion, Olophyros, Thyssos, Kleona und Akothoron hießen die fünf Städte des Altertums. 492 vor Christus zerschellte dort eine Expeditionsflotte Daraios' I.; um 480 ließ deshalb der Perserkönig Xerxes einen schmalen Isthmus anlegen, der Athos mit dem Festland verband. Als im 8. Jahrhundert nach Christi Geburt die ersten Einsiedler christlichen Glaubens, «Anachoreten», Fuß faßten, trafen sie auf verödetes Land. Sie siedelten erst nahe dem Isthmus, zogen dann weiter hinauf ins Gebirge; die Abgeschiedenheit und Unwirtlichkeit des Eilands versprachen sichere Zuflucht.
Seit 726 bis 842 sind zuerst Einsiedler nachweisbar; namentlich bekannt wurde Petros Anthonitis, der 734 starb. 963 gründete der heilige Athanasios Arthonitis das größte unter den Athosklöstern, Megisti Lavra; in der Folgezeit wuchs auf dem heiligen Berg eine wirklich multikulturelle Gesellschaft der Frömmigkeit heran: Es kamen vor allem Griechen, aber auch Georgier, Russen, Serben und Angehörige anderer Völker. Auf fünf Terrassen entstanden 20 befestigte Klöster. Zu den bedeutendsten zählen Watopedi (972 bis 980), Iwiron (um 980), Chilandar (um 1198), Koutloumousiou (11. Jahrhundert) und Dionysiou (um 1370 bis 1374).
Hinter hohen Außenmauern mit nur einem Tor liegen, meist auf strengem Grundriß erbaut, mit Kuppeln, wehrhaften Türmen, Kapellen, Klausen, kompakten Treppenanlagen, Arkadenbögen und -gängen steil in den Berg gestellte, massive Komplexe; häufig mehrgeschossig, auf schroffen Sockeln, kühn auf abschüssigen Felsgipfeln thronend als festgemauerte Ensembles, gleichen sie oft eher wilden Ritterburgen als Stätten der Einkehr.
Eine Klosterverfassung regelte seit 971/72 die Gemeinschaft. Im Gelübde von Armut, Keuschheit, Askese und Gehorsam unterschieden sich die Athosmönche kaum von anderen Orden – Keuschheit allerdings galt absolut. Es gab Stifterinnen, Gönnerinnen, aber keiner Frau war gestattet, die Insel zu betreten. Auf Bildern, reichen Wand- und Buchmalereien sowie Ikonen genoß die Muttergottes höchste Verehrung, doch durfte keine Kuh, kein Huhn auf dem Eiland leben – Geburt selbst von Tieren blieb tabu, auf Athos starb man nur. – Streng organisiert waren die Formen mönchischen Lebens: Die koinobitischen Klöster postulierten Gemeinschaft. Ein auf Lebenszeit gewählter Abt regierte; man lebte, betete, aß miteinander und hielt streng die Gelübde ein. – Die idiorhythmischen Klöster unterstanden einem alljährlich wechselnden vierköpfigen Führungsgremium, verfügten über individuelle Wohnungen, eigener Besitz war erlaubt; Gelehrsamkeit, künstlerische Fähigkeiten, fanden ihre Stätte; im Mittelalter war Athos Hauptsitz der christlichen Wissenschaften und byzantinischen Malerei; fast jedes Kloster besaß eine Bibliothek, die bedeutende Handschriften verwahrte. Als besondere Lebensform betrieben schließlich die Kiten in dorfartigen Mönchssiedlungen mit um die Kirche gelagerten Gehöften Gartenbau, Ackerbau und Kunsthandwerk.

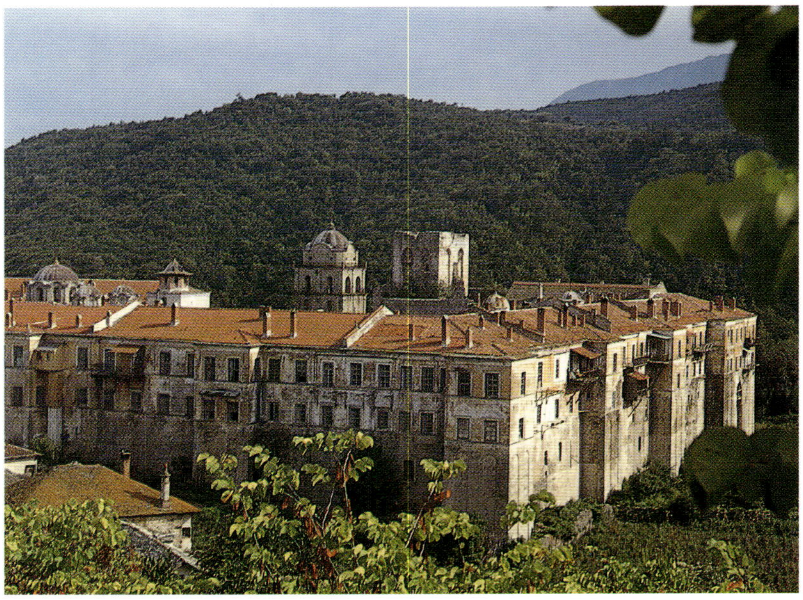

Kloster Iwiron: Gesamtansicht und Katholikon

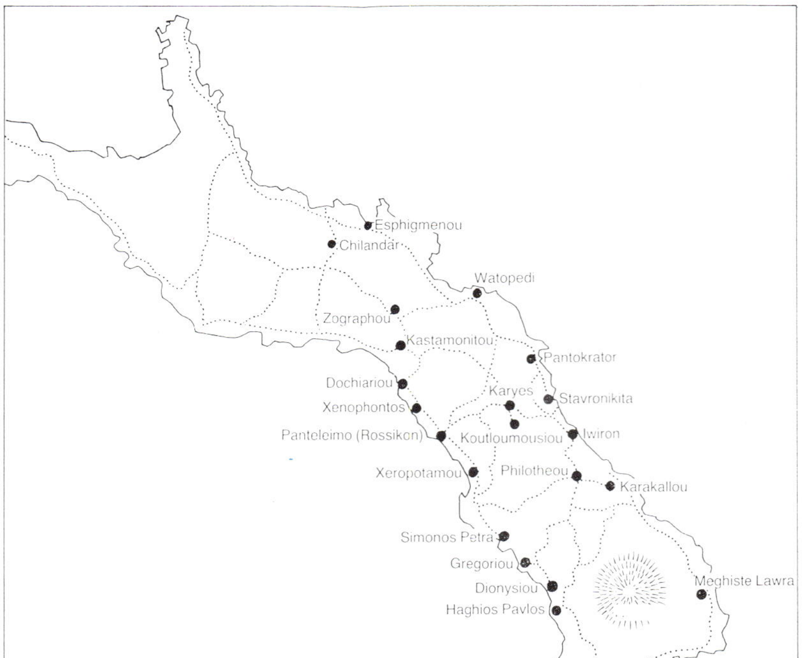

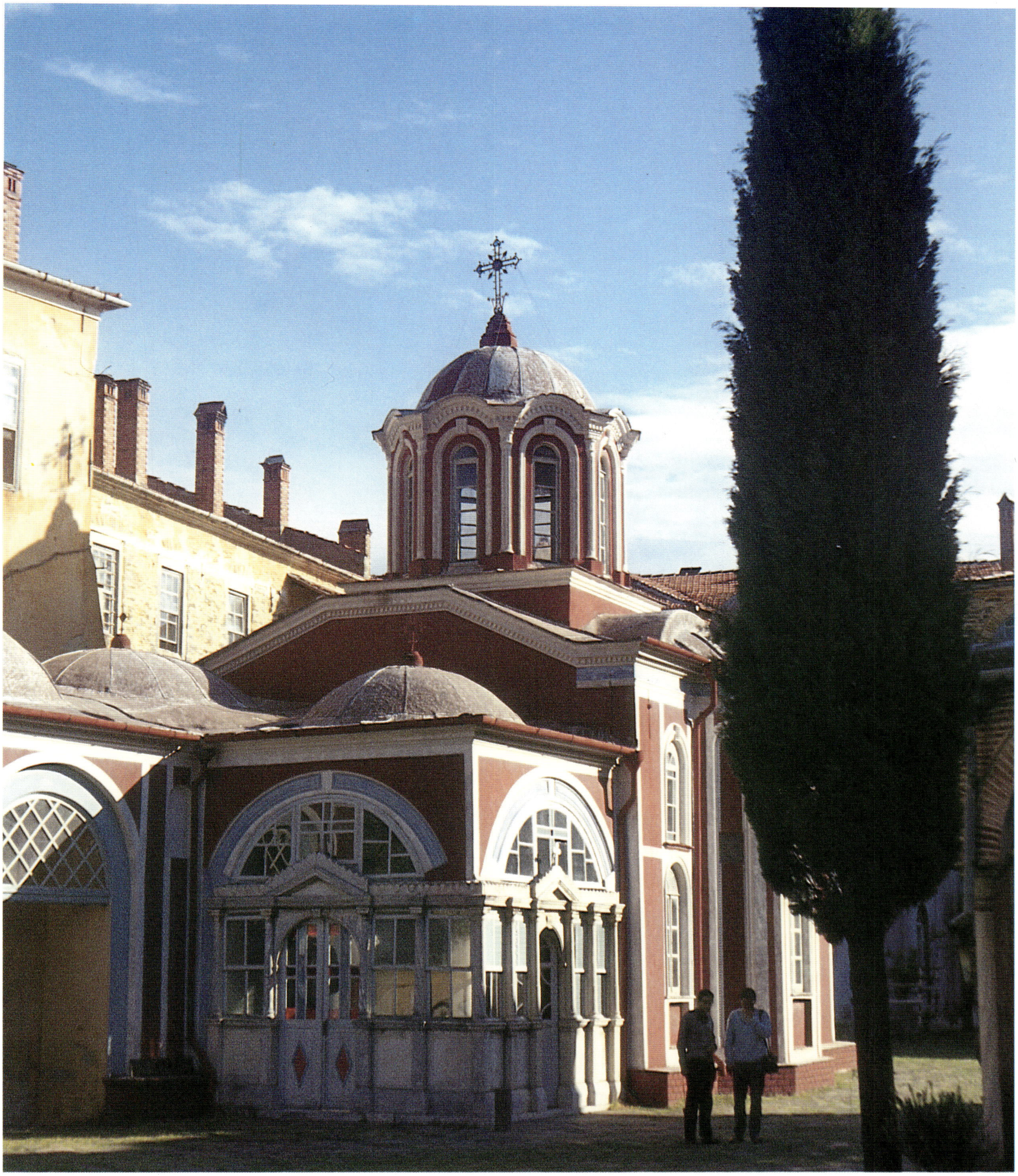

Hosios Lukas

In einem abgelegenen Seitental des Helikon in der Landschaft Phokis befindet sich die Klosteranlage Hosios Lukas, eines der wichtigsten Denkmäler aus mittelbyzantinischer Zeit in Griechenland. Es entstand zu Ehren des Eremiten Lukas (hosios = selig) von Steiris, der um das Jahr 949 starb. Schüler errichteten ihm eine Grabkapelle und das erste Kloster im Namen der heiligen Barbara. Um 1011 wurde die große Titelkirche, das Katholikon, eine Kreuzkuppelkirche mit einem System von acht Kuppelstützen, Krypta und Emporen, mächtig und massiv, zweigeschossig, aus Haustein und Backstein, aufgeführt. Die Wände finden sich reich gegliedert. Die Seitenwände der großen Apsis im Mittelschiff sind geschwungen und durch Bögen überspannt, die eine kleine Kuppel tragen; das Spiel des Lichtes schafft eine «unwirkliche» Atmosphäre; alles dient dazu, um die Mosaiken des Innenraums nachdrücklich zur Geltung zu bringen; Marmorfußboden, Marmortäfelung, vor allem die Wandmosaiken, die ein vollständiges ikonographisches Programm bilden, präsentieren sich in überwältigender Fülle und Leuchtkraft: Szenen aus dem Leben Jesu, in strenger, rhythmischer Bewegung dargestellt, stark vom Goldhintergrund abgesetzt: Verkündigung, Geburt, Darbringung im Tempel, Taufe im Jordan, Fußwaschung, Kreuzigung, Auferstehung und die Begegnung mit dem ungläubigen Thomas, verteilen sich über Gewölbe und Bogen und verschwinden, trotz deutlicher Aussagekraft, fast in der Fülle einzelner Heiliger, Madonnen-, Christus-, Engel- und Apostelbildern, insgesamt 153 – die Szenen, Halbfiguren in Medaillons, Vollbilder in ihrer fast verwirrenden Vielfalt bezeugen dennoch die Verwirklichung des Bildprogramms in *einem* Stil: fremde Heiligennamen, griechische vor allem, zum Beispiel Gregorios Thaumatourgos oder Thalalaios, deren Legende fern und wenig vertraut ist, stehen neben den bekannten Personen des Alten und Neuen Testaments: den Erzengeln Raphael, Michael, Uriel und Gabriel, der Madonna mit Kind, den Evangelisten. Die Namen der Mosaikkünstler sind nicht überliefert.

Hosios Lukas besteht aus zwei miteinander verbundenen Kirchen: Die im schiefen Winkel an den Katholikon angebaute Theotokos-Kirche vom Ende des 10. Jahrhunderts ist ein reiner viersäuliger Kreuzkuppelbau über quadratischem Grundriß, von dessen ehemals reicher Innenausstattung noch der Marmorfußboden und Reste von Wandmalereien des 12. Jahrhunderts erhalten sind.

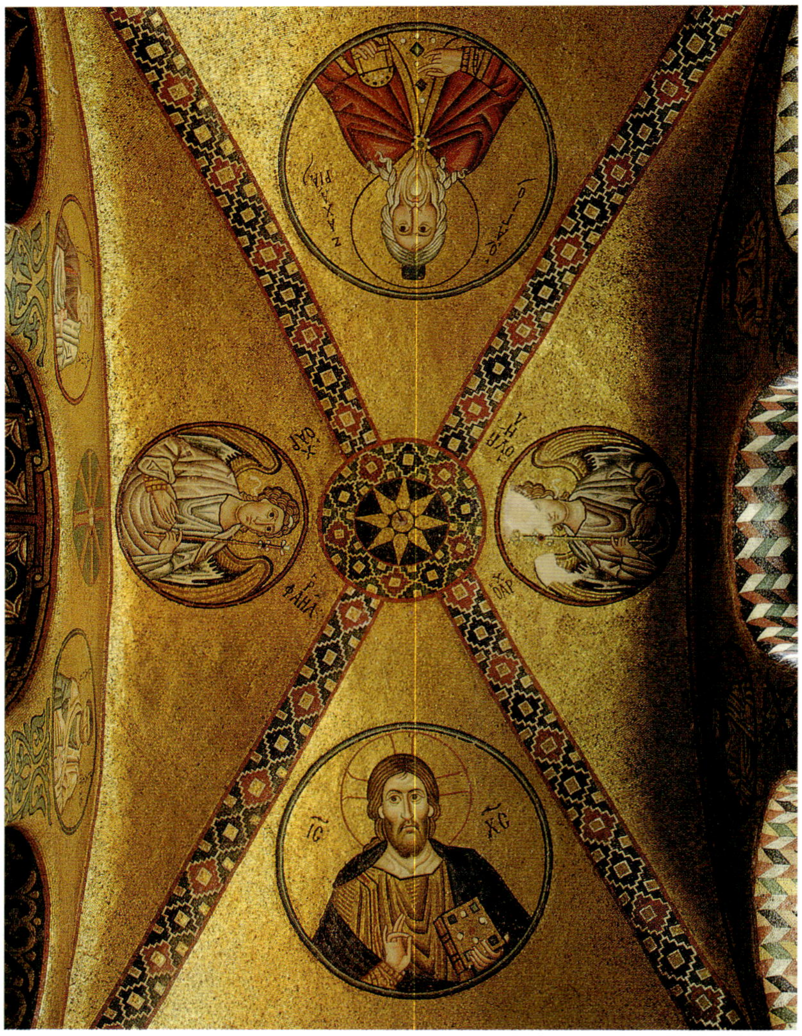

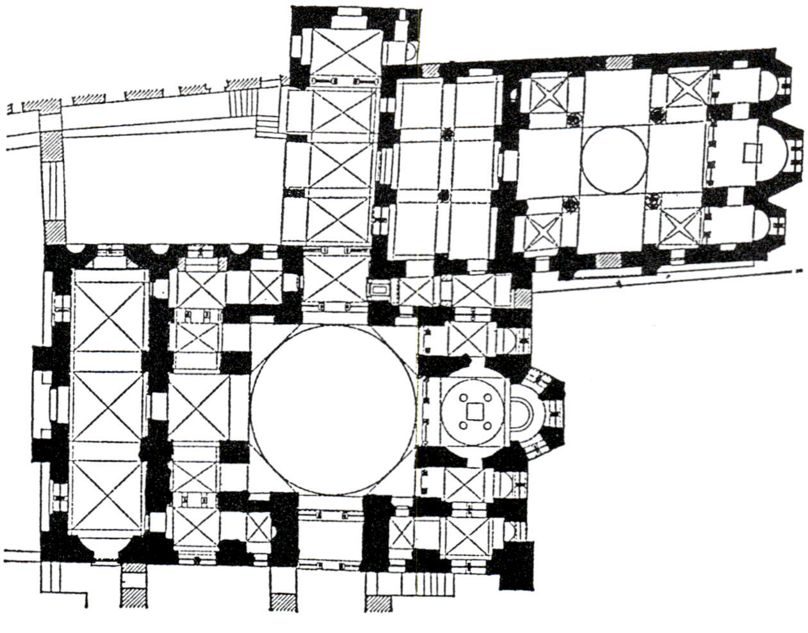

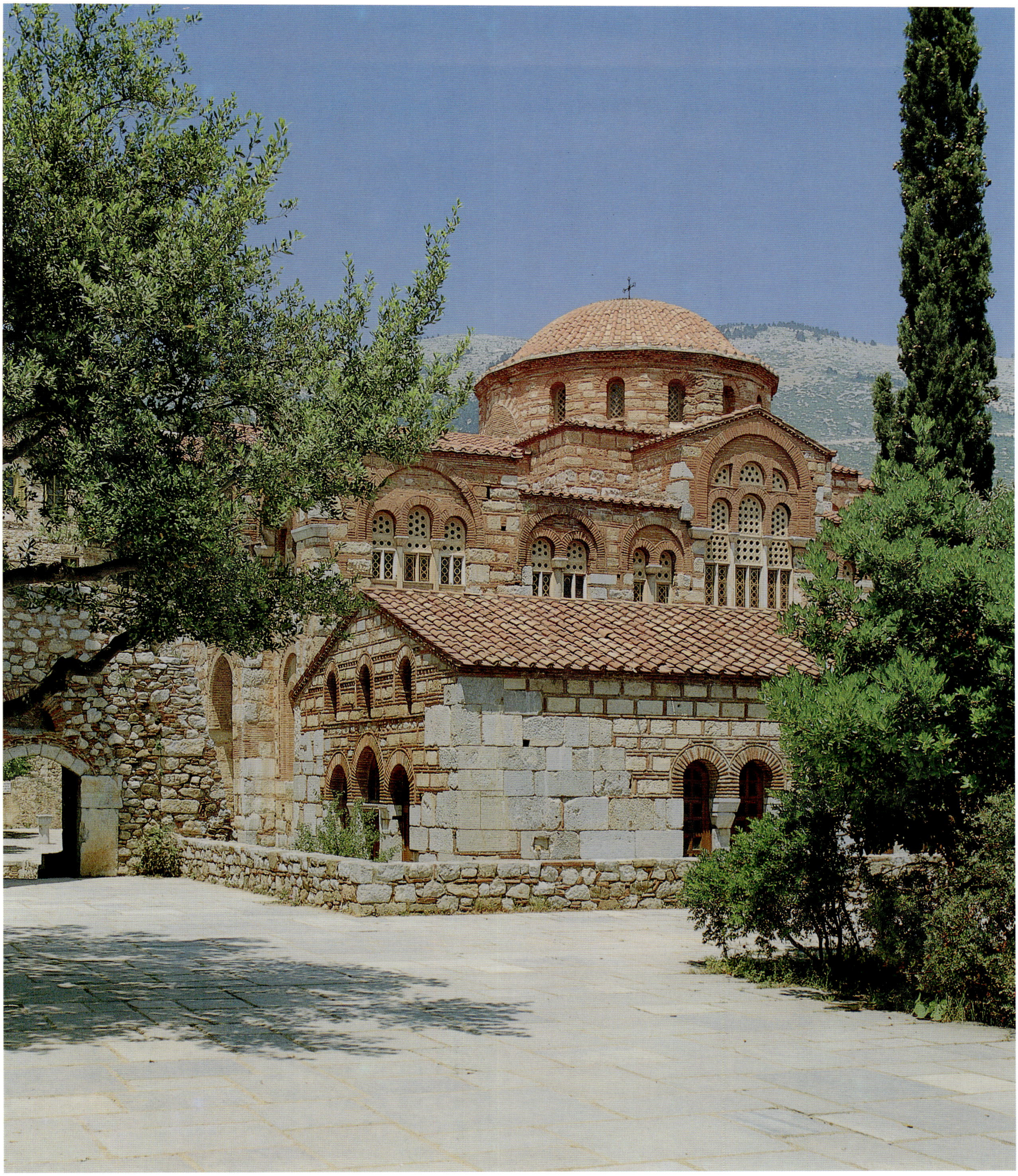

Großbritannien

Canterbury

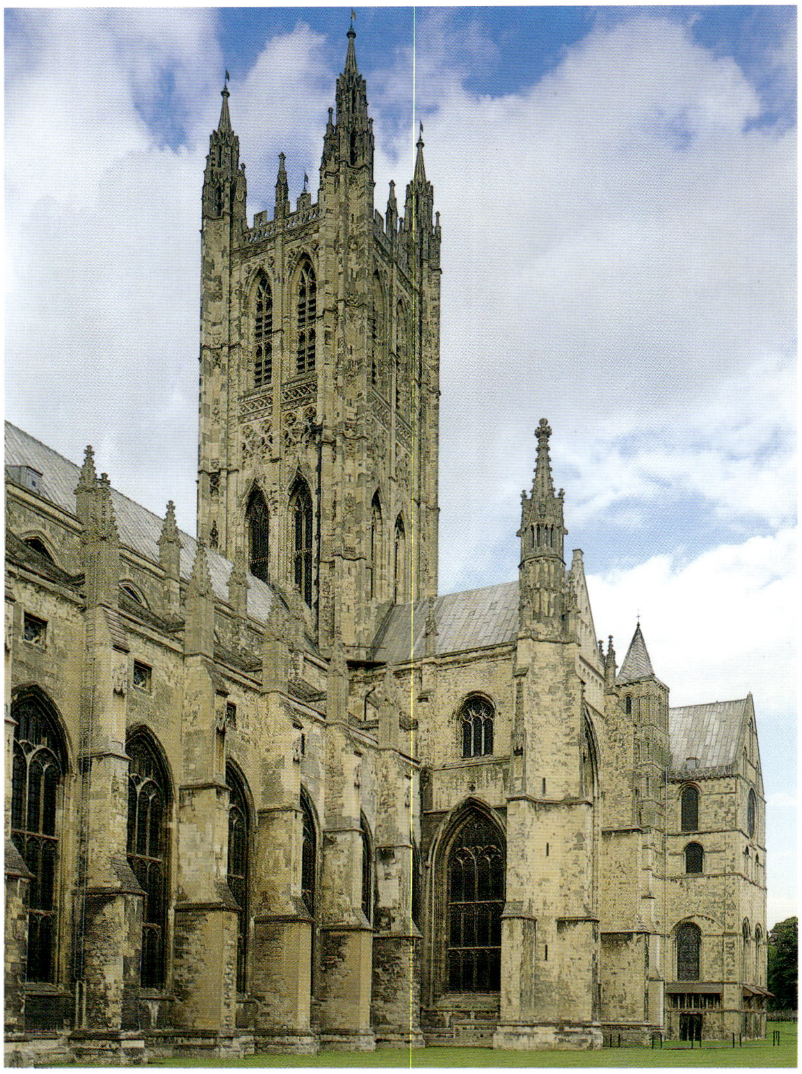

Canterbury, gelegen in der Grafschaft Kent in Englands Süden, zählt zu den schönsten Kathedralstädten des Landes und gilt als Wiege des Christentums auf der Insel. Die Kathedrale entstand 1070-1089 unter dem ersten normannischen Erzbischof Lanfranc; der Bau wurde unter St. Anselm (1093-1109) und Prior Ernulf (1096-1107) sowie Conrad (1108-1126) fortgeführt. Im Jahr 1130 war Weihe.
Es war diese alte Kirche, in der 1170 der «Mord im Dom»" an Thomas Becket, Erzbischof von Canterbury, geschah. Der Freund König Henry's II. aus dem Haus Anjou-Plantagenet, von des Herrschers Gnaden Kanzler und Kirchenfürst, wandte sich gegen die Politik seines hohen Gönners und vertrat in eigener Verantwortung ganz die Interessen der Kirche. Becket floh nach Frankreich, fand gastfreundlich Aufnahme bei den Zisterziensern von Pontigny, suchte in Rom den Beistand des Papstes, kehrte aber 1169 wieder in seine Heimat zurück. Von der Kanzel seiner Kathedrale herab exkommunizierte der streitbare Mann öffentlich die englischen Bischöfe; denn diese hatten den Thronfolger, Henry's Sohn, unrechtmäßig gekrönt – eine Handlung, die nur ihm selbst, dem Erzbischof, zustand. Des Königs Höflinge ermordeten Thomas Becket 1170 im Gotteshaus; im nordwestlichen Querhaus erschlugen sie ihn, der Ort wurde für Jahrhunderte Ziel mächtiger Pilgerströme. Aus aller Welt wallfahrtete man zum Grab des Heiligen; so entstanden Herbergen, Pilgerheime, Unterkünfte für die vielen Frommen, die kamen, um in Canterbury für den Märtyrer zu beten. «Märtyrer des Kirchenrechts und der Kirchenfreiheit» nannte ihn auch Papst Alexander III. bei der Heiligsprechung 1173 – Henry, erst Freund, dann Widersacher, erschien ein Jahr später an der Stätte des Gedenkens und tat öffentlich Buße.
Die Kathedrale wurde 1174 durch Brand schwer beschädigt, der herrliche Chor ging zugrunde. Architekt des Wiederaufbaus war der französische Meister Guilleaume de Sens; er schuf einen Bau, in dem sich Stilmerkmale der kräftigen normannischen Bauweise mit jenen der englischen Frühgotik mischten, beide ineinander übergingen. Doch 1375-1421 riß man Hauptschiff und Querschiff ab und ersetzte es durch den reichen, dekorativen «Perpendicular Style» der Gotik: das große neue Gotteshaus über dem Grundriß eines doppelten Kreuzes, in den Abmessungen von 165 Metern Länge und 24 Metern Höhe erhielt 1495-1503 den 72 Meter hohen Mittelturm, die Fassadentürme sind je 40 Meter hoch.
Die schönen Glasgemälde im Querschiff, die «Königsfenster», sind Arbeiten aus den Jahren 1070-1130. – Ein kostbarer Lettner aus dem Jahr 1304 trennt das Schiff vom ungewöhnlich langen Chor, der das Kirchenschiff beträchtlich übersteigt und zu den bedeutendsten gotischen Bauwerken Englands zählt. – Die große Krypta mit Säulen und Kapitellen, der älteste Teil der Kathedrale, stammt noch aus der normannischen Kirche; ein ebenmäßiger, fast quadratischer Kreuzgang, weiträumig um den Innenhof geführt, entstand 1397-1411 und ist in den Gewölben mit mehr als 800 bemalten Schlußsteinen geschmückt. – Im Kapitelsaal fand im Jahr 1935 die Uraufführung von T. S. Eliots Drama «Mord im Dom» statt.

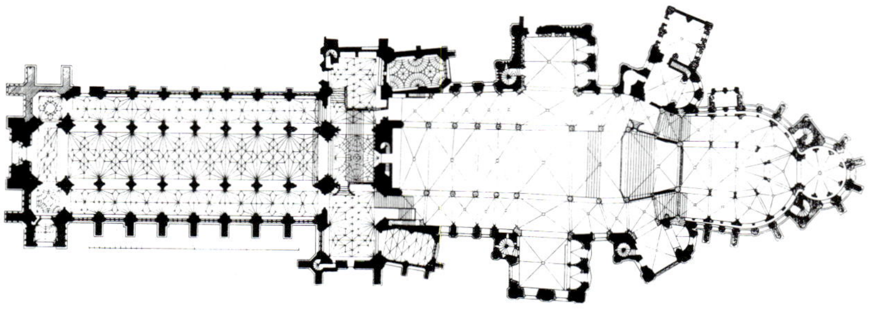

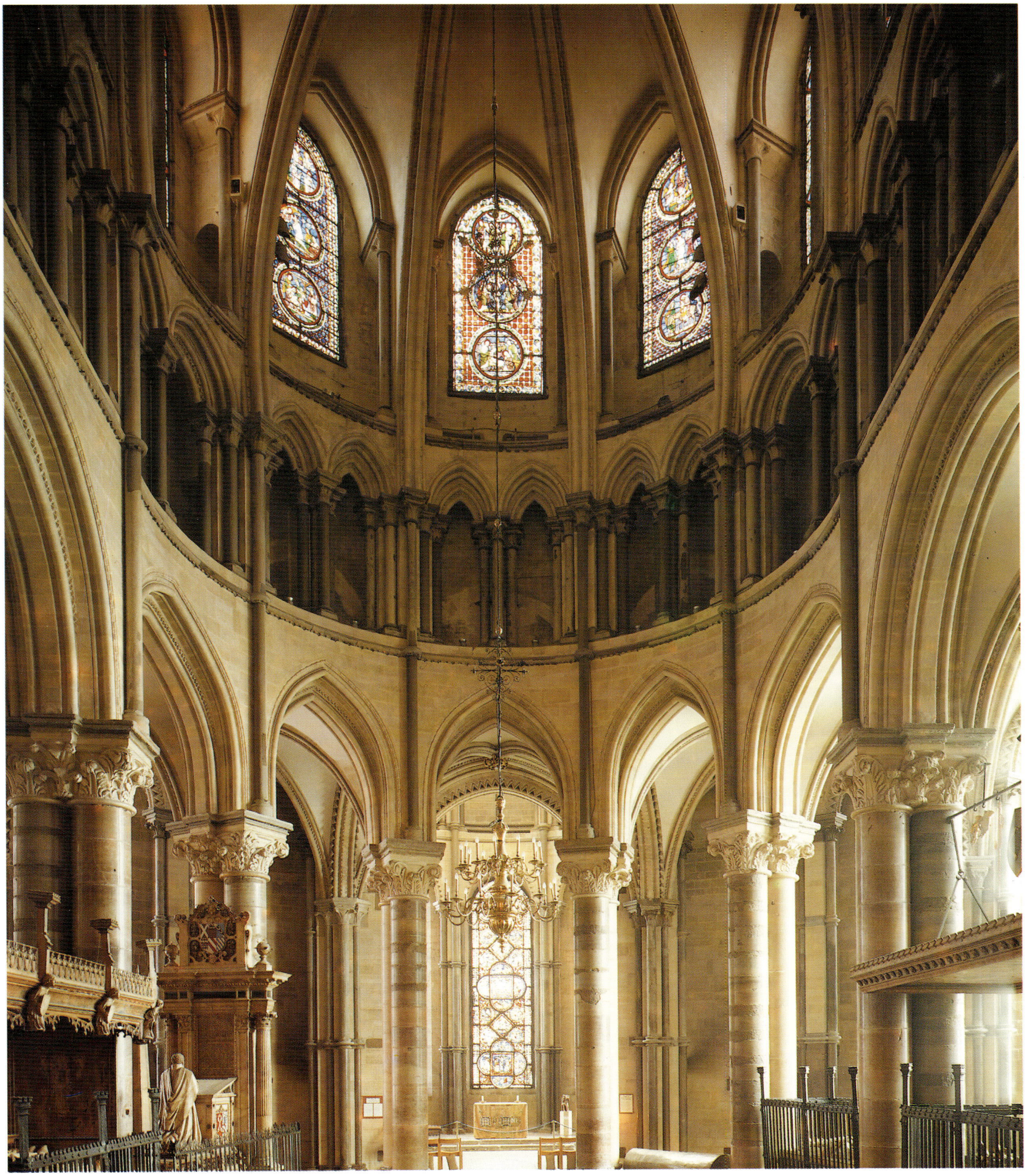

Fountains

Fountains Abbey in Yorkshire, benannt nach mehreren Quellen, die dort entspringen, trägt den romantischen Titel einer der schönsten Ruinen Europas. Sie wurde 1132 als Zisterzienserabtei gegründet und ist in ihren Umrissen erhalten: Die schöne Lage hinter einem Park, das Gotteshaus mit abgetragenem Kirchendach und die Größe des Komplexes bezeugen ehemaligen Wohlstand, ja Reichtum, denn den Ordensbrüdern war Schmuck und Zierat verboten, aber nicht unbedingt die Menge der Räumlichkeiten vorgeschrieben. Schlaf- und Waschräume, Speisesaal und Küche, Spital und Gästezimmer sind sogar meist doppelt vorhanden. Der Kreuzgang verlor seine, vermutlich hölzernen, Arkaden, das Kapitelhaus sein Dach. Die Mönche betrieben nicht nur den traditionellen Gartenbau, sie züchteten auch Schafe, handelten mit Wolle und konnten sich so eine groß dimensionierte Anlage leisten. Cîteaux und seine Verordnungen waren weit; aus dem fernen Frankreich kamen Bestimmungen, die man auf der Insel nicht so genau nehmen mochte, zum Beispiel: «Mit der Autorität des Generalkapitels wird verboten... jeder Überfluß an Gebäuden und Lebensmitteln»; dafür hatte man andere wichtige Paragraphen sorgfältig beachtet: «Keines unserer Klöster ist in Städten, Kastellen oder Dörfern zu errichten, sondern an entlegenen Orten, fern vom Verkehr der Menschen.» Oder: «Es schickt sich nicht, daß außerhalb der Klosterpforte irgend ein Haus zum Bewohnen gebaut wird, außer für Tiere, weil eine Gefährdung der Seelen dadurch entstehen könnte.»

Das Mauerwerk der Kirche läßt Schönheit ahnen, die sie in ihrer Blütezeit besaß: Lang- und Querhaus stammen aus der «Transitional-Epoche» (1135-1147), der Turm ist im «Perpendicular-Style» erbaut, jener Sonderform der Spätgotik, die sich von Gloucester aus in ganz England verbreitete und auch auf den Kontinent übersprang als «Flamboyanter Stil»: überreiche flammenförmige Fischblasenornamentik des Maßwerks, weniger wissenschaftlich ausgedrückt: Maßwerk, das wie feines Spitzengewebe Gewölbe und Fensteröffnungen überzieht. Daß die britischen Zisterzienser das strenge Gebot des Kontinents, keine Türme an ihre Klöster zu bauen, ignorierten, dokumentiert eigensinnige Emanzipation. Der schönste Teil ist die «Chapel of the Nine Altars». In Fountains Abbey findet sich zum ersten Mal in England die Architekturform des Spitzbogens.

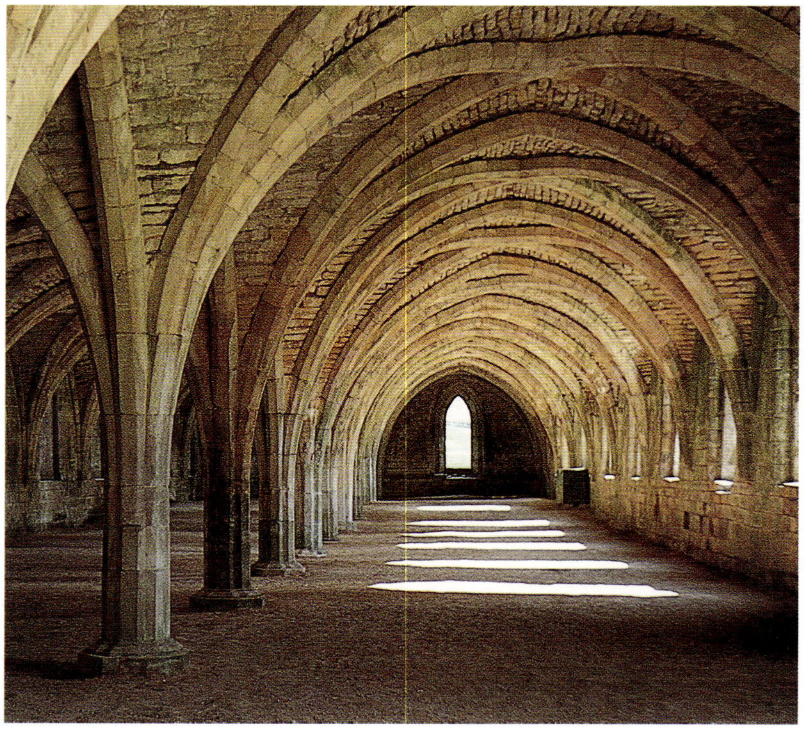

Refektorium

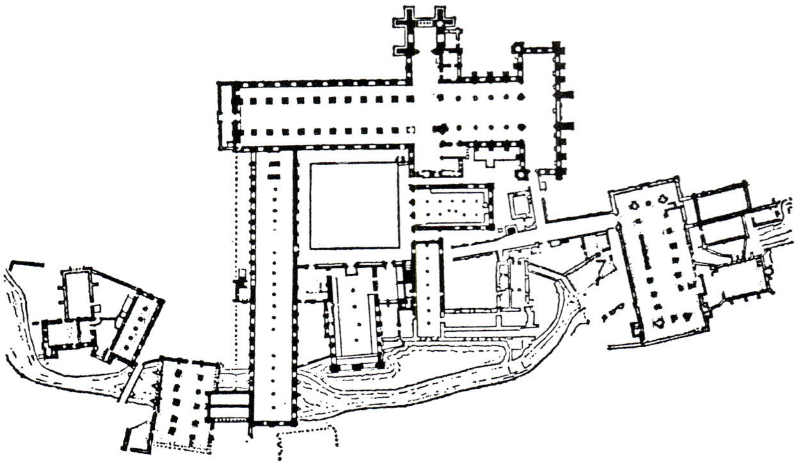

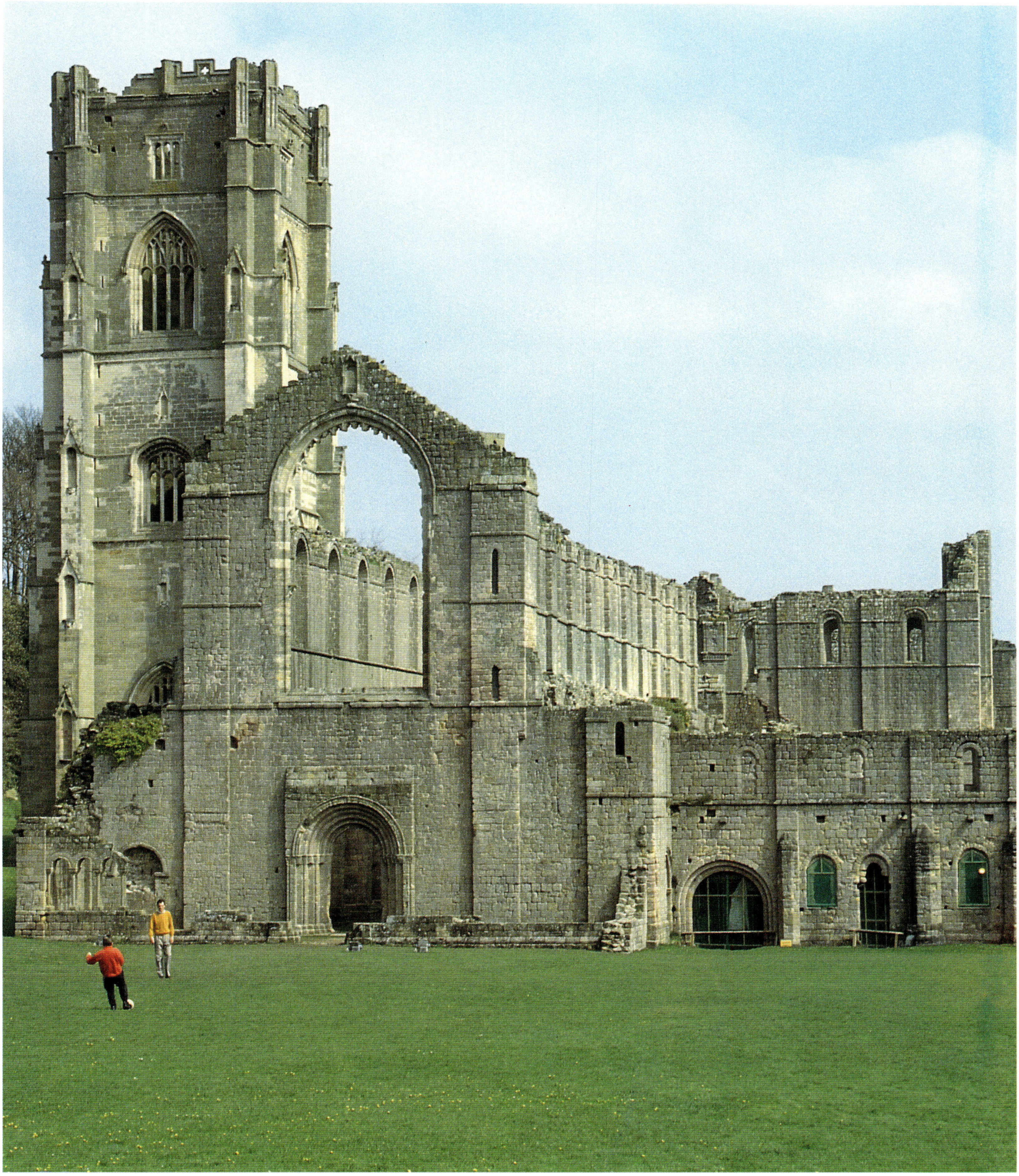

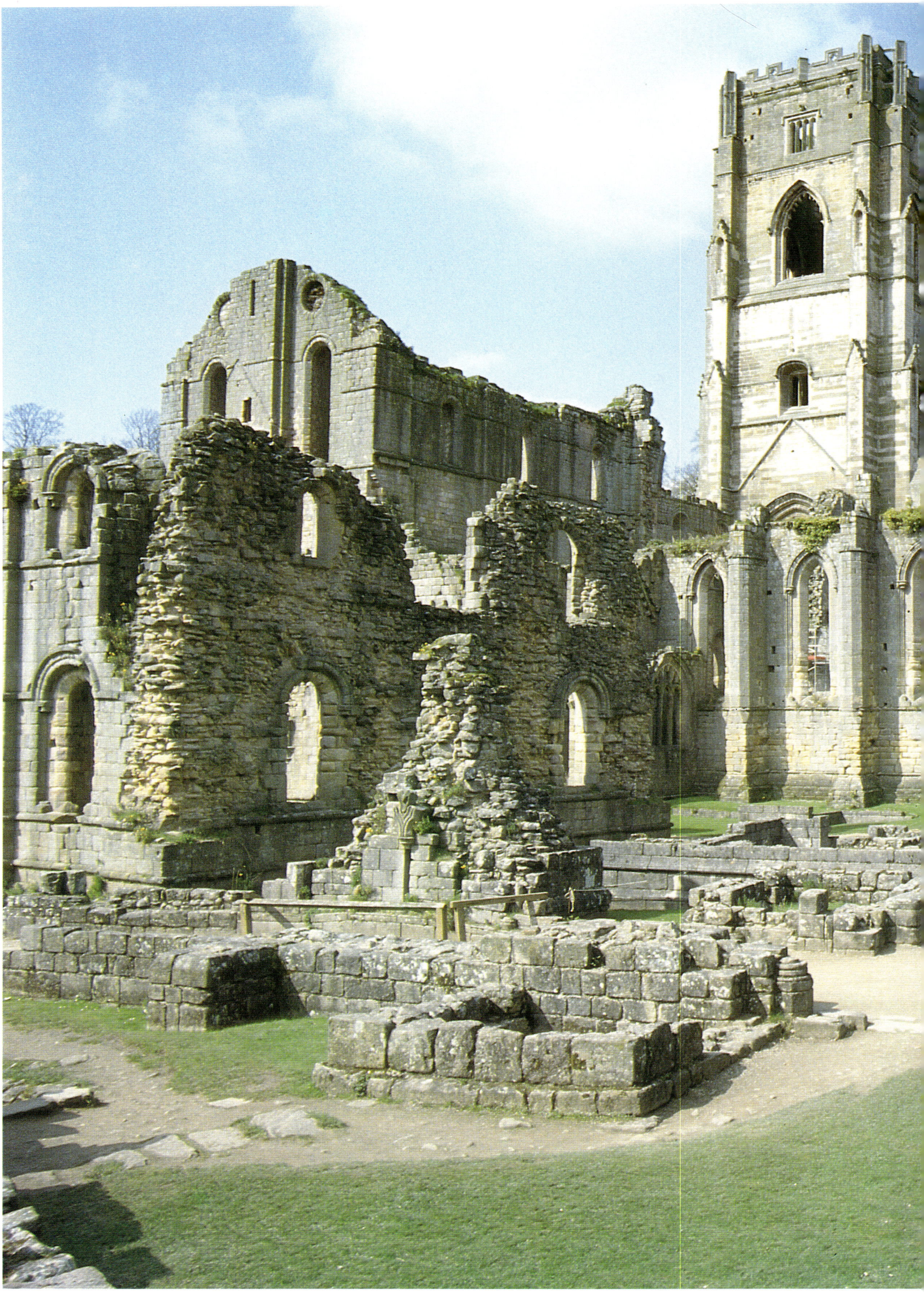

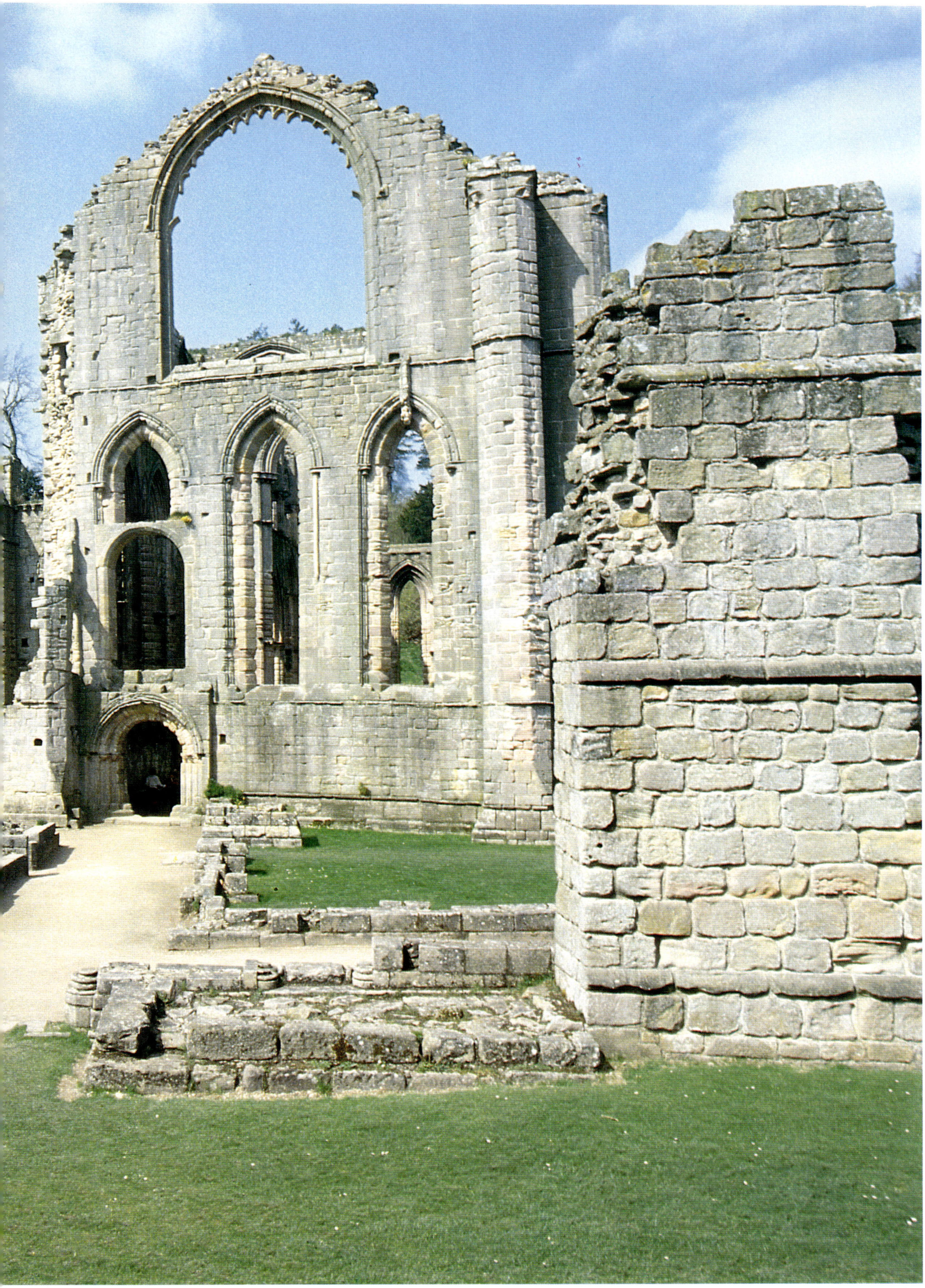

Gloucester

Gloucester, Hauptstadt der gleichnamigen Grafschaft, war bereits zur Römerzeit eine wichtige befestigte Stadt. Die Kathedrale, ursprünglich ein Kloster, gründete Osric, König von Northumberland, der 729 starb. – Seit 1022 hatten Benediktiner es als Abtei in ihrer Obhut. Die heutige Kirche, 1089 begonnen, 1100 geweiht, wurde 1542 durch Henry VIII. zur Kathedrale erhoben. Es war das Jahr, in dem der «Blaubart auf dem Thron» seine zweite Gemahlin, Anna von Boleyn, hinrichten ließ und der Bruch mit Rom durch diese in der katholischen Kirche illegitime Ehe bereits vollzogen war.

Die Kathedrale von Gloucester gehört zu den schönsten Kirchenbauten der britischen Insel. 128 Meter lang, 44 Meter breit, der mächtige quadratische Vierungsturm aus dem 15. Jahrhundert fast 70 Meter hoch, ist sie beispielhaft für den Stil der englischen Spätgotik, den «Perpendicular». Im Inneren dokumentieren die mächtigen Rundpfeiler des Langhauses den normannischen Kern, ebenso eine Art Triforium sowie Laufgänge vor den Fenstern, die charakteristisch für die Normandie waren. Im spätgotischen Chor das größte Glasfenster Englands, 24 Meter hoch, mit einer Marienkrönung aus dem 14. Jahrhundert und, wenig restauriert, original mit Glas der Entstehungszeit.

«Die Riesenkomplexe der englischen Kathedralen, die zugleich Stadtkirchen, Abteien und Klöster sind, vereinigen eine Reihe von Sonderräumen, die alle für sich allein bestehen könnten», schreibt der Historiker Friedrich Heer. «Diese englischen Kathedralen schweben weder aus der Höhe herab, noch entschweben sie in die Höhe; sie stehen fest auf der Erde, bewußt ihrer herrscherlichen Macht. Sie wissen, daß sie repräsentieren, und entlassen im übrigen ihre Besucher in die vielen Räume, die sie zur Verfügung stellen.» Doch: «Das normannische England hat mit größter Selbstverständlichkeit die französische Gotik übernommen, alle ihre Elemente aber eigentümlich spielend und rechnerisch zugleich in sich aufgenommen, so daß keine englische Kathedrale mit einer des Kontinents zu verwechseln ist.»

Auf die Funktion als Kloster weist noch der Kreuzgang aus der Zeit von 1351 bis 1412 hin, mit seinem raumgliedernden, überreichen Fächergewölbe: Nischen im Südgang, in denen Vertiefungen für Pulte eingelassen sind, erzählen von fleißig schreibenden Mönchen; im nördlichen Gang Waschgelegenheiten – so banal wie selten, denn von «sanitären Anlagen» zu Beginn der Neuzeit, überhaupt von Nutzräumen ist selten viel erhalten geblieben in den Klöstern, doch sie waren wichtig an einem Ort, wo viele Menschen in überaus enger Gemeinschaft leben mußten.

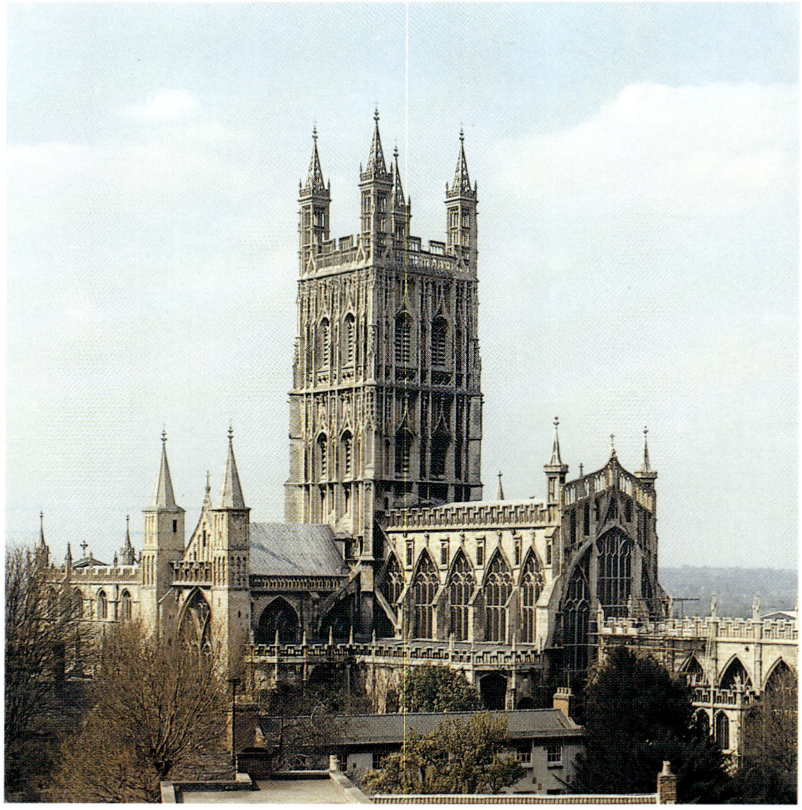

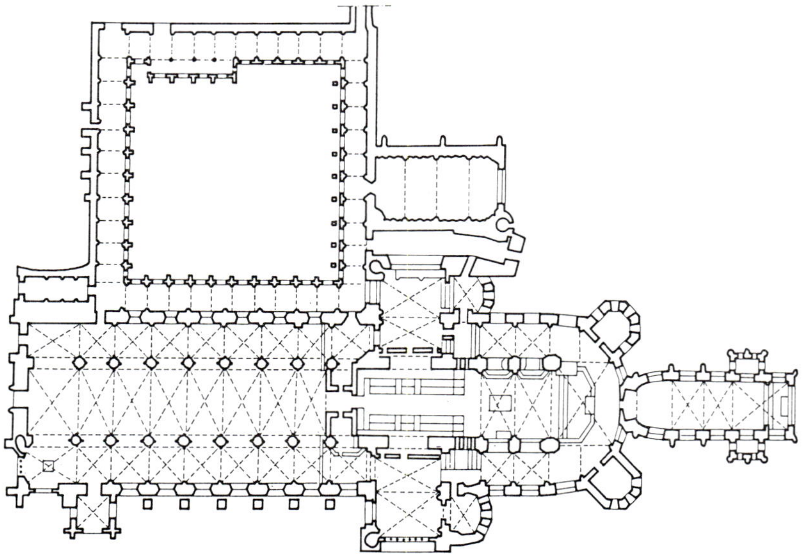

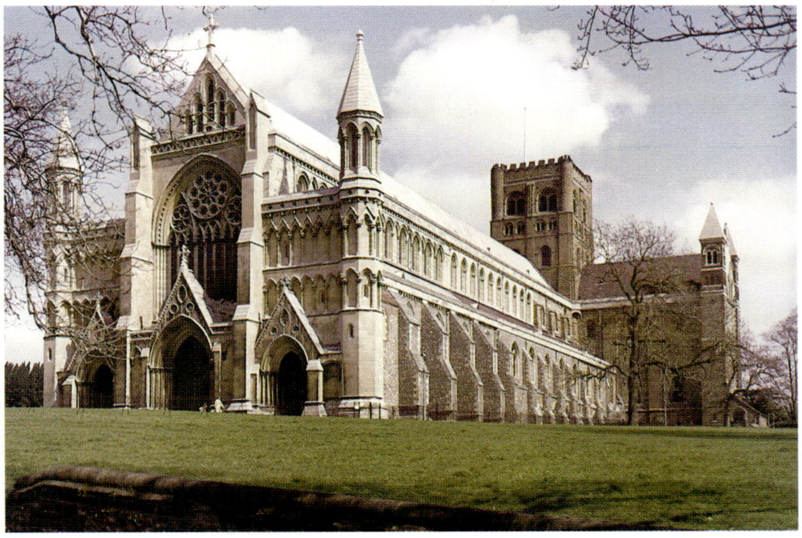

St. Albans

Im Süden der alten Marktstadt St. Albans in der Grafschaft Hertfordshire, Mittelengland, erhebt sich majestätisch, breit hingelagert, die große Kathedrale, Abbey Church; sie gehörte zu der um das Jahr 793 durch Offa, König von Mercien, gegründeten Benediktinerabtei. Bei den Arbeiten am Bau fanden sich die Gebeine des heiligen Alban wieder, die lange verschollen geblieben waren: Der erste Märtyrer Britanniens, der als junger Mann in Rom gelebt hatte, nach der Rückkehr das Christentum bekannte und um 304 den Tod durch Enthauptung starb, war Söldner aus dem Städtchen Verulamien, um 45 nach Christus nahe des heutigen St. Albans gelegen. Zur Zeit der Christenverfolgung unter Kaiser Diocletian ergriffen ihn Schergen und forderten, er solle dem neuen Glauben abschwören. Alban weigerte sich. Als man ihn zur Hinrichtung auf einen Hügel über dem Fluß Ver führte, hörte das Wasser auf zu fließen. Am Richtplatz sprangen Quellen auf, um ihn zu erquikken; der Henker weigerte sich, sein Amt zu tun, und wurde schließlich selbst hingerichtet – diese Wunder standhafter Gläubigkeit ließen im Mittelalter eine reiche Wallfahrt entstehen. Das «Goldene Grab» St. Albans wurde später verwüstet.

Die Kirche, über kreuzförmigem Grundriß gebaut, entstand in den Jahren 1077-1088 in normannischem Stil, erfuhr im Lauf der Jahrhunderte viele Erweiterungen und Ergänzungen: Der Westteil des Hauptschiffs wurde 1214-1235 verlängert, 1235-1260 kam der Mönchschor, 1308-1326 die Marienkapelle dazu. Die Fassaden des Westwerks und des Querschiffs gestaltete John Grimthorpe erst 1879-1884. – Der massive Vierungsturm stammt noch vom normannischen Bau. – Die Abteikirche erstaunt durch außerordentliche Dimensionen: 168 Meter lang, 66 Meter das Querhaus, der Turm ist 43 Meter hoch. Spuren der ersten Entstehungszeit finden sich in Pfeilern der Nordseite des Inneren, sie wurden im 13. und 14. Jahrhundert mit Fresken bemalt. – Den Laienchor trennt eine Schranke (um 1350) vom Langhaus; als einziger Rest der ehemaligen Klostergebäude findet sich an der Südwand ein großes Pförtnerhaus aus dem Jahr 1361; über dem Mönchschor hölzernes Rippengewölbe aus den Jahren 1422-1461; den östlichen Chorabschluß bildet, reich mit Skulpturen ausgestattet, die Altarwand; zu beiden Seiten liegen kleine Kapellen.

In der Saint's Chapel, um 1315 errichtet, ruhen die sterblichen Überreste Albans; das Grabmal zeigt Szenen aus seinem Martyrium. – An der Nordwand des Chorumganges ein zweites Heiligengrab, das des Heiligen Amphibalus. Nach einer anderen Legende Albans hatte dieser, ein christlicher Priester, den jungen Römer bekehrt, später in seinem Hause Schutz gesucht und wie er den Märtyrertod gefunden.

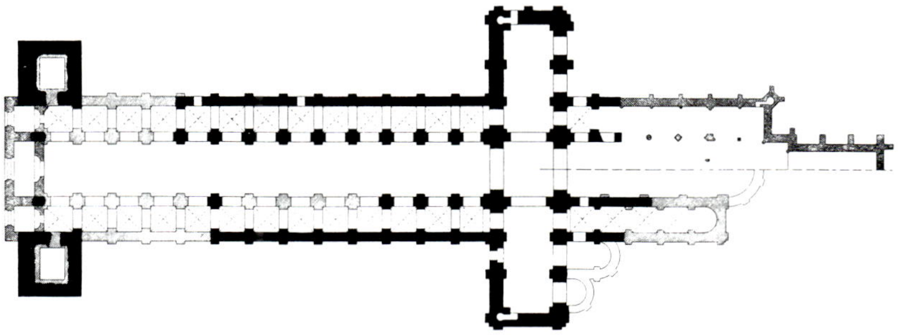

Westminster

Der bedeutendste Sakralbau Britanniens, Westminster Abbey, ist vermutlich eine Gründung des christlichen Sachsenkönigs Seber aus dem 7. Jahrhundert. Die erste Kirche wurde im Jahr 1065 geweiht; Reste von ihr finden sich noch in der Krypta. – 1245 begann man unter König Henry III. mit dem Bau des heutigen Gotteshauses, und dieser, Schirmherr des groß geplanten Vorhabens, bekannte sich als Bewunderer der prachtvollen französischen Kathedralen der Gotik – so wollte auch er bauen, die ewige Rivalität zwischen England und Frankreich trug hier gute Früchte: Reims, Amiens, die Sainte-Chapelle zu Paris standen wohl Pate für Westminster; besonders der Chor mit seiner Gliederung in Apsis, Umgang und Emporenzone (ausgestattet mit Prunkgräbern des 13.-15. Jahrhunderts) erinnert an die Vorbilder auf dem europäischen Kontinent.
Die Ostteile und das dreischiffige Querhaus standen 1258 vollendet da, im Jahr 1269 fand eine weitere Weihe statt; als Architekten zeichneten Henry of Westminster und John of Gloucester. – Später übernahm Henry Yevele die Bauleitung, hielt sich aber mit Konsequenz an die Entwürfe aus dem 13. Jahrhundert, so daß kein Stilbruch den einheitlichen Charakter des Bauwerks stört. Das dreischiffige Langhaus mit schlanken, dichtstehenden Stützpfeilern ist mit seinen mehr als 30 Metern das höchste in England und erst Ende des 15. Jahrhunderts vollendet worden, denn die Bauarbeiten gerieten im Lauf der Zeiten mehrmals ins Stocken. Die beiden Westtürme von Chr. Wren und J. Hawksmoor kamen sogar erst 1722-1740 hinzu, sind aber neugotisch gehalten und fügen sich dem Ganzen ein.
Östlich an die Kirche angeschlossen liegt die berühmte Kapelle Henry's VII. mit dem Grab des Herrschers vom Florentiner Bildhauer Torrigiani; sie ist ein prächtiges Beispiel englischer Spätgotik, des sogenannten «Perpendicular-Style». Von dekorativen Fächergewölben hängen stalaktitenförmig die Schlußsteine herab. Über dem geschnitzten Chorgestühl prangen Banner der Mitglieder des Ritterordens von Bath. Im nördlichen Seitenschiff der Kapelle hat Königin Elizabeth I. ihr Grabmal, unweit der Rivalin Mary Stuart von Schottland im südlichen Seitenschiff – «Richterin» und «Opfer», nach dem Tod friedlich vereint. Die Skulpturen in der Kapelle sind, eine Rarität für England, erhalten geblieben vor den Bilderstürmern der Reformation.
Westminster dient seit der Zeit Wilhelms des Eroberers als Krönungskirche der englischen Könige – sie ist auch ein ergreifendes Pantheon für Angehörige aller Stände, einerlei ob hoher oder niedriger Herkunft: Nah den Monarchen und Mitgliedern der Adelshäuser ruhen gewöhnliche Sterbliche: «Elizabeth Atkinson, Leibwäscherin der Königin Anne» zum Beispiel oder, im Kreuzgang: «Hier liegen die sterblichen Überreste von Philipp Clark, Klempner dieser Abteikirche, gestorben 1707.» Im gesonderten «Poet's Corner» sind Dichter bestattet; überall finden sich Monumente für Künstler, Musiker, Heilige oder Kriegshelden. – Vom ehemaligen Kloster sind Kreuzgang, spätgotische Konventsgebäude und ein achteckiges Kapitelhaus erhalten.

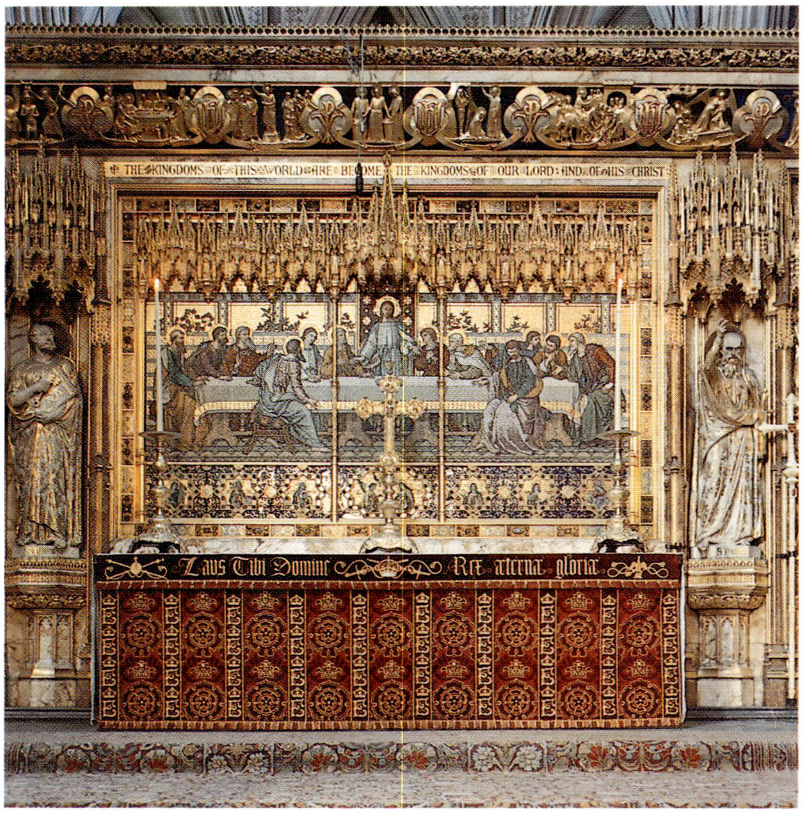

Hochaltar

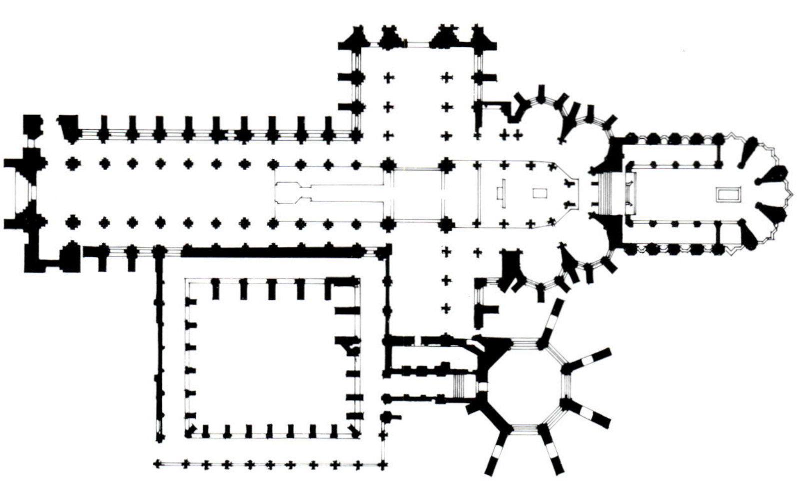

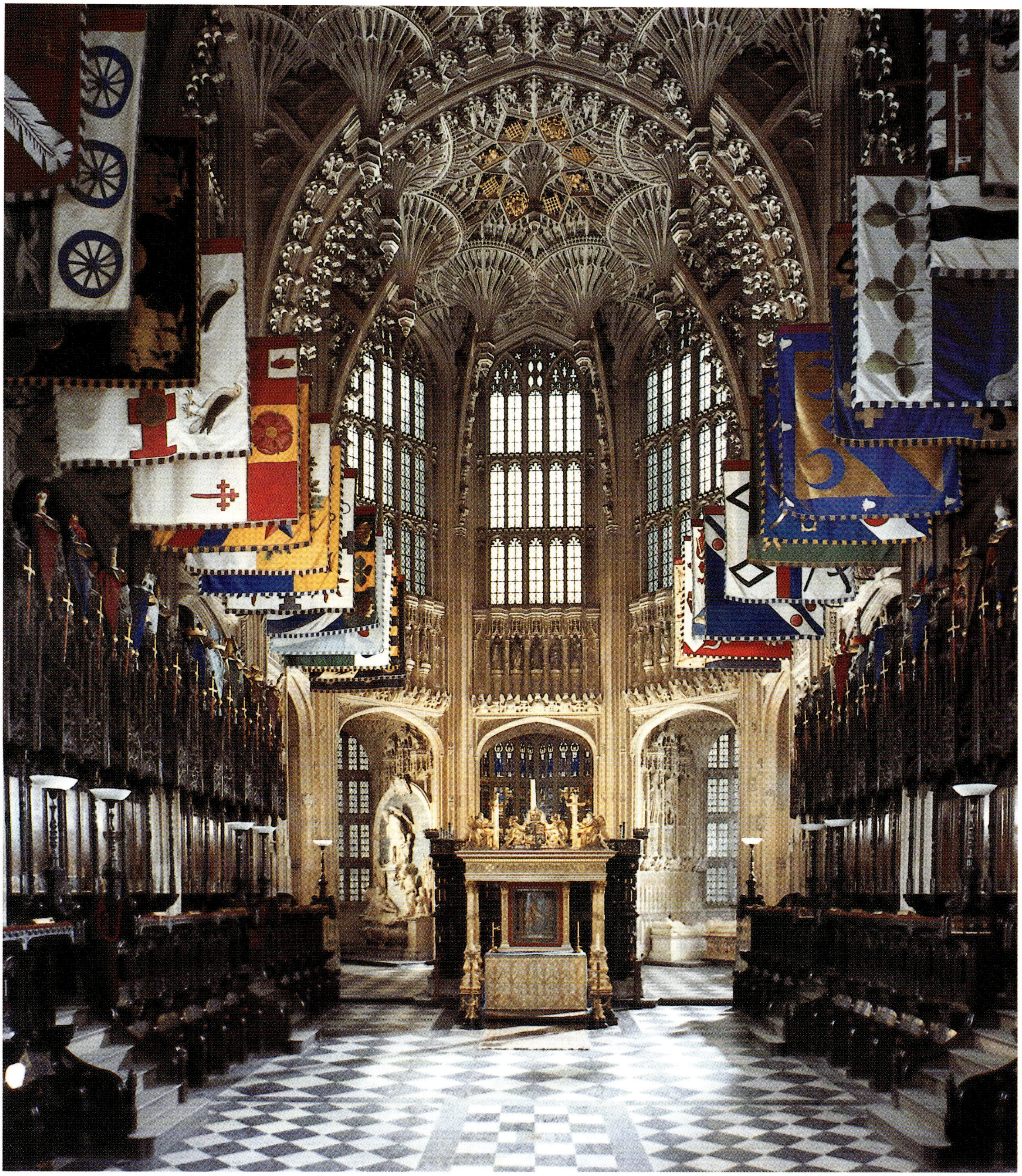

Italien

Assisi

Im Jahr 1209 stiftete der heilige Franziskus in seiner Geburtsstadt Assisi das erste Kloster seines Ordens, das allezeit als « Convento sacro » ersten Rang unter den Klöstern der Franziskaner einnahm und behielt. Auf einem Vorhügel des Monte Subaso, auf dem ehemaligen Galgenberg der Stadt, steil hingebreitet wie eine Festung, liegen Konventsbau und Basilika San Francesco. Die Doppelkirche über dem Grab des Heiligen, auf kreuzförmigem Grundriß errichtet, bestehend aus übereinandergelegener Unter- und Oberkirche, entstand in den Jahren 1228-1253. Der untere Bau ist als Gruftkirche dunkel, einschiffig, mit spätromanischem Kreuzgewölbe, der obere präsentiert sich als helle, weiträumige, einschiffige Saalkirche und ist der früheste gotische Sakralbau in Italien. Vor allem in ihrer Konstruktion mit Bündelpfeilern hat sie Vorbilder in Frankreich. Die Architektur der Kirche mit ihren eindrucksvollen Dimensionen, die Bauten des Klosters, selbst die erst 1925-1930 erweiterte Krypta, die im steinernen Sarg die Gebeine des Heiligen birgt, widersprechen eigentlich der Glaubensregel der Franziskaner, deren Credo als Bettelorden Armut, Bescheidenheit, Dienstbarkeit lehrt. Auch der kräftige Turm, südlich vor dem Querschiff, im Stil noch romanisch, unterstreicht das Monumentale des Komplexes. Assisi bedeutete immer etwas Besonderes: Die ausnehmend schöne Lage und herrliche Umgebung, eine Legende, Franziskus selbst habe gewünscht, auf dem verachteten Richtplatz begraben zu werden, um zu demonstrieren, daß ihm der Leib nichts gelte, das Paradoxon, daß ausgerechnet er ein solches Prachtmonument als letzte Ruhestätte erhielt, fasziniert jeden, der aus dem Tal heraufgestiegen kommt. « Wer also reden will von diesem Ort, der sag Assisi nicht, das wäre dürftig. Er sage Morgenland, will recht er reden », dichtete schon Dante in der « Göttlichen Komödie ».
Die irdische Person des Heiligen ist gut dokumentiert. « Wie eine Sonne ging er in der Welt auf », so noch einmal Dante. « Wenn er eine Stadt betrat, freute sich die Geistlichkeit, läuteten die Glocken, frohlockten die Männer, und mit ihnen freuten sich die Frauen, die Knaben klatschten fröhlich in die Hände, brachen Zweige von den Bäumen und zogen ihm singend entgegen », schildert sein Jugendfreund Thomas von Celano. Als junger Mann lebte der Sohn eines reichen Kaufmanns in leichtfertigem Überfluß, ausschweifend als unbekümmerter Genußmensch; seine Umkehr vollzog sich kompromißlos, radikal. Doch als Gottesmann wirkte er nicht grämlich oder unansehnlich. Im « Lied von der Sonne », einem Gedicht mit Stilelementen des Minnesangs, den Franziskus kannte, pries er sehr sinnlich Schwester Sonne und Bruder Mond, vor allem aber Mutter Erde, « die uns versorgt und ernährt und mannigfache Früchte hervorbringt und bunte Blumen und Kräuter ». – Sein Bild lebt durch den Maler Giotto, sicher idealisiert, doch mit weltlich-irdischen Zügen: als schöner Jüngling und stattlicher Mann im Freskenzyklus mit Szenen aus dem Leben des Heiligen in der Oberkirche von Assisi aus dem Jahr 1313.

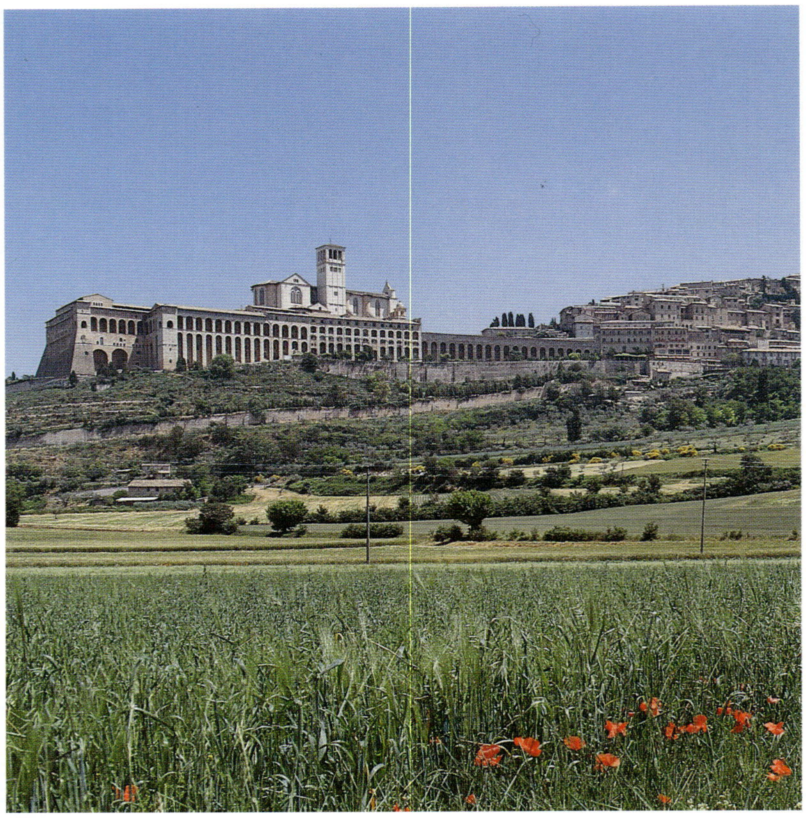

Grab des heiligen Franziskus in der Krypta ▷

Grundriß der Unterkirche

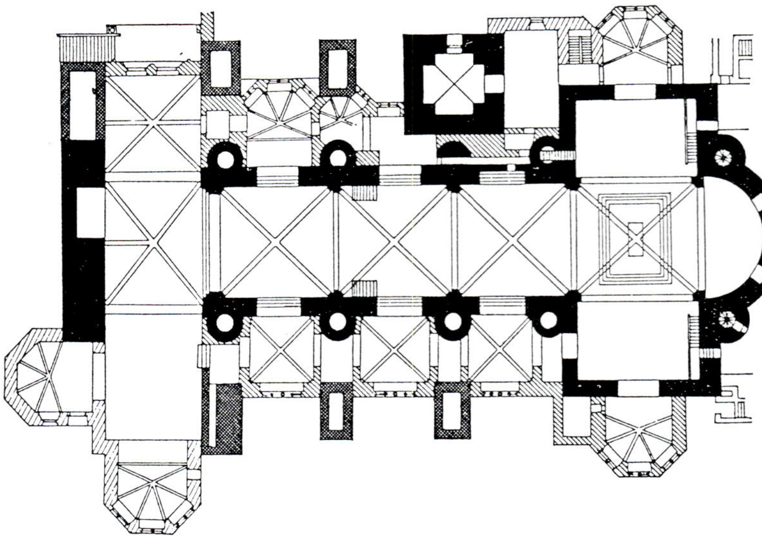

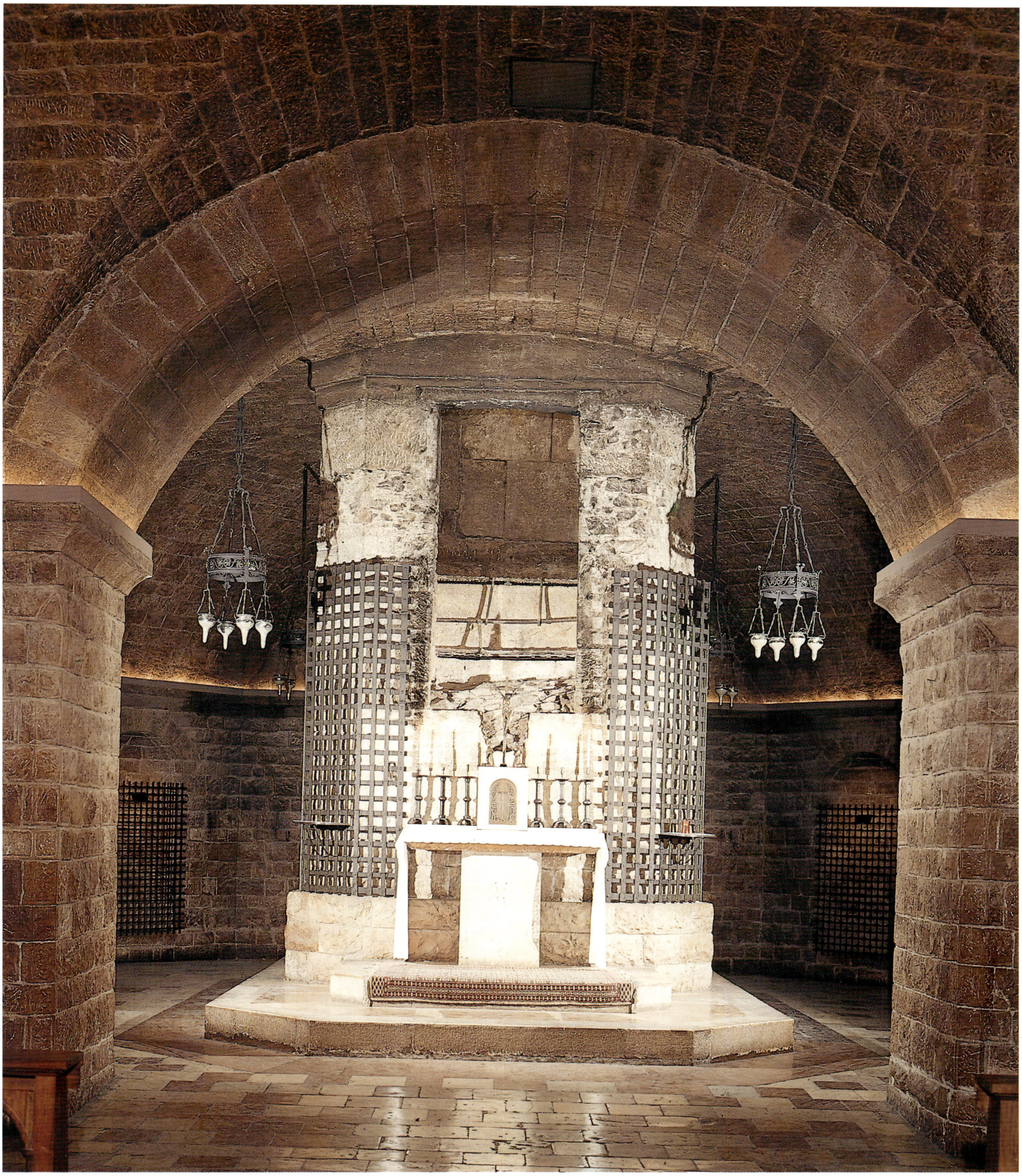

Florenz Franziskanerkloster

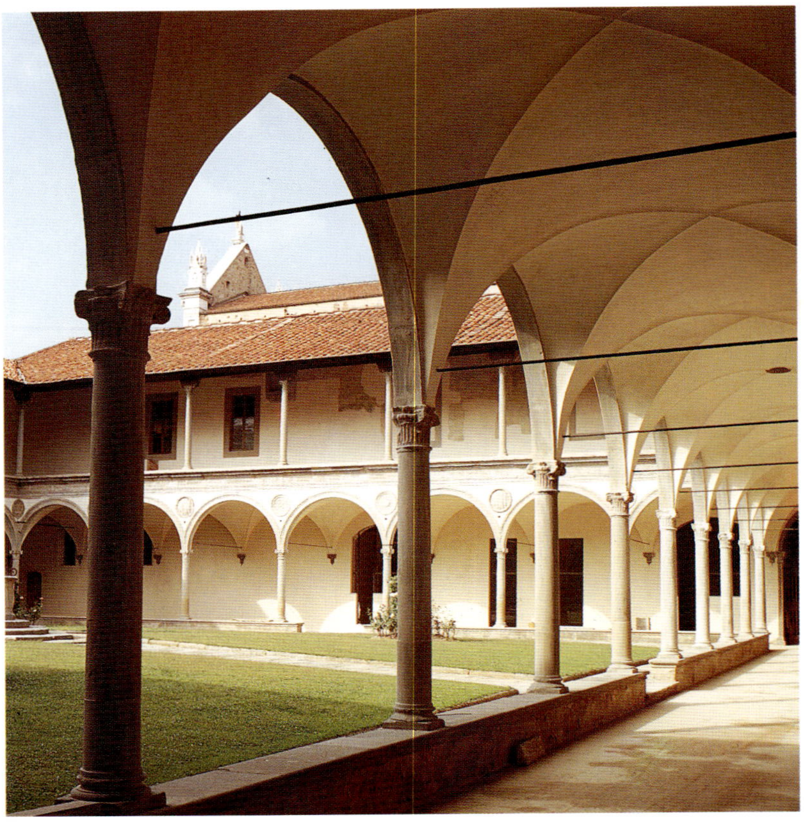

Santa Croce in Florenz wurde an der Stelle errichtet, an der früher das Hospiz der Brüder des heiligen Franziskus stand; die Pläne stammen von Arnolfo di Cambio, dem bedeutendsten Baumeister der Gotik in Italien. – 1295 legte man den Grundstein, 1442 fand die öffentliche Weihe statt. – Gemäß den Ordensregeln sollte das Gotteshaus der Bettelmönche ein schlichter Bau sein und bleiben, doch im Jahr 1857 beschloß eine Bürgerversammlung die Umgestaltung der Fassade in prachtvoller, schwerer Gliederung aus weißem Carraramarmor.

Der Innenraum der mächtigen Kirche, der größte aller Franziskanerkirchen überhaupt, entspricht ganz dem Ideal karger Bauausstattung. Die Mönche verlangten große Dimension, um möglichst viele Gläubige versammeln zu können, die Architektur aber sollte schlicht und schmucklos ausgeführt werden: Die über dem Grundriß des lateinischen Kreuzes dreischiffig gebaute Hallenbasilika mit weiten Bogenstellungen und offenem Dachstuhl, von zwei Pfeilerreihen unterteilt, mit zierlicher umlaufender Balustrade über den breiten Spitzbogen, lichterfüllt durch lange, schmale Fenster, enthält dennoch eine Fülle an Kunstwerken: Monumente für Dante, Macchiavelli, Michelangelo, Galilei, Cherubini und Rossini; Altäre, Grabmale, Gemälde; im Mittelschiff die herrliche Kanzel Benedetto da Maianos, besetzt mit Reliefs, Szenen aus dem Leben des heiligen Franziskus; ein Steintabernakel; vor allem die schöne « Verkündigung », 1430 vom wichtigsten Bildhauer der italienischen Frührenaissance, Donatello, als Vollrelief geschaffen.

In den zwanziger Jahren des 14. Jahrhunderts malte Giotto zwei Kapellen in Santa Croce mit Fresken aus: in der Capella Bardi zwanzig Szenen aus dem Franziskusleben, mit dem geübten Blick des Maler-Erzählers für menschliche Gebärde und Befindlichkeit, lebensvoll in der Schilderung zum Beispiel des Augenblicks, in dem der künftige Heilige dem reichen väterlichen Erbe entsagt oder der Sterbende sich, umringt von teilnahmsvoll trauernden Brüdern, auf die Totenbahre niederlegt; in der Capella Peruzzi Darstellungen von Episoden aus dem Leben Johannes des Täufers und Johannes des Evangelisten.

Thomas von Celano, der Gefährte des Franziskus, gab ein realistisches, präzises Porträt durch seine Schilderung des Heiligen: « Seine Sprache war sanft, dabei feurig und geistreich, die Stimme stark, angenehm, klar und wohltönend; die Zähne eng geschlossen, gleichmäßig und weiß, die Lippen fein und leicht geschwellt, der Bart dunkel und ziemlich dünn, der Hals schmal, die Schultern gerade, die Arme kurz, die Hände klein, die Finger lang mit länglichen Nägeln, die Beine schlank, der Fuß klein, die Haut zart, der ganze Leib mager.»

Links der Kirche befinden sich die Klostergebäude: der erste Kreuzgang von Arnolfo di Cambio; die Capella Pazzi, nach 1440 vom Hauptmeister der frühen Renaissance in Florenz, Filippo Brunelleschi erbaut. Der Künstler, Architekt der riesigen Kuppel des Florentiner Doms, in seiner Vaterstadt nicht unumstritten, hat diesen in Form und Proportionen ausgewogenen Bau wohl nicht selbst vollendet. Er starb 1446, so der Biograph der Renaissance, Giorgio Vasari, in den « Lebensbeschreibungen der ausgezeichnetsten Maler ...», « nachdem er sich gemüht hatte, die Arbeiten zu vollbringen, welche ihm auf Erden Ruhm erwarben und den Frieden des Himmels verdienten ». – Auch der zweite Kreuzgang in Santa Croce ist ein Werk Brunelleschis.

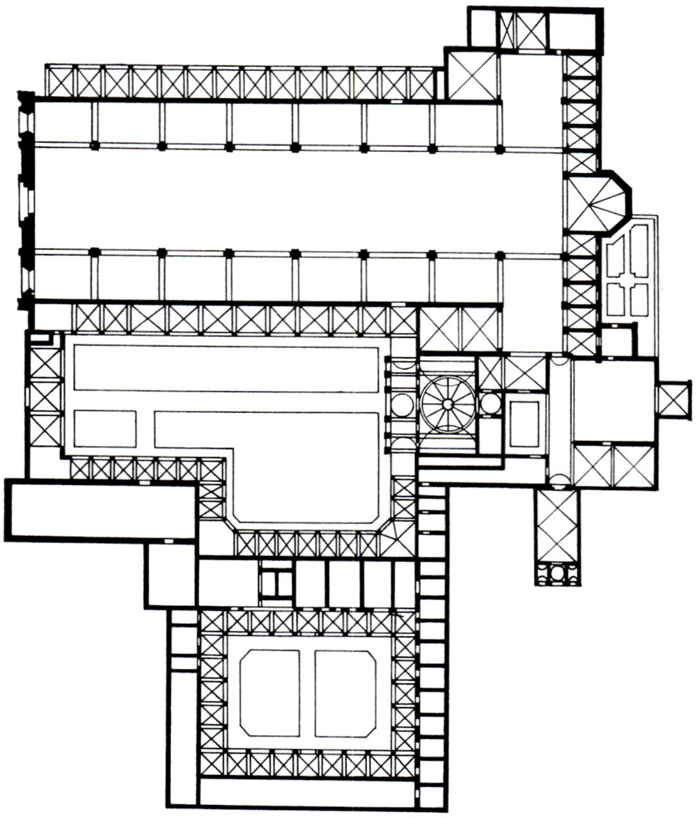

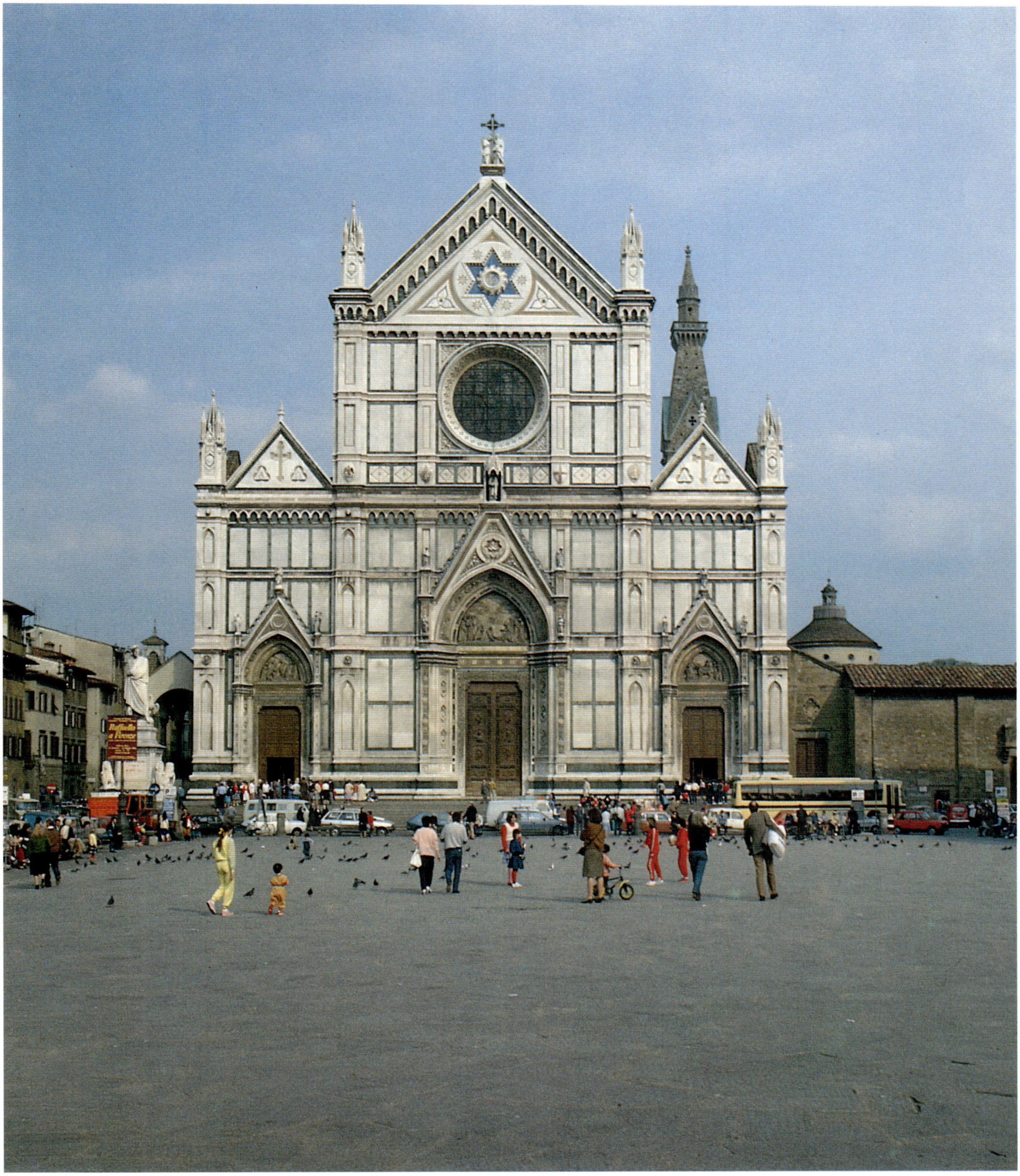

Fossanova

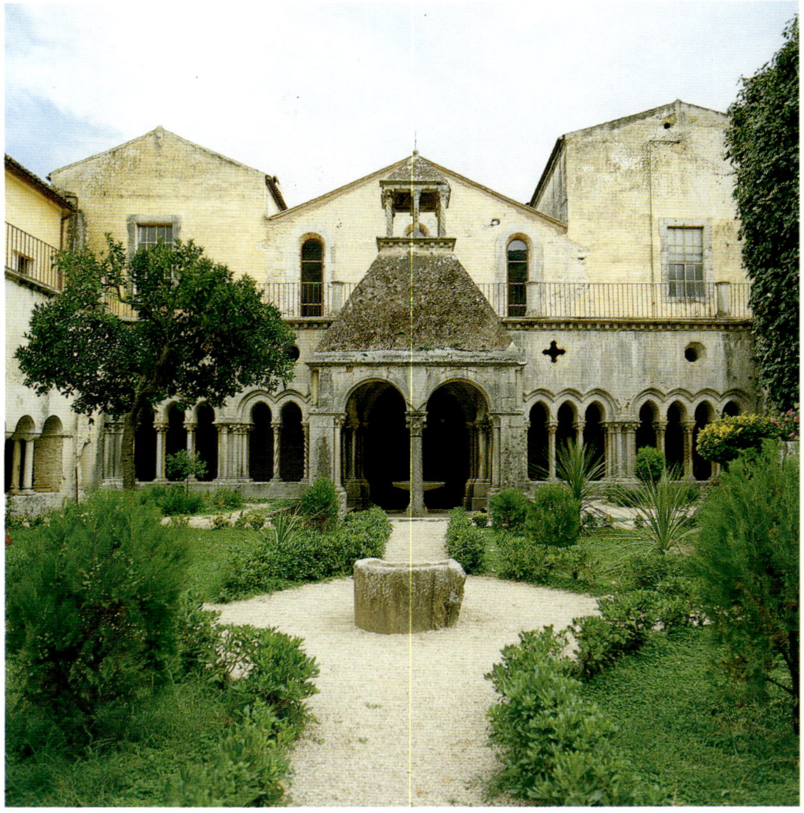

Fossanova, am Südrand der Lepinischen Berge in Latium gelegen, ist erstes und bedeutendstes Beispiel des Sakralbaues der Frühgotik in Italien in der schlichten Formensprache der Zisterzienser. Die «weißen Brüder» übernahmen im Jahr 1133 ein Kloster, das Benediktiner im 9. Jahrhundert an dieser Stelle gegründet hatten. Aus Clairvaux in Burgund, dem Mutterkloster des Ordens, kamen Bauleute; sie begannen im Jahr 1187 mit dem Kirchenbau, Papst Innozenz III. nahm 1208 die Weihe vor.

Klar, ohne aufwendige Schmuckformen, präsentieren sich Äußeres und Inneres des Gotteshauses: Die dreischiffige Basilika mit hoch aufragendem Mittelschiff, strenger Westfassade, Stufenportal mit eingestellten Säulen und mächtigem Rosenfenster im Obergeschoß wirkt in ihrem konzentrierten Bau massiv, doch nicht abweisend. Der langgestreckte Kirchenraum mit schweren Pfeilern, welche die Schiffe trennen, weiten Spitzbogen und gedämpftem Licht, das durch hohe Wandfenster einfällt, gotisch im Ansatz, verharrt doch vor allem noch im schweren, wuchtigen Stil der Romanik.

Auch im Kreuzgang mit schönen Kapitellen, eng burgundischen Vorbildern nachgestaltet, dominiert das romanische Element, setzt sich das gotische schwächer durch – nur im Südflügel vom 1280-1300, an dem römische Steinmetze mitarbeiteten, kommt gotische, vor allem italienische Eleganz zum Ausdruck. Die Klosterbauten, wie es die Regeln des Ordens vorsahen, schnörkellos, zum Gebrauch bestimmt, aber großzügig angelegt, sind gut erhalten: dem Eingang zum Kreuzgang gegenüber liegt das Refektorium, ein einschiffiger Raum, den fünf Bogen stützen; von hier führt die Treppe hinauf zum Schlafsaal (Dormitorium) der Mönche; an der Ostflanke der herrliche, über fast quadratischem Grundriß errichtete Kapitelsaal – alles Bauwerke des 12. und 13. Jahrhunderts. – Genau formuliert die Bau- und Kunstbestimmung des Generalkapitels der Zisterzienser, um 1134 und später verfaßt, welche Bauten zum perfekten Kloster gehören: Oratorium, Refektorium, Dormitorium, Gast- und Pförtnerzelle sind die «Mindestausstattung», die eine Neugründung vorweisen muß, ehe «zwölf Mönche, mit dem Abt dreizehn», einziehen.

Fossanova besitzt, östlich vom Kloster, sogar ein Pilgerhaus, in dem Durchreisende Aufnahme fanden: Dort starb am 7. März 1274 Thomas von Aquin; der berühmte Kirchenlehrer, Theologe und Denker, Professor zu Paris und Neapel, zuletzt Leiter einer Ordensschule in Rom, war, bereits schwer krank, auf dem Weg zum Konzil nach Lyon. Dem Dominikanerprediger schlug sein letztes Stündlein, nicht weit von zu Hause, unter fürsorglicher Obhut seiner zisterziensischen Kollegen. – Fossanovas Kirche diente seit dem Jahr 1812 als Stallgebäude – erst später kam das Kloster, neu geweiht, an den Franziskanerorden.

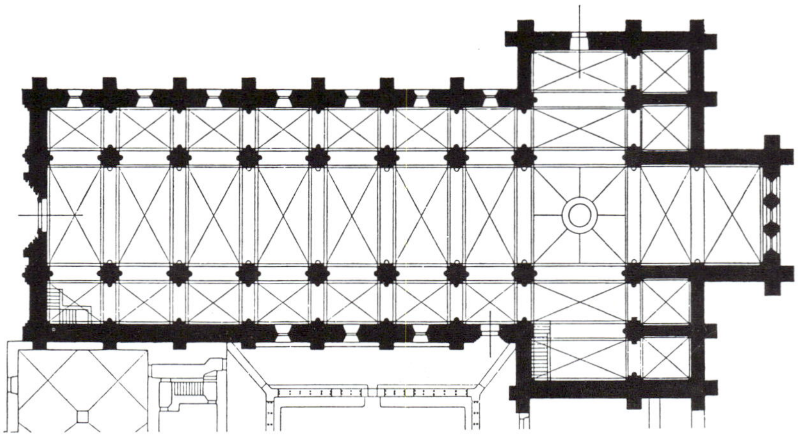

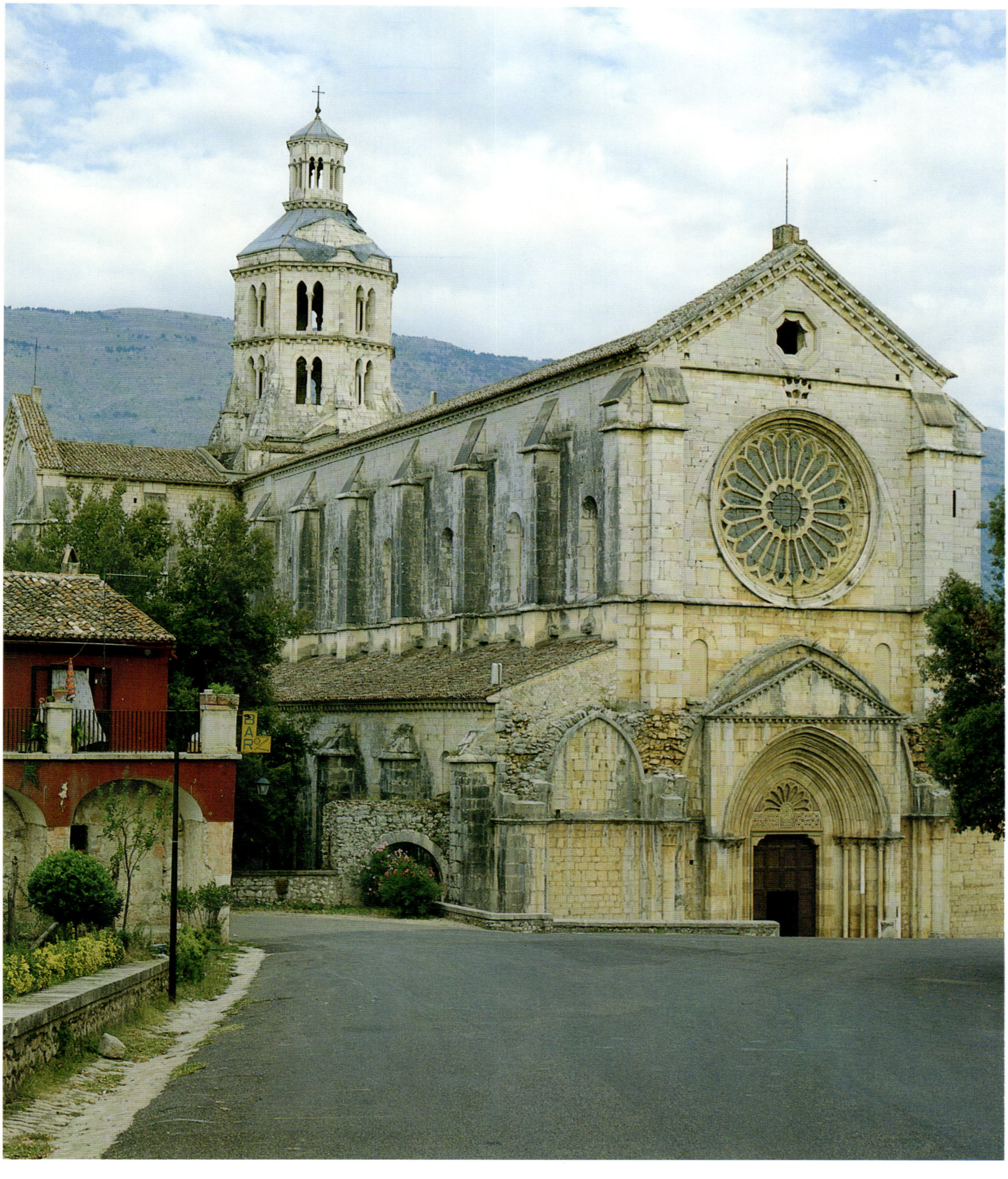
BAR

Mailand Dominikanerkloster

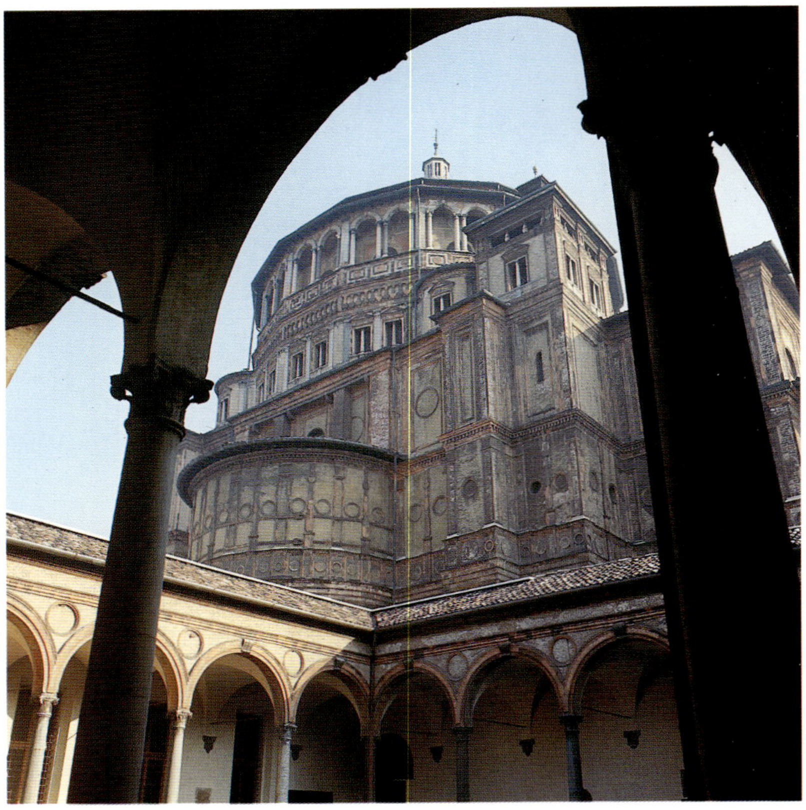

Die Kirche Santa Maria delle Grazie zu Mailand, ein um 1465 begonnener gotischer Backsteinbau, dessen Chorpartie und die mächtige sechsseitige Kuppel der Baumeister von St. Peter in Rom, Donato Bramante, 1492 im Stil der Frührenaissance gestaltete, gehörte zu einem ehemaligen Dominikanerkloster. Im linken Seitenschiff befindet sich eine Barockkapelle mit dem Gnadenbild auf dem Altar, das dem Gotteshaus seinen Namen gab: gnadenreiche Muttergottes.

Dominikus, der Ordensgründer, war ein Adeliger, Sohn der Familie Guzman aus dem altkastilischen Ort Caleruega. Im Jahr 1216 bestätigte der Heilige Stuhl in Rom seinen Orden, der sich als intensiver, sogar oft aggressiver Predigerorden verstand. «Domini canes», die Hunde Gottes, nannten sie grimmig alle «Ketzer», anerkennend und andächtig alle im rechten Glauben Frommen, denn Dominikaner predigten laut, inmitten großer Menschenmengen, im Volk, und lebten als Bettelorden auch von Zuwendungen der Hörer und Bekehrten. Dominikus und seine Brüder verschrieben sich konsequent der Heilswahrheit der Kirche, verfolgten jede Seele in lauterer Rettungsabsicht; aber, anders als die Mönche des heiligen Franziskus, die absolute Armut und Demut auf ihre Fahnen gschrieben hatten, proklamierten sie vernehmbar und ohne Vorbehalt Wahrheit, Aufrichtigkeit, auch in wenig toleranter Manier derbe Unverblümtheit, wenn sie Auge in Auge mit den Albigensern oder Waldensern und deren abweichlerischen Lehren in Diskussion traten. Dominikaner waren Missionare, ihr Eifer deshalb groß.

In Mailand grenzt das Refektorium unmittelbar an die Kirche, und der schöne Trakt wäre vielleicht, wie so viele Klosterbauten, abgebrochen worden, hätte nicht dort Leonardo da Vinci zwischen 1495 und 1497 sein berühmtes Wandgemälde «Das Abendmahl» geschaffen. Das große, sehr breite Bild, gemalt in Öltempera auf gewöhnlichen Bewurf, in den einzelnen Figuren, den Persönlichkeiten Christi und seiner Jünger, außergewöhnlich fein psychologisch durchgestaltet, geriet bereits zu des Künstlers Lebzeiten in Gefahr durch Feuchtigkeit im Mauerwerk. Ungeschickte Restaurierung (erst in unserem Jahrhundert scheint ein «Rettungsversuch» gelungen zu sein), gutgemeinte Aktionen, um das Meisterwerk vor dem Untergang zu bewahren, erwiesen sich als wenig hilfreich; der «ruinöse Zustand, der schon früh im 16. Jahrhundert begann», so Jacob Burckhardt im «Cicerone», war durch Leonardos unbedachte Praxis bedingt, «schmähliche Übermalungen taten das übrige».

Abendmahlsszenen in Speisesälen der Ordensleute – das traditionelle Motiv hatte in Mailand besondere Bewandtnis. Goethe, auf Italienreise, sah das Refektorium von Maria delle Grazie noch in ursprünglicherer Gestalt: «Dem Eingang an der schmalen Seite gegenüber, im Grund des Saales, stand die Tafel des Priors, zu beiden Seiten die Mönchstische, sämtlich auf einer Stufe vom Boden erhöht, und nun, wenn der Hereintretende sich umkehrte, sah er an der vierten Wand über den nicht allzu hohen Türen den vierten Tisch gemalt, an demselben Christus und seine Jünger, eben als wenn sie zur Gesellschaft gehörten. Es muß zur Speisestunde ein bedeutender Anblick gewesen sein, wenn die Tische des Priors und Christi als zwei Gegenbilder aufeinanderblickten und die Mönche sich dazwischen eingeschlossen fanden.»

Leonardo da Vinci, Abendmahl (Ausschnitt) ▷

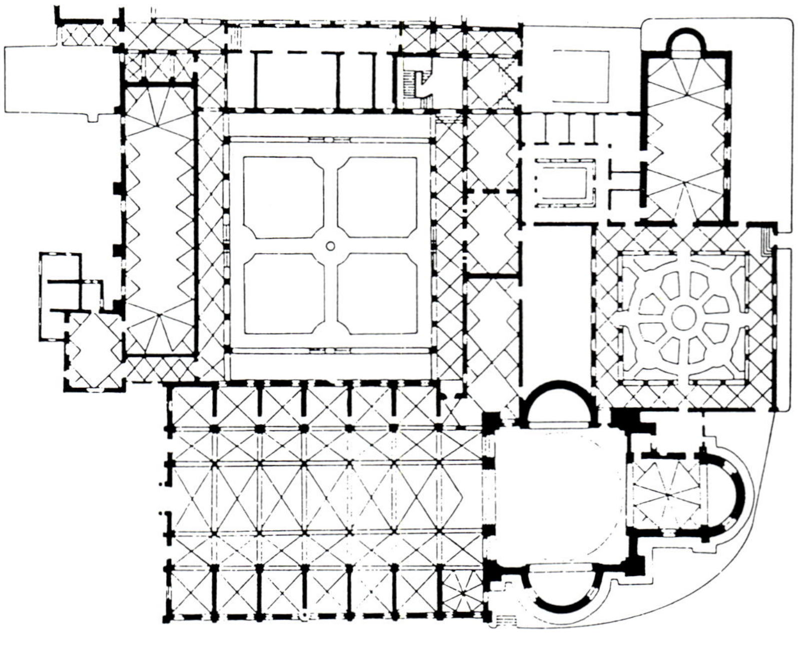

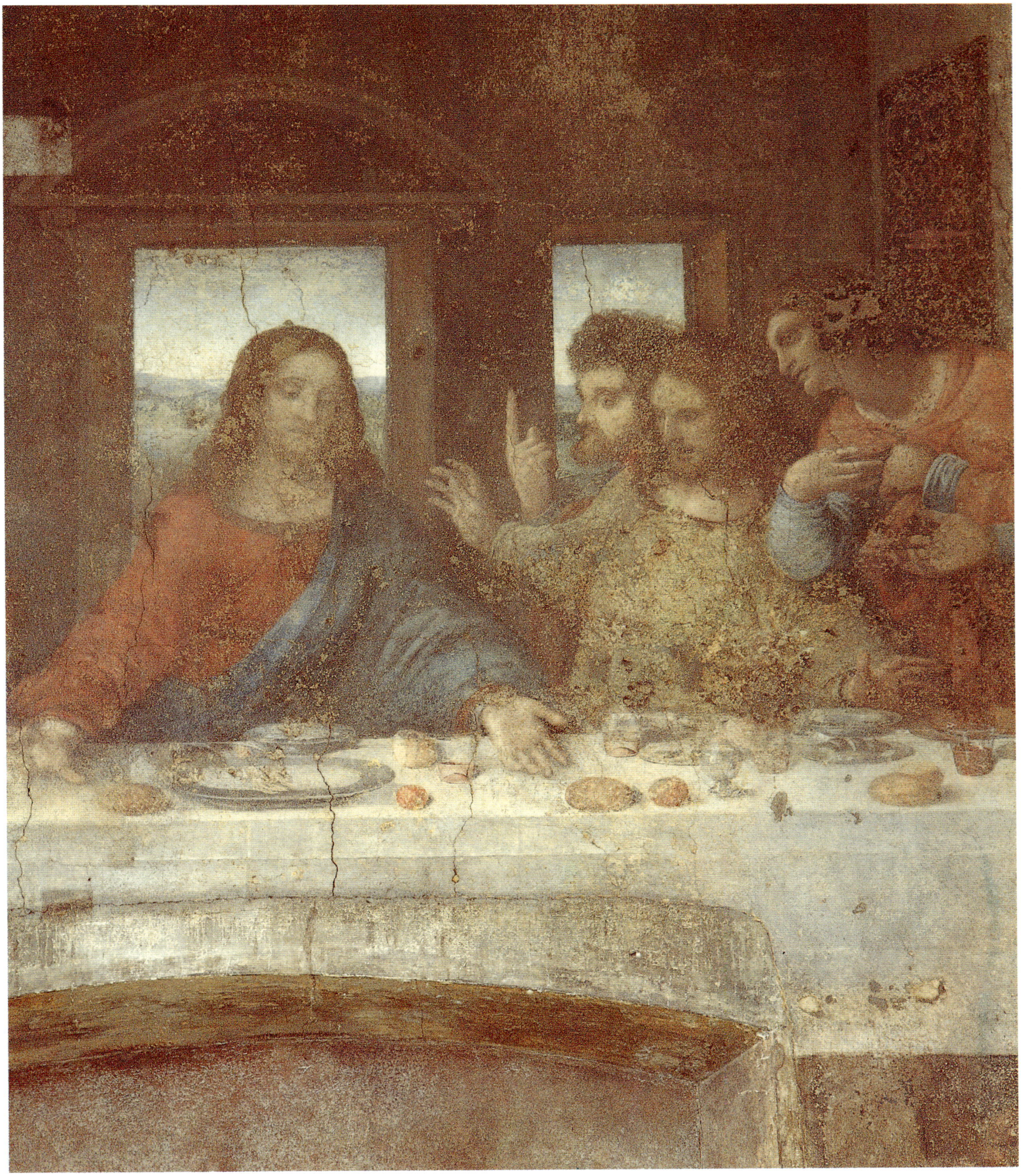

Monreale

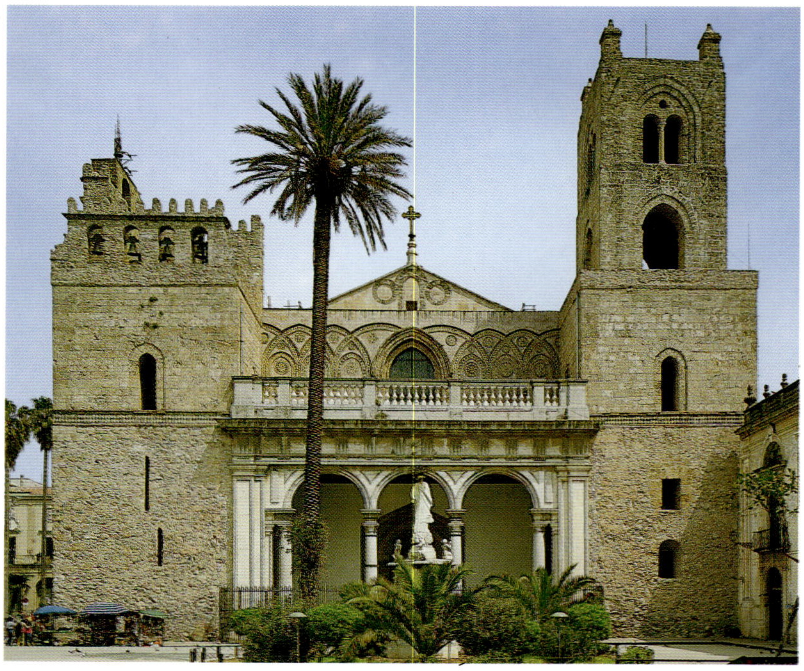

Südwestlich von Palermo auf Sizilien, 310 Meter über dem Meeresspiegel, erhebt sich die Kathedrale Monreale. Der Legende nach erschien hier Normannenkönig Wilhelm II. im Traum die Muttergottes; an der Stelle, an der er die Vision hatte, baute er eine Kirche, die, 1174 begonnen, 1189 vollendet, das bedeutendste Denkmal normannischer Baukunst auf der Insel ist. Viele Stile und Einflüsse mischen sich und bilden in ihrer Summe doch eine vollständige Einheit: Sizilianische, normannische, nordische, sarazenische und byzantinische Elemente prägen den Bau: 102 Meter lang, 40 Meter breit, ruht die gewaltige Anlage auf dem Monte Caputo; zwei mächtige Türme flankieren die Westfassade der dreischiffigen Basilika mit offenem Dachstuhl, prachtvoller Chorpartie mit sich schneidenden Spitzbogen aus grauer Lava und hellem Kalktuff; Zentralraum und Langhaus des Schiffes gehen miteinander eine harmonische Verbindung ein. Monreales Ruhm machen die überreichen Wandmosaiken, 1182 vollendet, aus: Auf 6340 Quadratmetern bedecken sie, auf Goldgrund, in verschwenderischer Pracht der Farben und Fülle der Motive, den Raum und strahlen im Glanz des Morgenlandes und in der erhabenen Frömmigkeit des abendländischen Christentums zugleich mit Szenen aus dem Alten Testament, dem Leben Christi und der Apostel. Der feierliche Christus als Weltenlenker in der Apsis vom Ende des 12. Jahrhunderts wirkt noch monumental und streng; die erzählenden, lebendigen Mosaiken im Langhaus entstanden später, bis zur Mitte des 13. Jahrhunderts. – Unverkennbar zeigt sich der Einfluß der Mosaiken von San Marco in Venedig und des Schmuckes der Dome von Palern o und Cefalù.

Zwei einzigartige Meisterwerke der Romanik sind die Bronzeportale von Monreale: Die große Tür des Nordportals ist eine Arbeit des Erzgießers und Bildhauers Barisanus von Trani, der in der zweiten Hälfte des 12. Jahrhunderts in Süditalien tätig gewesen ist. Sein Werk entstand wahrscheinlich 1185; Bronzeguß war zu jener Zeit noch eine seltene Technik und verhältnismäßig wenig entwickelt – Barisanus orientierte sich stark an byzantinischen Vorbildern. – Realistisch im Erzählstil, fein gestaltet im Relief sind die Türen des Bonanus von Pisa, der im 12. Jahrhundert als Bildhauer und Gießer arbeitete, Episoden aus Altem und Neuem Testament; 1186 wurde sein Bronzeportal an der Westfassade angebracht. – Zu wichtigen Ausstattungsstücken der Kirche zählen noch die Sarkophage der Normannenkönige Wilhelm I. und des Stifters, Wilhelm II., der starb, bevor seine Gründung vollendet war.

Der prächtige, in sarazenisch beeinflußter Architektur errichtete Kreuzgang mit 216 mosaikgeschmückten Doppelsäulen, phantastischen Kapitellen und überreichen Arkaden in dekorativer Vielfalt stammt noch vom 1174 gegründeten Benediktinerkloster. Quadratisch in den Abmessungen (47 auf 47 Meter im Geviert) gilt er als der schönste Kreuzgang aus romanischer Epoche in Italien.

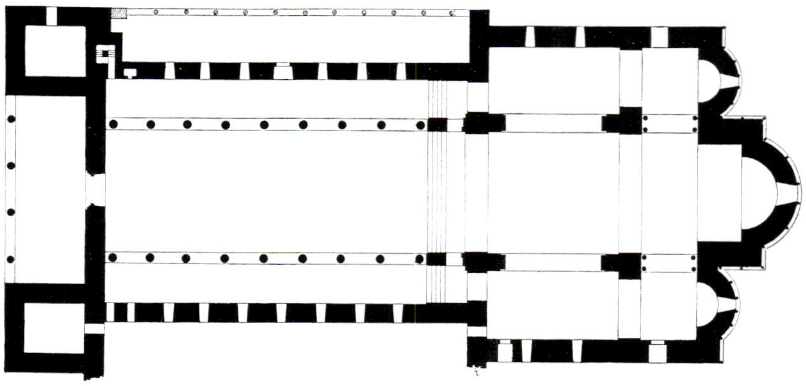

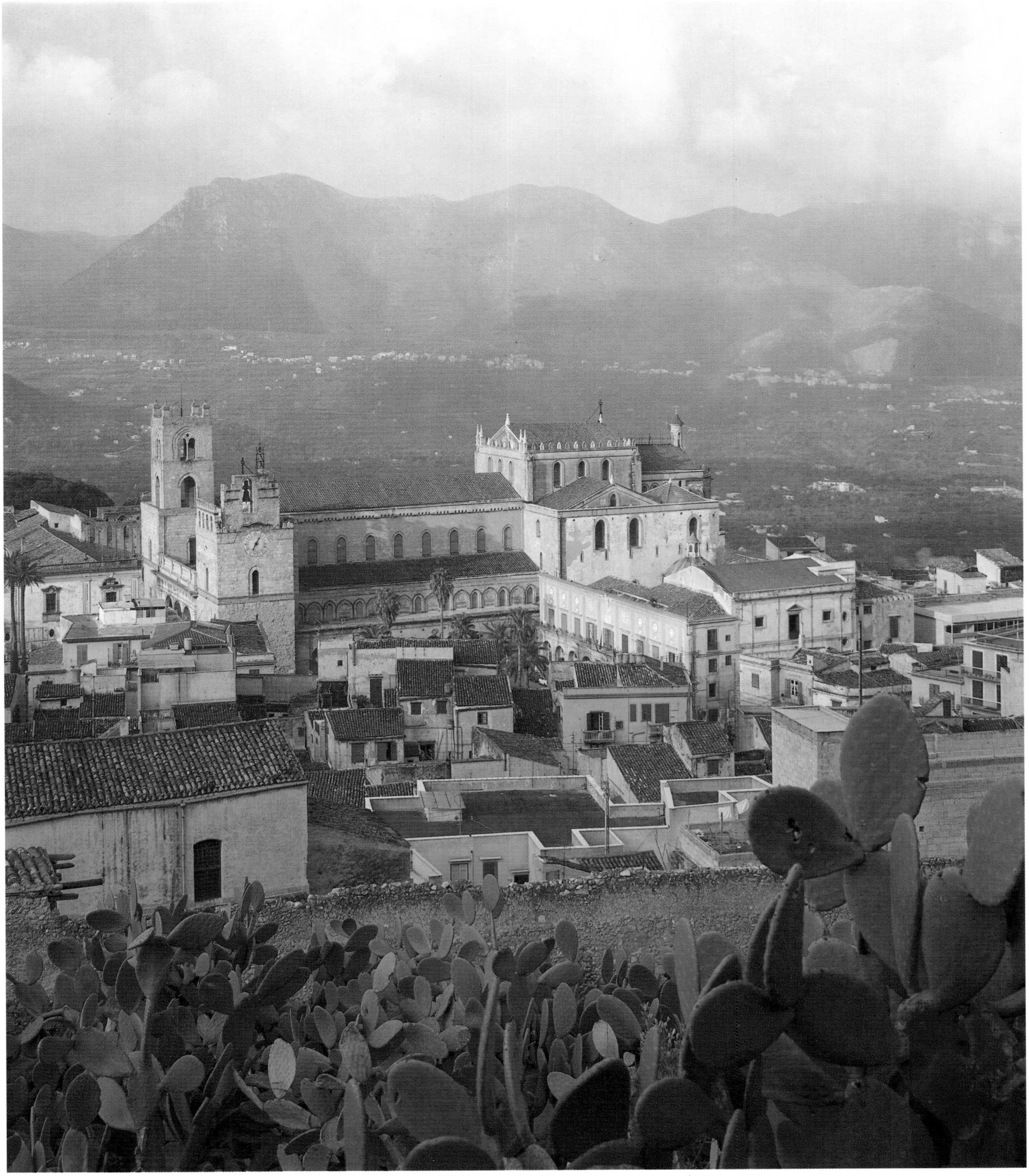

Montecassino

Das Kloster Montecassino, 519 Meter über dem Ort Cassino zwischen Rom und Neapel gelegen, an der Stelle, an der sich im Altertum ein Tempel des Apollo erhob, ist die Wiege des Benediktinerordens. Hier stiftete der heilige Benedikt im Jahr 529 eine Abtei mit Prachtgebäuden und großem Reichtum, ausgezeichnet durch wissenschaftliche Bestrebungen, die sich bald im wertvollen Archiv und einer bedeutenden Bibliothek dokumentierten. Pilger, Besucher, Kranke vor allem, kamen in Mengen zum Berg Cassino; die Mönche standen im Ruf großer Heilkundigkeit, es hieß, sie seien gar im Besitz wundertätigen Balsams vom Berge Zion.

Der große, trotz der räumlichen Beschränktheit durch seine Lage großzügig gestaltete Komplex umfaßte Kirche, Kapitelsaal, Dormitorium, Refektorium, Küche, Cellarium, Novizenzelle, Vestiarium, Altes und Neues Infirmarium und das Palatium. Im Zweiten Weltkrieg wurden die breit hingelagerten, in stattlichen Geschossen aufgeführten Klosteranlagen fast gänzlich zerstört, später aber in den alten Formen wiederhergestellt. Vom ursprünglichen Bau sind nur die durch die Beuroner Kunstschule 1898-1913 ausgemalte Krypta und die Gräber Benedikts und seiner Zwillingsschwester, der heiligen Scholastika, erhalten.

Benedikt, der Vater des abendländischen Mönchstums und wichtigster Kulturträger seiner Zeit, verordnete seinen Mitbrüdern, vor allem jenen nördlich der Alpen, strenge Zucht. « Ora et labora », bete und arbeite, hieß die Regel. Meditation, Verinnerlichung des religiösen Lebens, war sein Credo. Er war nicht sanft und frömmelnd, sondern ein eifernder Mann des Glaubens und strenger Patriarch, der kämpferische Worte fand, um seiner Lehre Nachdruck zu verleihen. Durch die « Mühe des Gehorsams », so predigte er, müsse man zurückfinden zu Tugenden, von denen man sich « in der Trägheit des Ungehorsams » entfernt hat: « Wir müssen also Seele und Leib bereiten, um Kriegsdienste zu leisten im Gehorsam gegen die Gebote. » Von beschaulichem Klosterleben ist bei Benedikt nicht die Rede: wer eintreten möchte, dies die Botschaft, hat streng zu sein gegen sich selbst. – « Zu jeder Stunde über Tun und Lassen seines Lebens wachen », heißt der Hauptgrundsatz von « S. Benedicti Regula Monasteriorum »; der Heilige schrieb sie nach 534 auf dem Montecassino nieder und listete genau auf, « welches die Werkzeuge der guten Werke sind »: « Gottes Gebote täglich durch die Tat erfüllen. Die Keuschheit lieben. Niemand hassen. Keine Eifersucht hegen. Nicht aus Neid handeln. Streitigkeiten nicht lieben. Überheblichkeit fliehen. Die Älteren ehren, die Jüngeren lieben », aber: « Die Werkstätte, in der wir fleißig mit all diesen Werkzeugen arbeiten sollen, ist die Abgeschlossenheit des Klosters und das ständige Beharren in der Gemeinschaft. »

Papst Gregor der Große rühmte das « verehrungswürdige Leben » des Heiligen: « Er war einem vornehmen Geschlecht zu Nursia entsprossen und wurde nach Rom geschickt, um dort zu studieren. Als er dabei viele im Abgrund der Laster versinken sah, verschmähte er das Studium, verließ Vaterhaus und Vermögen und wählte in dem Verlangen, Gott allein zu gefallen, das Ordenskleid. » – Benedikt starb am Gründonnerstag des Jahres 547 im Gebet vor dem Altar in der Klosterkirche von Montecassino. Er wurde 703 nach Fleury in Frankreich übergeführt.

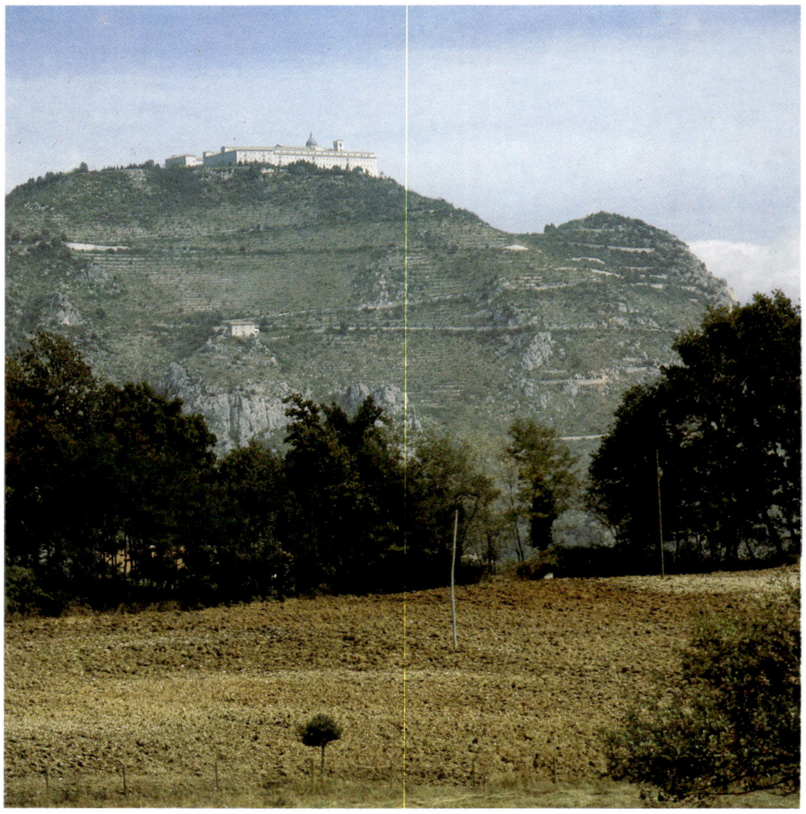

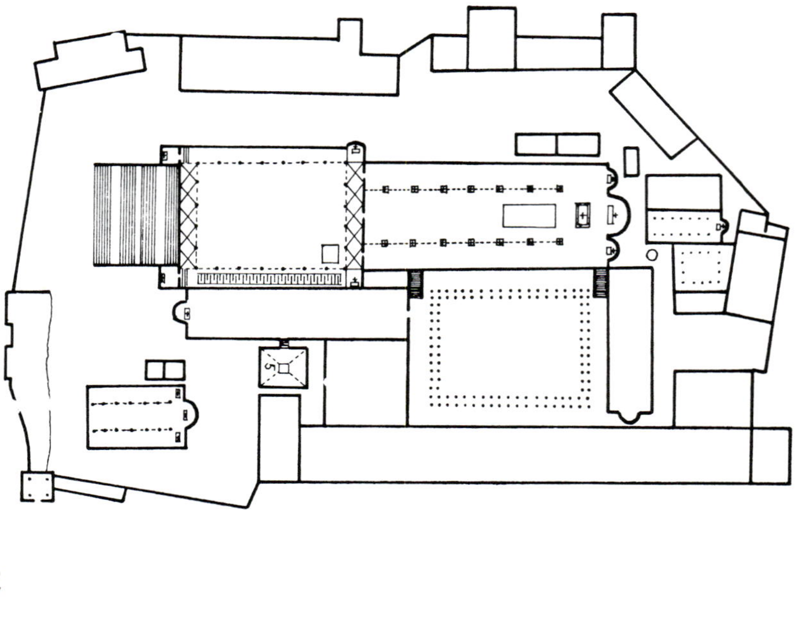

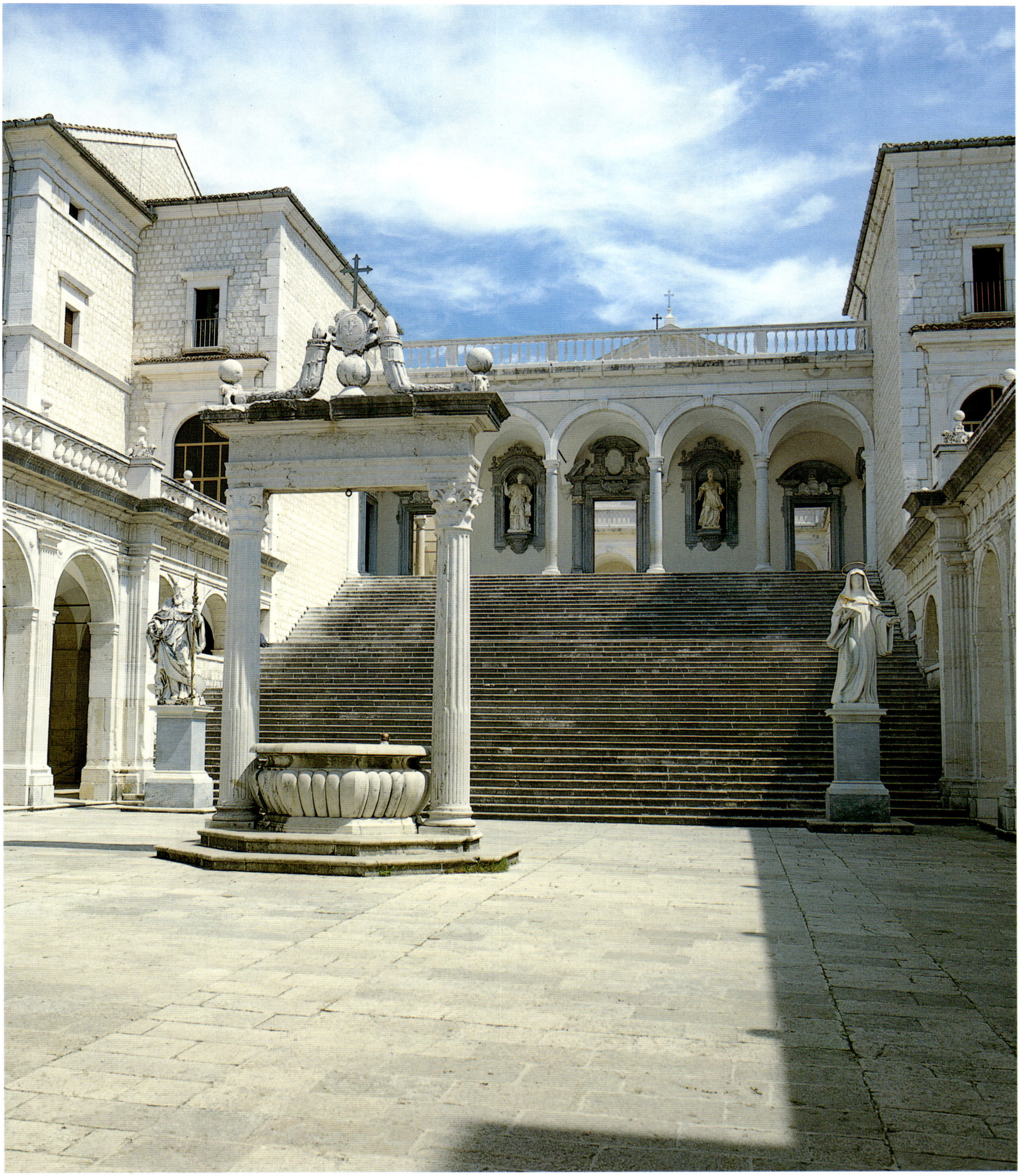

Pavia Kartause

Nördlich der alten lombardischen Stadt Pavia in der oberitalienischen Tiefebene am Ticino liegt die «Certosa di Pavia», neben der Grande-Chartreuse bei Grenoble das bedeutendste Kloster des Ordens und sicherlich das schönste.

Der Kartäuserorden wurde im 11. Jahrhundert durch Bischof Bruno gegründet – er ist die strengste, konsequenteste aller mönchischen Kongregationen; der Stifter hatte sich eine große Karriere in der Kirchenhierarchie erhofft, doch als er sich buchstäblich von Gott und der Welt enttäuscht sah, legte er alle Ämter nieder und zog sich mit wenigen Gefährten in eine Einsiedelei zurück: die erste Kartause bestand nur aus einer Kapelle, die hölzerne Einzelzellen umgaben. Erst der fünfte Prior der Grande-Chartreuse, Guido, gab dem Orden 1134 seine Regel, die «Statuta Guidonis»: Sie verpflichtet die Brüder zu kargem Leben in einsamen abgeschiedenen Zellen, acht Stunden täglichem Gebet oder geistlichen Übungen, Verzicht für immer auf Fleisch, einmal wöchentliches Fasten bei Wasser und Brot und oft sogar ewigem Stillschweigen.

Der Klosterkreuzgang trennte die Mönche von der Umwelt, in ihren Zellen beschäftigten sie sich mit Handarbeiten oder Bücherschreiben; dennoch waren ihre Klöster nie arm und sie übten gern und reichlich Gastfreundschaft.

Die Kartause von Pavia gründete im Jahr 1396 Giovanni Galeazzo Visconti als Sühnestiftung, weil er durch ein Verbrechen auf den Herzogssitz gelangt war. Der Baumeister ist unbekannt, doch er arbeitete sehr rasch: Schon 1398 zogen die ersten «Kartäuser» ein; der Herzog hinterließ zum weiteren Bau von Kloster und Kirche großes Vermögen, und so arbeitete man bis 1542 immer weiter an dem prächtigen, in Backstein aufgeführten Komplex. Von den Klostertrakten sind westlich am Vorhof die alte Apotheke, nördlich die Pilgerherberge und südlich der Palazzo Ducale aus dem Jahr 1625, in dem vornehme Gäste Logis fanden, erhalten. Den vorderen Kreuzgang, Chiostro della Fontana, erreicht man durch ein Frührenaissance-Portal vom rechten Kirchenquerschiff aus: Seine Arkadenbogen ruhen auf Marmorsäulchen, die mit zierlichem Terrakottaschmuck versehen sind (1466). – Um den hinteren Großen Kreuzgang liegen die vierundzwanzig Zellenhäuschen mit je drei Zimmern und einem Gärtchen.

Die Kirche in Form eines lateinischen Kreuzes, gotisch begonnen, seit 1453 durch Guiniforte (gestorben 1481) weitergebaut, ist dreischiffig, 77 Meter lang, 54 Meter breit und zeigt bereits Formen der Renaissance. An der rechten Seite befinden sich sieben, an der linken sechs Kapellen, zwei am Ende des Querschiffs; eine mächtige Kuppel wölbt sich über dem Zentrum des Kreuzes. – Prachtvoll, im Stil der oberitalienischen Frührenaissance erhebt sich die reiche Fassade aus weißem Marmor, nach Entwurf Giovanni Antonio Amadeos begonnen und in den Jahren 1500-1507 von Benedetto Biosco fortgeführt; ihr oberer Teil, um 1540, blieb unvollendet. Die ganze Front ist so überreich geschmückt, daß die architektonische Form beinahe verdrängt wird: Nischenfiguren, Skulpturen, dekorative Ornamente, Medaillons und die Mittelstützen der Fenster, als herrliche Kandelaber gestaltet, überziehen die Fläche in überwältigender Fülle und Kostbarkeit.

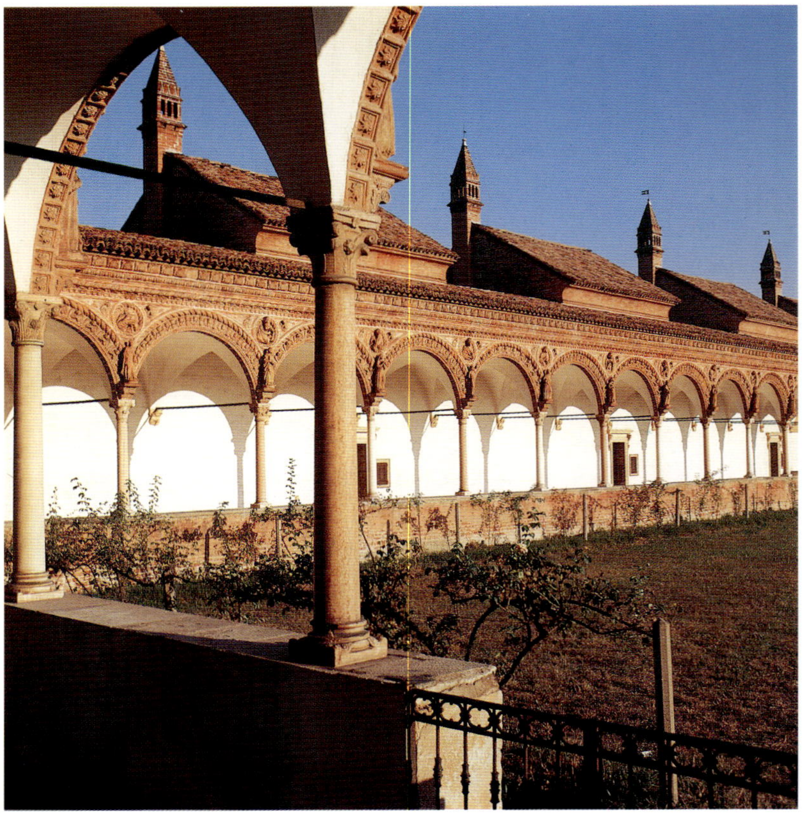

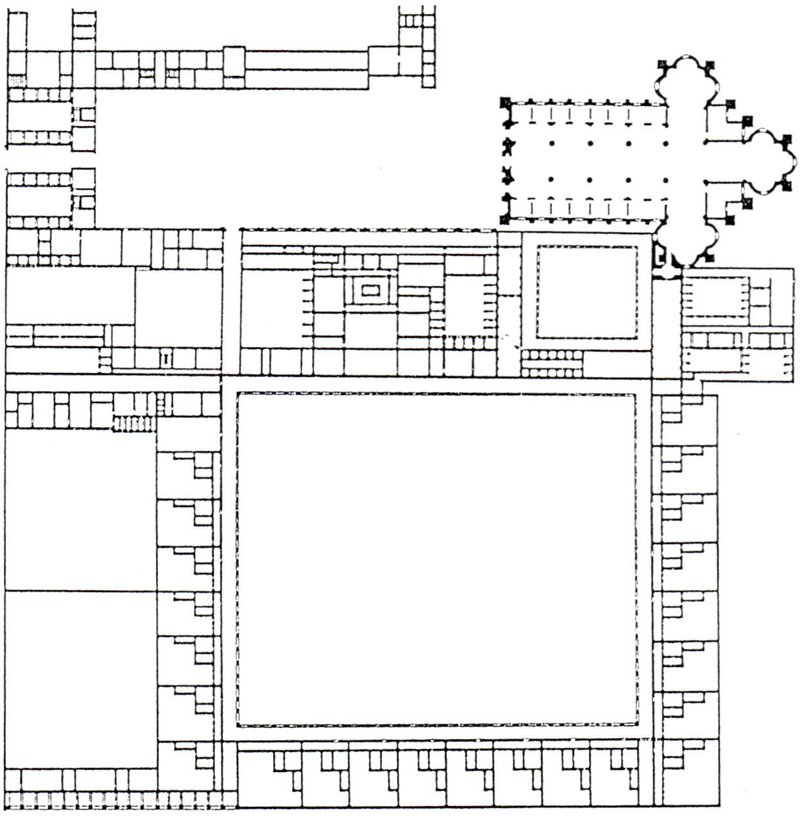

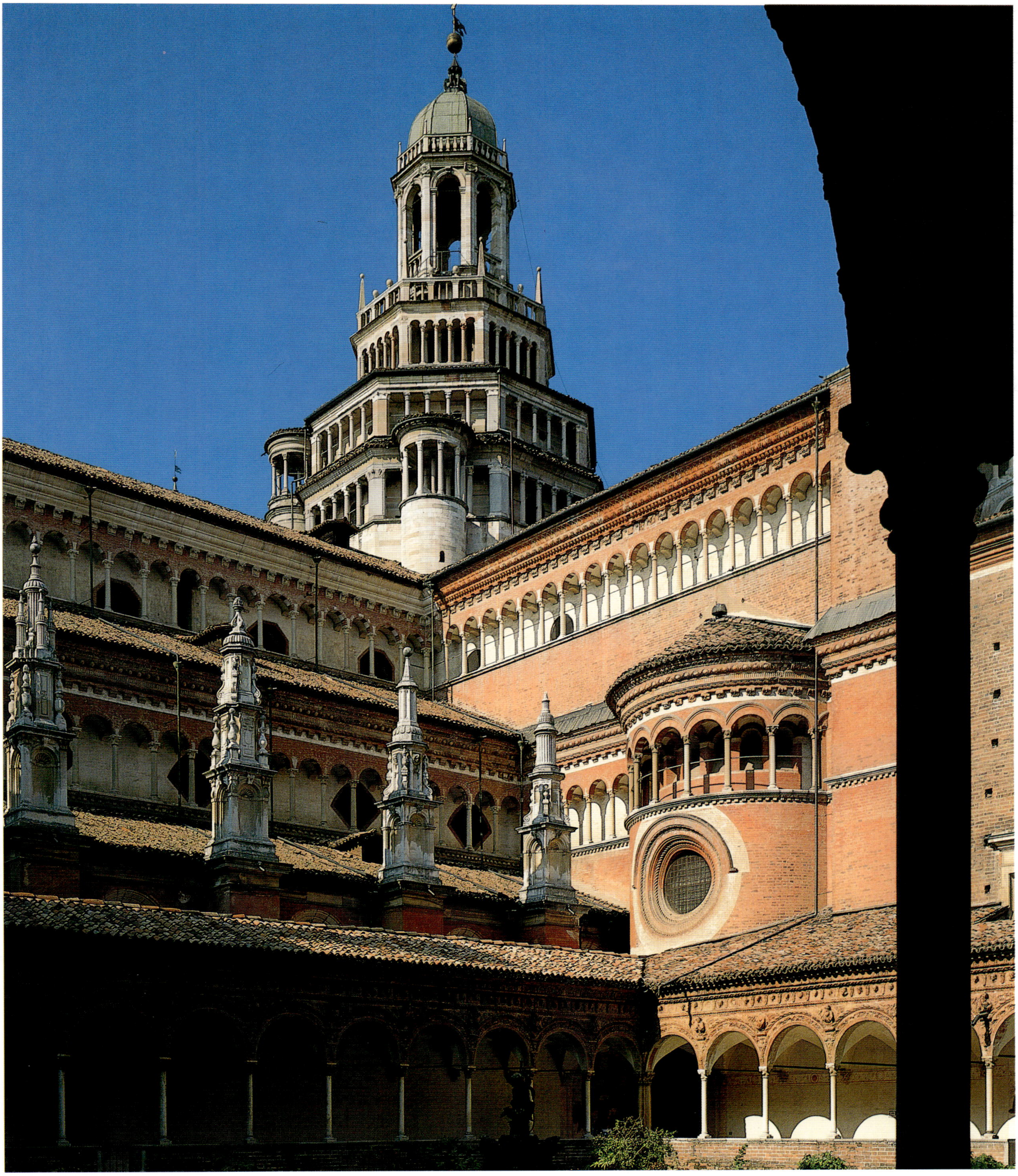

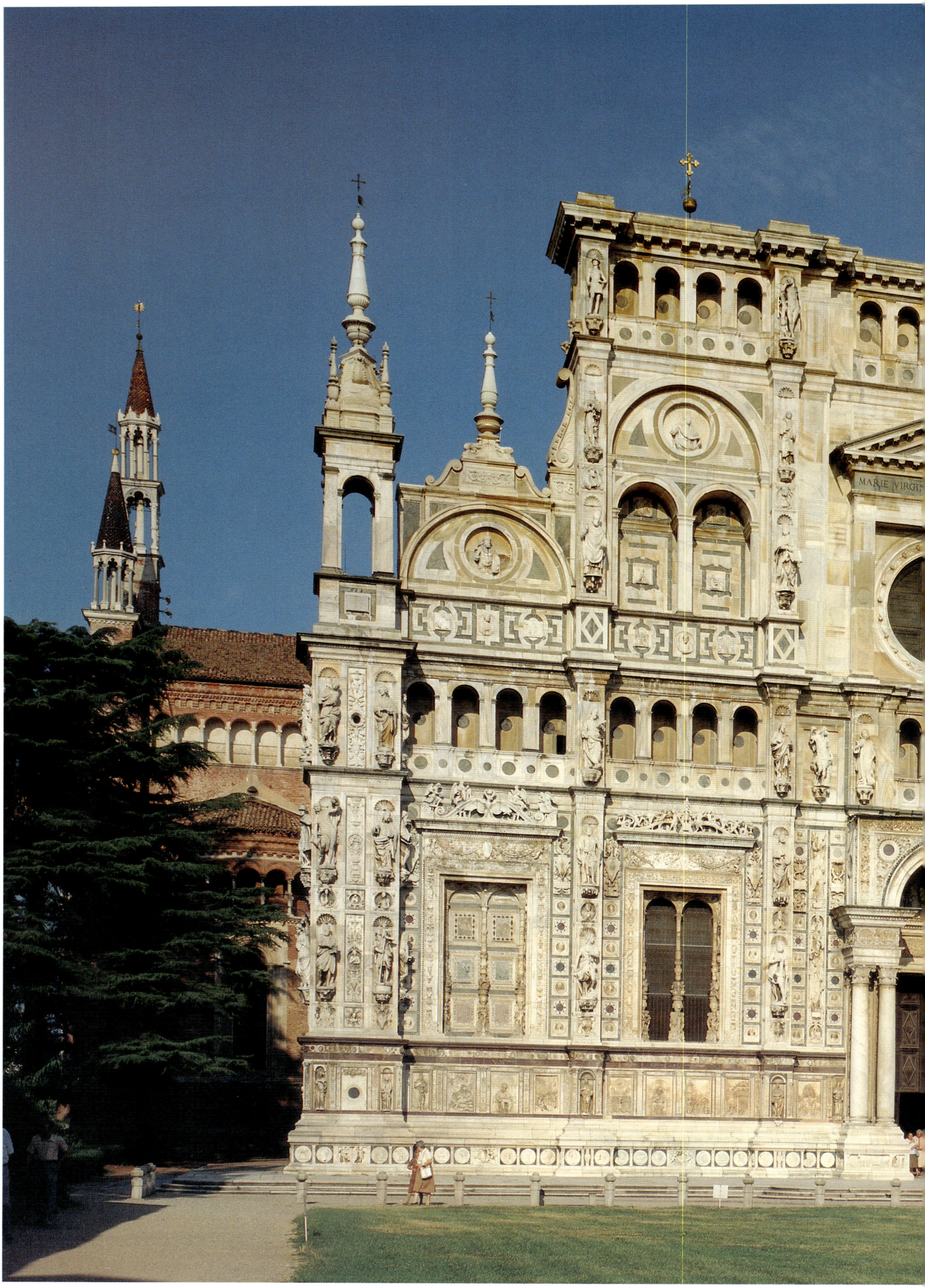

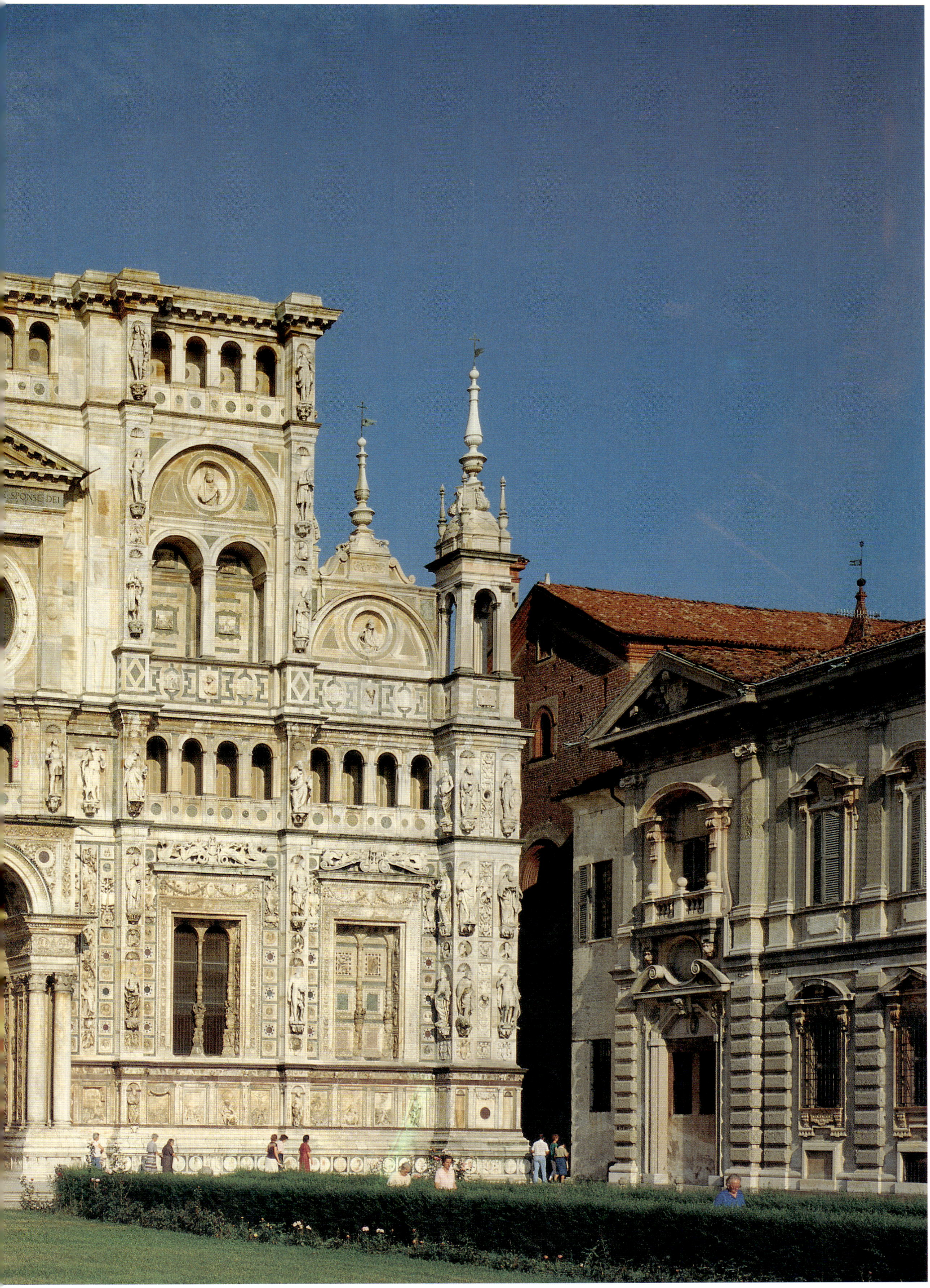

Pomposa

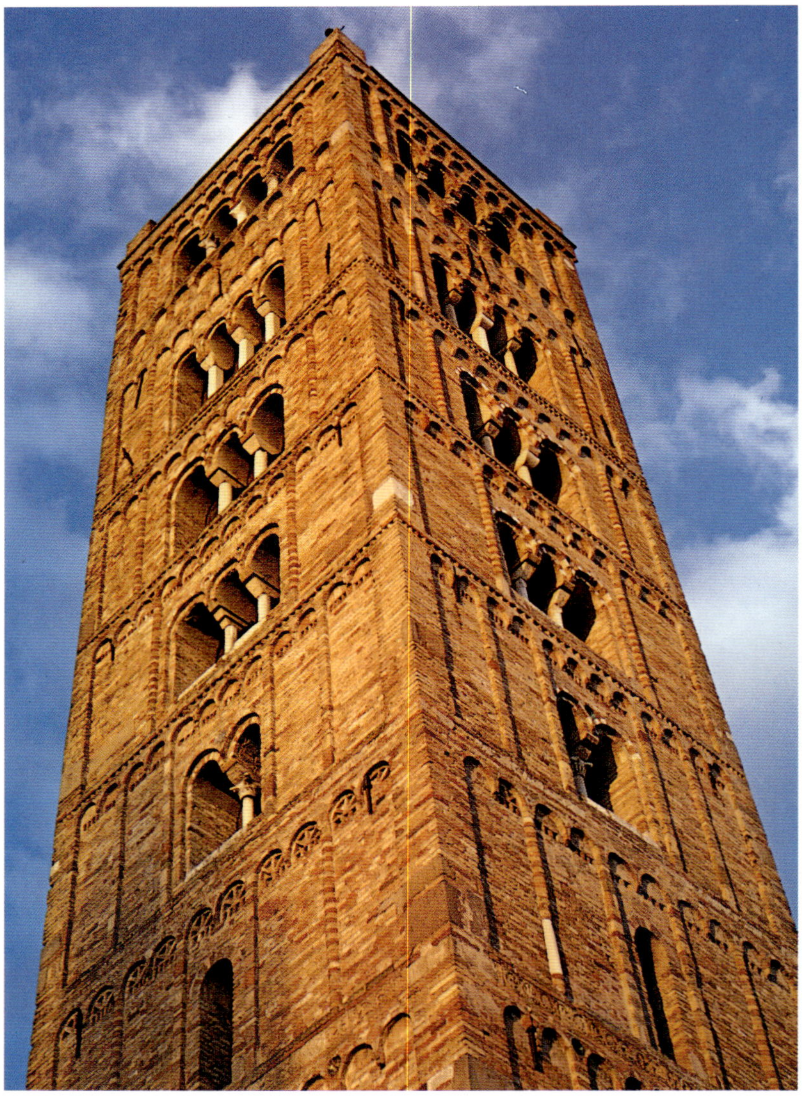

Die Benediktinerabtei Pomposa, im Mündungsgebiet des Po errichtet, ist eine Gründung des 7. Jahrhunderts – damals lag sie weit im Wasser wie eine Insel; schriftlich ist sie erst im 9. Jahrhundert durch Papst Johannes VIII. bezeugt. Im Jahr 991 nannte man sie als abhängig vom Kloster San Salvatore in Pavia, 999 ging sie über in den Besitz der Erzbischöfe von Ravenna. Von Kaisern und Päpsten privilegiert und reich dotiert, blühte Pomposa im 11. und 12. Jahrhundert zum bedeutenden geistigen und kulturellen Zentrum auf. Guido von Arezzo lebte 1023 bis 1036 als Mönch im Kloster und entwickelte die Kunst der « Solmisation », einer Vorläuferin der mehrlinigen Notenschrift. Der heilige Guido von Ravenna war erster namentlich bekannter Abt Pomposas. Er hatte lange als Einsiedler gehaust, jetzt führte er das Kloster mit starker Hand zu gewaltigem Erfolg. Die Zahl der Mönche verdoppelte sich; berühmte Gäste hielten Vortrag, so der heilige Petrus Damiani. Guido setzte zahlreiche Reformen durch, praktizierte eigene Gerichtsbarkeit und erwarb so großen Ruf, daß Kaiser Heinrich II. ihn während seiner Italienreise kennenzulernen wünschte – auf dem Weg nach Piacenza starb Guido. Der Niedergang Pomposas geschah im 14. und 15. Jahrhundert. Die Wasser des Po versumpften, im ungesunden Klima gediehen Stechmücken, immer häufiger brach Malaria aus. Im Jahr 1496 hatten sich fast sämtliche Mönche nach Ferrara in Sicherheit gebracht; Klosterschätze und vor allem die Bibliothek nahmen sie mit. Nur vier Benediktinerbrüder hielten Wache im verwaisten Pomposa, im 17. Jahrhundert berief man auch sie ab.

Kirche, Klosterbauten und Justizgebäude zählen zu den wichtigsten Beispielen romanischer Baukunst in Italien. Das Gotteshaus entstand im 9. Jahrhundert, eine dreischiffige, nach dem Vorbild Ravennas entworfene Säulenbasilika mit außen polygonalem, innen halbrundem Schluß. Der 48 Meter hohe Campanile in neun Geschossen entstand 1063, der Baumeister hat seinen Namen vermerkt: Deusdedit, wahrscheinlich ein Mönch. Im 11. Jahrhundert wurde das Atrium angefügt, reich dekoriert mit figürlichem und ornamentalem Plastikschmuck. Berühmt sind die Wandmalereien der Apsiskalotte im Inneren: Christus als Weltenherrscher vor Sternenhintergrund, Kirchenväter und Szenen aus dem Leben des heiligen Eustachius. – Der alte Fußboden stammt aus der Zeit vom 7. bis 11. Jahrhundert.

Vom Leben der Mönche vor ihrem Rückzug erzählen Reste eines Kreuzganges aus dem 12. Jahrhundert, der Kapitelsaal mit Portal und Doppelfenstern des 13. Jahrhunderts und schönem Freskenschmuck in Grisaille, das Refektorium mit seinen prachtvollen Wandmalereien, 1316-1320 vermutlich von Pietro da Rimini geschaffen. Westlich vom Kloster liegt der Justizpalast, in dem Abt Guido Recht sprach, erbaut kurz nach dem Jahr 1000, breit, flach gedeckt, 1396 weitgehend verändert, heute im Äußeren wieder in alter Form restauriert.

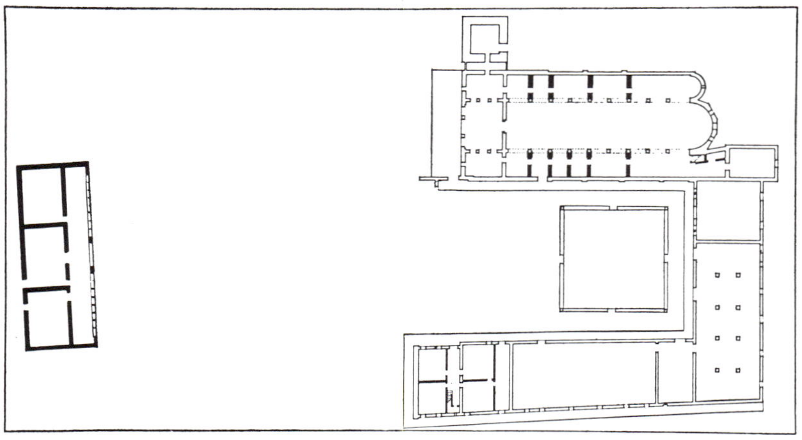

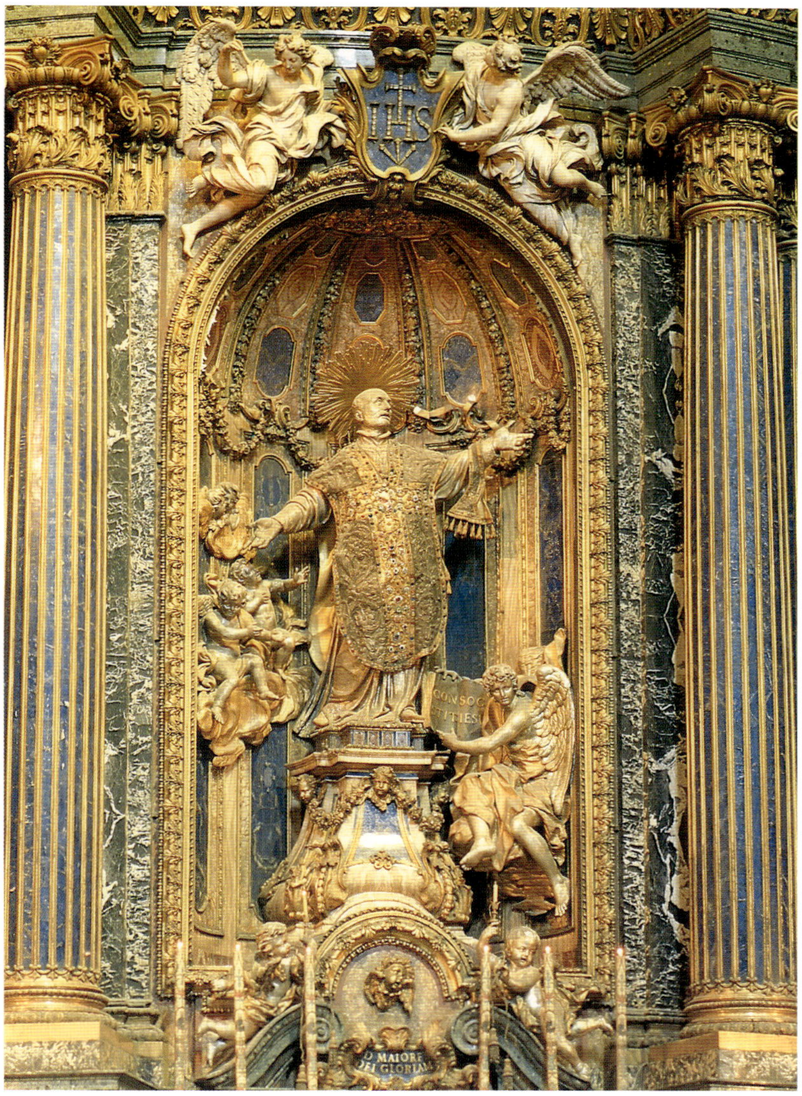

Grab des heiligen Ignatius von Loyola in Il Gesù

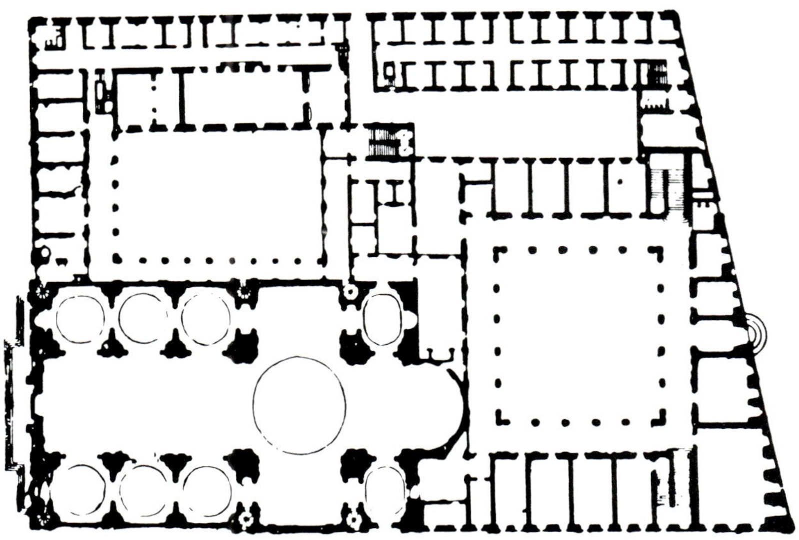

Rom Jesuitenkolleg

Das Collegio Romano vom Jesuiten Giuseppe Valeriani in den Jahren 1583-1585 in äußerst kurzer Zeit errichtet, ist ein riesiges Bauwerk und Kolleg seines Ordens. An einen dreigeschossigen Mitteltrakt schließt zu beiden Seiten ein Trakt von zwei Stockwerken Höhe an – jeder wird durch ein Halbgeschoß erweitert.

Die Männer im Umfeld des heiligen Ignatius von Loyola liebten Gebäude und Kirchen, Klosterkomplexe von imponierenden Ausmaßen. Der Ordensgründer stiftete die « Gesellschaft Jesu », die 1540 von Papst Paul III. bestätigt wurde, als Verbindung der Tradition der Bettelmönche mit den Privilegien der Weltgeistlichen. Ein Jesuit, frei von jeder weltlichen und geistlichen Aufsicht und Jurisdiktion, durfte überall und an jedermann priesterliche Handlungen vornehmen, für alle Absolution erteilen, Güter erwerben, Niederlassungen gründen, sich von Beachtung mönchischer Verpflichtungen dispensieren lassen, wo das geboten erschien. Im Orden herrschte strikte Hierarchie: Novizen wurden nach strenger Prüfung ihrer persönlichen Verhältnisse und Intentionen sowie schweren Exerzitien angenommen und lebten zwei Jahre lang, genau überprüft, in Übungen der Selbstverleugnung und des Gehorsams in Noviziatshäusern. – Wer die Probe bestand, legte die Gelöbnisse von Armut, Keuschheit und Gehorsam ab und trat ein in die Klasse der Scholastiker. Hier galt's der Wissenschaft: zwei Jahre Rhetorik und Literatur, dann drei Jahre Philosophie, Physik und Mathematik, darauf fünf Jahre Tätigkeit als Lehrer des Gelernten – erst dann begann das Studium der Theologie für fünf Jahre, um anschließend, eine besonders prekäre Prüfung der Selbstverleugnung, ein Jahr die Bedingungen des Noviziats zu repetieren; dem folgten dann die Priesterweihe und das Gelübde als Koadjutor oder Professe: Koadjutoren lehrten ihr Leben lang an Universitäten, Schulen, in kleineren Zirkeln oder Familien. Professen gelobten zusätzlich ein Viertes: unbedingten Gehorsam gegenüber allem, was Rom, was der Papst verfügte. Sie bekleideten die höchsten Ämter und übernahmen die wichtigsten Positionen – an der Spitze des ganzen Ordens amtierte, lebenslang gewählt und mit Residenz in Rom, der General, dessen generelle Vollmacht sich als Regierungs- und Rechtsprechungsgewalt dokumentierte. Allerdings, auch er war nicht allmächtig, wurde kontrolliert: Fünf Assistenten, « Ratgeber », konnten ihn vor die Generalkongregation bescheiden und seine Absetzung veranlassen.

Eine kühle, intellektuelle Kongregation, ohne menschliche Schwäche; vor allem das Recht, Verzeihung zu gewähren, bevor eine Missetat überhaupt geschah, setzte die Jesuiten ins Kreuzfeuer der Kritik. Zulauf bekamen sie trotz der rigiden Aufnahmebedingungen: Als Ignatius im Jahr 1556 starb, zählte der Orden bereits 1000 Mitglieder in zwölf Provinzen; nicht nur in seinem Heimatland Spanien florierte die Gesellschaft, sondern auch in Österreich und Bayern; die Reformation Martin Luthers zu bekämpfen, den neuen Glauben auszurotten, war ihr erklärtes Ziel, und es waren nie junge, vielleicht emotional empfindende Menschen, die « Gegenreformation » auf ihre Fahnen schrieben, Neuerblühen der Klosterkultur zum Anliegen ihres Kampfes machten: Gehärtet, gestählt durch jahrelange Schulung, traten hier Männer auf, die das Wort Kompromiß nicht kannten, Toleranz nie akzeptierten, Gegnern keine Chance ließen, « Ketzerei » als todeswürdig erachteten; aber dennoch in großer Selbstdisziplin hoch gebildet waren.

Venedig Benediktinerabtei

San Giorgio Maggiore, auf einer Insel vor Venedig in der Lagune gelegen, ist seit dem Jahr 982 von Benediktinermönchen besiedelt. 1566 begann der Baumeister Andrea Palladio, der im 16. Jahrhundert für die Architektur bedeutendste Meister, im Stil der Renaissance einen Neubau. Nach seinem Tod im Jahr 1580 führte Vincenzo Scamozzi die Arbeit zu Ende. Die große Treppe, Wohnung des Abtes und Bibliothek schuf im 17. Jahrhundert Baldassare Longhena.

Die große Kirchenfassade führte Palladio aus mit Säulen und Dreiecksgiebel in doppelter Verschränkung. – Der dreischiffige Innenraum, auf kreuzförmigem Grundriß errichtet, klar und harmonisch, doch in mächtigen Proportionen, ist von klassischer Schönheit. Die mächtige Vierungskuppel krönt den Bau, zentriert die gewaltigen Baumassen und verleiht der Kirche von außen Maß und Gewicht. – Der Campanile stammt aus dem Jahr 1470, er stürzte 1774 ein und wurde erst 1791 erneuert. Aus 60 Metern Höhe bietet er nicht nur einen herrlichen Ausblick auf die Stadt Venedig, die Lagune und ihre Inseln, sondern auch auf die langgestreckten hell getünchten Klostergebäude, die sich ebenmäßig um begrünte Innenhöfe gruppieren.

Palladio, Schöpfer eleganter Villen und nobler Paläste, suchte auch bei Kirchen- und Klosterbau das Unkonventionelle: antike Tempel als Vorbilder für Front und Eingangshalle eines Gotteshauses – ursprünglich plante er sogar eine auf Säulen ruhende, an drei Seiten freistehende Tempelfassade. Er bestand darauf, daß Gebäude abgerissen wurden, die den freien Blick auf die Kirche verstellten; von der Piazza herüber, vom Markusplatz aus, sollte man San Giorgio sehen können, jeder Bürger, dies sein Argument, erkennen, daß die Religion Wächter und Schutz sei, folglich auch die Fronten sakraler Bauten ungehindert auf die Menschen herabsehen müßten. Der Doge Leonardo Dona persönlich sprach, als Palladio bereits tot war, 1609 ein Machtwort. Die Kongregation ließ daraufhin die «störenden» Häuser vor der Fassade abreissen. «Herrlich isoliert der Piazzetta gegenüber gelegen», sah Jacob Burckhardt, der als Wissenschaftler Italien lebendig wie ein kunstliebender Amateur beschrieb, Palladios Ensemble auf der Insel. «Schon von außen bilden Kirche, Querschiff, Turm und Kloster eine malerische Gruppe», doch der «Eindruck des Inneren ist besonders schön und feierlich»: «Die Hauptordnung hat Halbsäulen, die von ihr eingefaßten Bogen ruhen auf Pilastern; unter der ganz einfachen Kuppel treten dann auch in der Hauptordnung Pilaster hervor; in den Seitenschiffen eine kleinere Ordnung von Halbsäulen. Die Querarme schließen im Halbrund. Der Durchblick in den hinteren Mönchschor durch eine schöne Säulenstellung mit geradem Gebälk» allerdings ist «durch die darüber gesetzte Orgel verdorben», und das «Kloster mit seinem vielbewunderten Refektorium ist gegenwärtig als Kaserne schwer zugänglich» – auch das tiefreligiöse Italien ging nicht immer pietätvoll mit seinen alten Klöstern um.

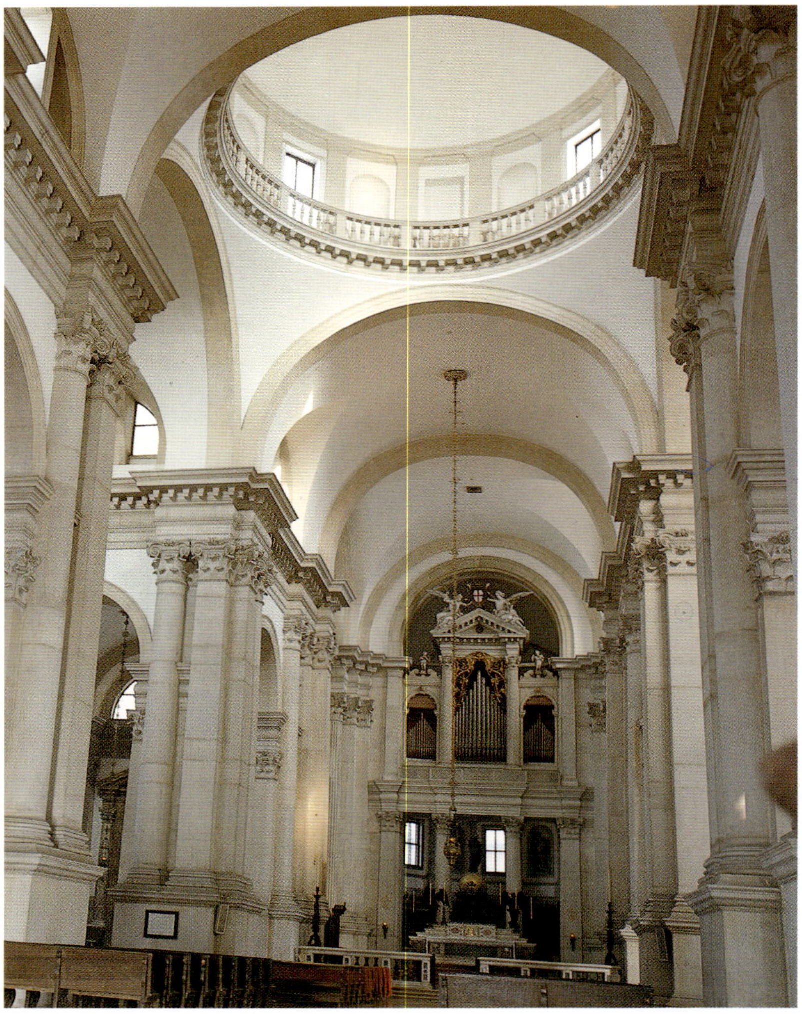

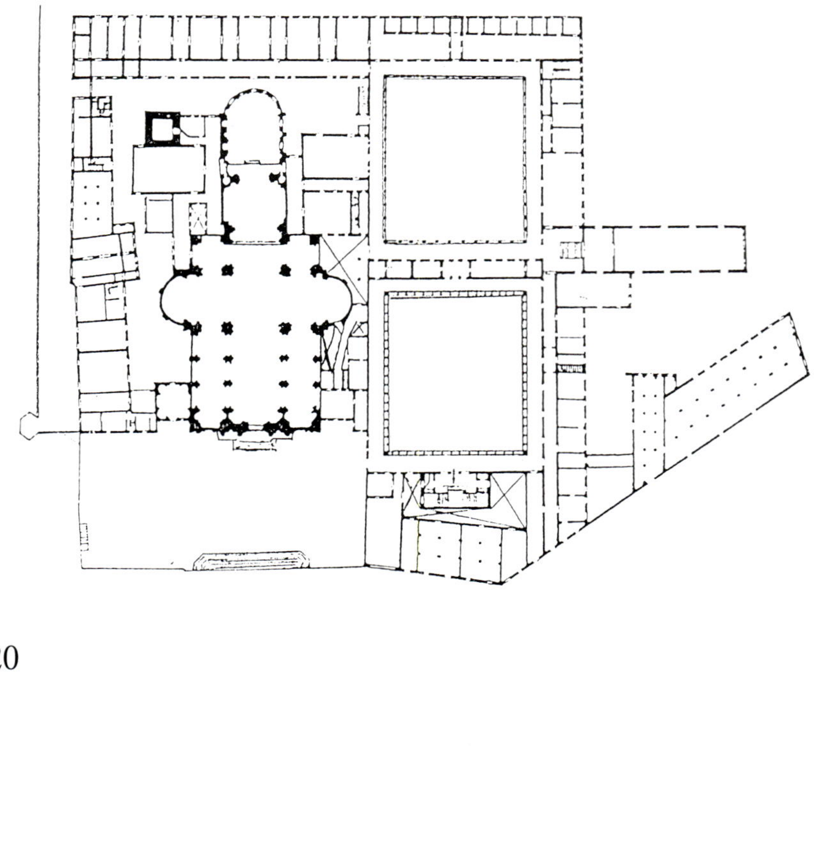

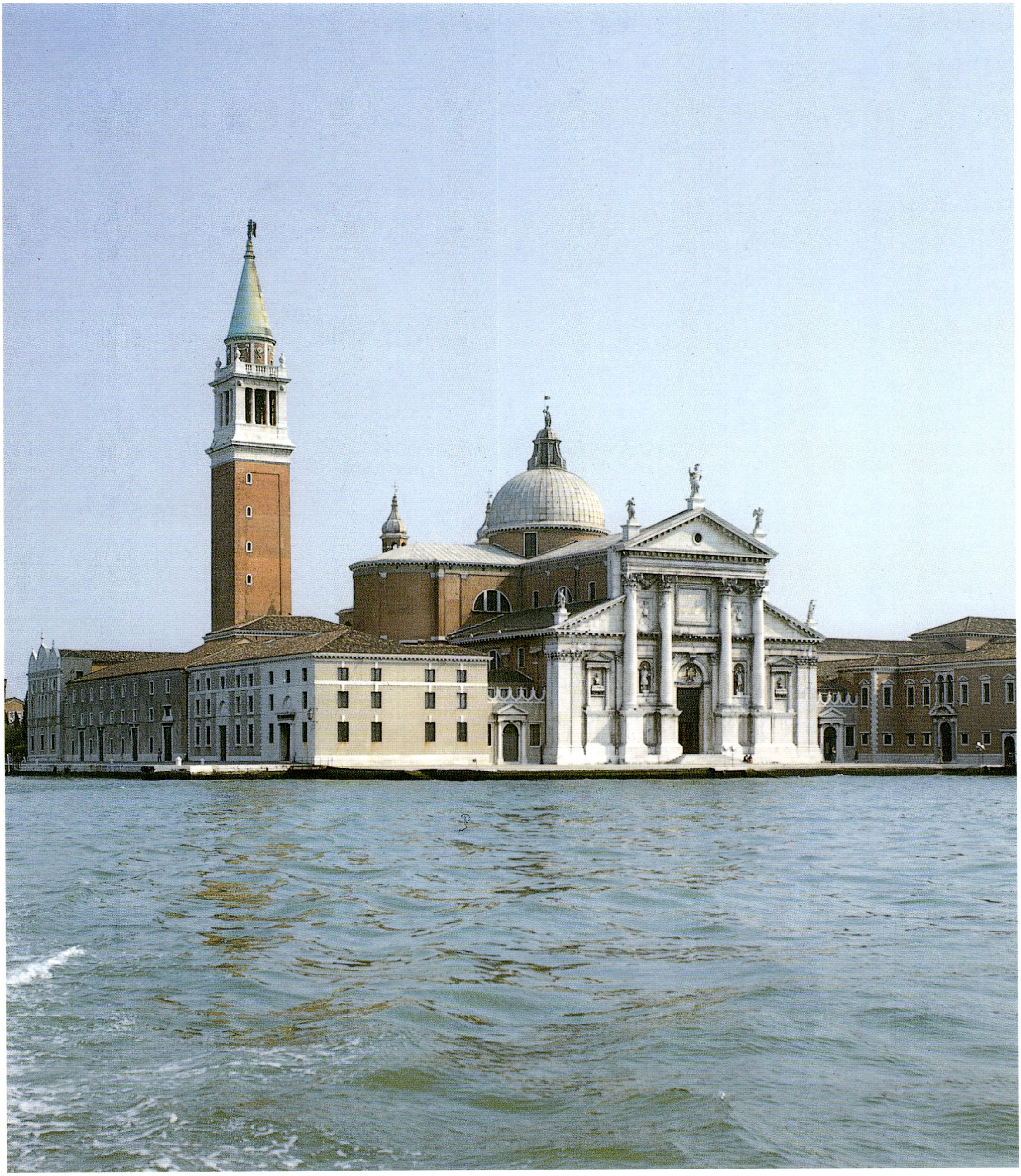

Luxemburg

Echternach

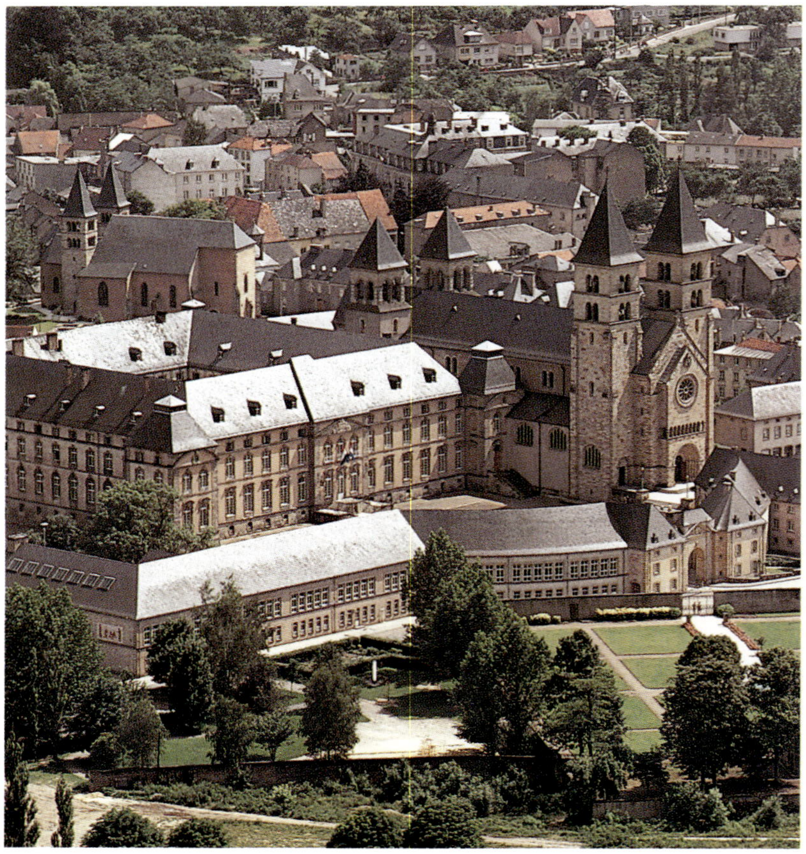

Im Jahr 698 stiftete der Friesenapostel Willibrord die Benediktinerabtei zu Echternach in Luxemburg; die frühromanische Basilika, die den Namen des Heiligen trägt, wurde an der Stelle eines karolingischen Vorgängerbaues seit 1016 errichtet; 1031 war Weihe der Kirche, 1034 der Krypta. Der große Sakralbau mit vier mächtigen Türmen und Vorhalle, flachgedeckt, mit Stützenwechsel und nicht vortretenden Querarmen, behielt die Größe und Gestalt der ersten Kirche; die ältere Krypta (um 800) unter Chor und Querschiff wurde übernommen: St. Willibrord birgt den weißen Marmorsarg des Klostergründers. Nach bewegtem Leben als Missionar und geistlichen Kämpfen gegen Heiden und Glaubensfeinde zog er sich, zuletzt Bischof von Utrecht, nach Echternach zurück und starb hier im Jahr 739.

Im Mittelalter erwarb sich das Kloster hohen Ruf als Schreib- und Buchmalschule; gegen Ende des 10. Jahrhunderts wurde es ausgehend von der Reichsabtei St. Maximin zu Trier, wichtiges Zentrum dieser mönchischen Reformbewegung. Der prachtvolle «Codex aureus Epternacensis», das bedeutendste Werk der spätottonischen Epoche, das in der Klosterschule entstand, stammt aus der Zeit um 1055. Das Prunkevangeliar, in Goldschrift geschrieben, mit vielen Zierseiten und farbfrohen, lebhaft erzählenden Darstellungen, die Szenen jeweils in Streifen auf einer Seite übereinandergesetzt, wurde in den Wirren der Großen Revolution gerettet und aus Echternach fortgebracht. Es befindet sich heute im Germanischen Nationalmuseum in Nürnberg. – Das Kloster, zu dem neben der Kirche ausgedehnte Abteigebäude (1730) und die Orangerie (um 1750) von Sigmund Mungenast sowie ein Barockpavillon Paul Mungenasts (1756) im Abteigarten gehören, wurde im Zweiten Weltkrieg zerstört, doch danach wiederaufgebaut.

Alljährlich am Pfingstdienstag wird in Echternach zu Ehren Willibrords die berühmte «Springprozession» abgehalten, ein Dankesfest der Gläubigen, das seinen Ursprung im 13. Jahrhundert hat. Damals wütete in der Gegend von Trier eine schreckliche Veitstanzepidemie; in ihrer Not wandten sich die Menschen um Fürbitte an den Heiligen und wurden erhört, das Übel verschwand. – Teilnehmer an der Feierlichkeit verbinden untereinander ihre Hände durch zusammengedrehte Taschentücher, und dies ist sehr nötig, um sich nicht zu verlieren: Unter Begleitung der Geistlichkeit und aufspielender Musikanten bewegt sich der Zug durch die Stadt zur Basilika, und zwar so, daß jeder, der mitgeht, nach drei vorwärts getanen Schritten zwei Schritte zurückspringt. Bei diesem Stakkato der Vor- und Rückwärtsbewegung preisen die Gläubigen Willibrord und rufen ihn an: «Stifter des christlichen Friedens!», «Hellglänzender Stern unseres Landes!» oder «Sanfter Wegweiser der Irrenden!» So geht es zur Kirche, zum Altar und um den Sarkophag im ehrwürdigen Kirchenbau; und die da springen, unter Anstrengung, immer vier Personen mit drei Tüchern in einer Reihe, freiwillig und gern, haben jeden Grund zu Dankbarkeit, daß der Heilige einst die unfreiwilligen Sprünge des Veitstanzes zum Erliegen brachte.

Buchdeckel des Codex aureus Epternacensis ▷

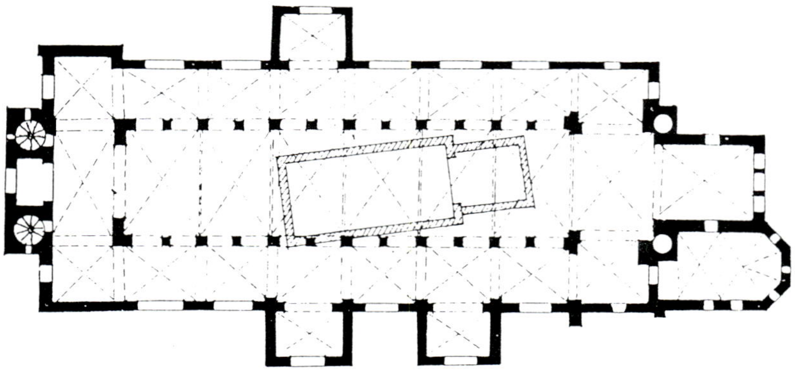

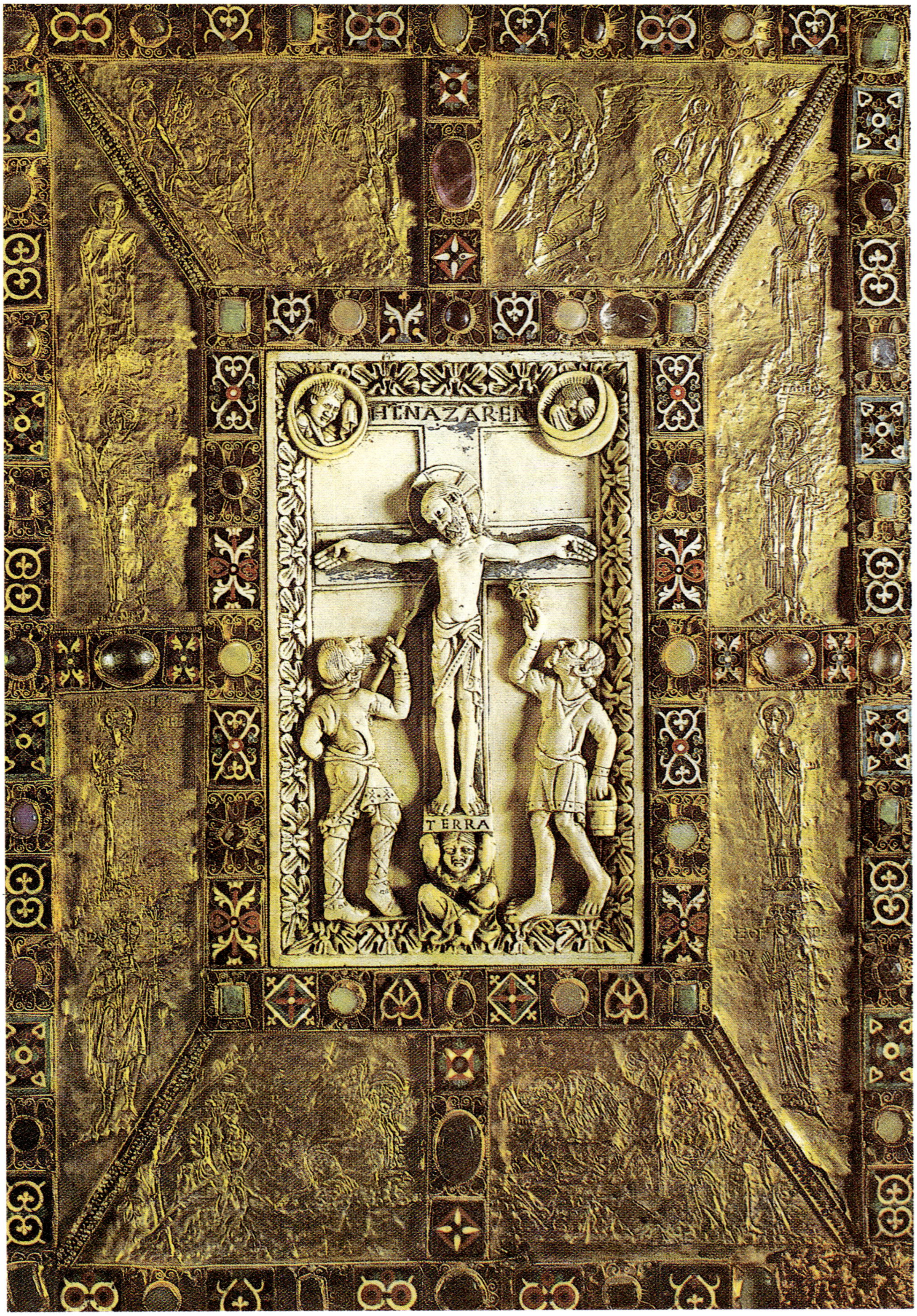
IH NAZAREN
TERRA

Niederlande

Middelburg

Das der Jungfrau Maria geweihte Kloster im holländischen Middelburg, Zeeland, wird erstmals im Jahr 1123 als Tochtergründung der Regulierten Chorherren von Vormezeele bei Ypern genannt; um 1128 kam es in Besitz der Prämonstratenserabtei Sankt Michiel in Antwerpen. Die Abtei gelangte zu großem Reichtum, ihre Äbte waren in Personalunion Mitglied der Staaten von Zeeland und der Regierung der Insel Walcheren.
Der Ordensgründer, Norbert von Xanten, ein Stiftsherr, der allerdings ein sehr weltliches Leben führte, wurde demütig durch einen Blitz, der dicht neben seinem Pferd niederfuhr – Todesnähe bekehrte ihn zum Leben als Priester, als Missionar; im Wald von Coucy, auf einer Wiese, die ihm ein Engel gezeigt hatte («pré montré»), so die Legende, sammelte er die ersten Brüder um sich und gründete ein Kloster gemäß den Regeln der Augustiner, nur in wesentlich verschärfter Auslegung: Durch heiliges Leben sollten die «weißen Kanoniker» andere Menschen heiligen.
Die ehemalige Abteikirche zu Middelburg besteht aus Koorkerk im Osten, mit einem südlich vorgelagerten Turm, und der Nieuwen Kerk im Westen; die langgestreckte, einschiffige Koorkerk, um 1300 errichtet, mit 5/6 Chor war mit einer Holztonne gedeckt. Nach einem Brand im Jahr 1568 erhielt sie das steinerne Netzrippengewölbe. – Der achteckige Turm mit Eckstrebepfeilern, 90 Meter hoch, der «Lange Jan» aus der zweiten Hälfte des 14. Jahrhunderts, wurde nach Brand im Jahr 1712 mit einer neuen Bekrönung versehen. – Die zweischiffige Nieuwe Kerk, eine Halle, wurde erbaut, nachdem das Feuer, daß der Schwesterkirche nur die Gewölbe gekostet hatte, einen Vorgängerbau gänzlich einäscherte.
Im Norden der Kirche schließt sich unregelmäßig um drei Höfe die Abtei an, der Kreuzgang um einen quadratischen Hof gelegen, mit Sternrippengewölben und Maßwerkfenstern, wurde seit dem Jahr 1886 rekonstruiert; östlich daneben befindet sich ein weiterer, unregelmäßiger Hof und, nördlich von beiden, der Niederhof, 1255 ganz ohne regelmäßige Gestalt hinzugefügt. – Der älteste, vom Kloster noch erhaltene Teil ist der Nordostflügel mit der Balanspoort aus der Zeit nach 1255 im Stil der flämischen Gotik; das Obergeschoß der Hofseite mit hohen Fensternischen entstand im 14. Jahrhundert.
Im Zuge der neuen Bistumseinteilung im Jahr 1559 wurde die Abtei Bischofssitz, ihr Vorsteher empfing zusätzlich zur Abts- die Bischofswürde: «Ich war am Hofe, ich lebte im Kloster, ich stand in hohen Ehrenämtern der Kirche, und ich habe überall gelernt, daß es nichts Besseres gibt, als sich ganz Gott hinzugeben», dieses Motto des heiligen Norbert widerspricht solcher Ämterbündelung. Die Herrlichkeit dauerte nicht lange; schon 1574 nahm Willem von Oranien Middelburg ein und hob die Abtei auf.

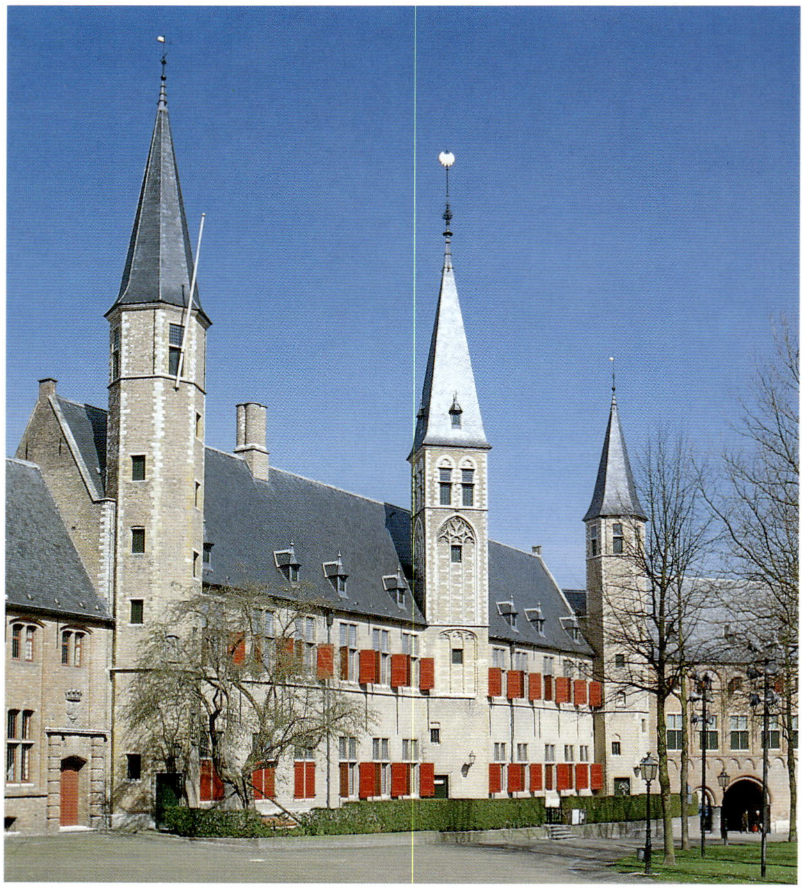

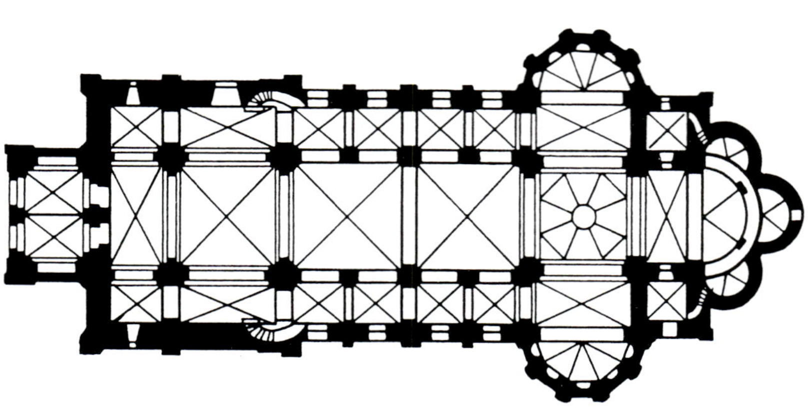

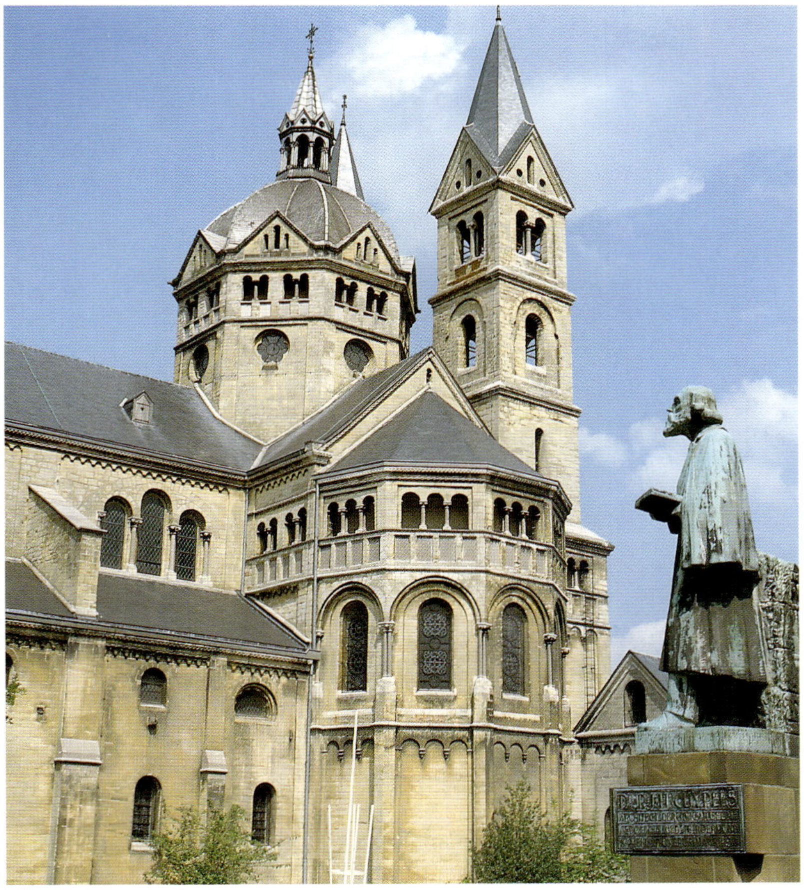

Roermond

Graf Gerhard V. von Geldern gründete im Jahr 1218 in Roermond bei Limburg ein Zisterzienserinnenkloster und war sorglich darauf bedacht, den Nonnen rasch ein Gotteshaus zu beschaffen: Schon 1220 und 1224 fanden in Unserer Lieben Frau Münster Weihen statt. Mit der Finanzierung gab es später offenbar Probleme, denn in den Jahren 1244 und 1258 sind Ablaß-Käufe dokumentiert. Mit Stocken ging das Unternehmen in drei Bauphasen voran; der Lauf der Zeit bedingte es, daß die urspünglichen Pläne geändert wurden: östliche Teile, Langhaus und besonders der Westbau unterscheiden sich deutlich in ihren Proportionen. Vieles, was das Mittelalter und die folgenden Epochen bauten, wurde im 19. Jahrhundert dann durch den Architekten P. J. H. Cuypers umgestaltet oder ganz verändert: Zwischen 1863 und 1890 baute er an Stelle eines Glockenturms aus dem 18. Jahrhundert auf den Westbau zwei neue Westtürme; die Legitimation dazu besaß der eifrige Restaurator: Solche Türme sah ein Entwurf des 13. Jahrhunderts vor, aus Sicherheitserwägungen – der Baugrund erwies sich als schlecht – blieben sie damals unausgeführt. Statt der ursprünglich achteckigen Oberbauten der Chorflankentürme, im 13. Jahrhundert ausgeführt, schuf Cuypers viereckige; den Vierungsturm versah er mit einem Dreiecksgiebel.
Der Baumeister, 1827 in Roermond geboren, studierte an der Akademie in Antwerpen Architektur und wurde 1850 Stadtbaumeister seiner Heimatstadt. 1852 gründete er eine Werkstatt für christliche Kunst; damit betonte er nachdrücklich die Emanzipation des katholischen Glaubens. Jahrhunderte lang durfte man sich in Holland nicht offen zum Katholizismus bekennen; Kirchenbau besaß kaum größeren Stellenwert als der Profanbau. Mit Cuypers' Engagement für den Sakralbau begann die große Blütezeit der Neo-Gotik. Der Meister nahm das Mittelalter ernst; er zeichnete, entwarf, vermaß alles streng wissenschaftlich nach alten Vorbildern, geriet oft in Verruf, allzu puristisch zu verfahren und irrte sich gelegentlich. Als er im Jahr 1921 starb, stand er im Ansehen eines Pioniers der Denkmalpflege. Südlich der Kirche zu Roermond erhielt er 1929 ein Monument.
Das Frauenmünster besitzt einen Dreikonchenchor mit Vierungsturm und Chorflankentürmen. An das Untergeschoß des halbrunden Ostchors schließen sich drei kleine Apsiden an. Nord- und Südchor sind polygonal geschlossen; sämtliche Ostteile umzieht eine Zwerggalerie mit Plattenfries. – Das Langhaus ist kurz, als Emporenbasilika mit zwei quadratischen Mittelschiffjochen und je vier Seitenschiffjochen errichtet. Auf jedes Joch im Mittelschiff entfallen zwei Arkaden im Erdgeschoß, zwei mal zwei Emporenöffnungen auf Doppelsäulen sowie drei in der Höhe gestaffelte Fenster, denen innen Dreibogen-Arkaden vorgelegt sind. - Die gesamte Kirche ist mit Kreuzrippen eingewölbt und zählt zu den bedeutendsten und schönsten Beispielen des rheinischen Übergangsstils. Bei Restaurierungsarbeiten im Inneren fand man 1960 unter bunter Bemalung des 19. Jahrhunderts Reste der ursprünglichen Fresken.
Der Klosterstifter, Gerhard V. von Geldern, starb 1229 und ist gemeinsam mit seiner Gemahlin, Margarete von Brabant, die ihn nur zwei Jahre überlebte, in der Vierung beigesetzt. Die spätromanischen Grabmäler schmücken Liegefiguren der beiden Toten. Zur Kirchenausstattung gehören noch weitere Skulpturen und das Altarretabel aus der Zeit um 1530, ein geschnitzter Schrein, der in Brabant entstanden ist, mit bemalten Flügeln.

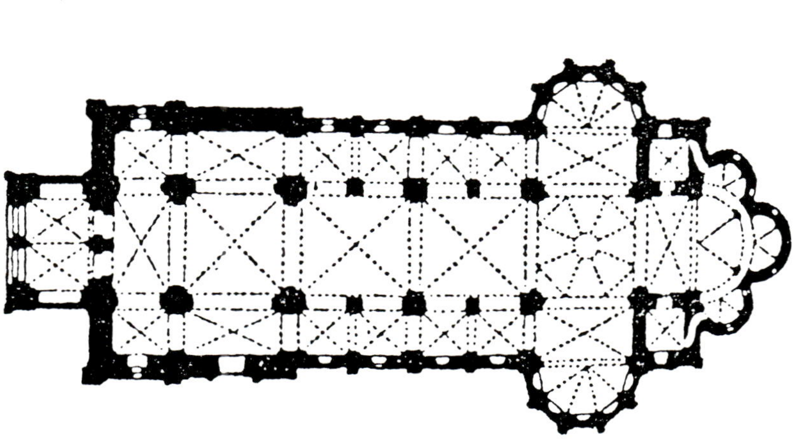

Rolduc

Die ehemalige Abtei Rolduc bei Kerkrade liegt östlich der Stadt in der Nähe der deutschen Grenze. Im Jahr 1104 gründete sie Albertus von Antoing aus dem französischen Tournai als Sitz der Augustiner-Chorherren.
Die Kirche, eine romanische, kreuzgratgewölbte dreischiffige Basilika mit Dreikonchenchor, Krypta und Stützenwechsel, wurde in ihrem ältesten Teil, der in Kleeblattform («Konchen») angelegten Hallenkrypta unter der Vierung, im Jahr 1108 geweiht. In den Jahren 1107/08 existierten bereits Fundamente des Querschiffs und des Langhauses; ein Brand im Jahr 1123 zerstörte alles, nur die Krypta, ihres Daches beraubt, blieb erhalten und diente den Chorherren bis 1130 als «unterirdisches» Gotteshaus. Die Klosterannalen berichten: «Und deshalb trafen die Chorherren in der Krypta zum Psalmodieren zusammen, wo auch die Laien sich zum Hören einfanden.» Das Interim nahm schließlich sein Ende; man war willens, das Kloster wieder aufzubauen, denn «es ergab sich die Möglichkeit, die Sache bald in Angriff zu nehmen, ohne die das Werk nicht vollkommen sein konnte». Kleeblattförmig gestaltete sich der schön gewölbte Chor, doch in den Jahren 1522-1527 wurde er abgebrochen. (Petrus Cuypers, hochverdienter Architekt, der sich bescheiden Restaurator nannte, aber im 19. Jahrhundert in Holland nachdrücklich seine Spur hinterließ, rekonstruierte ihn sachkundig nach der alten Form.)
Unter Abt Fridericus schritt der Neuaufbau voran; 1138 wurde das Querschiff erhöht und mit drei Gewölben eingedeckt. Während der Regierung von Abt Erpo aus Maastricht stand bereits 1143 das Langhaus fertig da, als man sich entschloß, von den ursprünglichen Plänen abzuweichen. Die Marienkirche zu Utrecht, die heute nicht mehr existiert, lieferte das Bauschema der «Pseudo-Querschiffe»: Statt niedriger Seitenschiffe wurden im zweiten und vierten Querhausjoch Stummel-Querschiffe angefügt, diese stützten mit ihren kräftigen, ansteigenden Tonnengewölben das Mittelschiff und unterbrachen das gebundene System. Die Bauweise wurde in der Region zum ersten Mal gewählt und als Neuheit bestaunt, bald, wenn auch vereinfacht, nachgeahmt, so in der Kirche Unserer Lieben Frau zu Maastricht.
In Rolduc war 1209 Weihe: Zu Beginn des 13. Jahrhunderts war der dreiteilige Westbau fertiggestellt, der überhohe Mittelteil wurde 1624 umgestaltet, der Helm 1678 aufgesetzt. In Krypta und Langhaus finden sich schöne figural und ornamental geschmückte Kapitelle und Säulenbasen.
Von den mittelalterlichen Klostergebäuden ist nichts mehr vorhanden. Links der Kirche steht die Abtswohnung aus dem Jahr 1671, der schöne Eckturm trägt eine Zwiebelhaube. Den Ostflügel mit zwei Eckpavillons schuf in den Jahren 1751 bis 1754 Joseph Moretti aus Aachen; die Bibliothek ist reich mit Rokokostuck geschmückt. Die anderen Gebäude stammen aus dem 19. und 20. Jahrhundert.

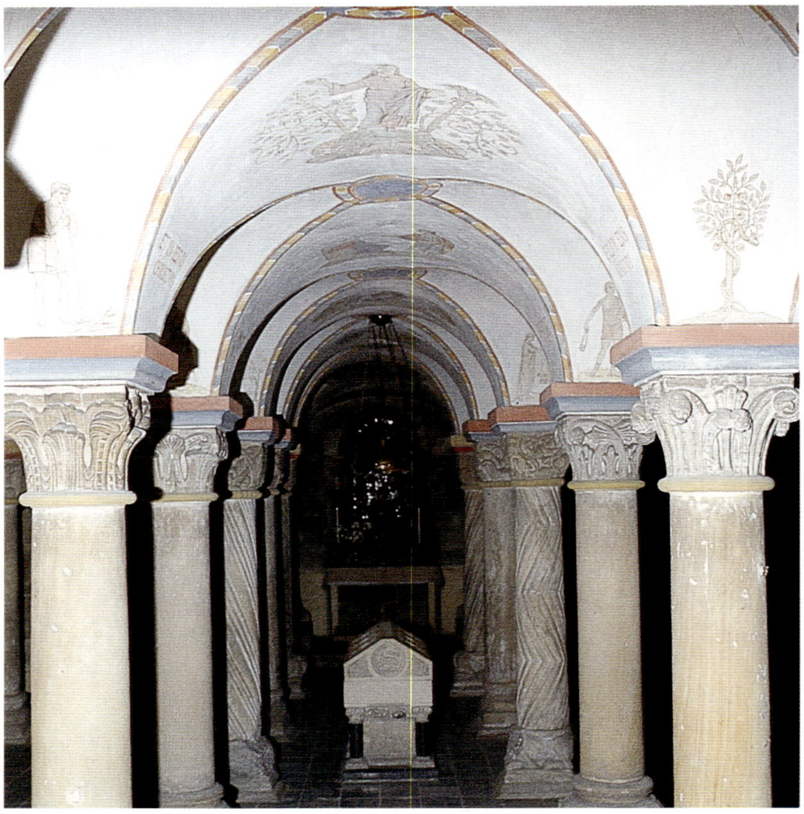

Krypta

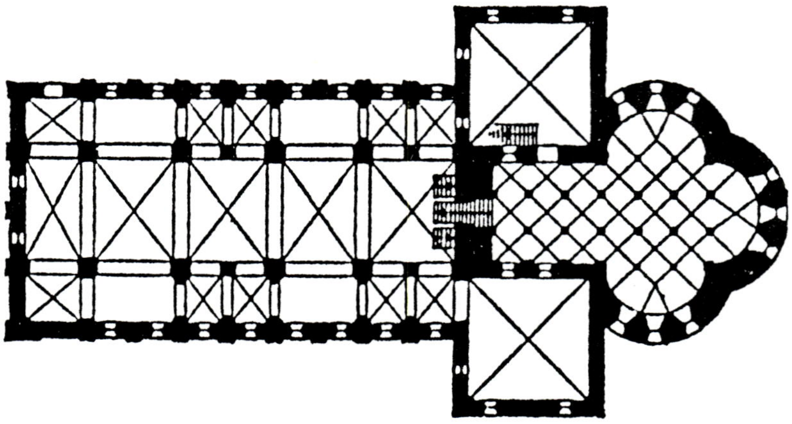

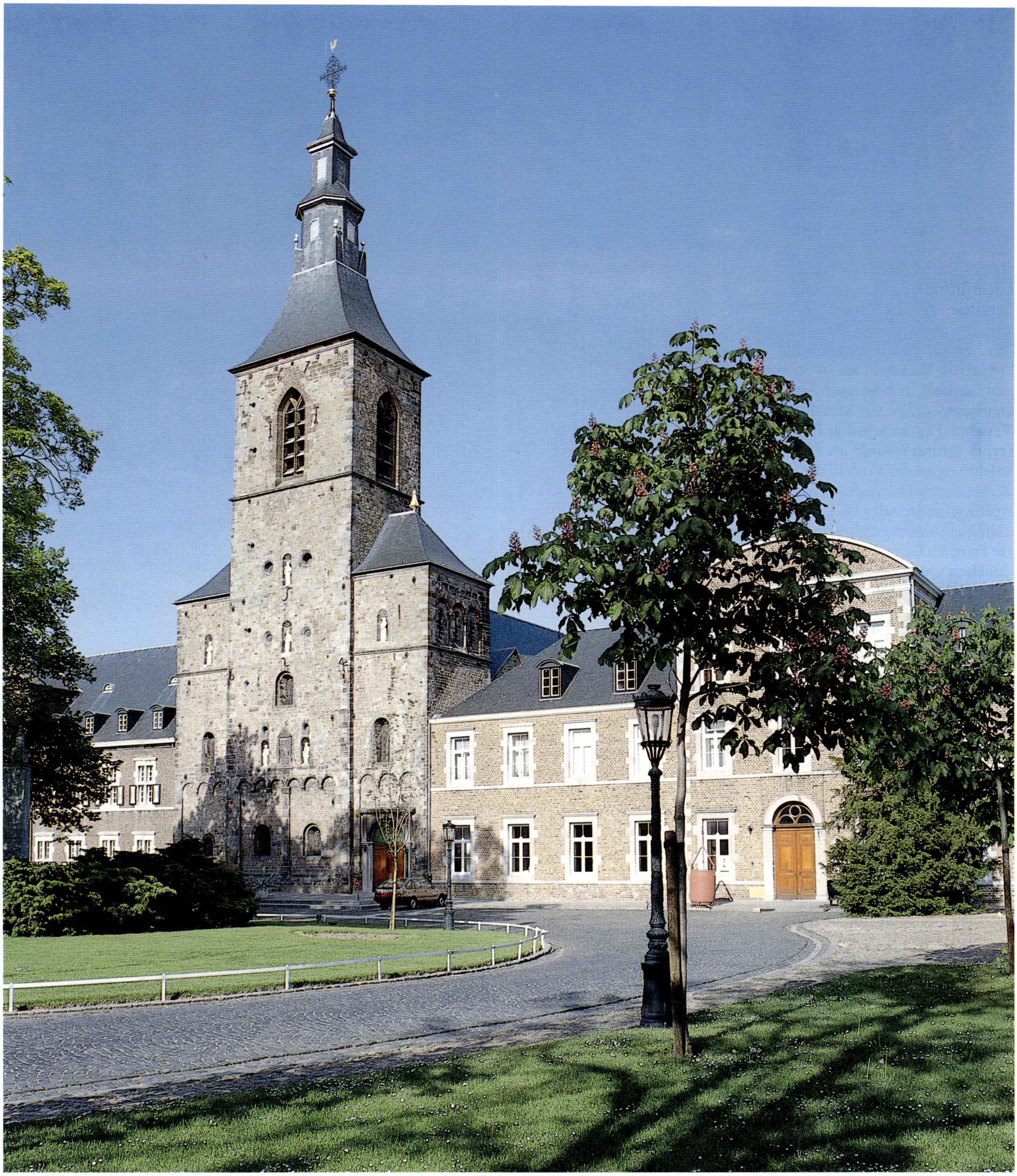

Thorn

Im Jahr 985 stiftete Graf Ansfried, der zehn Jahre später Bischof von Utrecht wurde, das Kloster zu Thorn bei Limburg als reichsunmittelbares Benediktiner-Doppelkloster; im 12. Jahrhundert wurde es in ein Kanonissenstift umgewandelt: Die adeligen Damen legten nicht die ewigen Gelübde der Nonnen ab, verpflichteten sich jedoch zu einer zeitlich begrenzten Lebensspanne nach den Glaubensregeln des heiligen Augustinus; Teilnahme an den Gottesdiensten und Gebet hießen die religiösen Aufgaben der frommen Frauen. Persönlicher Besitz blieb ihnen erlaubt, sie durften sich standesgemäß einrichten, kleiden, ernähren, denn das Armutsgebot besaß keine Gültigkeit für sie. Die Äbtissin allerdings tat Profeß, erhielt damit dann auch Rang, Befugnis einer Reichsfürstin und Sitz im westfälischen Reichstag.

Der älteste Teil der Kirche, der Westbau, stammt aus dem 12. Jahrhundert; ein quadratischer Mittelturm (seinen gestreiften neugotischen Oberbau führte in den Jahren 1860-1865 Petrus Josephus Hubertus Cuypers in Backstein auf) wird von niedrigeren, runden Treppentürmen flankiert; er besitzt ein kryptenartiges Untergeschoß, dessen vier Kreuzgratgewölbe ein Mittelträger stützt. Darüber befindet sich der Westchor. Die dreischiffige Basilika mit Querschiff und 7/12 Chor mit Krypta darunter wurde im 14. Jahrhundert erbaut und zeigt deutlich Anlehnung an das Vorbild der Liebfrauenkirche in Maastricht. Im 15. Jahrhundert wurden dem Langhaus nördlich und südlich Kapellen angefügt; im 16. oder 17. Jahrhundert bekamen Langhaus und Querschiff Netz- und Sternrippengewölbe. Ende des 18. Jahrhunderts gestaltete François Dukers aus Lüttich den Ostchor, den Fürstinnenchor im südlichen Querschiff und den westlichen Damenchor mit klassizistischen Dekorationen aus; der Schmuck im Langhaus entstand im 2. Viertel des 19. Jahrhunderts - diese Arbeiten bestimmen den Charakter des Innenraums in harmonischer Weise.

Den barocken Hochaltar schuf Franz Xaver Bader im Jahr 1769 für die Kartäuserkirche in Roermond; er kam schon 1786 nach Thorn. Der Künstler faßte die Gestaltung und Anordnung der Figuren als «theatrum sacrum» auf: die Hirten in der Christnacht, das Jesuskind anbetend; vollplastisch gearbeitet, gruppieren sie sich unter einem offenen Rocaille-Baldachin, der durch vier Säulen getragen wird. Bader schuf auch die Stuckreliefs im Chor. Die vier Seitenaltäre sind Werke eines unbekannten Künstlers aus dem 17. Jahrhundert.

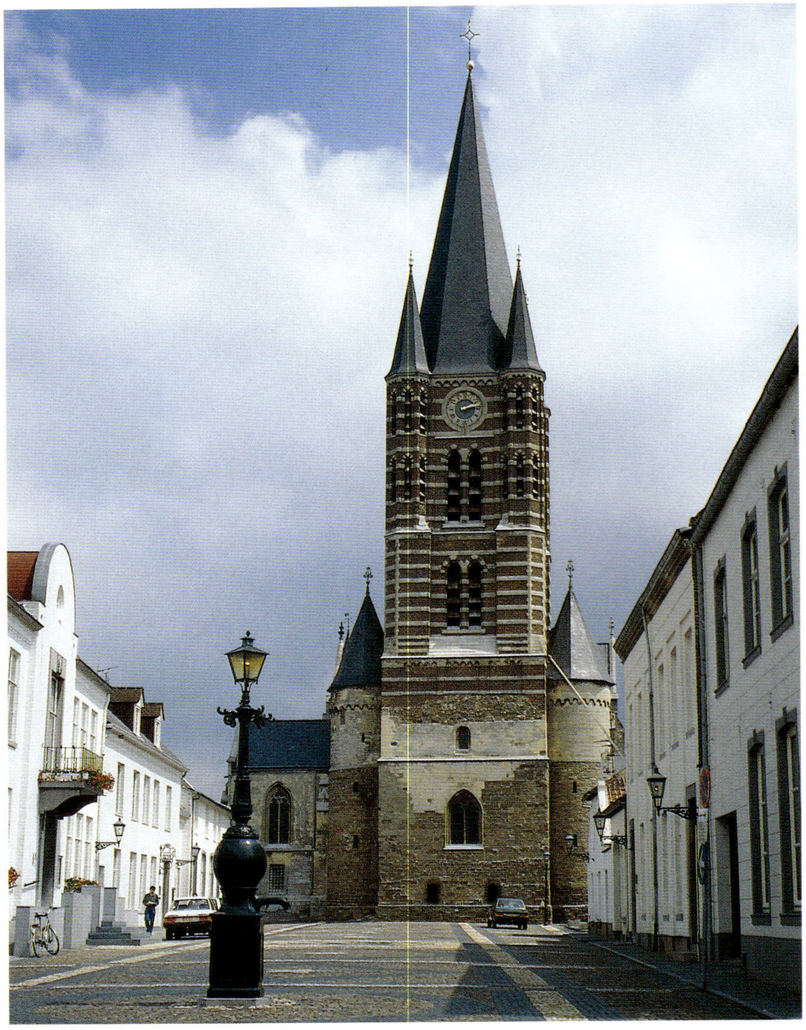

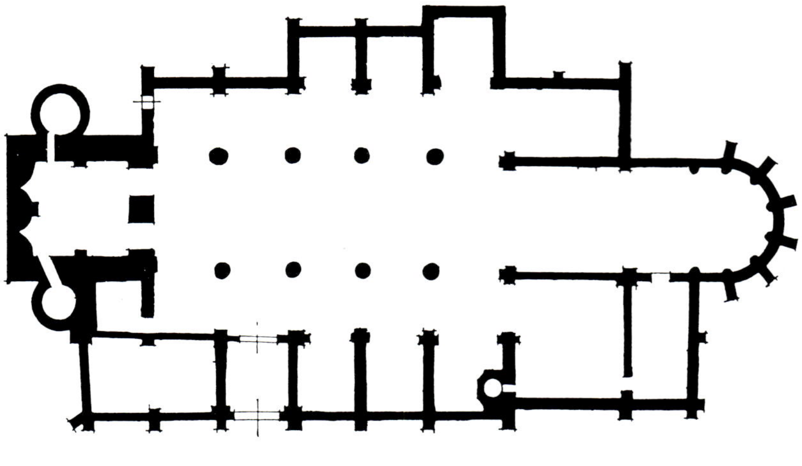

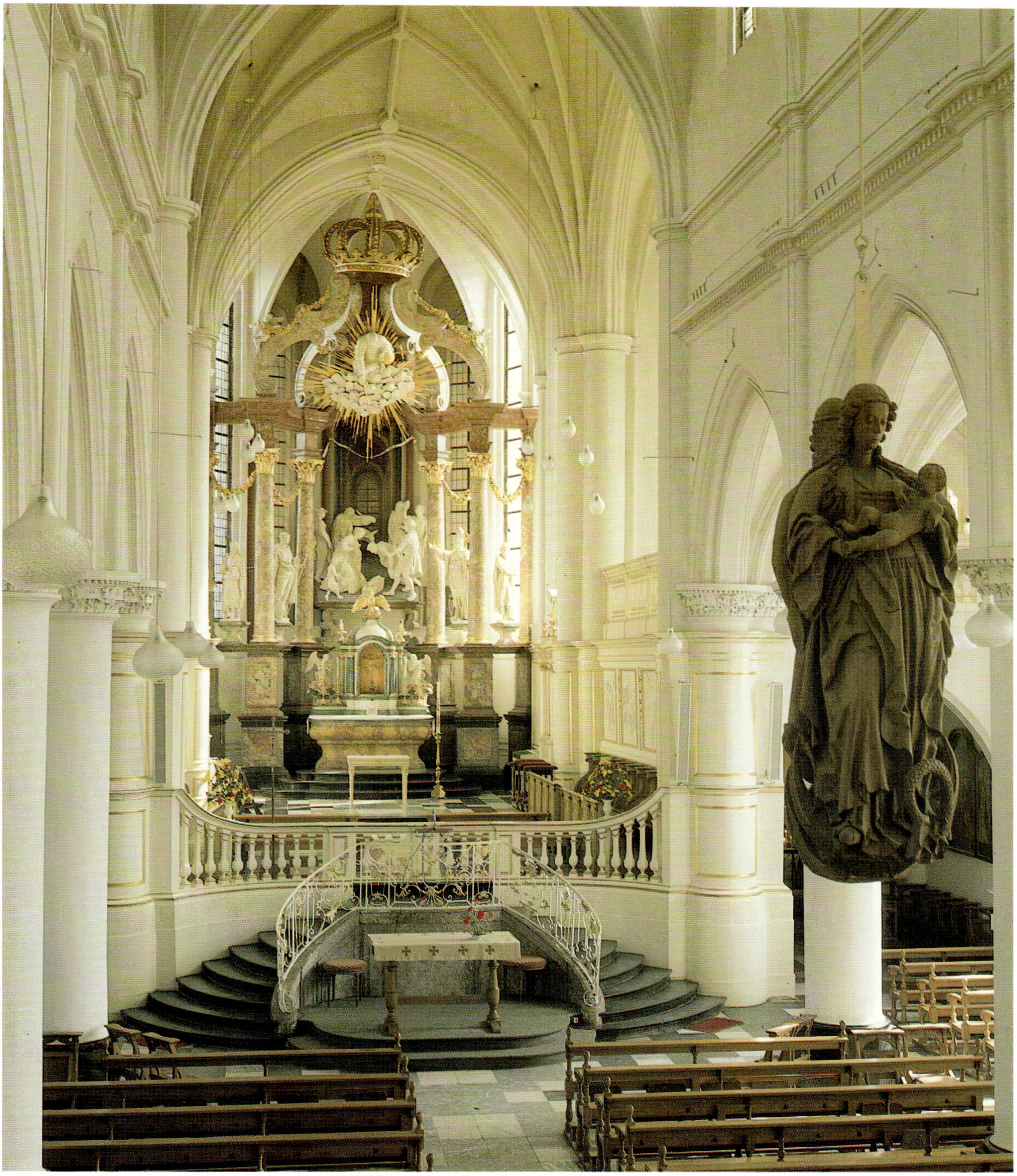

Österreich

Göttweig

Auf einer bewaldeten Anhöhe südlich von Krems, 260 Meter über der Donau, erstreckt sich die Anlage des Benediktinerstifts Göttweig. Bischof Altmann von Passau gründete hier um das Jahr 1070 eine Burg. Im Investiturstreit zwischen Papst Gregor VII. und Heinrich IV. schlug sich der pflichtbewußte Mann auf die Seite des Heiligen Stuhls und mußte in der Folge seine Diözese verlassen. Er nahm Wohnsitz auf dem Berg und gründete im Jahr 1074 ein Augustiner-Chorherrenstift; aber bereits 1094 kamen aus St. Blasien im Schwarzwald reformierte Benediktinermönche und traten an die Stelle der Brüder Augustins. Große Schenkungen trugen zu Reichtum und Gedeihen Göttweigs bei, Wissenschaften und religiöse Bedeutung wuchsen trotz der Enge, die durch die Lage bedingt war.

Am 17. Juni 1718 brach ein verheerender Brand aus – Abt Gottfried Bessel geriet in Verdacht, unter der Hand getuschelt, er habe ihn selbst gelegt; Fazit auf jeden Fall: Es mußte neu gebaut werden, und da man sich im Barockzeitalter befand und überall im Land in diesem opulenten Stil Neues entstand oder Altes verändert wurde, erhielt einer der berühmtesten Architekten den Auftrag: Festungsbaumeister Lukas von Hildebrandt mußte keine Kosten, keinen Aufwand scheuen. Josef Emmanuel Fischer von Erlach und Abraham Hueber, selbst gesuchte Meister, traten als technische Berater an seine Seite – der Entwurf gestaltete sich grandios: Fünf Höfe, sieben Türme, eine riesige Vierungskuppel der Kirche und vor allem starke Befestigungen sollten auf dem Plateau emporwachsen. «Pracht – und Sicherheit!» hieß die Devise, denn die Türkenfurcht saß tief. Die Anlage blieb ein Torso. Die große Fassade der Stiftskirche, nach Hildebrandts Entwurf, doch längst nicht in seiner Eleganz ausgeführt, entstand 1750-1765. Vom gotischen Bau blieb der (später veränderte) Chor (1402-1431) erhalten, die Ausstattung (Altäre, Orgel, Kanzel, Plastiken, Gemälde) fand, trotz Überschneidung mehrerer Stilarten, ihre Einheit; in der Altmannkrypta das Grabmal mit einer bemalten Steinfigur des Heiligen (um 1540) in der nördlichen, der prunkvolle Silberschrein mit den Reliquien in der südlichen Apsis. Reste der Gesamtanlage vor dem Brand sind: Ehrentrudiskapelle, Ruinen des alten gotischen Schlosses und ein Kreuzgangflügel.

Den besten Eindruck von Großzügigkeit und generöser Ausgestaltung, die für den gesamten Neubau des Stifts geplant waren, vermittelt die Kaiserstiege, die bereits für sich allein einen kompletten Trakt beansprucht. Durch drei Geschosse aufsteigend, weit, licht und elegant konzipiert, führt Hildebrandt das Treppenhaus mit flachen Stufen und kräftigen Geländerläufen auf, gekrönt, gesteigert durch Paul Trogers gewaltiges Deckenfresko aus dem Jahr 1739: die Apotheose Kaiser Karls VI. als Apollo auf dem Sonnenwagen; ein üppiges allegorisches «Schauspiel» über der streng in Weiß gehaltenen, mit wenig vergoldeten Vasen und Nischenfiguren dekorierten Stiege. – Wie sehr viele österreichische Stifte besitzt auch Göttweig eine schöne barocke Bibliothek in warmen, braunen Holztönen, mit umlaufender Galerie, eine Arbeit Johann Holdermanns von 1730, sowie reich gestalteter Stuckdekoration des Wieners Mario Tencalla (1727). Unter den Tausenden von Büchern, Handschriften und Inkunabeln ist der Göttweiger «Prunkpsalter» aus der Zeit um 870 das wertvollste Stück.

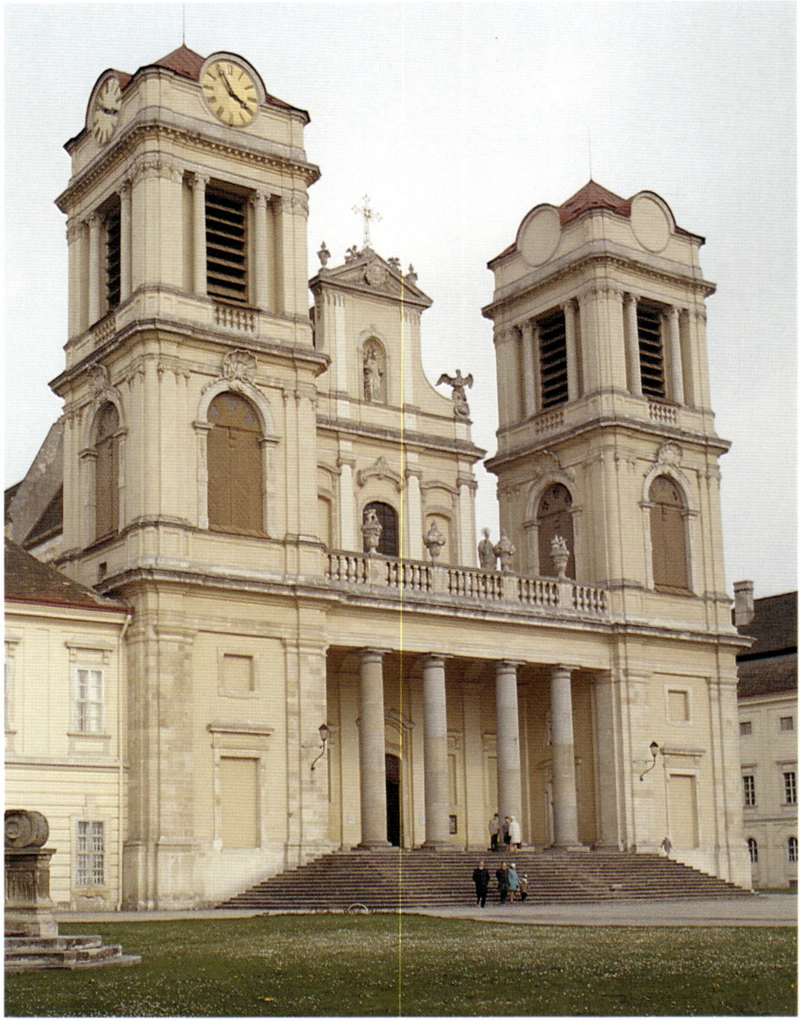

Idealansicht von Salomon Kleiner

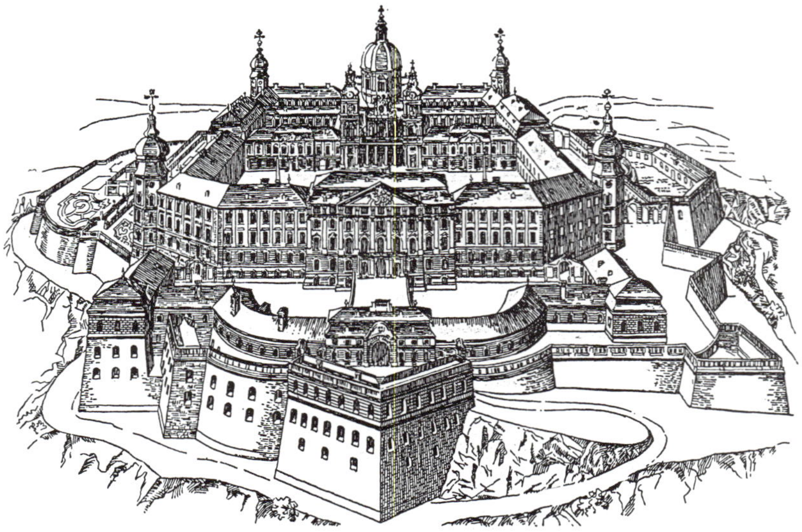

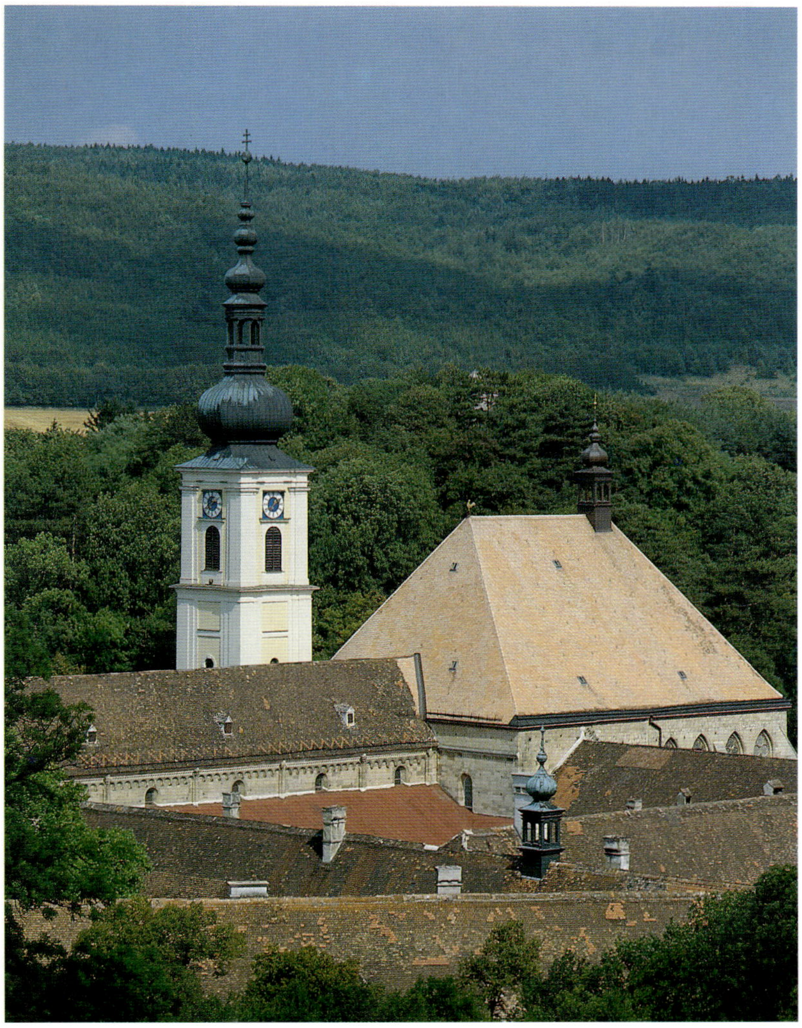

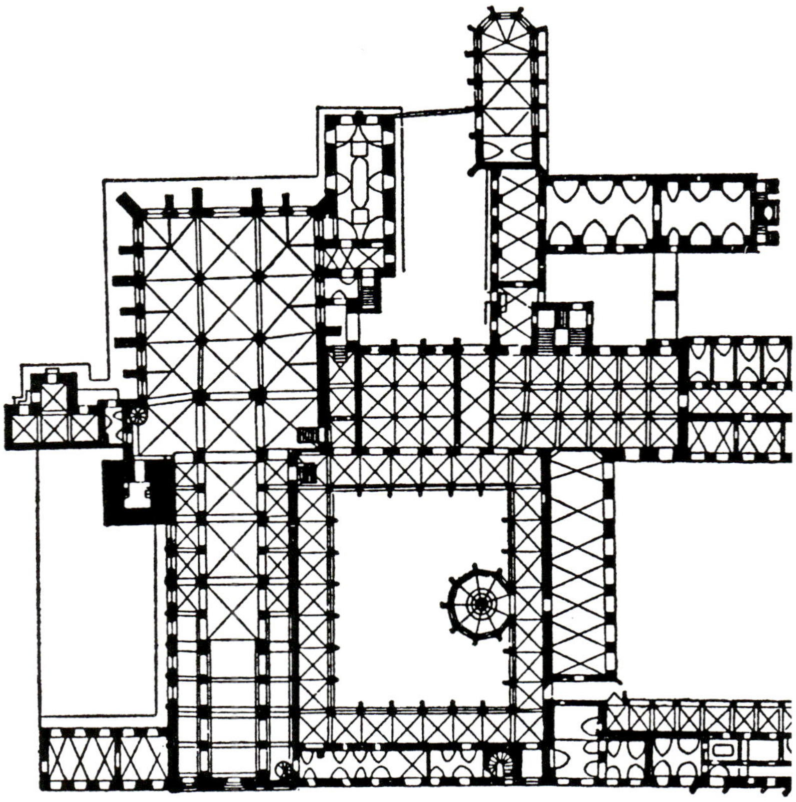

Heiligenkreuz

Heiligenkreuz im Wienerwald ist Österreichs älteste Zisterzienserabtei. Markgraf Leopold III., der Heilige, stiftete sie im Jahr 1133; sein Sohn Otto war ein Jahr zuvor aus dem französischen Morimond zurückgekehrt und berichtete von den schlichten Mönchen, die den Vorschriften ihres Generalkapitels gefolgt waren: «Keines unserer Klöster ist in Städten, Kastellen oder Dörfern zu errichten, sondern an entlegenen Orten, fern vom Verkehr der Menschen.» – Otto erwarb später hohen Ruf als Bischof von Freising und zugleich berühmter deutscher Geschichtsschreiber. Der Vater nahm die Anregung auf und rief die «weißen Brüder» aus Burgund; bald nach der Gründung lebten bereits 300 Mönche in seinem Konvent. 1188 schenkte Herzog Leopold V. dem Kloster eine große Kreuzesreliquie, seitdem blühte die Wallfahrt. – Die Zisterzienser, ungeachtet des Wohlstands, den Pilger eintrugen, und großer Schenkungen, mit denen die Markgrafen ihr Kloster bedachten, trieben bescheiden Ackerbau, verkauften wirtschaftliche und handwerkliche Produkte, machten sich unabhängig von allem «weltlichen» Gut, pflegten aber auch Wissenschaft und gelehrte Studien.

Das dreischiffige romanische Langhaus der Stiftskirche aus dem 12. Jahrhundert mit seinen ragenden Steinmauern und starken Bandrippengewölben, schwer noch und lastend, ohne Schmuck, kontrastiert mit dem hellen, weiten Hallenchor, 1295 geweiht, schönstes Beispiel der Hochgotik in Österreich, der sich auf fast quadratischem Grundriß erhebt; seine schlank aufsteigenden Pfeiler verzweigen sich zu Kreuzrippengewölben. Licht flutet durch riesige Maßwerkfenster aus dem Jahr 1300 mit herrlich bemalten Scheiben, im krassen Widerspruch zum Ordensgesetz: «Die Glasfenster sollen weiß und ohne Kreuz und Bilder sein.» – Das schöne Chorgestühl aus der ersten Hälfte des 18. Jahrhunderts ist klassizistisch.

Der Kreuzgang entstand in den Jahren 1220-1250; relativ klein, mit 300 Säulen aus rotem Marmor, dokumentiert er den Übergangsstil von der Romanik zur Gotik. Die Klosterbauten spiegeln das perfekte Bild vom mönchischen Leben wider: Brunnenhaus, Kapitelsaal, Totenkapelle, Schlafsaal, Bibliothek, Wirtschaftsbauten, ein «Parlatorium», in dem sich die Mönchen miteinander unterhalten durften, das Refektorium, in dem sie speisten, das «Calefactoriu», früher der einzige beheizte Raum des Klosters, erzählen von der Gemeinschaft der Brüder.

Auch in Heiligenkreuz schrieb im 17. und 18. Jahrhundert das Barockzeitalter seine beschwingte Handschrift: Die Stiftsgebäude wurden erneuert, ein geräumiger Hof mit zweistöckigen Arkaden von Angelo Canavales, 1637-1660, und der Torturm kamen hinzu. Hauptakzente setzen die elegante Turmhaube, vor allem aber die prachtvolle, mit überreichem Plastikschmuck versehene, mächtig aufsteigende Dreifaltigkeitssäule sowie der Josefbrunnen des Giovanni Guiliani, der selbst im Kloster lebte, jedoch kein Mönch gewesen ist. – Die schöne Bibliothek, ein flachgedeckter Saal, in zwei Räume geteilt, ist der einzige barock ausgestattete Trakt im ganzen Stift, mit Fresken und reichen Stuckaturen geziert: Intarsierte und geschnitzte Schränke aus Nußholz vom Anfang des 18. Jahrhunderts, mit vergoldeten Lederbänden bestückt, verbreiten warme, freundliche Atmosphäre; viele illuminierte Handschriften des 12. und 13. Jahrhunderts, die dort aufbewahrt werden, sind vermutlich in der klostereigenen Schreibstube entstanden.

Kremsmünster

Kremsmünster, im Kremstal südwestlich von Linz gelegen, wurde im Jahr 777 als Benediktinerstift gegründet durch Bayernherzog Tassilo III. aus dem Geschlecht der Agilolfinger. Der Cousin Karls des Großen machte häufig durch Klosterstiftungen von sich reden und gab seinen «Kindern» gern reiche Mitgift. Eine Legende erzählt, Tassilos Sohn Gunther sei auf der Jagd an dieser Stelle von einem Eber tödlich verletzt worden – doch befand sich der Ort auch günstig auf vorgeschobenem Posten nach Osten. – Die ersten Mönche kamen vermutlich aus Mondsee. 788 besiegte Karl den aufmüpfigen Verwandten, der ihm hochfahrend die Heeresfolge verweigert hatte; Kremsmünster wurde königliche Abtei. Der Ungarneinfall im 10. Jahrhundert machte der Blütezeit ein Ende; erst nachdem Otto der Große 955 auf dem Lechfeld den Gegner niedergeschlagen hatte, nahm die Abtei neuen Aufschwung: Berühmt wurde die mittelalterliche Schreibstube, an der Geschichtsschreiber Bernhard Noricus wirkte.

Das Barockzeitalter hat die ganze Anlage entscheidend geprägt: Die Kirche, eine dreischiffige Basilika mit Westwerk, stammt im Kern aus dem 13. Jahrhundert – seit 1680 wurde sie unter der Bauaufsicht von Carlo Carlone barockisiert und mit prachtvollem, schwerem Stuck und Fresken in den Gewölbefeldern versehen. Die mächtigen Trakte des Stifts verbinden sich zu einer imposanten Einheit; im Klosterinneren erhebt sich der festliche Kaisersaal durch zwei Geschosse. Das große Deckenfresko malte Melchior Steidl im Jahr 1696, die lebensvollen Stukkaturen schuf Diego Carlone 1719. – Der langgestreckte, in vier hintereinander folgende Abteilungen gegliederte Raum der Bibliothek von 1675, 65 Meter lang, in seiner Fülle an Dekorationen etwas überladen und unproportioniert, besitzt schöne Deckengemälde und Stukkaturen; Schränke, in geschlossener Ordnung an den Wänden, weisen feine Schnitzereien auf: zu den berühmtesten Stücken des Inventars zählt der «Codex Millenarius», ein Evangeliar des 8. Jahrhunderts. – Der Mathematische Turm des Stiftes, Europas «erstes Hochhaus» von 50 Metern Höhe, erbaut 1748-1759, beherbergt reiche naturwissenschaftliche Sammlungen, vor allem die Sternwarte. – An der Ostseite des äußeren Stiftshofes liegt der «Fischkalter», ein Bassin aus fünf Wasserbecken, umzogen von runden Bogengängen, besetzt mit skurrilen Figuren der Götter und Heiligen, die zu Fischen in Beziehung stehen: Neptun zum Beispiel, Tobias oder Petrus – so reiche Vorratshaltung machte den Mönchen das strenge Fastengebot angenehm.

In der üppigen Schatzkammer Kremsmünsters wird Tassilos Hochzeitskelch aufbewahrt (er heiratete 769 die langobardische Prinzessin Liutpirc); das Gefäß dient noch heute als Urne bei der Abtswahl. Des so tragisch verunglückten Fürstensohns, dem zu Ehren Kremsmünster erbaut wurde, gedenkt die Grabplatte im Unterbau des südlichen Kirchturms: Ein unbekannter Künstler stellte um 1300 den Jüngling als Jäger dar, mit Hifthorn und Hund und dem Eber, der ihn tötete.

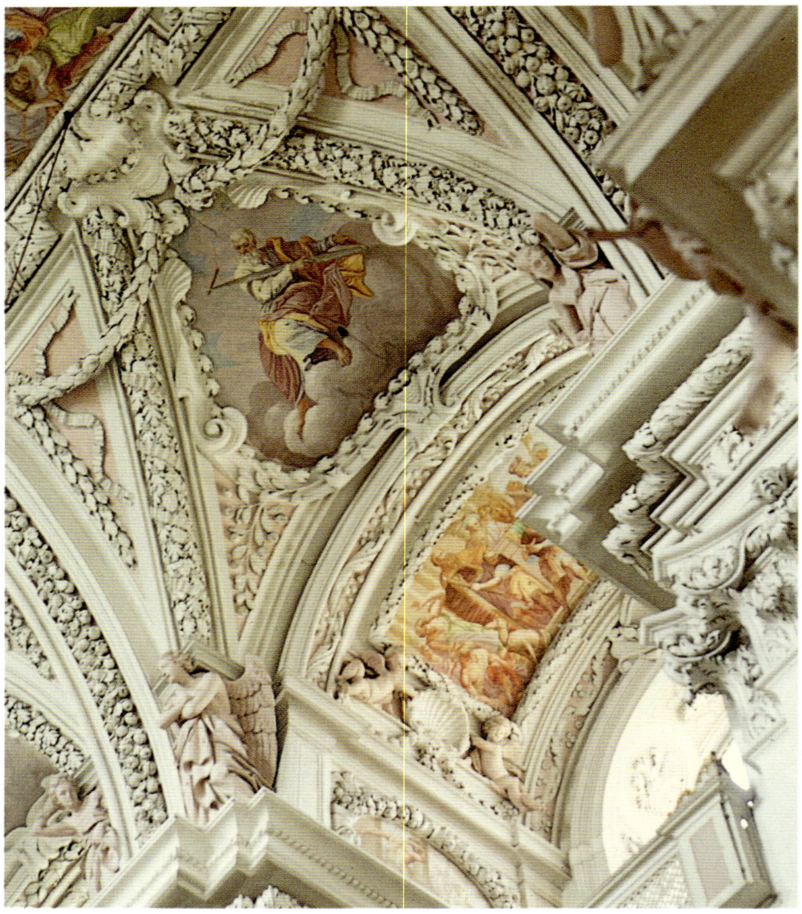

Fischkalter ▷

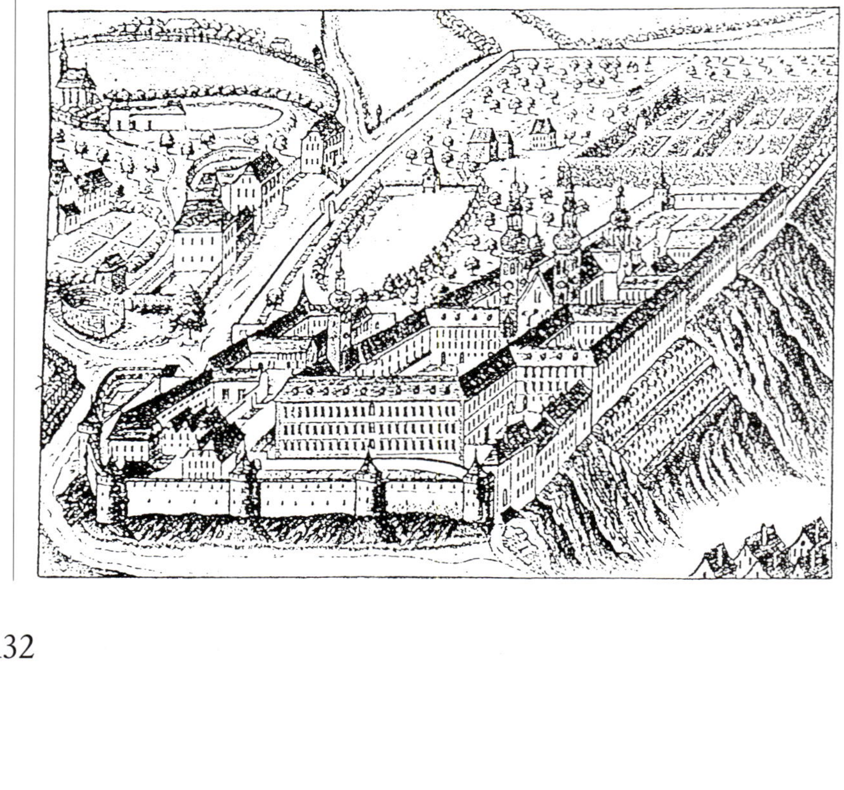

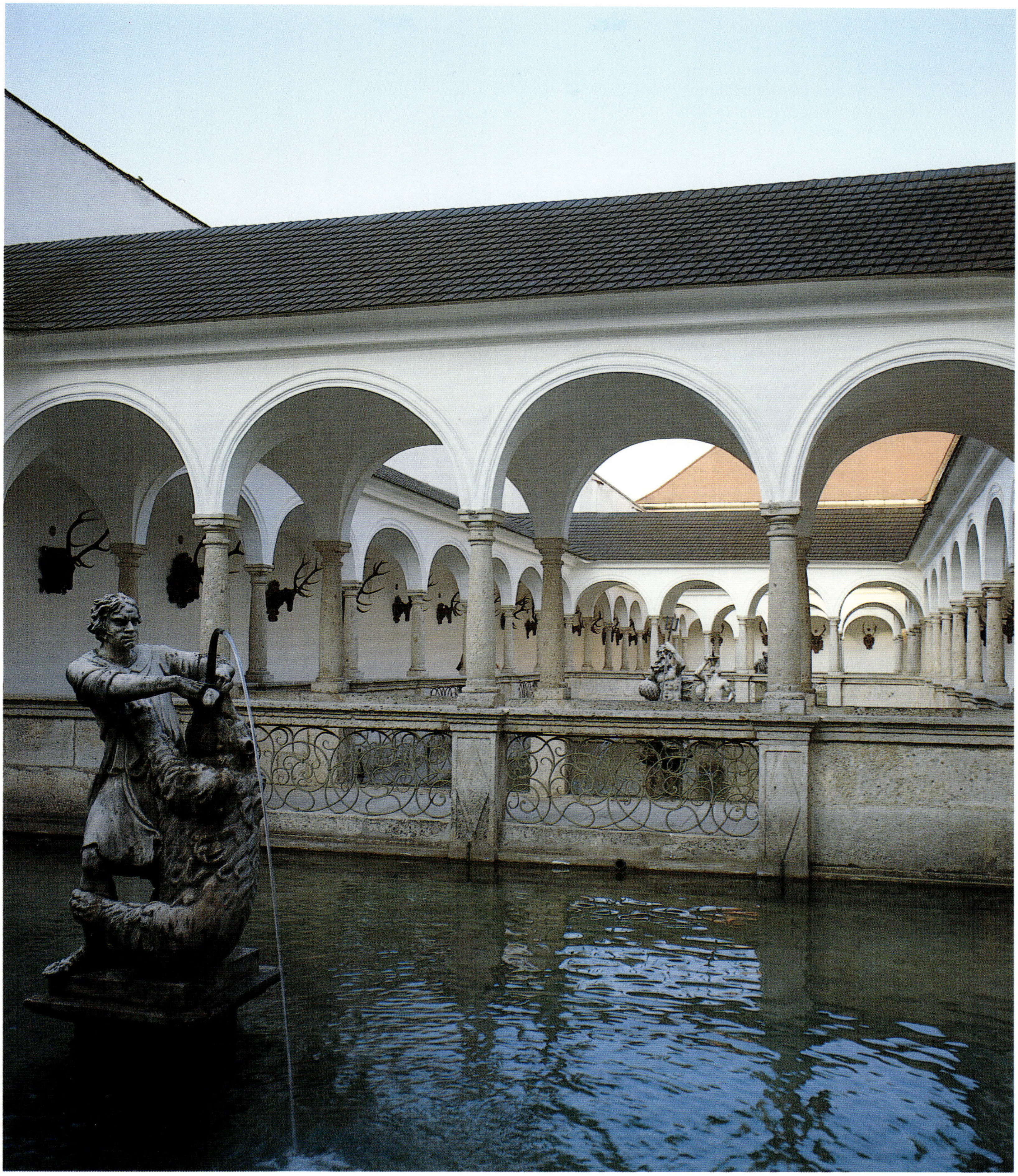

Melk

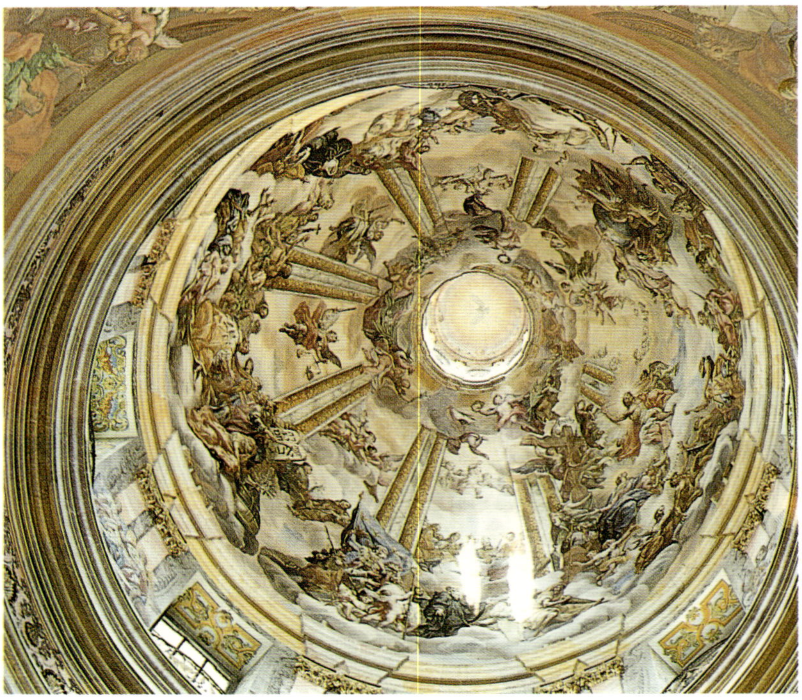

Das Benediktinerstift Melk, auf einem steil zur Donau abfallenden Bergrücken gelegen und nur von Osten zugänglich, wurde an der Stelle errichtet, an der der Strom in die weinreiche Wachau eintritt – weit, imposant und prächtig ragt es in die Landschaft, ein geschickter Architekt nutzte die theatralische Position klug aus. Die Gebäude lagern um sieben Höfe, der Komplex ist 325 Meter lang, die Schmal- und Schauseite zum Wasser hin enthält die turmbesetzte Fassade der Kirche, die sich hinter dem halbrunden Terrassenbau erhebt. – Ursprünglich stand an diesem Ort eine feste Grenzburg. 831 nennt eine Urkunde den Namen Melk zum ersten Mal. Die Ungarn zerstörten alle Bauten; nach der Schlacht auf dem Lechfeld 955 kam das Gebiet an die Babenberger, seit 1089 waren Benediktiner hier ansässig. 1113 ließ Leopold III. die Gebeine des heiligen Märtyrers Koloman nach Melk übertragen, das Kloster erhielt daraufhin von Bischof Ulrich von Passau den Stiftungsbrief und reiche Dotationen aus der Hand Leopolds. – Nach der « Melker Reform » des 15. Jahrhunderts gelangte das Stift zu Einfluß und hoher Blüte; nach dem Niedergang durch die Reformation begann eine zweite Glanzzeit als Stätte vorbildlicher Ordenszucht, doch auch der Wissenschaft und Kunst. Unter Abt Berthold Dietmayr, von 1700 bis 1739 im Amt, begann der Bau im Stil des Barock – Jakob Prandtauer wurde als Architekt berufen, er schuf die repräsentativen Trakte der Anlage in strahlendem, weiß abgesetzten Ockergelb, die so stolze Prädikate wie « Escorial der Benediktiner » oder « Versailles der Mönchsrepublik » verliehen bekam. Brände zur Bauzeit brachten das gewaltige Unternehmen in Gefahr, doch schließlich stand alles in monumentaler Einheit fertig da: die palastartige Ostfassade; der Prälatenhof mit seinem schönen Brunnen; Kaisergang von 195 Metern Länge; Kaiserstiege als Aufgang zum Kaisertrakt; die reichen barocken Zimmer; Marmorsaal; Altane, die Marmorsaal und Bibliothek verbindet und von der mächtigen Kirchenfassade samt Türmen überragt wird; die herrliche zweigeschossige Bibliothek mit Paul Trogers allegorischem Deckenfresko und dem braungolden schimmernden Schrankwerk; als Höhepunkt aber das Innere der Stiftskirche: Der prunkvolle, doch nicht überladen wirkende Raum gilt als der schönste barocke Sakralraum nördllich der Alpen, ein « Audienzsaal Gottes » in warmen, golden-bräunlichen Farbtönen gehalten. Mächtig steigt der Hochaltar auf mit schlanken Säulen, über und über von goldschimmernden Heiligen und Engelsstatuen besetzt. Das Deckenbild zeigt den Ordensgründer Benedikt in der Vision eines Triumphs und den Eingang des Heiligen in die ewige Herrlichkeit. Seitenaltäre, entworfen, geschmückt, gemalt von den Besten der Zeit, flankieren den Raum, die kunstvoll geschnitzte Kanzel, vom St. Pöltener Bildhauer Peter Widerin nach Plänen Antonio Galli-Bibienas geschaffen, sowie die große Orgel des Wieners Gottfried Sonnholz mit ihren drei Manualen, 45 Registern und 3280 Pfeifen gehören zu den berühmtesten Stücken der Ausstattung. Der heilige Benedikt lehrte wohl Bescheidenheit für sich und seine Brüder, aber zum Lob und Ruhm Gottes durfte alles vom Besten sein, nichts gering geachtet werden: « Alle Geräte und alle Güter des Klosters betrachte man wie heilige Altargefäße. Nichts halte man für Gleichgültig » – im gewaltigen Zusammenklang von Kunst, Schönheit, Glanz, auch unklösterlichem, dem irdischen Auge wohlgefälligen Glanz, Demonstration von Macht und Reichtum der Kirche und fast weltlich prangender Frömmigkeit bildet Melk unter Österreichs Stiften den Höhepunkt.

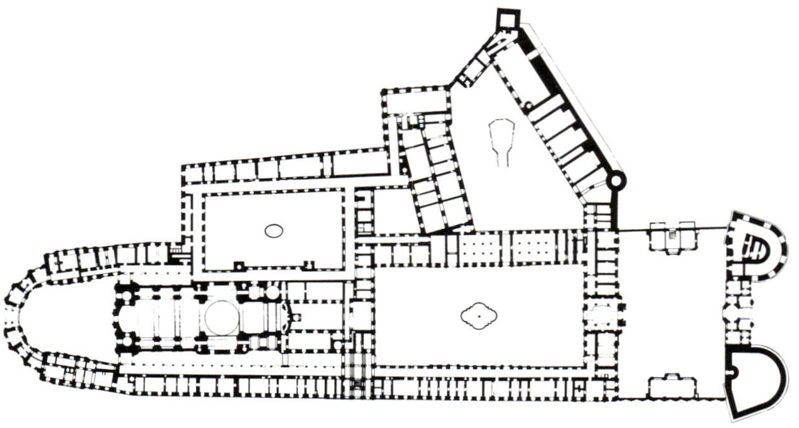

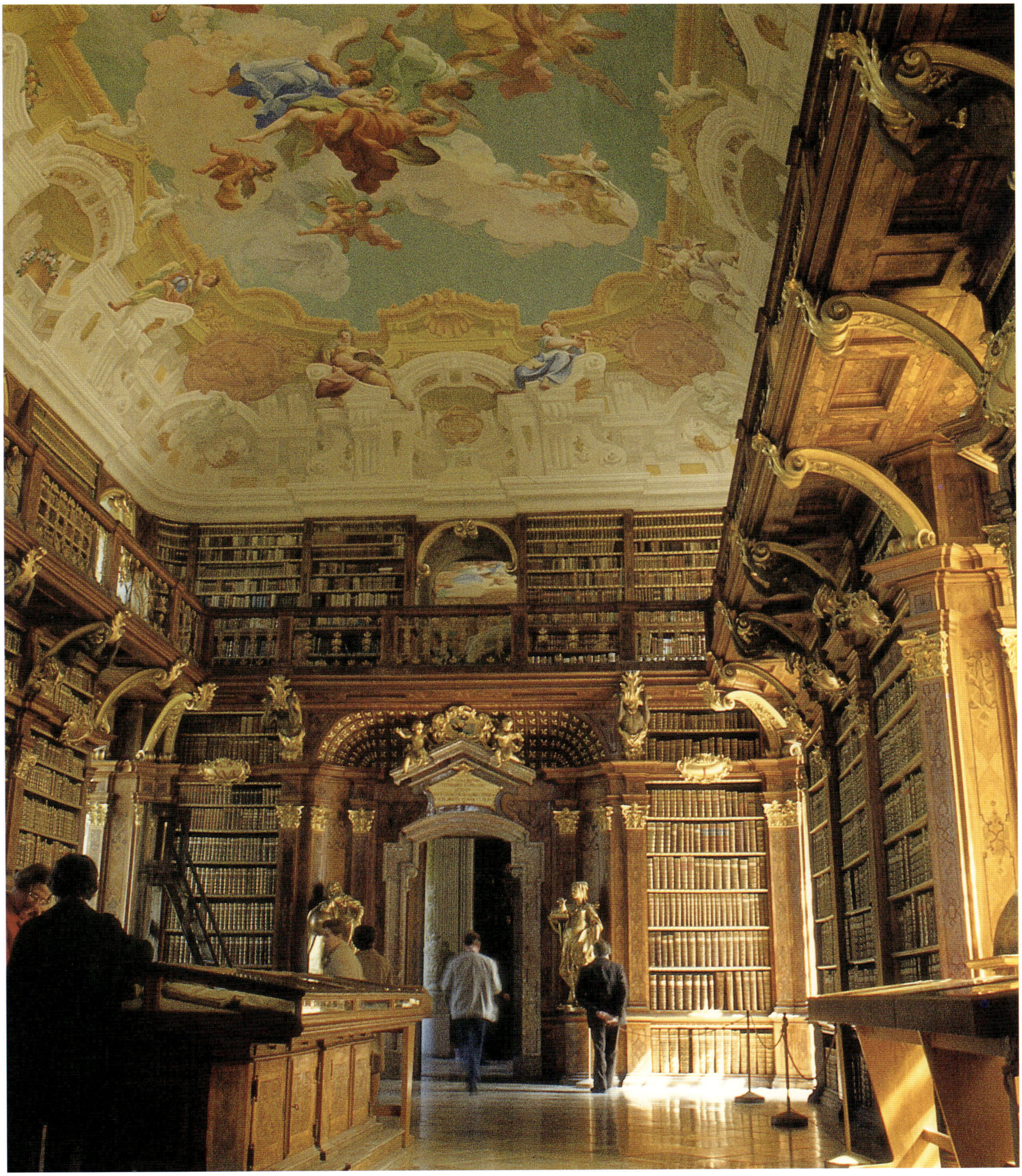

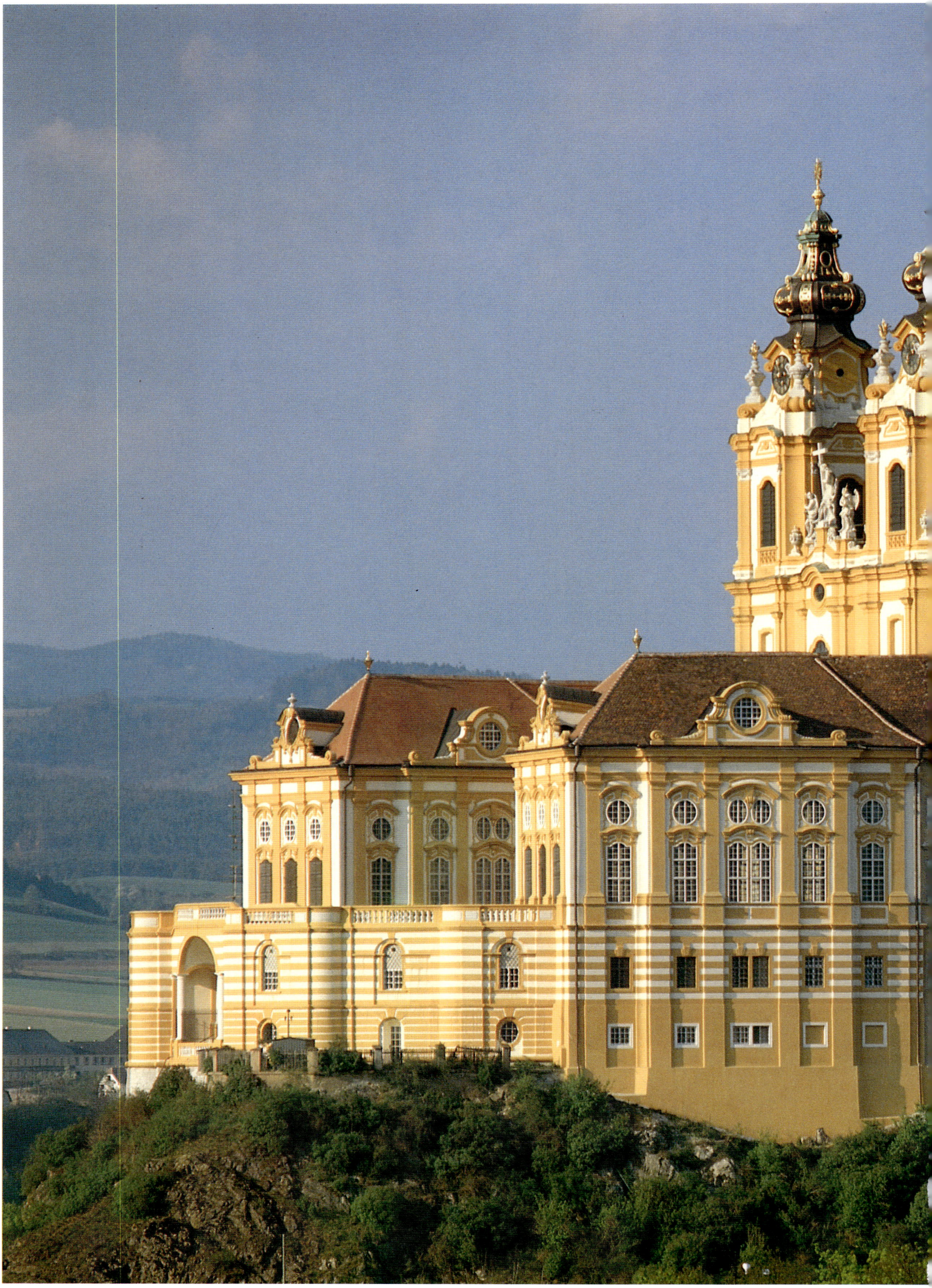

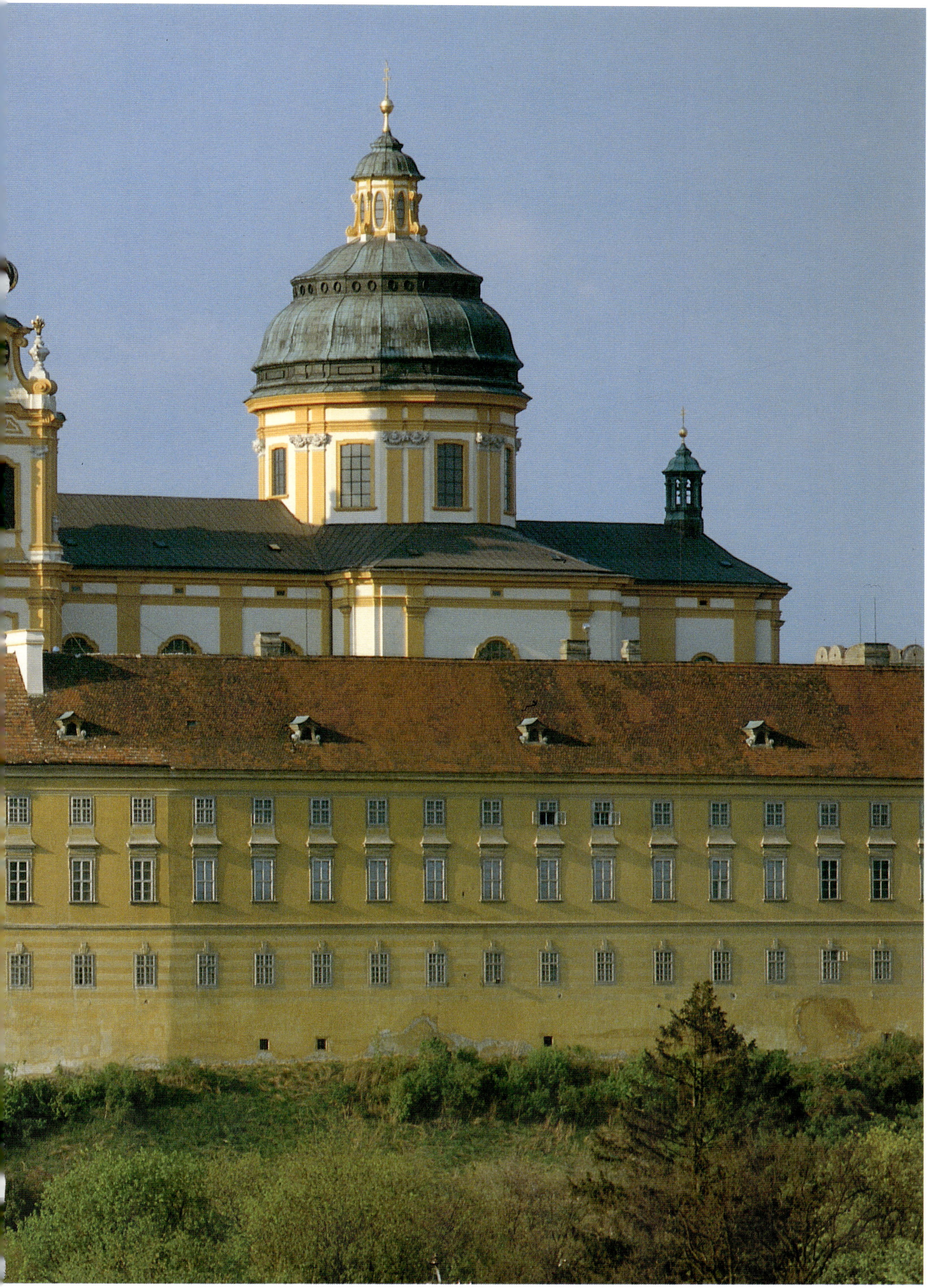

St. Florian

Südlich von Linz in Oberösterreich liegt St. Florian. Der Namenspatron erlitt unter Kaiser Diocletian im Jahr 304 das Martyrium, er wurde, da er dem Christenglauben nicht abschwören wollte, mit einem Mühlstein um den Hals im nahegelegenen Flüßchen Enns ertränkt. Über seinem Grab errichtete man ein Heiligtum, im 8. Jahrhundert stand bereits ein Kloster; Bischof Altmann von Passau erneuerte es im Jahr 1071 und stellte es unter die Ordensregel der Augustiner. St. Florian erlangte rasch großen Ruf als wirtschaftliches und geistiges Zentrum, die Schreibschule wurde weitberühmt, vor allem die Malerschule des 13. und 14. Jahrhunderts errang europäische Bedeutung. Albrecht Altdorfer schuf hier bis 1518 seinen Sebastians-Passions-Altar und begründete die Malerei der Donauschule.
1686 begann der Barockbaumeister Carlo Carlone, eine neue, große Anlage aufzuführen; als er 1708 starb, setzte Jakob Prandtauer die Arbeit fort bis zu seinem Tod 1726: Zwei große Architekten bauten den gewaltigen Komplex, der einheitlich, wie aus einem Guß, wirkt: Die mächtige Kirche mit zwei 80 Meter hohen Türmen unter festlich geschwungenen Helmen präsentiert sich reich, verschwenderisch ausgestattet: majestätische Pfeiler, schwerer Stuck und Gewölbefresken verteilen sich über den Raum von 77,5 Metern Länge, 14 Metern Breite und 25, in der großen Kuppel sogar 36 Metern Höhe: gemalte Scheinarchitektur erweitert noch den grandiosen Eindruck; barocke Altäre, vor allem der gewaltige Hochaltar, Statuen, die Kanzel aus schwarzem Marmor und ein kostbares Chorgestühl vom Ende des 15. Jahrhunderts bilden ein Gesamtkunstwerk, zu dem die besten Künstler der Zeit die Fülle ihrer großen Namen verbanden. In der Krypta unter der Hauptorgel steht der Katafalk des Komponisten Anton Bruckner, der in St. Florian als Lehrer wirkte und zugleich (1850-1855) provisorischer Organist war – « sein » Instrument, die « Bruckner-Orgel », besitzt 103 klingende Register mit 7343 Pfeifen. Das Werk Franz X. Chrismanns, 1770-1774, machte den « Musikanten Gottes » so berühmt wie seine Sinfonien und Messen.
Die reichen Abteigebäude enthalten herrliche Prunkräume: An der Hofseite des Westflügels betritt man Prandtauers elegant aufwärts geführtes, in den Hof gestelltes Stiegenhaus, das vornehme Loggien begleiten und säumen; die Bibliothek in der Mitte der Ostseite des Hofes ist ein zweigeschossiges Meisterwerk Gotthard Haybergers, 1745-1751; im Marmorsaal im Südflügel schufen Martin und Bartolomeo Altomonte das Deckenfresko in leuchtenden Farben als strahlende Apotheose: Prinz Eugens Sieg über die Türken: Altdorfers Altar mit Darstellungen von Leben und Martyrius des heiligen Sebastian ist im Westflügel untergebracht. Gezeigt werden noch die Kaiserzimmer, eingerichtet für den Besuch des Herrschers, das Papstzimmer sowie ein reich geschmückter Audienzsaal. – Die Reliquien des Heiligen, der bei Feuersnot angerufen wird, sind verschollen, nur eine Tafel in der Krypta des Stifts berichtet, daß man seine Gebeine im 13. Jahrhundert gefunden habe.

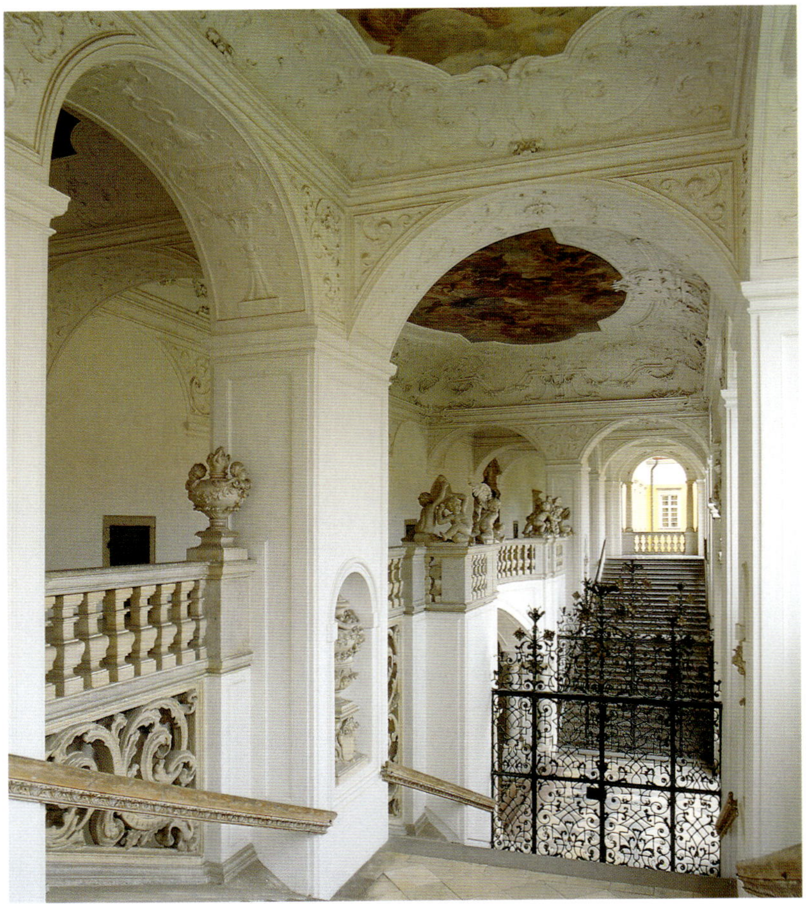

Treppenhaus

Kaisersaal ▷

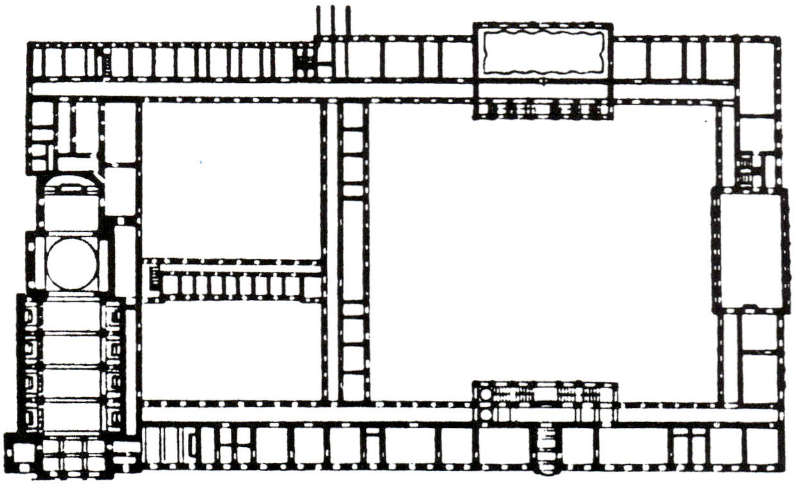

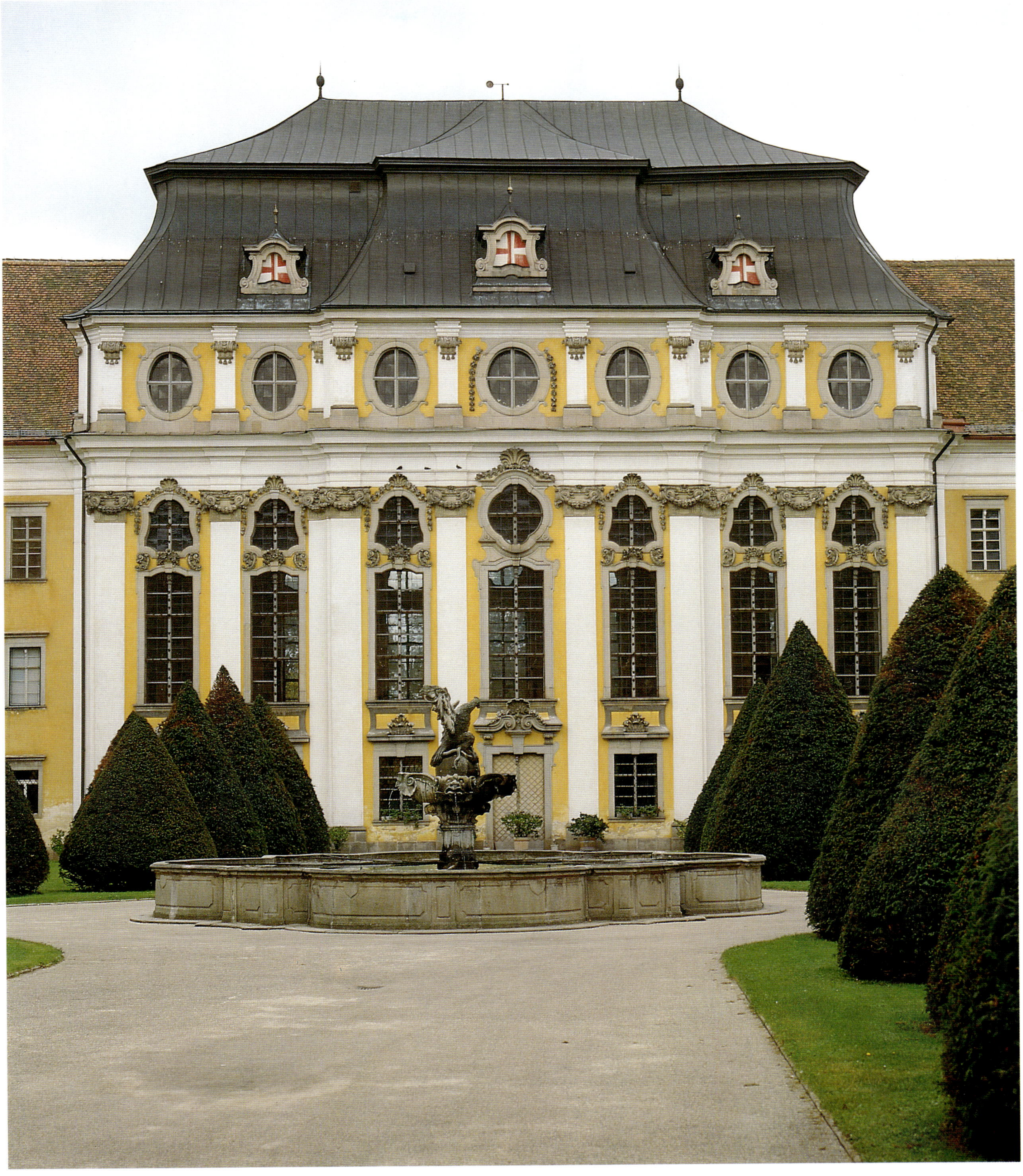

Stams

König Konradin, der letzte Staufer, 1268 in Neapel enthauptet – ein unendlicher Mythos vom schönen, jungen, unglücklichen Herrscher, der sich « sein » Sizilien zurückerobern wollte und den Tod fand – begeisterte durch Jahrhunderte Dichter und Maler; nur seine Mutter Elisabeth setzte ihm zu Stams ein Denkmal aus Stein. Nach Konrads IV. Tod in zweiter Ehe mit Graf Meinhard II. von Görz-Tirol vermählt, bat sie den Gatten, dem Sohn zum Gedenken ein Kloster zu stiften. Das Ehepaar wählte Stams, den Ort einer vielbegangenen Wallfahrt zu Ehren Johannes des Täufers, und gründete dort im Jahr 1273 das Stift, das zugleich Grablege seines Hauses werden sollte. Bereits 1284 war Weihe der großen Stiftskirche; aus dem schwäbischen Kaisheim kamen Zisterziensermönche, die, allezeit Konradin ergeben, zum Lohn für ihre Treue nun die Nachbildung ihres Heimatklosters vorfanden. Stams entwickelte sich zum Zentrum geistigen und religiösen Lebens im oberen Inntal; der Name des Hauses Staufen hatte guten Klang: Kaiser Karl IV. übertrug 1362 die Reichskleinodien (Kaiser Sigismund ließ sie 1423 nach Nürnberg überführen).

Die Habsburger wachten sorgsam über das Stift; erst das 16. Jahrhundert brachte dem florierenden Ort Unheil: Die Bauerkriege fügten ihm 1525 schwere Schäden zu, 1593 brannte das Kloster ab. Reicher, größer, stattlicher baute man es im 17. Jahrhundert zu neuer Blüte wieder auf: Auf den Grundrissen der alten, langgestreckten Kirche erhob sich der Bau, 1601-1615 eingewölbt, 1729-1732 noch einmal umgestaltet. Der freistehende mächtige Hochaltar, 1612-1613 von Bartholomäus Steinle aufgeführt, trägt alle Merkmale des Übergangs von der Gotik zur Renaissance, er stellt die Heilsgeschichte in einem Lebensbaum dar: rechts und links vom Tabernakel kniend das erste Menschenpaar als Wurzeln; im Wipfel die Kreuzigung Christi – 84 Figuren, Heilige, biblische Gestalten, finden sich in den aufwärts wachsenden Ästen. Die schöne Kanzel (1740) und die Seitenaltäre sind Arbeiten von Andreas Kölle. Das « Rosengitter » in der Heiligblutkapelle, 1716 vom Kunstschlosser Bernhard Bachnetzer geschaffen, und schmiedeeiserne Gitter des 18. Jahrhunderts gehören zu den bedeutenden Ausstattungsstücken des Stamser Stifts. Die Fürstengruft, wichtiges Anliegen der Stifter, wurde im Jahr 1552 beraubt und geplündert, nur Figuren der Fürsten und Fürstinnen, die hier ruhten, erinnern an die Geschändeten.

Der Konvent mit den charakteristischen dicken Barocktürmen an der Talfassade des Stifts, wurde um 1700, mit 180 Räumen sehr großzügig, barock umgestaltet. – Ein weites Treppenhaus mit Schmiedearbeiten und Deckenfresko und der Bernhardi-Saal in seinen mächtigen Dimensionen, zwei Stockwerke übergreifend, reich geschmückt mit Fresken von Michael Huber und Anton Zoller, 1722, sind eindrucksvolle Beispiele der Raum- und Gestaltungskunst des Barock.

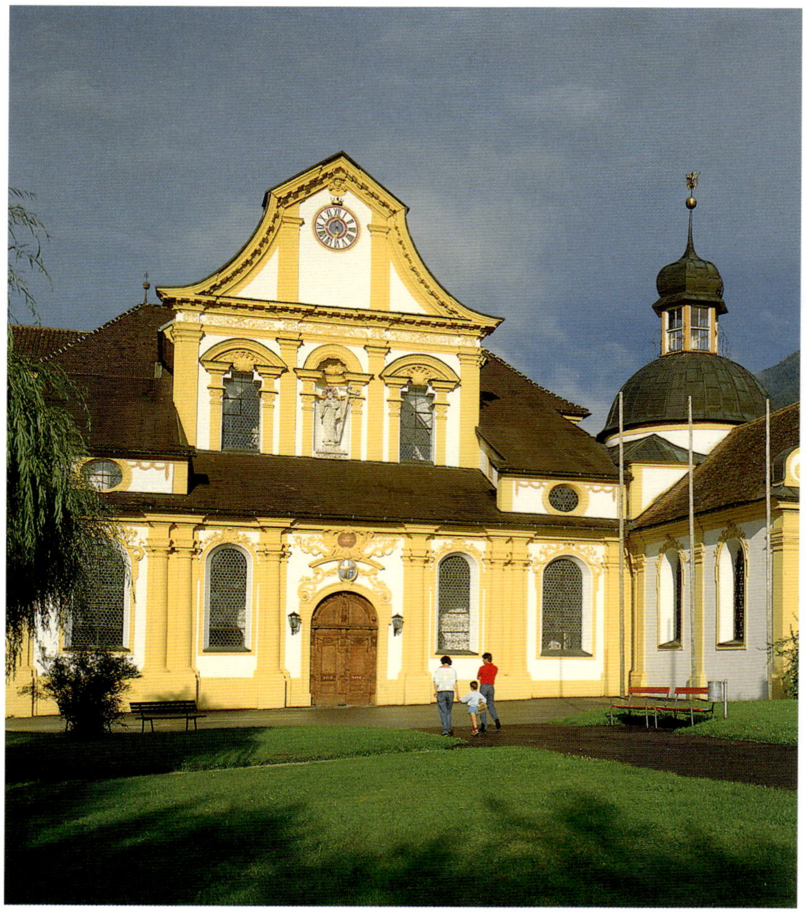

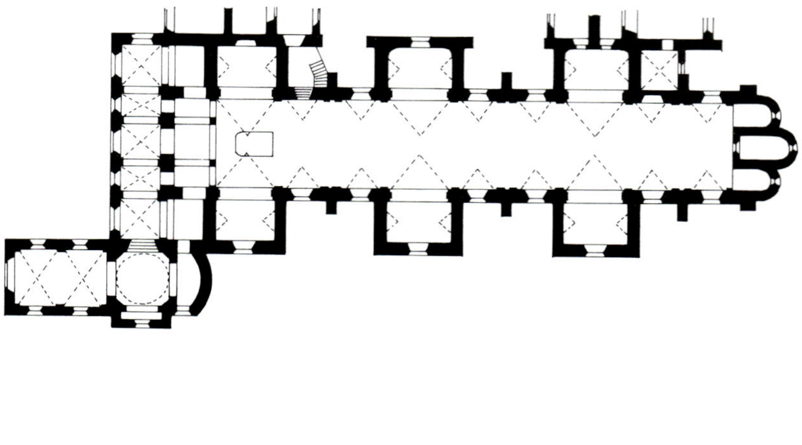

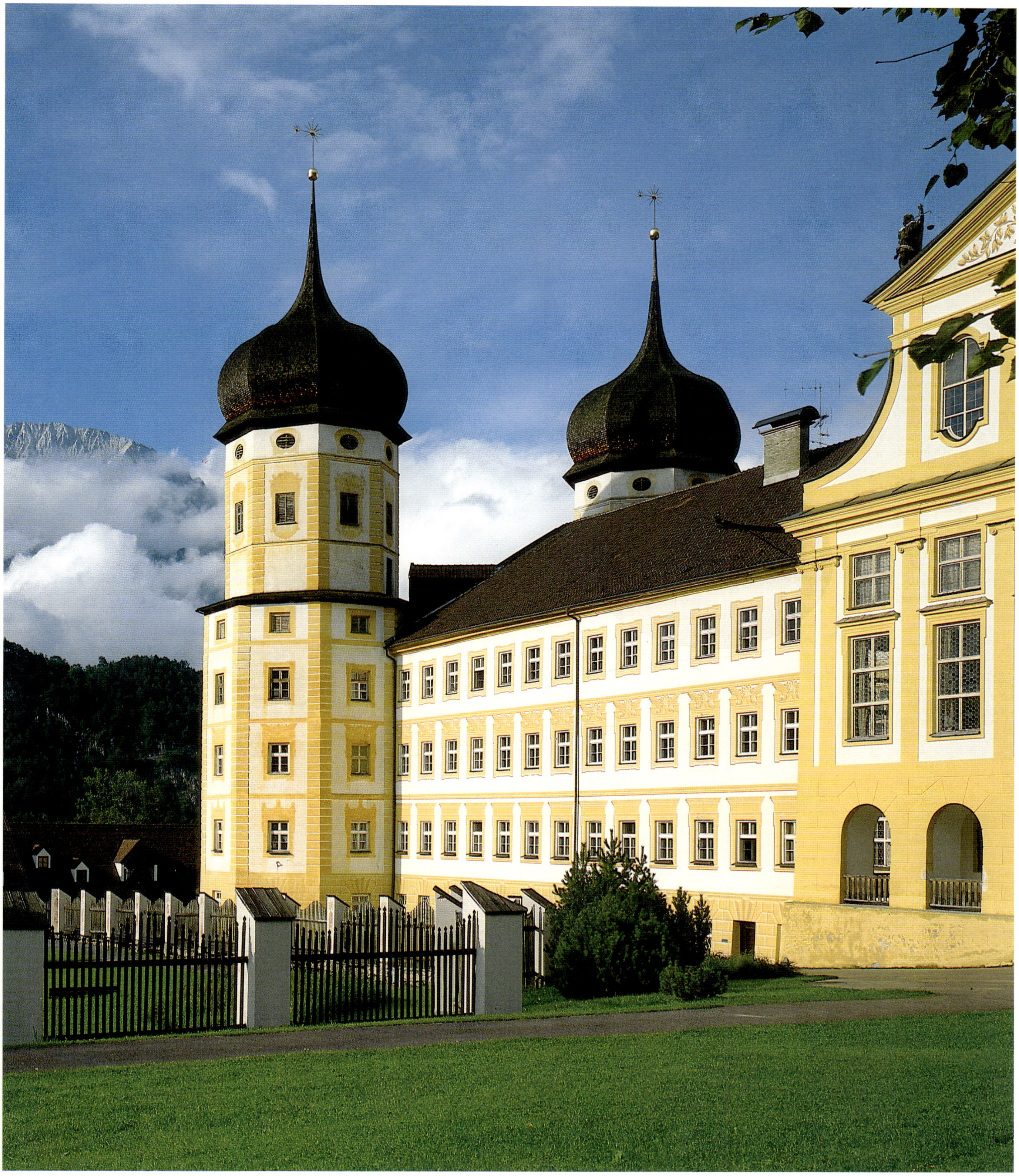

Zwettl

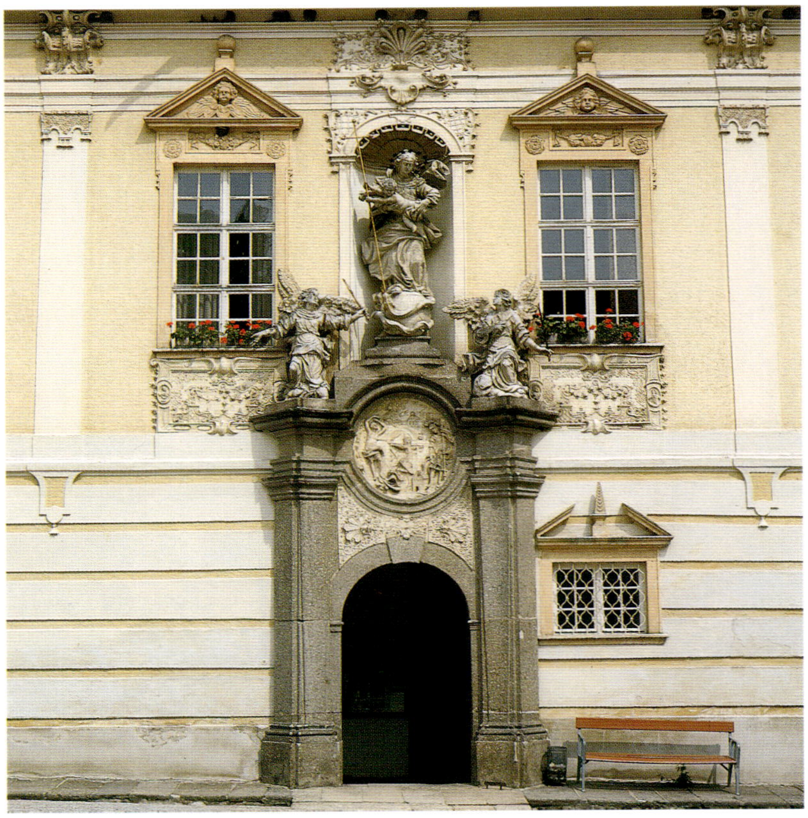

Wenn je ein Sakralbau der Zisterzienser der Ordensregel: «Steinerne Glockentürme sollen nicht gebaut werden», geradezu Hohn spricht, dann der barocke Turm des Stiftes Zwettl, denn er gilt als der schönste seiner Zeit überhaupt. – Das Kloster in Niederösterreich, 1137 gegründet und anschließend von Heiligenkreuz aus besiedelt, begann als romanische Anlage, Weihe der Kirche war 1159; langsam nur wuchs es der Gotik entgegen: Hadmar I. aus dem Geschlecht der Kuenringer war Stifter des Klosters im Waldviertel. Er und der erste Abt von Zwettl folgten einer Traumvision. Die Gottesmutter persönlich wies sie in der Silvesternacht an, nach einem grünenden Eichbaum zu suchen und dort das Kloster zu gründen – das Wunder fand sich an einem kleinenBach, getreu den Baubestimmungen der weißen Mönche: in der Einsamkeit und am fließenden Wasser. – Wie es Zisterziensermönchen geziemt, rodeten sie Äcker, kultivierten den Boden, erfreuten sich reicher Schenkungen, und wenn Weinbaugebiete gestiftet wurden, zelebrierten sie ihre Kunst, Reben zu pflegen.
Die gotischen Bauten zerstörten 1427 zum großen Teil die Hussiten; vom alten Baubestand sind unter anderem die romanische Stiftskapelle aus dem Jahr 1218, der herrliche Kreuzgang (1180 bis 1240), dessen klare, zierliche Formen eine mächtige Brunnenschale aus der Renaissance glücklich betont, der Kapitelsaal (1159 bis 1180), das im Barock veränderte Refektorium, Wärmestübchen («Calefactoriun»), Dormitorium und, auch die Männer Gottes hatten irdische Bedürfnisse, eine Latrinenanlage erhalten. Der Hallenchor vor allem, in schönsten, edelsten spätgotischen Formen 1343-1383 mit einem Kapellenkranz errichtet, wurde mit einbezogen, als das Zeitalter des Barock von Zwettl «Besitz» ergriff.
Überall entstanden nun die in großen Dimensionen geplanten Stifte, viele profitierten von schöner Lage, manche von verschwenderischem Reichtum. Die Türken hatte Prinz Eugen, der «edle Ritter», vor Wien geschlagen, man faßte also hohen Mut im Lande nach Ende der Gefahr: In Zwettl galt es als erklärte Absicht der Äbte, nicht *alles* neu zu machen, die Bausubstanz der ehrwürdigen Vergangenheit einzubringen. Man würdigte die Reise eines Abtes aus dem Mittelalter, der Frankreich bereist und die Bautradition des fremden Landes zu Hause liebevoll transponiert hatte. – Als «Museum der Baustile» präsentiert sich Zwettl so. Der Turm, von Joseph Mungenast 1722-1727 nach Entwurf von Matthias Steinl in einer Höhe von 99 Metern aufgeführt, steht triumphal in der nobel gegliederten, reich mit Statuen besetzten geschwungenen Fassade; auf der Spitze strahlt die große vergoldete Christusfigur von Johann d'Ambrosy (1727) weit ins Land – dieses Ensemble eint grandios die Epochen, schließt sie zusammen und läßt mit rund 600 Jahren Bautätigkeit vergessen, daß der Heilige von Clairvaux den Zisterziensern absolute Schmucklosigkeit verordnet hatte.

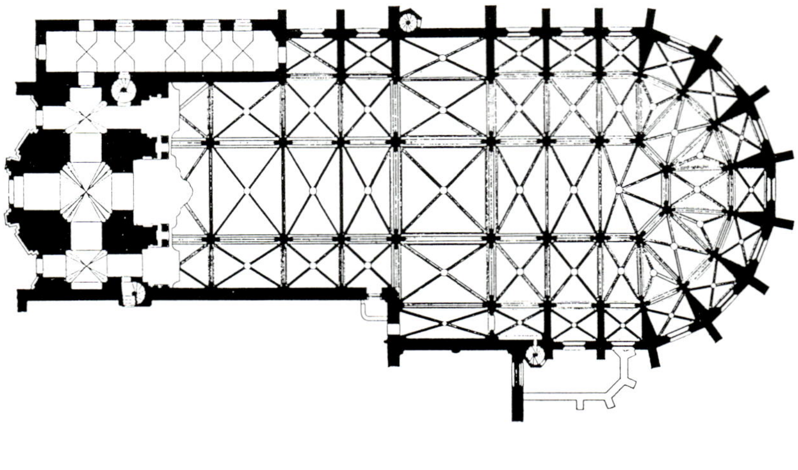

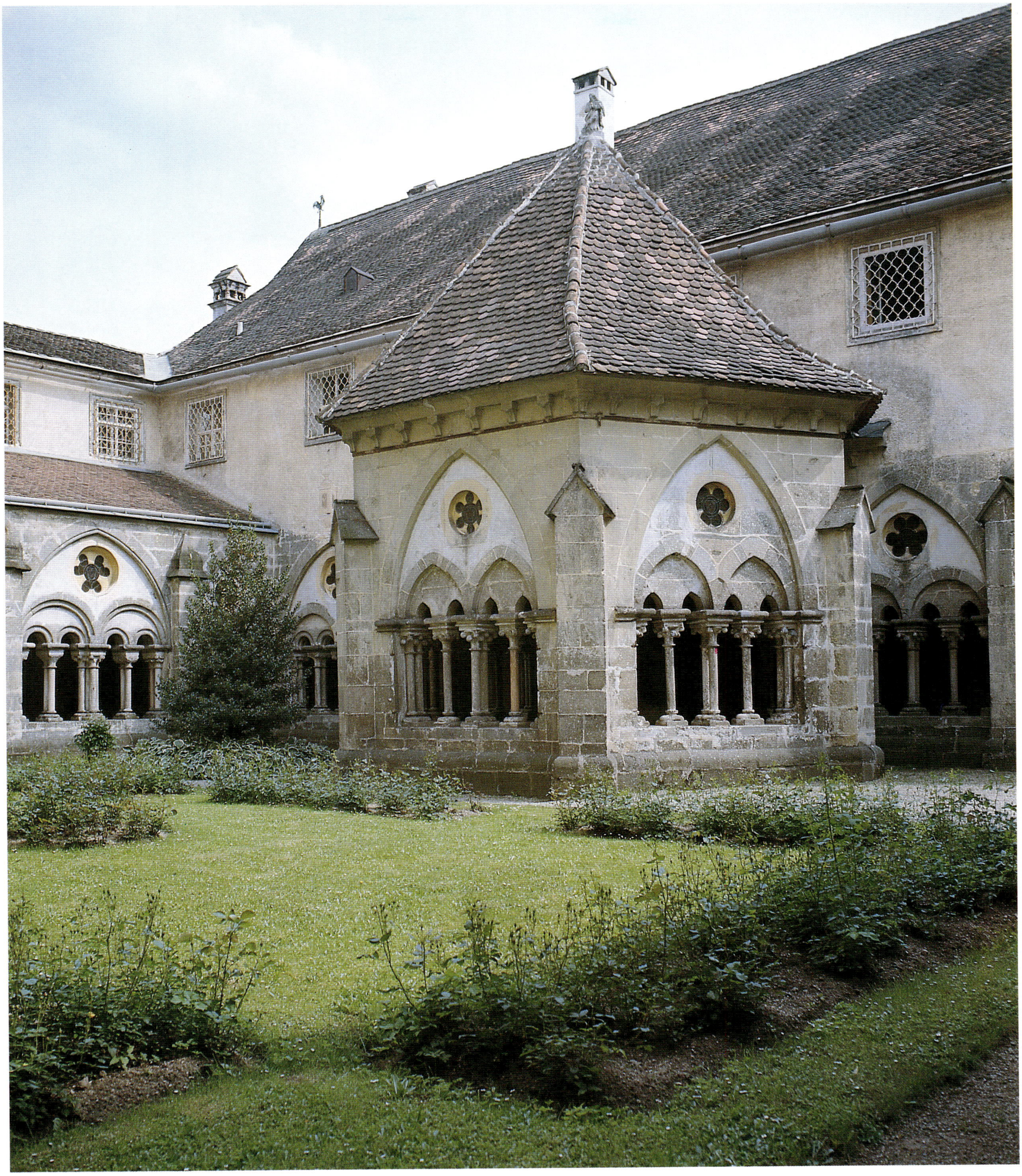

Ungarn

Pannonhalma

Die Benediktinerabtei, das erste und bedeutendste Kloster des Ordens in Ungarn, wurde im Jahr 996 durch Großfürst Géza gegründet; er überließ der Legende nach den frommen Männern sein Landhaus. Der heilige Adalbert, Bekehrer und Bischof von Prag, und in seinem Gefolge Benediktinermönche übersiedelten von Rom nach Ungarn und ließen sich bei Györ im nördlichen Pannonien auf einem Hügel, Pannonhalma genannt, nieder. Das Kloster erhielt St. Martin, den Bischof von Tours, zum Schutzpatron, denn dieser stammte aus dem altchristlichen Pannonien. Eine Urkunde von 1001 bezeugt, daß Stephan I. den Bau vollenden ließ und ihm die Privilegien von Montecassino, der Wirkungsstätte des Gründervaters Benedikt, verlieh. Reiche königliche Stiftungen sorgten für rasche Blüte des Klosters auf dem «heiligen Berg», doch von der damaligen Kirche, vermutlich an der Stelle der heutigen Krypta, blieb nichts erhalten.

Nach einem Brand begann der Bau des zweiten Gotteshauses und war bis 1137 vollendet. Abt Urias ließ dann in den Jahren zwischen 1216 und 1224 die noch bestehende Kirche aufführen. Er hatte Italien bereist und wählte die Zisterzienserklöster in der Umgebung Roms zum Vorbild – König Andreas II. und seine Gemahlin nahmen als Ehrengäste an der feierlichen Weihe teil. Der wehrhafte Abt stellte sich 1241 tapfer den anstürmenden Mongolen entgegen, starkes Mauerwerk und Bastionen machten das Kloster uneinnehmbar wie eine Festung. Die Abtei Pannonhalma wurde in den folgenden Jahrhunderten reich und mächtig; ihre enormen Pfründe weckten in manchem sehr weltlichen Herrscher die Begierde, dort Abt zu werden. Im 16. Jahrhundert stand Tamás Bakócz, Erzbischof von Esztergom, dem Kloster vor und später auch Cesare Borgia, der Sohn Papst Alexanders VI.; unter seiner Ägide kam zu dem im 14. Jahrhundert unter König Matthias wiedererrichteten Kreuzgang eine Renaissancekapelle, Reminiszenz an die Herkunft des italienischen Kirchenfürsten.

Neue kriegerische Gefahren drohten durch die Türken. Pannonhalma wurde 1529 weiter befestigt und gleichsam als Grenz- und Vorburg von Györ ausgerüstet. 1575 wütete ein verheerender Brand, die Mönche verließen, wie später noch einige Male, ihr Domizil; Türken eroberten es im Jahr 1594, erst 1638 konnten die Benediktiner heimkehren. Im 17. Jahrhundert begann der Neuaufbau der Ordensgemeinschaft und seit 1723 auch die Renovierung des Klosters. Entgegen dem oft der alten Bausubstanz verderblichen Brauch, *alles* abzureißen, um größer und prächtiger neu zu bauen, schonte man die romanischen Grundformen. Unter dem erhöhten Chor der Kirche, deren drei Schiffe durch schön ornamentierte Pfeiler getrennt werden, liegt die ebenfalls dreischiffige Krypta. Rote Marmorportale von 1699, der romanischen Formensprache angeglichen, führen hinein; Säulen mit frühgotischen Kapitellen tragen den mit Kreuzrippen gewölbten Raum, die Wandkonsolen schmücken steingehauene Menschenköpfe; über dem gerade abschließenden Chor ein Sternengewölbe vom Ende des 15. Jahrhunderts. Zum mittelalterlichen Kreuzgang führt die Porta speciosa, das südliche Prunkportal. In klaren, doch bewegten Formen der Spätgotik, geschmückt mit phantastischen symbolischen Skulpturen (der Rindskopf = Symbol der Demut; eine grinsende Maske = Hochmut; ein Kapuzinermönch = Neid; ein Frauenkopf = Sinnlichkeit; kämpfende Gestalten = Zwist; ein spitzbärtiges Gesicht = Unglauben), lagert er um den engen Klosterhof. Das große Refektorium in der Klausur erbaute in den Jahren 1724-1727 der Karmeliter Martin Witwer; Antonio Fossati stattete es um 1730 mit Fresken, Szenen aus der Bibel, aus.

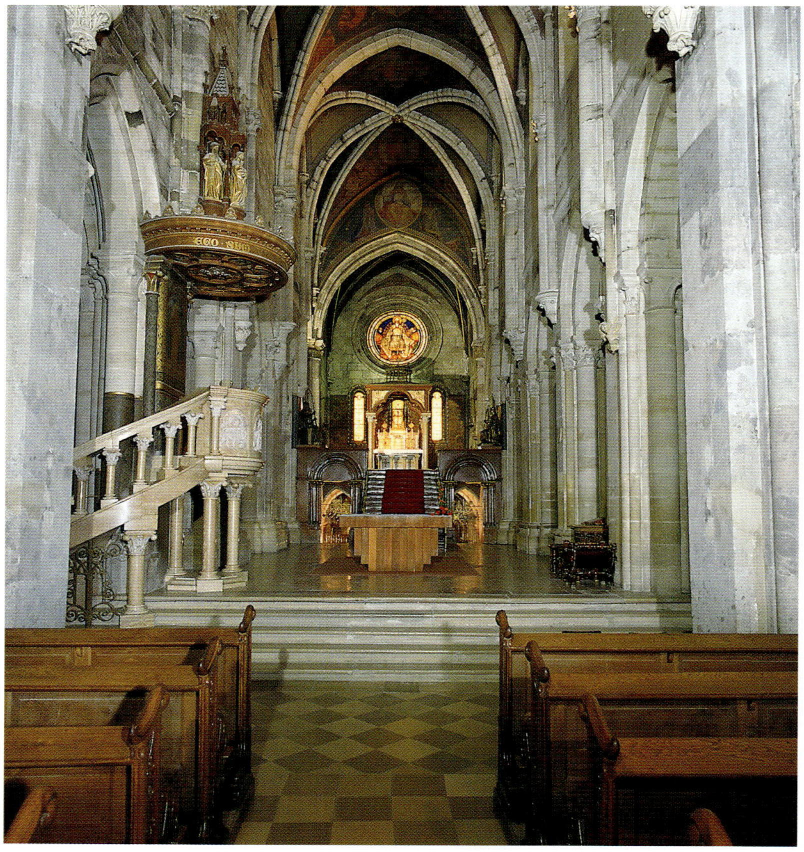

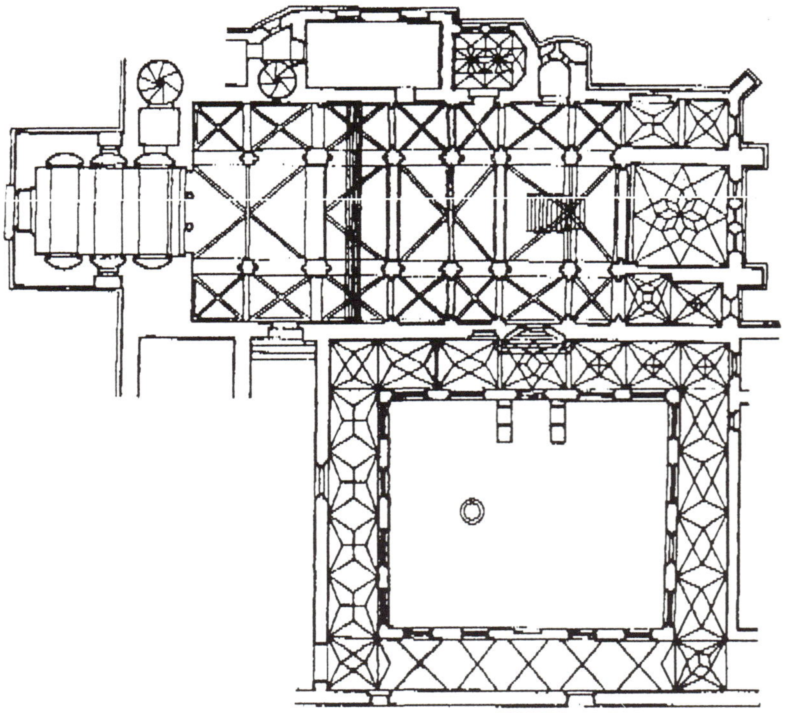

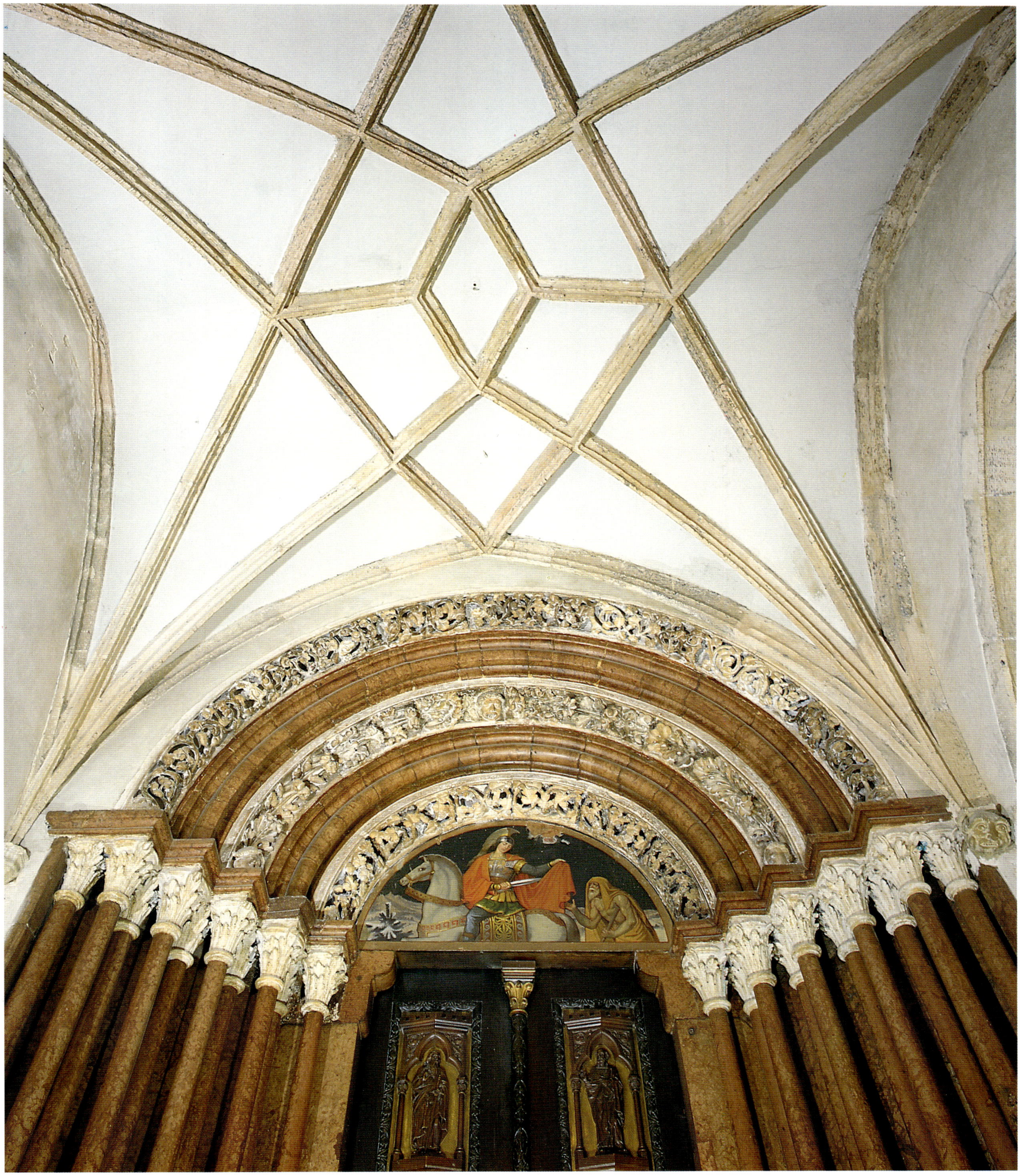

Budapest Paulinerkloster

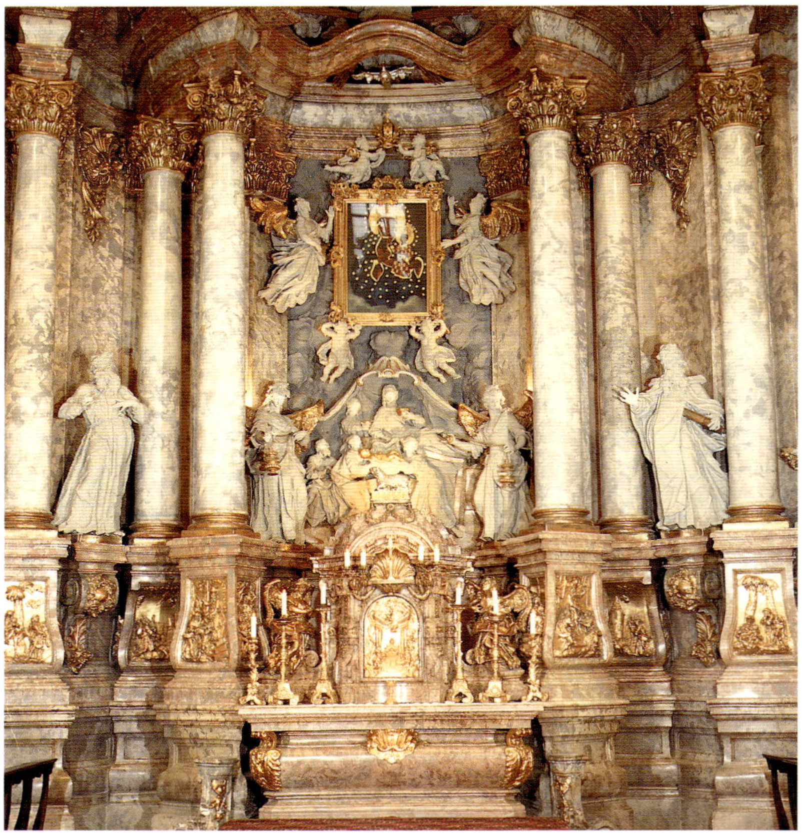

Im 13. Jahrhundert etablierten Eremiten den einzigen ungarischen Mönchsorden, die Pauliner. Ihr Zentrum lag auf dem Lindenberg bei Buda; das Kloster, 1309 erbaut, war dem heiligen Laurentius geweiht und barg seit dem Jahr 1381 die Gebeine des Eremiten Paulus von Thebai. Bis ins 14. Jahrhundert blühte der Orden mächtig auf, viele Mönche schlossen sich der neuen Gemeinschaft an. Verderben kam durch den Einfall der Türken um 1526. Sie plünderten den frommen Ort, entsetzt floh das Klostervolk, nachdem Buda gefallen war; der prachtvolle gotische Komplex, Pilgerstätte und zahlreich frequentierte Wallfahrt, lag während der hundertfünfzigjährigen osmanischen Herrschaft ruiniert.

Nach der Wiedereroberung Budas kehrten die Pauliner zurück, doch verzichteten sie auf den Neubau an der alten Stätte und siedelten im Jahr 1688 in der Zwillingsstadt Pest; denn hier war jetzt türkischer Grundbesitz wohlfeil. Zwischen 1715 und 1772 errichtete Matthias Drenker das Kloster; Pläne für die barocke Kirche lieferte vermutlich das Oberhaupt der Pester Baumeistergilde, Andreas Mayerhoffer aus Salzburg; Bauzeit war von 1725 bis 1742; die Weihe zu Ehren der Jungfrau Maria und den beiden Eremitenheiligen Paulus und Antonius fand im Jahr 1748 statt, doch dauerten die Arbeiten an dem Gotteshaus noch lange; erst 1770 wurden die Westtürme vollendet.

Die in schönen Proportionen gegliederte Hauptfassade mit ersten Anklängen an den französischen Spätbarock, in Horizontale und Vertikale klar betont, ist mit schwungvollen barocken Bauplastiken bestückt: Seitlich des Dreieckgiebels stehen die Statuen der Kirchenpatrone; darunter – in die Fassade eingelassen – befindet sich eine Muttergottes; in reichem Barockschmuck, flankiert durch Säulen mit Vasen und Statuen, prangt das Hauptportal. Das Innere, einschiffig mit Seitenkapellen, dominiert der barocke Hochaltar des österreichischen Bildhauers Josef Hebenstreit aus dem Jahr 1746. Sein Bildprogramm korrespondiert mit jenem der Fassade: Skulpturen der Geburt Mariens, der Heiligen Paulus und Antonius sowie eine Kopie des Gnadenbildes in der Paulinerkirche von Tschenstochau. Hebenstreit schuf auch das reich geschnitzte Chorgestühl. Bis 1748 entstand die herrliche Kanzel, geziert mit Allegorien der Tugenden. Orgelgehäuse, Sakristeieinrichtung, und Kirchenbänke stammen aus der Tischlerwerkstatt des Ordens; in den Schnitzereien wiederholen sich immer wieder die Symbole des Paulinerordens: der Wolf und die Palme, vor allem aber ein Rabe mit Brot im Schnabel, der den in der Einsamkeit der Wüste fastenden Anachoreten Antonius, im Sterben getröstet durch den Einsiedler Paulus, speiste. Johann Wenzel Bergl, Freskenmaler aus Wien, malte im Jahr 1776 das Deckenbild, Szenen aus dem Alten und Neuen Testament.

Der Orden der Pauliner wurde 1786 aufgelöst; in der Folgezeit diente das Kloster als Priesterseminar und, seit 1805, als Sitz der Theologischen Fakultät der Budapester Universität. Die schöne Bibliothek im zweiten Obergeschoß reicht durch zwei Stockwerke, sie wurde 1775 vollendet. Ihre barocke Tür und die mit kostbarem Schnitzwerk geschmückten Bücherschränke sowie eine umlaufende Galerie mit durchbrochener Brüstung krönt das Deckengemälde Pietro Rivettis aus dem Jahr 1803. Das Klostergebäude erhielt 1870-1873 ein drittes Geschoß, und die Fassade wurde in ihrer gesamten Breite bis zur Höhe des Mittelrisalits gezogen.

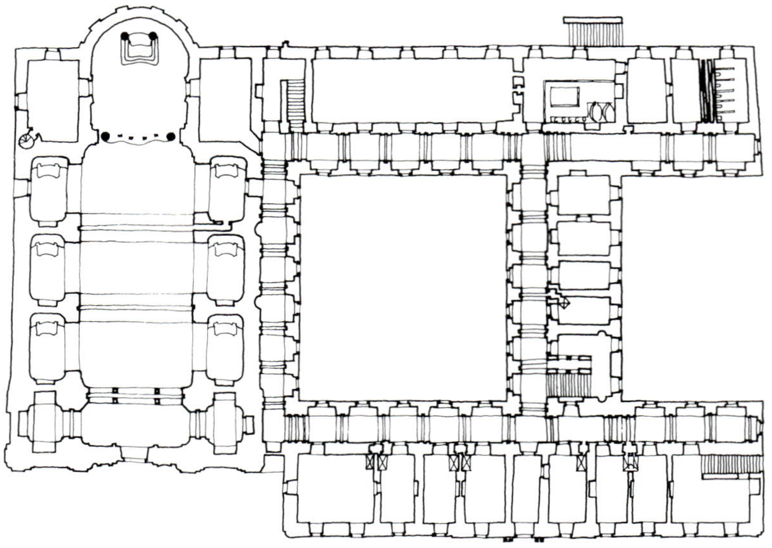

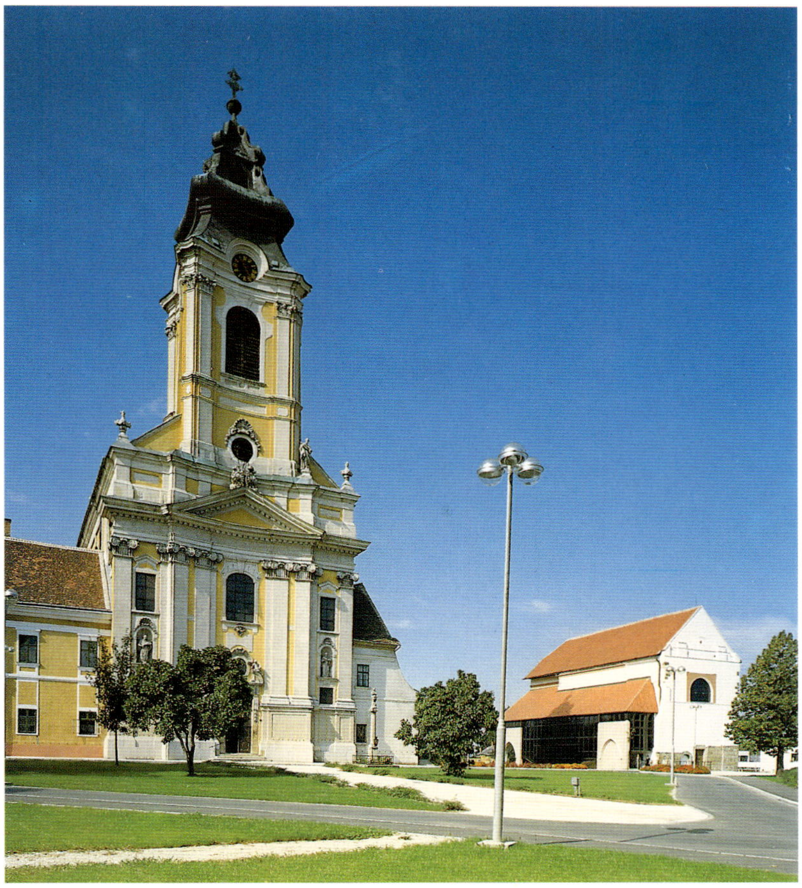

Szentgotthárd

König Béla III. gründete im Jahr 1183 in der westlichsten Ecke Ungarns, am Raab, eine Zisterzienserabtei: « Béla, König der Ungarn, stiftete das Kloster des Ordens... », beginnt der Text der Urkunde. Es kamen Mönche aus Trois Fontaines in Frankreich; 1184 ließen sie sich nieder und errichteten nach den Vorschriften ihres Kapitels Kirche und Klosterbauten, und zwar an dem Ort, an dem ein dem heiligen Gotthard von Hildesheim geweihtes Gotteshaus gestanden hatte – daher der Name. 1198 bestätigte König Imre den Mönchen ihre Güter. 1213 gab es aber einen Dissenz über eine Grundstückrückerstattung an die « Ecclesia Sancti Gotthardi », wie 1221 eine Urkunde über das Szentgotthárder Kloster berichtet. Es erlangte im 13. und 14. Jahrhundert, reich bestiftet, seine hohe Blütezeit. König Lajos I. erwies sich als besonderer Gönner. Die Kirche, eine dreischiffige Basilika, 44 Meter lang, nach provencalischem Vorbild erbaut, wurde der Jungfrau Maria geweiht. Sicherheitshalber, schließlich lag das Kloster im Grenzland, schuf man auch starke Befestigungsmauern. So bestand Szentgotthárd lange Zeit, bis im Jahr 1570 der kaiserliche General Tieffenbach mit seinem Heer erschien und die ganze Anlage in die Luft sprengte. Die Mönche flohen.

Erst ein gutes Jahrhundert später, 1677, ließ der Erzbischof von Kalosca, György Széchény, die Kirche wieder aufbauen. Dazu wurden italienische Baumeister berufen, aber richtiger Schwung kam erst mit dem hohen Barock in das Unternehmen. Károly III. schenkte die Kirche, alle Gebäude und Güter im Jahr 1732 den Zisterziensern von Heiligenkreuz; in den leerstehenden Komplex sollte neues Leben einziehen. Südlich der alten Kirche entstanden neue Gebäude, obwohl die Mönche zunächst erwogen hatten, das mittelalterliche Gemäuer und die Bauten des Frühbarock zu renovieren. 1738 kam Franz Anton Pilgram aus Wien, vermaß das Terrain und fertigte den ersten Entwurf, der noch den Umbau des Bestehenden vorsah oder wenigstens die Einbeziehung der Vorgängerbauten. Endlich entschied man sich für ein großzügiges Projekt, das freilich von manchen Zeitgenossen mit nostalgischer Wehmut begrüßt wurde. Der Archivar von Heiligenkreuz und Zisterziensermönch Heimb notierte den Fortgang der Bauarbeiten, und Mitte des 18. Jahrhunderts klagte der Chronist Floris Romer, wohl mit Respekt vor Pilgrams Werk, doch wehmütig: « St. Gotthard am Priorate; zum neuen Gebäude von Pilgram, Baumeister: Prachtvoll. Das alte Kloster lag auf dem Platz hinter dem heutigen Prachtbau und war von einer Seite vielleicht mit einem breiten Sumpf, von der anderen Seite mit Gräben und Fischteichen umgeben. Diese bilden heute nette Wiesen, und es ist schade, daß sie aufs neue nicht belebt werden.» Pilgrams Vorstellungen realisierten sich nur teilweise; dem ersten Plan folgten weitere Varianten, ausgeführt wurden schließlich die Kirche und ein Flügel der Klostergebäude.

1740 begann der Bau; die Kirche mit ihrer schönen plastisch gestalteten Fassade entstand zwischen 1748 und 1764. Die Gemälde im Inneren schuf der Laienbruder Matthias Gusner. Das dekorative Fresko mit der Darstellung der gegen die Türken gewonnenen Schlacht bei Szentgotthárd im Jahr 1666 malte István Dorffmeister (1784). Die ansässigen Mönche waren kunstreiche Handwerker, die ihre Ausstattungsstücke und Klosterräume liebevoll, fast elegant selbst anfertigten: Altäre, Statuen, das Refektorium und auch Bibliothek und Parlatorium wurden in den Werkstätten der Zisterzienserlaien geschaffen. Ihr praktischer Sinn fand schließlich auch für die alte Kirche noch Verwendung, sie diente als Scheune und Getreidespeicher des Klosters Szentgotthárd.

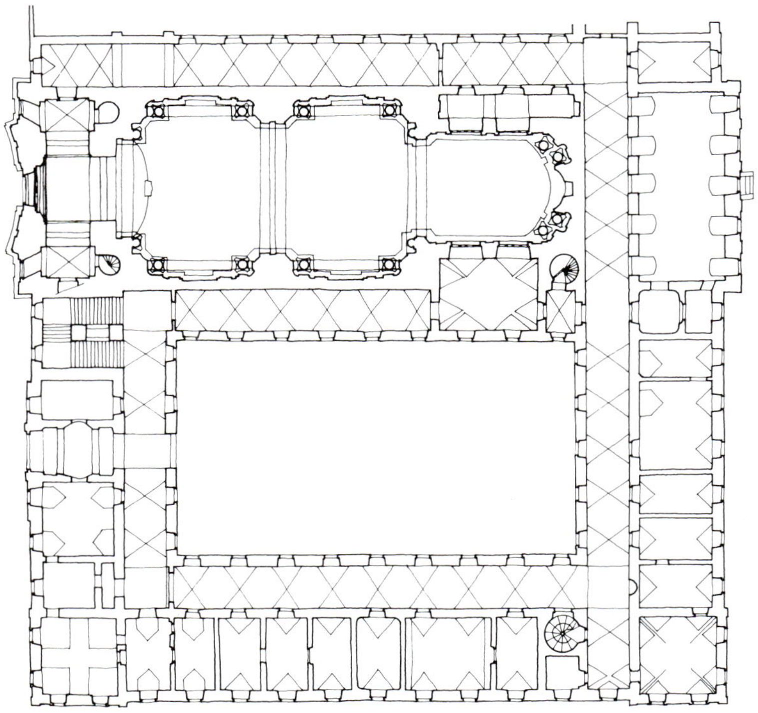

Polen

Marienburg

Am rechten Flußarm der Weichsel, östlich von Danzig, erhebt sich einer der repräsentativsten und mächtigsten mittelalterlichen Festungsbauten in Europa, die Marienburg. Ursprünglich diente sie als einfache Festung, die der Deutsche Orden 1274 zur Sicherung der Nogatstraße erbaute. Kurz vor 1280 war sie Komturei. Der riesige Komplex, eine wehrhafte Anlage mit Umwallungen, Ringmauer, Vorburg, Verwaltungs-, Fest-, Wohn- und Wirtschaftsgebäuden, aus Backstein errichtet, wuchs seit dem 13. Jahrhundert und vor allen im 14. imposant auf. Um 1290 entstand das Hochschloß als Konventbau für zwölf Brüder über einem rechteckigen, regelmäßigen Grundriß mit gotischem Arkadenhof. Hochmeister Siegfried von Feuchtwangen beschloß, seine Residenz auf die Marienburg zu verlegen und ließ 1306-1309 das Mittelschloß aufführen. Der Große Remter im Westflügel des Mittelschlosses, dessen Sternengewölbe von drei schlanken Granitsäulen mit figurativen Darstellungen an den Kapitellen (1318-1324) getragen wird, ist ein Werk des 14. Jahrhunderts.

Von 1335 bis 1341 herrschte Hochmeister Dietrich von Altenburg, und in den Zeitraum seiner Ägide fiel die hohe Blüte der Baukunst auf der Marienburg: neue Wohnflügel, Kapitelsaal, die Erweiterung (bis 1344) der Marienkapelle, zu der die Goldene Pforte (um 1280) mit plastischen Darstellungen der Klugen und Törichten Jungfrauen sowie Ecclesia und Synagoge führt. 1389-1399 baute Nikolaus Fellenstein in der Südwestecke des Mittelschlosses den viergeschossigen Hochmeisterpalast, ein großartiges Beispiel «höfischer» Baukunst mit großen, hellen Räumen, dekorativen Gewölben auf eleganten Säulen – eine fürstliche Wohnung mit freiem Blick auf die Nogat, weit entfernt vom Gedanken klösterlicher Askese.

Dabei waren die Regeln des Deutschen Ritterordens außerordentlich konsequent: «Drei Dinge sind es», heißt es darin, «die die Grundfeste sind eines jeglichen geistlichen Lebens, und sie sind geboten in dieser Regel. Das erste ist Keuschheit ewiglich, das andere ist Verzicht auf eigenen Willen: das ist Gehorsam bis an den Tod. Das dritte ist das Gelübde der Armut, daß jeder ohne Eigentum lebe, der in diesen Orden tritt.» Und: «In diesen drei Dingen, Keuschheit, Gehorsam, Leben ohne Eigentum, liegt die Kraft dieser Regel so ganz und gar und bleibet so unbeweglich, daß selbst der Meister des Ordens keine Gewalt hat, jemand zu lösen von diesen drei Dingen. Denn wenn man eines bräche, so wäre wohl damit die ganze Regel gebrochen.»

1410, nach der Schlacht von Tannenberg, als polnische und litauische Truppen die Marienburg belagerten, hielt die Festung unter Heinrich von Plauen wehrhaft stand. 1447 nahmen die Polen sie ein, 1772 ging sie in den Besitz Preußens über, und damit begann der Niedergang. Zwar fand im Großen Remter noch die Huldigungsversammlung der westpreußischen Stände statt, aber dann baute man die Anlage, von Kapelle und Remter abgesehen, um zur Kaserne, zu Magazinen, Manufakturen, Speichern; Marienburg verfiel. Der Dichter Max von Schenkendorff rief in einem flammenden Artikel, 1803 im «Freimütigen», auf zur Wiederherstellung des «heiligen Schuttes»; 1817 ging es ernstlich voran mit Bau- und Denkmalschutzmaßnahmen, ruinierte Werke des Mittelalters sollten gerettet werden. Der in solchen Vorhaben stark engagierte Maler Karl Friedrich Schinkel besuchte 1819 die alte Ordensburg und bekannte, daß bei keinem anderen Bauwerk «so wie beim Schlosse Marienburg Einfachheit, Schönheit, Originalität und Konsequenz durchaus harmonisch verbunden sind.»

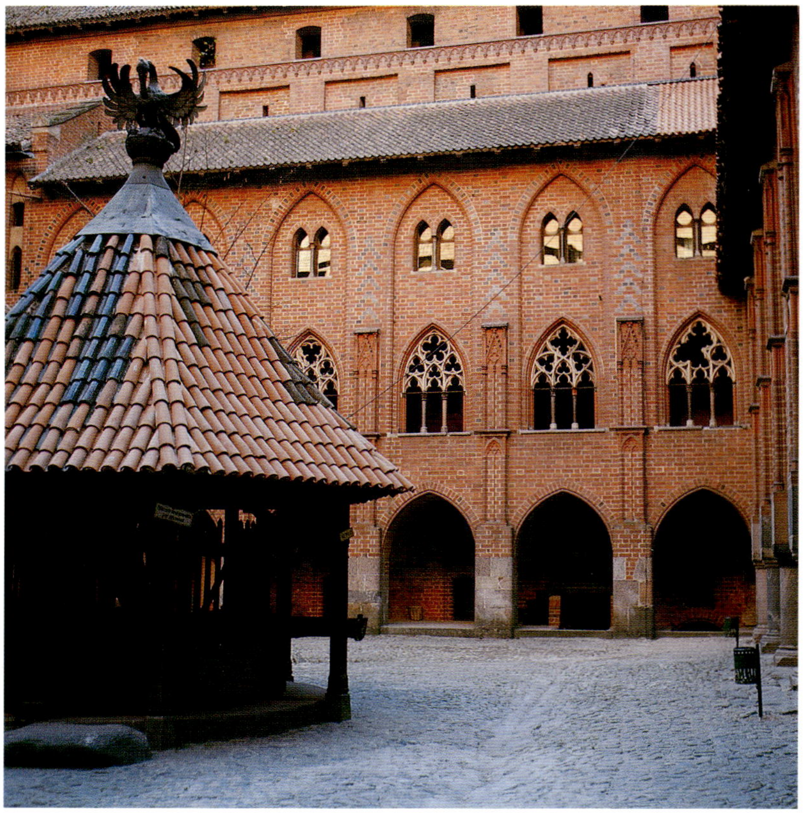

Hof des Hochschlosses

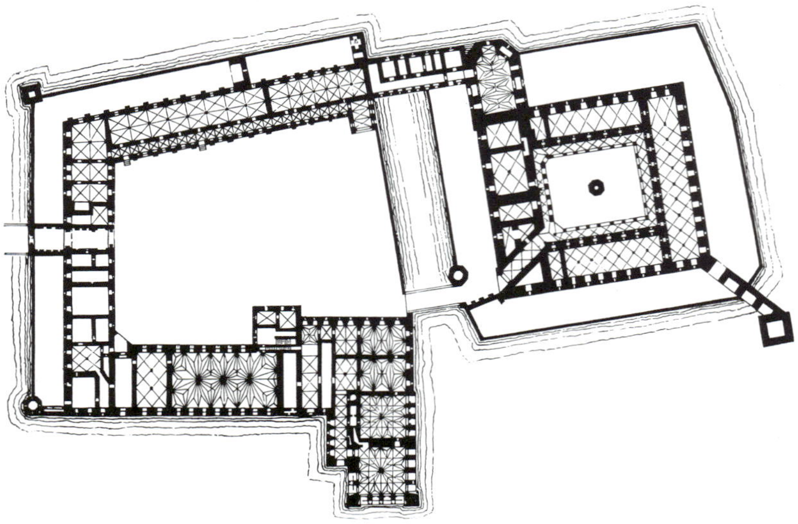

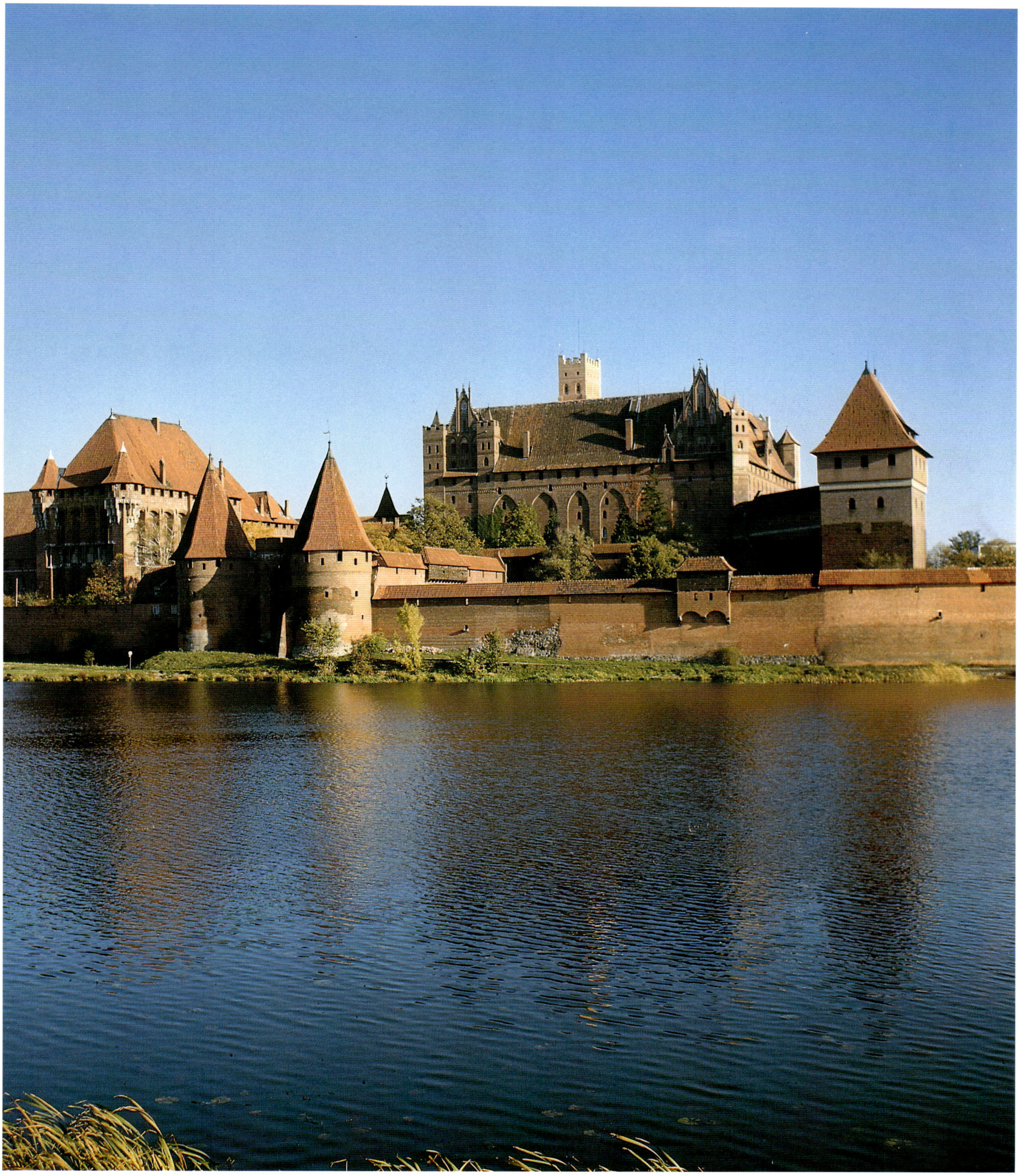

Oliva

Nicht weit von der Ostsee, heute im nördlichen Stadtteil von Danzig, liegt die um 1170 gegründete ehemalige Zisterzienserabtei Oliva, «Mons Olivarum». Die romanisch-frühgotische Basilika mit Querschiff wurde im 13. und 14. Jahrhundert erbaut und im Laufe späterer Zeiten weiter neu- oder umgestaltet in harmonischen, großzügigen Maßen: 90 Meter lang, 30 Meter breit, 20 Meter hoch. Die Westfassade, flankiert von zwei schmalen Türmen, gestaltete man 1771 im Stil des Rokoko um, zu dieser Zeit entstanden auch die Turmhauben. Das reiche Mittelportal stammt aus dem Jahr 1688. Im Kircheninneren befinden sich schöne manieristisch-frühbarocke Altäre, bedeutende Grabmale, zum Beispiel das der Familie Kos von 1620, und eine große Rokokoorgel mit 86 klingenden Stimmen; zu den wichtigsten Ausstattungsstücken zählt noch das prächtig dekorierte Gestühl in Chor und Langhaus aus der Zeit des Manierismus (1599) sowie der ursprüngliche Hochaltar mit Reliefs und Figuren auf drei Geschossen, ein Werk von Wolfgang Sporer (1604-1606).
Das Schloß der ehemaligen Äbte, ein spätbarocker Palast aus den Jahren 1754-1756, liegt hinter der Kirche, außerhalb des Klosterbezirks. -Im Kloster aus dem 13. bis 15. Jahrhundert, heute Priesterseminar, befinden sich gotische Kreuzgänge, das Refektorium mit Bildnissen der Äbte und der historisch denkwürdige «Friedenssaal»: In diesem Raum wurde im Frühjahr 1660 der Frieden von Oliva geschlossen, der den Krieg zwischen Schweden, Polen, dem Kaiser und Brandenburg beendete. König Johann Kasimir von Polen gab seine Ansprüche an die Schweden auf und überließ ihnen das nördliche Livland, Estland und die Insel Ösel. Schweden verzichtete auf Kurland, und beide Teile bestätigten Preußens Unabhängigkeit. Dieses Abkommen ordnete zwar die Verhältnisse des Nordens, bestärkte aber die schwedische Überlegenheit; doch galt es immerhin den Versuch, das Gebiet zu befrieden – Fehden aller Art hatten Oliva durch die Jahrhunderte bedroht, vernichtet; Brände legten es in Schutt und Asche, aber immer wieder wagte man den Neuaufbau: Abt Christian stand im Jahr 1215 im Rang des ersten Bischofs in Preußen, doch die heidnischen Preußen brandschatzten die Abtei 1224 und noch einmal 1234. 1243 und 1245 fielen die Polen als Plünderer ein; 1252 beraubten sie Deutsche Ordensritter. Im Jahr 1433 kamen die Hussiten unter Czepka, stahlen und legten Feuer. 1577 plünderten Soldaten und Pöbel aus Danzig; stehen blieben nur die Seitenschiffe der Kirche, Kreuzgang, Kapitelsaal und Sakristei mit ihren Gewölben und, so die Klosterannalen, «ein einfacher, nackter Glockenturm über der Kirche». Aus der Feder des Danziger Dominikaners Martin Gruneweg, notiert im Jahr 1573, wissen wir, wie das Gotteshaus damals ausgesehen hat: «Die Klosterkirche ist in dem Kreuze gebaut, fast so lang wie die Pfarr zu Danzig, aber enge und bogiger. Das Cuer [Chor] hat die größte Hälfte der Kirche ein und ist in zwo Teile geteilt. Das erste, in welchem der große Altar steht, streckt sich bis an das Kreuz und ist etliche Staffelen höher denn die Kirche», und: «Das Kloster hat einen großen Kreuzgang. Die Kirche hat etliche Türmlein, mit bleiernen hohen Spitzen gedeckt. Vor an der Kirche, an beiden Ecken» waren, dem Zisterziensergesetz entgegen, «zwei eckige Türmlein». Nach den Raubzügen erhielt der Kirchenraum seine schönsten Ausstattungsstücke, so um die Mitte des 17. Jahrhunderts neunzehn Seitenaltäre und den ganz vergoldeten Hochaltar mit einem Bild aus der Ordensgeschichte, die Fürbitte Mariae, von Andreas Stech (1688).

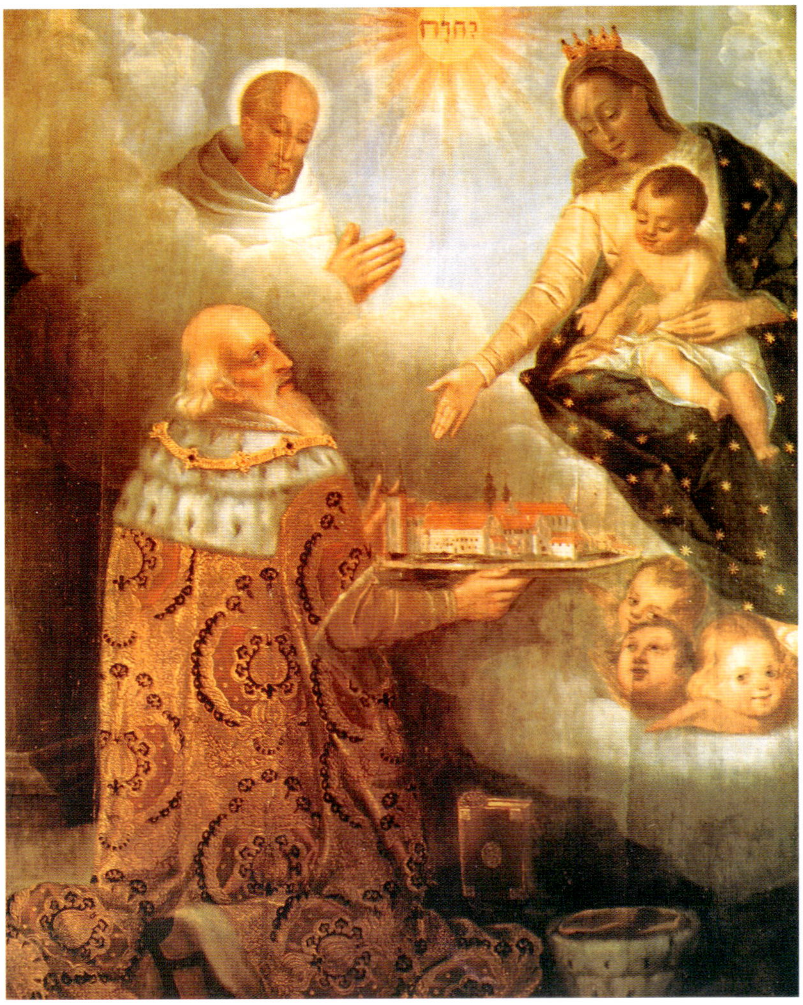

Herzog Subislav als Stifter

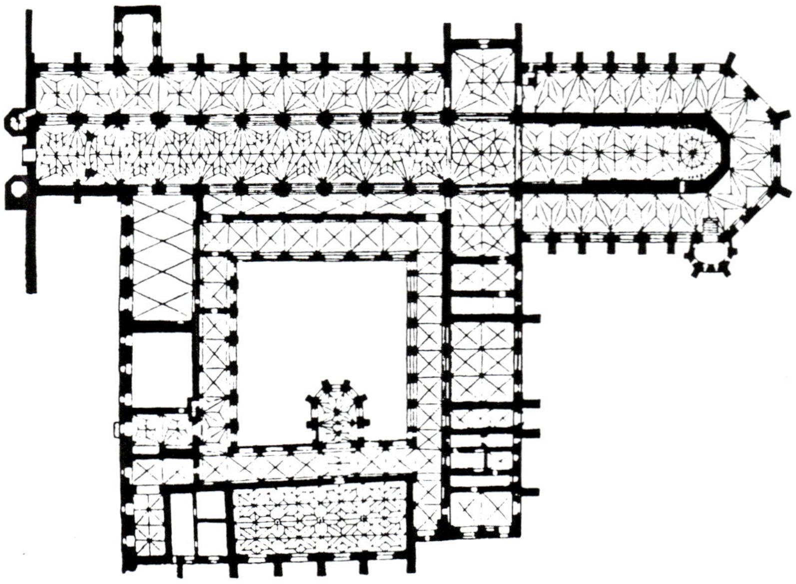

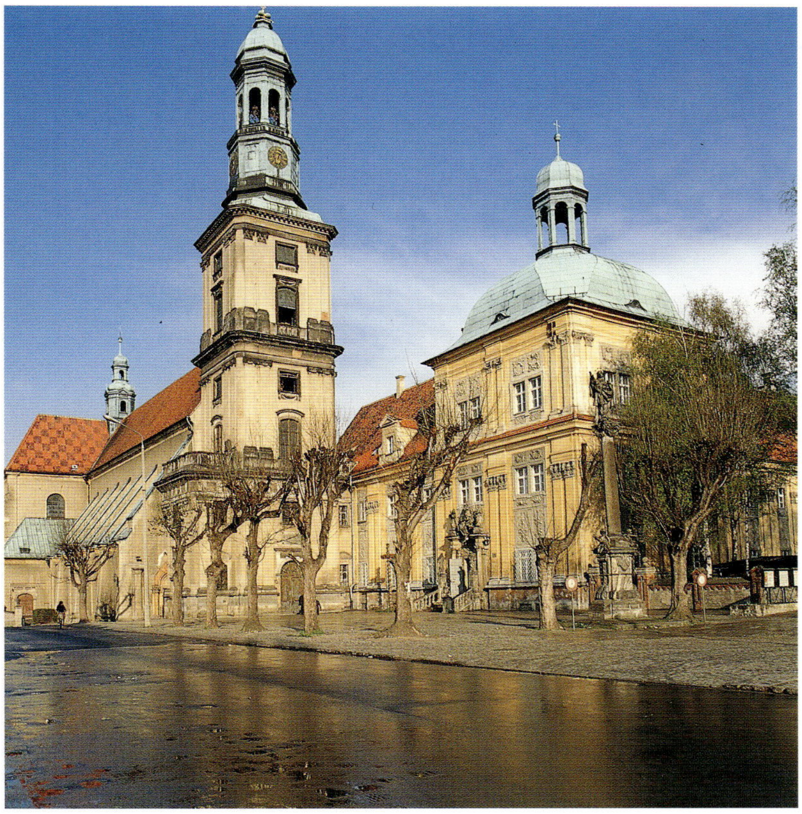

Trebnitz

Das ehemals reiche Zisterzienserinnenkloster Trebnitz wurde im Jahr 1203 von Heinrich I., dem Bärtigen, und seiner Gemahlin Hedwig gegründet; 1214 stand die Krypta; die gesamte Kirche, ein imposanter Backsteinbau über einem lateinischen Kreuz, mit Querschiff und Kapellen neben dem Chor, kreuzgewölbt, erhielt 1219 die Weihe; erst ein Jahr zuvor hatte der Orden das Kloster übernommen. Das im Westen turmlose Gotteshaus ist einer der wenigen fast vollständig erhaltenen Großbauten aus der Zeit der Romanik. «Der würdige Ernst des ganzen Baues wird durch die Abwechslung von Ziegel und Sandstein in Portal- und Wandteilung, durch das schachbrettartig aus braungelben und grünen Ziegeln zusammengesetzte Dach farbig gemildert», schreibt der Kunsthistoriker Günther Grundmann. Die Kirche «wurde unter Beirat der Leubuser Zisterzienser von deutschen Werkmeistern aufgeführt, und zwar mit einem Kostenaufwand von [damals] 30 000 Mark.» Das entspricht heute reichlich mehr als einer Million. Grundmann, Wanderer durch Schlesien in unserem Jahrhundert, notierte: Hier, in Trebnitz, wurde den frommen Frauen «eine weiträumige Basilika errichtet, die zum Gründungsbau des schlesischen Backsteinbaus wurde, ja, nachdem die neue Technik im hausteinarmen Flachland erst einmal erprobt war, eine förmliche Backsteinmode nach sich zog.»

Im Jahr 1269 riß man die südliche Apsis ab und erbaute die Hedwigskapelle, steil aufragend, dreijochig, polygonal geschlossen, im Portaltympanon die anmutige Darstellung einer Marienkrönung: Christus und die Muttergottes, flankiert von kniend betenden Engelsgestalten. In der Kapelle befindet sich das Freigrab der als Schutzpatronin Schlesiens verehrten Edeldame. Aus schwarzem Marmor gefertigt, erhebt sich das barocke Monument; an dieser Stelle ruht sie seit ihrer Heiligsprechung 1267. «Hedda», aus dem Geschlecht der Grafen von Andechs geboren, wirkte als freigebige, gerechte Landesmutter. Das noch spärlich besiedelte Land erfreute sich der menschlichen und finanziellen Zuwendung der noblen Frau aus dem fernen Bayern, die sich aufopferungsvoll der Kranken annahm, Spitäler gründete und beispielhaft in der Armenpflege wirkte. Der graziöse Kapellenbau mit seinen hochgezogenen Spitzbogenfenstern und eleganten Kreuzgewölben, schönstes Beispiel reiner Gotik in Schlesien, kommt ihrem Lebensideal vielleicht näher als die eindrucksvoll-feierliche Pracht ihrer Grabstätte selbst. Hedwig starb 1243 verwitwet, nach mancherlei Schicksalsschlägen (politische Intrigen beraubten sie ihrer Güter; ihre Söhne Konrad und Heinrich entzweite ein Bruderkampf, sie liegen in der Doppeltumba des 17. Jahrhunderts in Trebnitz begraben) zurückgezogen. Der Heiligen gilt alljährlich am 15. Oktober, ihrem Todestag, eine große Wallfahrt.

Die seit 1741 barock umgestaltete Kirche besitzt wertvolle Kunstdenkmale und Ausstattungsstücke: Die ältesten Skulpturen im Tympanon über dem Portal der Westfassade, Bathseba mit dem musizierenden David von 1220/30, war früher in schönen, klaren Farben gefaßt. Den Hochaltar schuf um 1745 Franz Joseph Mangold. Ein Bilderzyklus aus der Werkstatt von Michael Willmann, um 1735, erzählt Legenden aus dem Leben Hedwigs, das mit Kirche und Kloster Trebnitz so eng verbunden war und ist.

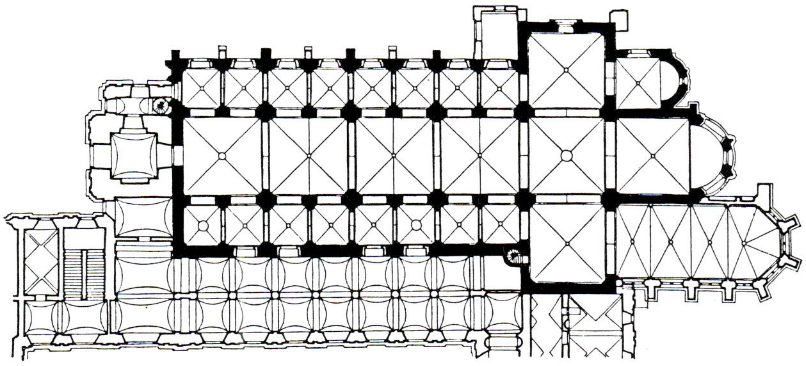

Tschenstochau

Das Kloster von Tschenstochau erhebt sich auf einer Anhöhe an der Warthe nahe der schlesischen Grenze, dem «Klaren Berg». Der Ort ist seit 1220 schriftlich bezeugt. Als Paulinerkloster Jasna Góra gründete es Wladislaw von Oppeln im Jahr 1382 zu Ehren des heiligen Paulus des Eremiten. Zwischen 1400 und 1403 entstand eine gotische Hallenkirche; das Kloster war sicher befestigt. Als 1655 die Truppen des schwedischen Königs Karl Gustav vor seine Mauern zogen, befand sich bereits ganz Polen in ihrer Gewalt. 70 Mönche, unterstützt durch 150 Soldaten, widerstanden dem 10 000 Mann starken feindlichen Heer und verteidigten 38 Tage lang, unter Führung des tapferen Priors Korecki, ihr Refugium gegen die übermächtigen Belagerer. – Zar Alexander I. ließ, nachdem Tschenstochau 1813 an Rußland gefallen war, die Umwallungen abtragen.

1690-1693 wurde die Kirche zu einer prächtigen barocken Basilika umgebaut: Stuckdekorationen sowie Wandmalereien schuf Karl Dankwart; der Hochaltar mit der Himmelfahrt Mariens ist eine Arbeit von Jacopo Buzzini und Adam Karinger aus Breslau. In den Jahren 1600-1620 datiert der Turm mit Galerie im obersten Stockwerk, von dem aus sich die ausgedehnte Klosteranlage mit Bastionen, vier Eingangstoren und Kirche überblicken läßt. – Zu den Besonderheiten im Inneren des Gotteshauses gehören reich mit Gold und Silber geschmückte barocke Familienkapellen.

Als Ziel der größten Wallfahrt Polens und der Verehrung als nationales Heiligtum gilt das berühmte Gnadenbild der Schwarzen Mutter Gottes von Tschenstochau. Nach der Legende ist der Evangelist Lukas persönlich Schöpfer dieser auf Zypressenholz gemalten, mit goldenen Kronen versehenen schwarzbraunen Madonna gewesen; das Bild war Eigentum der heiligen Helena, kam dann durch den russischen Großfürsten Leo nach Galizien – der Klostergründer brachte es auf den Klaren Berg als segenspendenden Schutz gegen die Tataren. Das Gemälde ist ostkirchlicher, wahrscheinlich byzantinischer Herkunft, trägt aber auch Züge italienischer Stilrichtung. Russische Ikonenmaler haben es 1430/31 restauriert und vermutlich in einigen Partien neu gemalt. Das Gnadenbild steht im frühbarocken Altaraufsatz aus Ebenholz und Silber von Johann Christ Bierpfaff, der auch die Engelsstatuen und das silberne Antependum schuf, hinter einem silbernen Vorhang. Mit stürmischer Inbrunst huldigen Gläubige ihrer «Königin der Krone Polens».

Die Klostergebäude mit Ecktürmen stammen aus der ersten Hälfte des 17. Jahrhunderts und wurden im 18. umgebaut; der Rittersaal entstand 1647, das Große Refektorium 1644-1770; ein weiteres Refektorium und die Bibliothek 1733-1739: Die darin gesammelten Bücherbestände, prächtig illuminierte Handschriften unter anderem aus dem 15. und 16. Jahrhundert, bilden eines der reichsten Kirchenarchive Polens. Unermeßlichen Wert repräsentiert die Klosterschatzkammer: Sie enthält kunsthandwerkliche Meisterstücke, Bitt- und Dankesgaben der herrschenden Familien, des höheren und niederen Adels und schlichter Bürger, die zur Schwarzen Muttergottes gepilgert sind: Monstranzen, Reliquiare, Votivgaben aus Silber, Kruzifixe, zahlreiche Schmuckstücke und liturgische Gewänder, nicht nur aus Polen, sondern auch aus Westeuropa, aus der Zeit vom 16. bis zum 20. Jahrhundert.

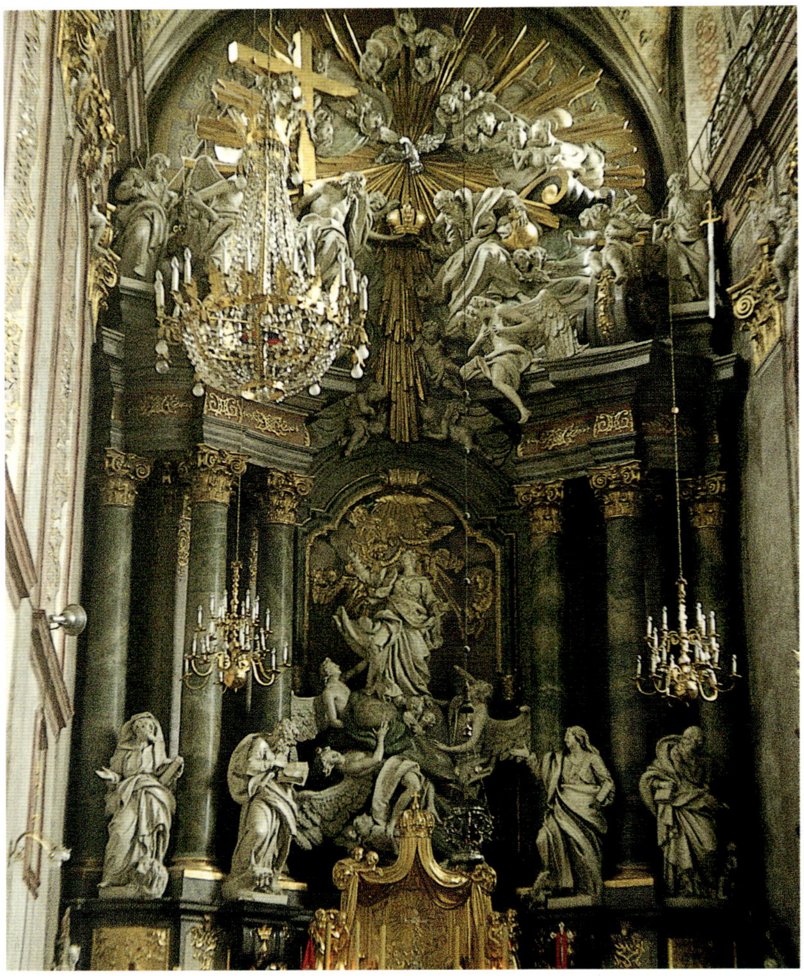

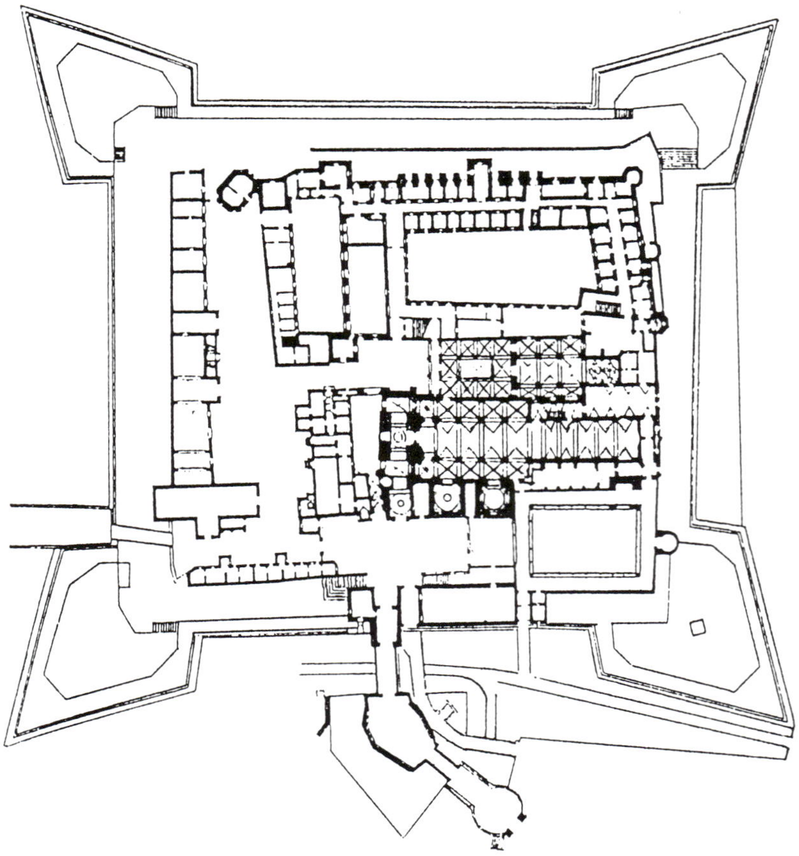

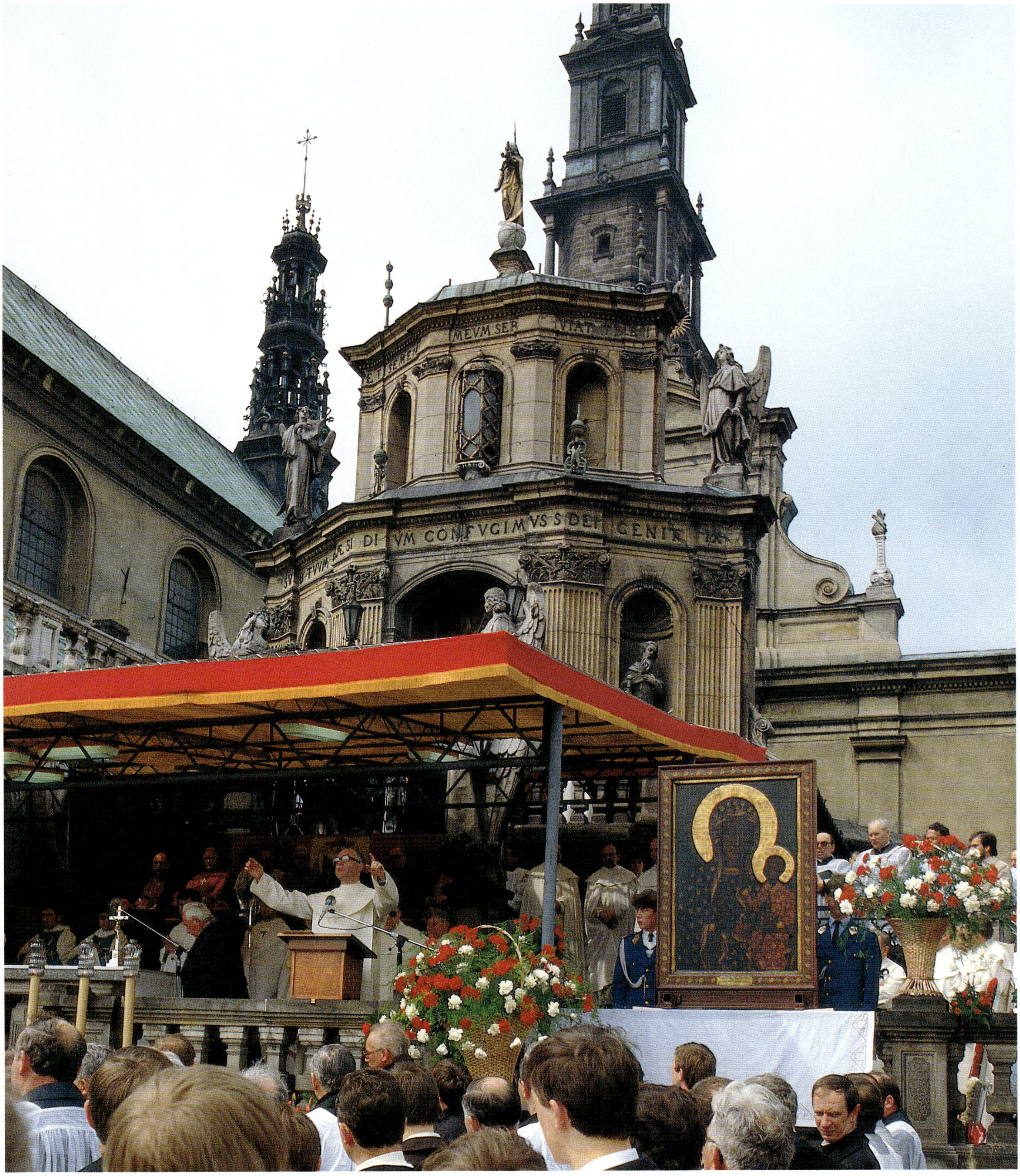
MEVM SER
DI VM CONFVGIMVS S DEI

Portugal

Alcobaça

Die Zisterzienserabtei Alcobaça, gelegen in der Provinz Estremadura, gründete der erste König des Landes, Alfonso Henriquez, nach seinem Sieg über die Mauren im Jahr 1147: eigenhändig legte er 1148 auf erobertem Boden den Grundstein. Baubeginn war 1178. – Kloster und Kirche, der Jungfrau Maria geweiht, sind die besterhaltenen Beispiele zisterziensischer Baukunst in Europa. Der Zustrom burgundischer Ordensbrüder setzte ein und nahm rasch zu. 1222 stand die Anlage im wesentlichen fertig da.

Der gotische Bau, über fast quadratischem Grundriß errichtet, umschließt die mächtige Kirche, fünf Kreuzgänge, sieben Dormitorien, Hospendarium, eine Küche von gewaltiger Größe sowie Wirtschaftsräume, Refektorium und ein Brunnenhaus. Die Hauptfront, 221 Meter lang, beherrscht die Fassade der Klosterkirche, 1725 vorgeblendet, im Stil des Barock, mit Figuren und zwei niedrigen Türmen geschmückt. – Im Inneren der frühgotischen Halle herrschen Kargheit und Klarheit im Geist Bernhards von Clairvaux. Drei gleich hohe Schiffe, die Seitenschiffe sehr schmal, der gesamte Raum 106 Meter lang, 21,5 Meter breit und 20 Meter hoch, unterteilt durch 24 stattliche Pfeiler und 12 gotische Gewölbejoche bilden feierlich eine wirklich sakrale Stätte: « Die Zisterzienser schufen Schönheit schon durch den Vorsatz, nicht an Schönheit zu denken », schrieb der Dichter Étienne Gilson, und – wie es die Regel gebietet – wirkt allein der schlichte, in harmonischer Linienführung gestaltete Sandstein ohne Schmuck und Zierat majestätisch.

Im Querschiff, zu beiden Seiten der Vierung, stehen die Prunkgrabmäler König Pedros I. und seiner Geliebten, der Inês de Castro: König Alfonso IV. ließ die « unstandesgemäße » Mätresse seines Sohnes hinrichten; Pedro, selbst zum Thron gekommen, rächte den Mord, ließ die Tote exhumieren und in der Kathedrale zu Coimbra feierlich zur « Rainha de Portugal » krönen: « Sie starb nicht, sie lebt./Es krönt sie der Himmel./Es krönt sie die Erde./Sie lebt in jedem Liebenden Herz », dichtete António de Ferreira: Ihre Gräber in Alcobaça sind so gesetzt, daß sich die Liebenden bei der Auferstehung zum Jüngsten Gericht als erstes gegenseitig erblicken.

Den zweigeschossigen Kreuzgang, « Claustro do Silẽncio », schufen Domingo und Diogo Domingues (Erdgeschoß) zwischen 1308 und 1311; die obere Galerie im 16. Jahrhundert die Brüder Castilho, beauftragt von König Manuel. – Im Kloster lebten zur Zeit des Mittelalters außerordentlich viele Mönche: 999 Männer Gottes, « einer weniger als tausend », so das Gebot des Ordens, arbeiteten und beteten hier; ihr Abt trug höchste Würden im Königreich: « Rat seiner Majestät und deren Großalmosenpfleger, Nächster der Krone, Herr der Domänen und festen Plätze », lautete sein Titel, und er regierte über 13 Ortschaften, drei Seehäfen und zwei Schlösser in absoluter Fülle weltlicher Macht.

Neben dem Refektorium liegt die Küche, 18 Meter hoch, mit einem gewaltigen offenen Kamin, den acht Eisensäulen tragen, mit zwei großen Feuerstellen an der Seitenmauer, Marmortischen von beachtlichen Ausmaßen und – da Zisterzienser kein Fleisch essen – einem großen, im Boden eingelassenen Fischbecken, gespeist aus den Fluten des Rio Alcoa – ein so opulent ausgestatteter « profaner » Raum erzählt deutlicher vom Rang des Klosters als alle hohen Würden seines Vorstehers. – Die Bibliothek im oberen Stockwerk ist Zeugnis dafür, daß Alcobaça geistiges Zentrum und Vorläufer der Universität von Coimbra war. – Im Jahr 1290 unterschrieb Abt Estevam Martins eine Bittschrift an den Papst um Gründungserlaubnis dieser ältesten Stätte der Gelehrsamkeit in Portugal.

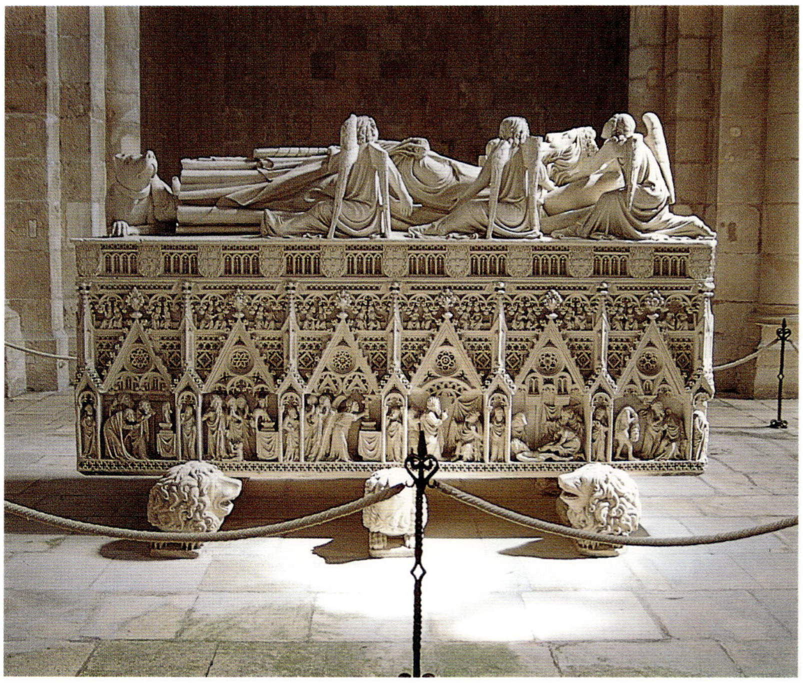

Sarkophag König Pedros I.

Refektorium ▷

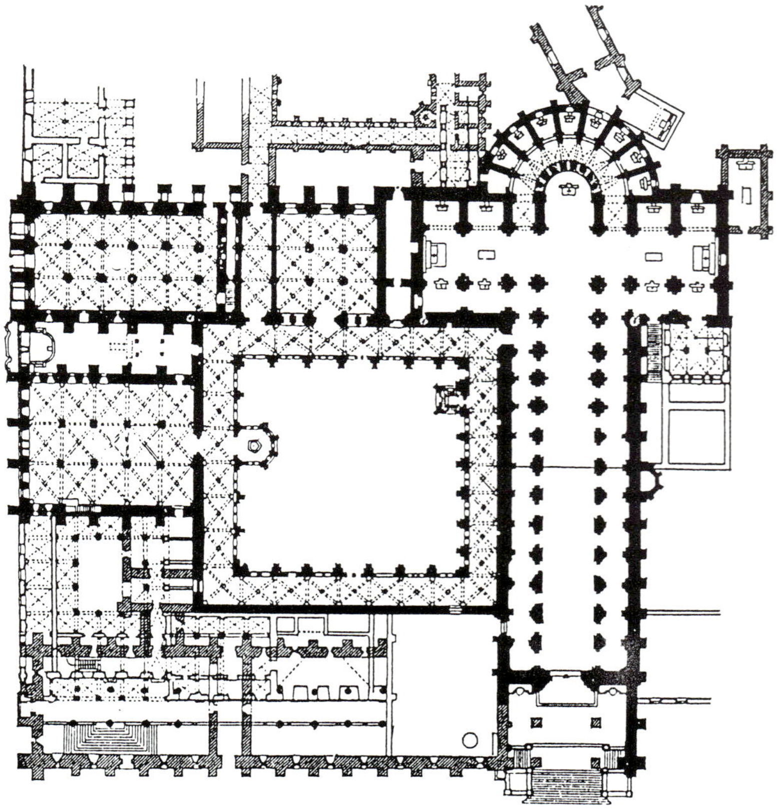

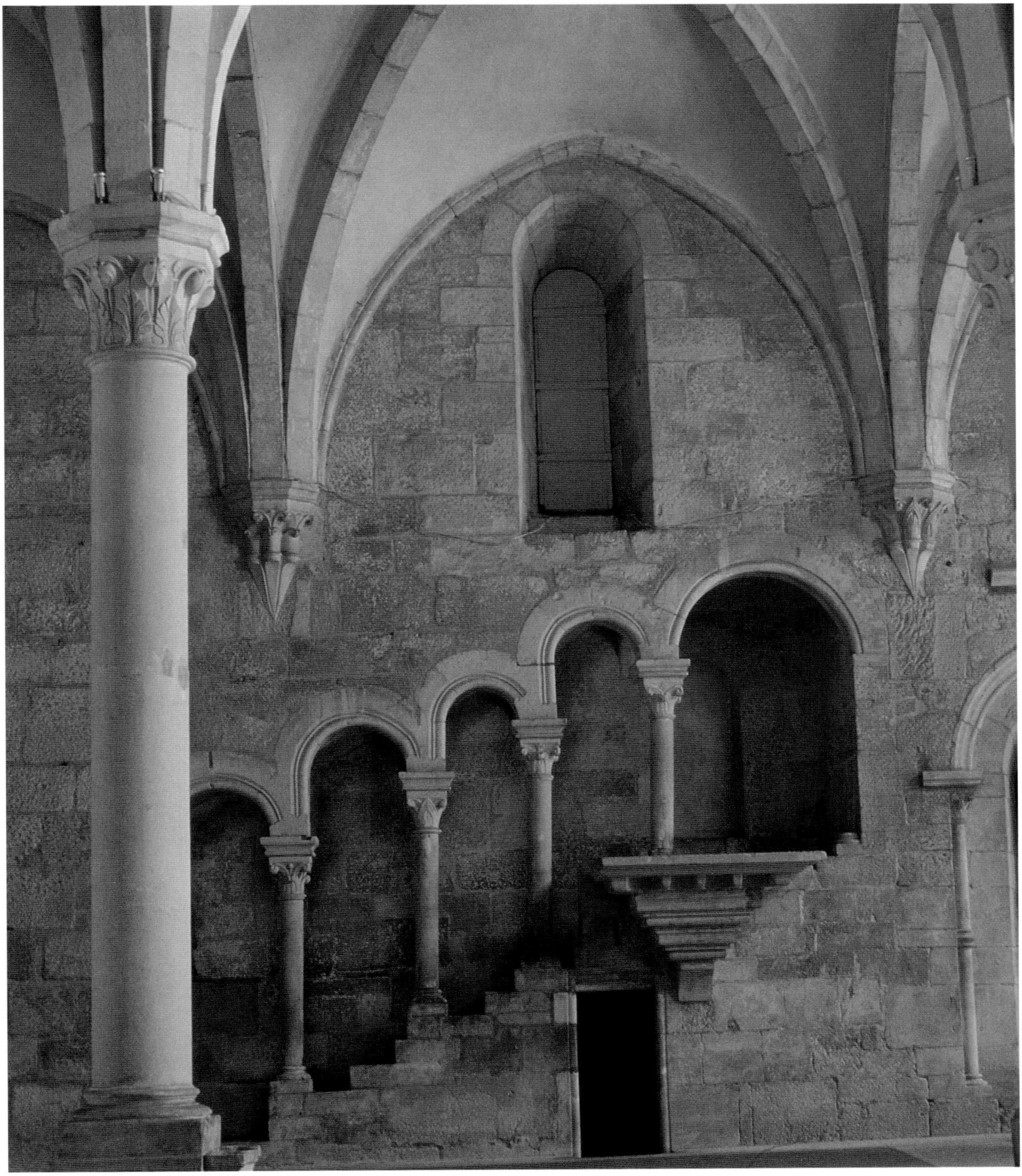

Batalha

In der Provinz Beira liegt das Städtchen Batalha mit dem ehemaligen Dominikanerkloster Maria da Victoria. Die Kirche gehört zu den schönsten und bedeutendsten Bauwerken der Christenheit und geht auf ein Gelübde zurück, das König João I. vor der Schlacht von Aljubarrota gegen König Juan I. von Kastilien am 14. August 1385 ablegte: Im Fall des Sieges, der über Portugals Unabhängigkeit entschied, versprach er, das «Mostéiro» zu stiften, daher der Name: Batalha bedeutet «Schlacht».

Zu Beginn des 15. Jahrhunderts nahm Baumeister Huet, als Nachfolger Alfonso Domingues', der 1402 gestorben war, die Arbeit in Angriff. Er wählte für Klosterbauten und Gotteshaus einen kalkhaltigen Sandstein, mit dem sich leichte, schwebende Wirkung erzielen ließ, und schuf ein Meisterwerk der Gotik, außen über und über mit Türmchen und Fialen, Pfeilern, Maßwerk und zierlichen Balustraden besetzt. «Spitzentüchlein Portugals», nannte man es, sicher zu verniedlicht ausgedrückt, denn der Bau ist in seinem Kern groß und imposant angelegt. – Steil, prächtig geschmückt, reich gegliedert und am sechsfach gestuften Hauptportal verschwenderisch mit Figuren besetzt, steigt die hochgotische Westfassade auf.

Im Inneren präsentiert sich die Klosterkirche feierlich, mit starken Pfeilern, 80 Metern Länge und über 32 Metern Höhe; im Chor schöne Glasfenster in intensiven Farben mit figürlichen Darstellungen. – In Batalha ruhen die Gebeine der ersten Könige aus dem Haus Aviz: João I., Alfonso V., João II. sowie der Infant Henriquez, populär geworden als Heinrich der Seefahrer.

In der Kapelle des Stifters, auf dem Grundriß eines Quadrates von fast 20 Metern Seitenlänge, steht in der Mitte der Doppelsarkophag für ihn und seine Gemahlin Philippa von Lancaster, getragen von acht Löwen. Der Claustro Real, der Königliche Kreuzgang, mit reichen Bogen und Maßwerkarbeiten um einen geräumigen Hof geführt, mit Spitzbogenarkaden im Erdgeschoß und gotischen Fenstern im Obergeschoß, 50 x 55 Meter im Geviert, entstand vom 14. bis 16. Jahrhundert. Mit üppiger Ornamentik und zierlichster Feinheit der Details, überbordend in phantastischen Formen, ist er ein exzellentes Beispiel des «manuelischen» Stils, in dem sich Spätgotik und Einflüsse aus fernen, fremden Ländern wie Indien, Islamisches und Hinduistisches mischten. – An der Ostseite des Kreuzgangs liegt, durch eine mächtige Pforte zu betreten, der Kapitelsaal, dekorativ ausgestaltet mit kostbaren Glasgemälden. – Ein zweiter Kreuzgang an der Nordwestseite des Claustro Real, in der Architektur schlichter, der Claustro de Dom Alfonso V. stammt aus dem 15. Jahrhundert – das Kloster war früher offenbar von sehr vielen Mönchen bewohnt, es besaß sogar noch einen dritten Kreuzgang, den die Franzosen im Jahr 1810 zerstörten. – Zu den Kostbarkeiten Batalhas gehört schließlich noch der Renaissance-Brunnen im kapellenartigen Brunnenhaus am Großen Kreuzgang aus vier durchgehenden Säulen und drei aufeinander aufbauenden Schalen, dessen Wasser im Licht, das aus dem Innenhof fällt, wie ein silberner Schleier strömt und glitzert.

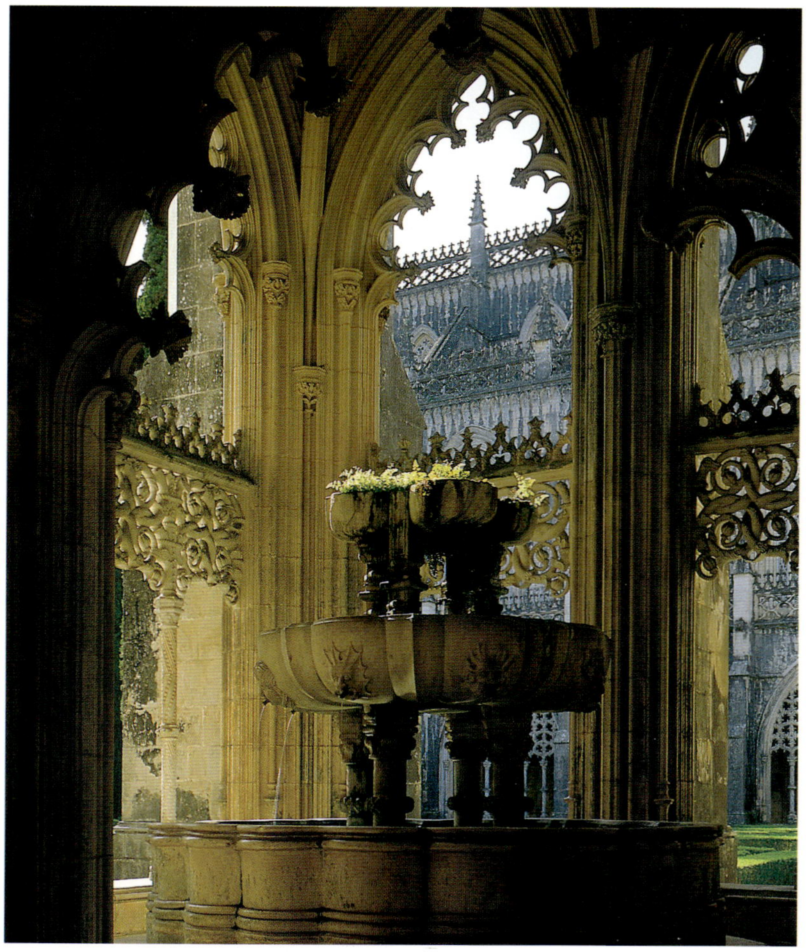

Brunnenhaus

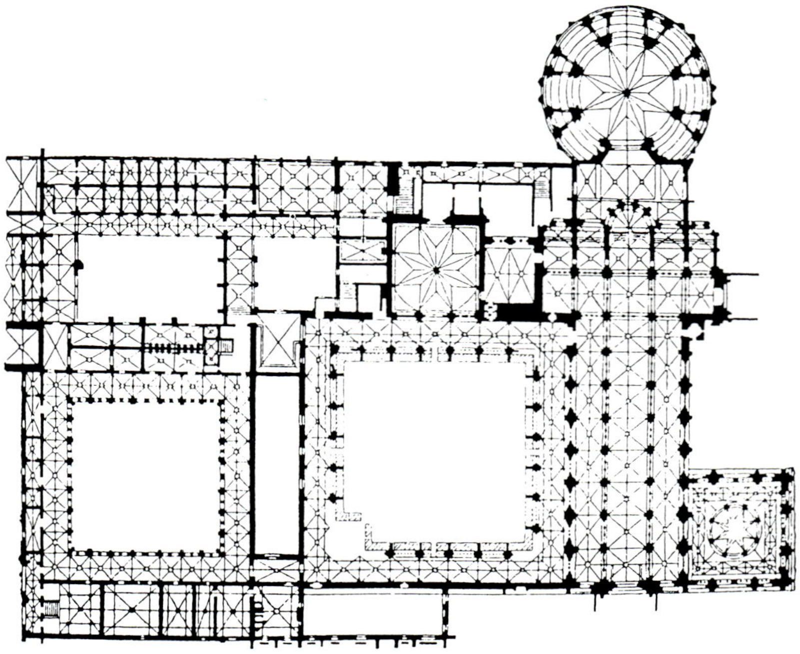

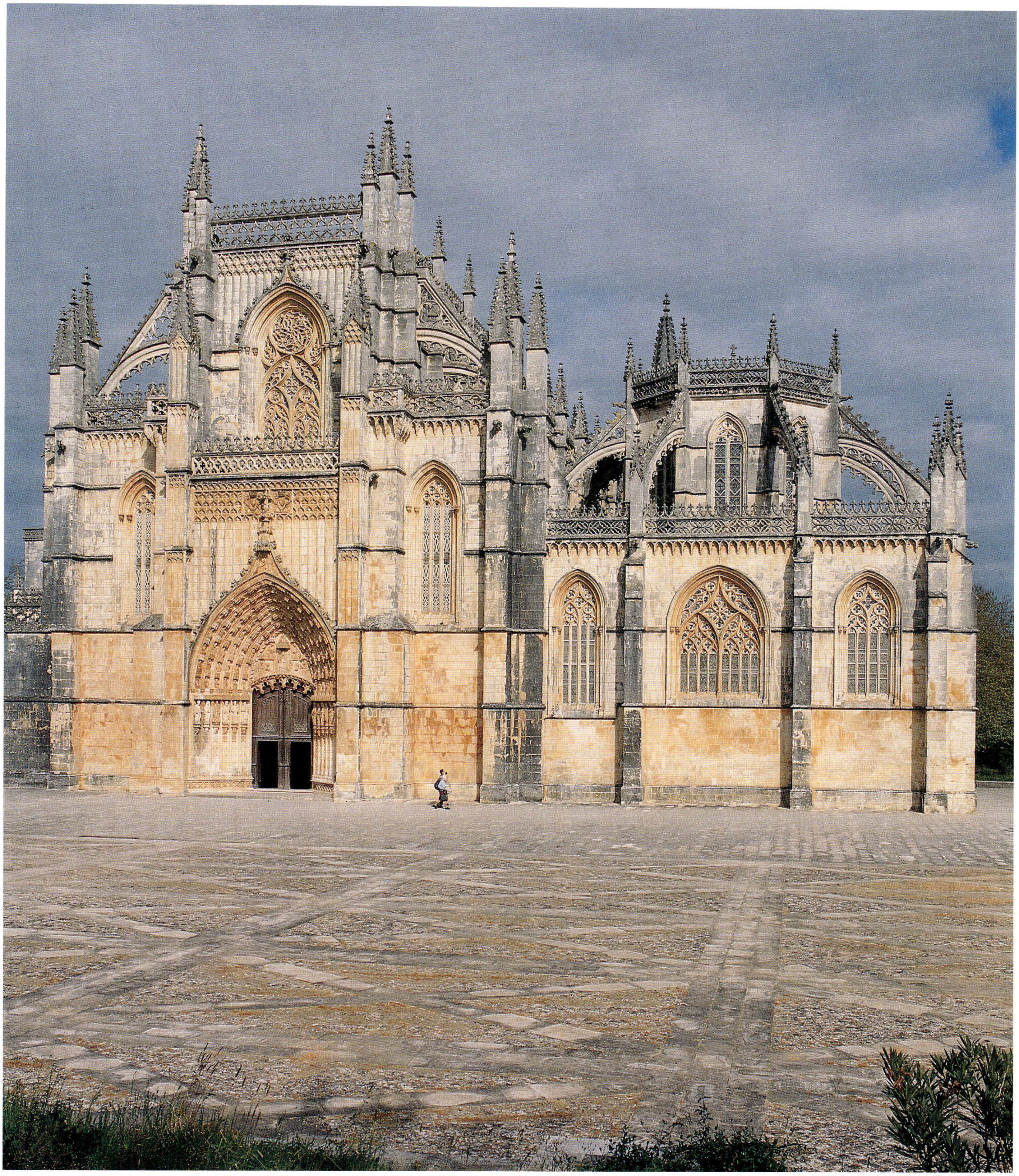

Tomar

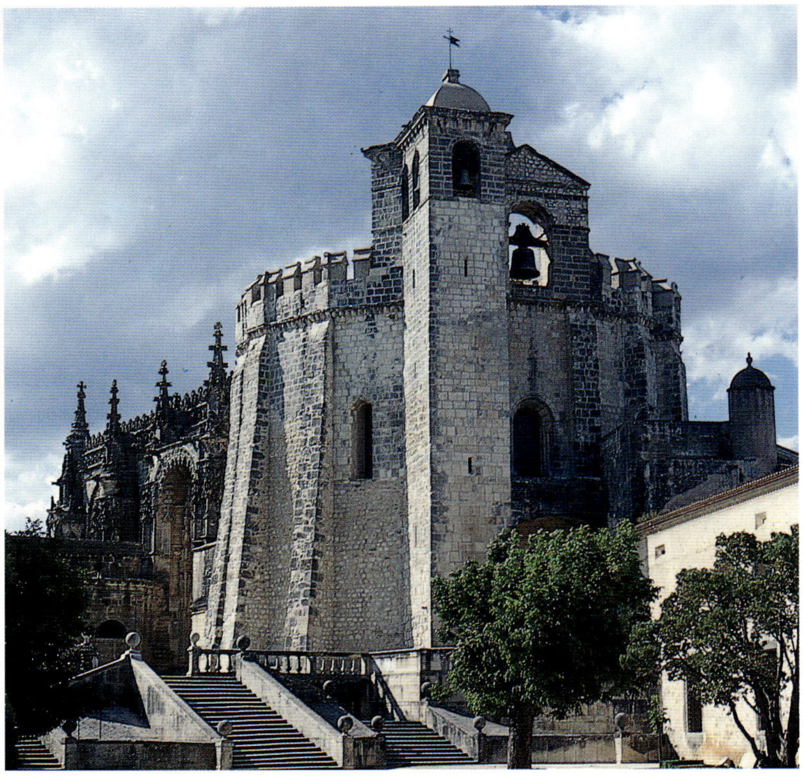

Das ehemalige Ordensschloß der Christusritter von Tomar in der Provinz Ribattejo gehörte ursprünglich dem Templerorden – das waren edle Ritter, die Pilger ins Heilige Land mit ihrem Schwert zu schützen gelobt hatten und sich als eigentliche Träger der Kreuzzugsbewegung im 12. Jahrhundert verstanden. Aus ihrer Zeit stammen Ruinen der Burg, ein Kreuzgang und vor allem die zinnenbewehrte Templerkirche, die Rotunde. Sie schließt unmittelbar an die Südostseite der späteren Christusritterkirche an: Durch einen mächtigen Spitzbogen öffnet sich der Weg in den sechzehnseitigen Zentralbau mit achteckigem Mittelraum, 1162 nach dem Vorbild der Grabeskirche in Jerusalem erbaut, und als Chor in die Schloßkirche integriert.

Der Orden der Templer ging mit der schmachvollen Beendigung der Kreuzzugsepoche zugrunde und wurde im Jahr 1312 aufgelöst. – Die Christusritter, «Convento da Ordem de Cristo de Tomar», folgten in seinem Geist nach und erlebten ihre Glanzzeit und Blüte im 15. Jahrhundert unter dem Großmeister Heinrich dem Seefahrer, der 1460 starb: «Zur Verteidigung des Glaubens, zur Bekämpfung der Mauren und zur Vergrößerung der portugiesischen Monarchie», 1317 von König Dinis gegründet, angetreten, entwickelte er sich zum reichsten Orden der gesamten Christenheit. Der Palast, ein zweigeschossiger Arkadenhof und zwei weitere Kreuzgänge, darunter der gotische Friedhofskreuzgang mit zierlichen Säulen, entstanden zu Heinrichs Zeit. Danach schrieb dann der manuelische Stil, benannt nach König Manuel I. (1495-1521) seine Handschrift: Überreich an Formen, die Spätgotik mit maurischen Elementen, zartes Spitzenwerk mit derbem Wurzel- und Stabwerk, phantastische Laub- und Blumenranken mit gleichmäßigem Maß- und Gitterwerk mischen, präsentiert sich diese Sonderform der Frührenaissance in Portugal. Der Schmuck überzieht Gewölbe und Arkaden, umrieselt Bogen, umfaßt kompakt Fenster oder Türen: in Tomar war der Hauptvertreter dieser Stilrichtung, João do Castilho, am Werk; er begann 1515. An der Westseite der Christusritterkirche befindet sich das Fenster des alten Kapitelsaals, ein prunkvolles Beispiel des manuelischen Stils, seine Vollendung und üppiger Höhepunkt. Den Innenraum, den die Templerkirche abschließt, nimmt zu fast drei Vierteln der ehemalige Betsaal der Mönche als Hochchor ein. Der Kreuzgang der Heiligen Barbara aus der Frührenaissance, das Obergeschoß des «Claustro dos Felîpes» aus der Spätrenaissance und noch drei weitere Kreuzgänge und die Klosterbauten des 16. und 17. Jahrhunderts erzählen von Größe und «Abstieg» Tomars als Ort erst ritterlicher, dann mönchischer Gemeinschaft: «Ein Dekret Joãos III. hat die Ordensburg zu einer Mönchsburg gemacht», so der Kunsthistoriker Gustav Faber, «die Cavaleiros de Cristo zu Frades de Cristo; die militante Noblesse des Glaubenskastells wurde abgebaut und entschärft», so «verblaßte der Glanz dieser Hochburg des Geistes, der einmal der Erschließung der Welt den ethischen Impuls verliehen hatte.»

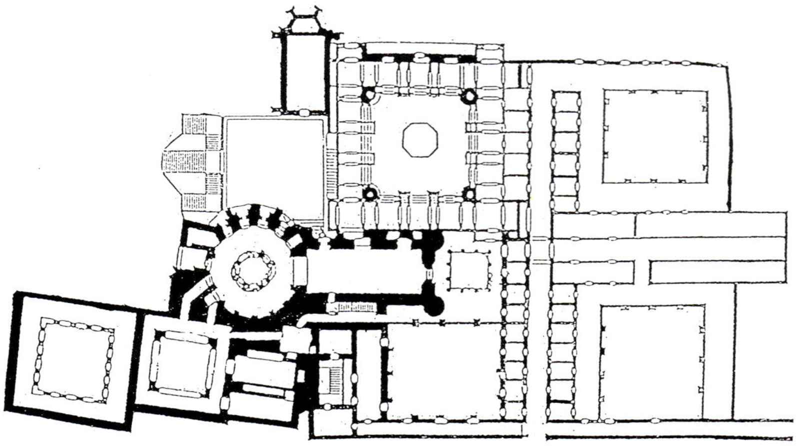

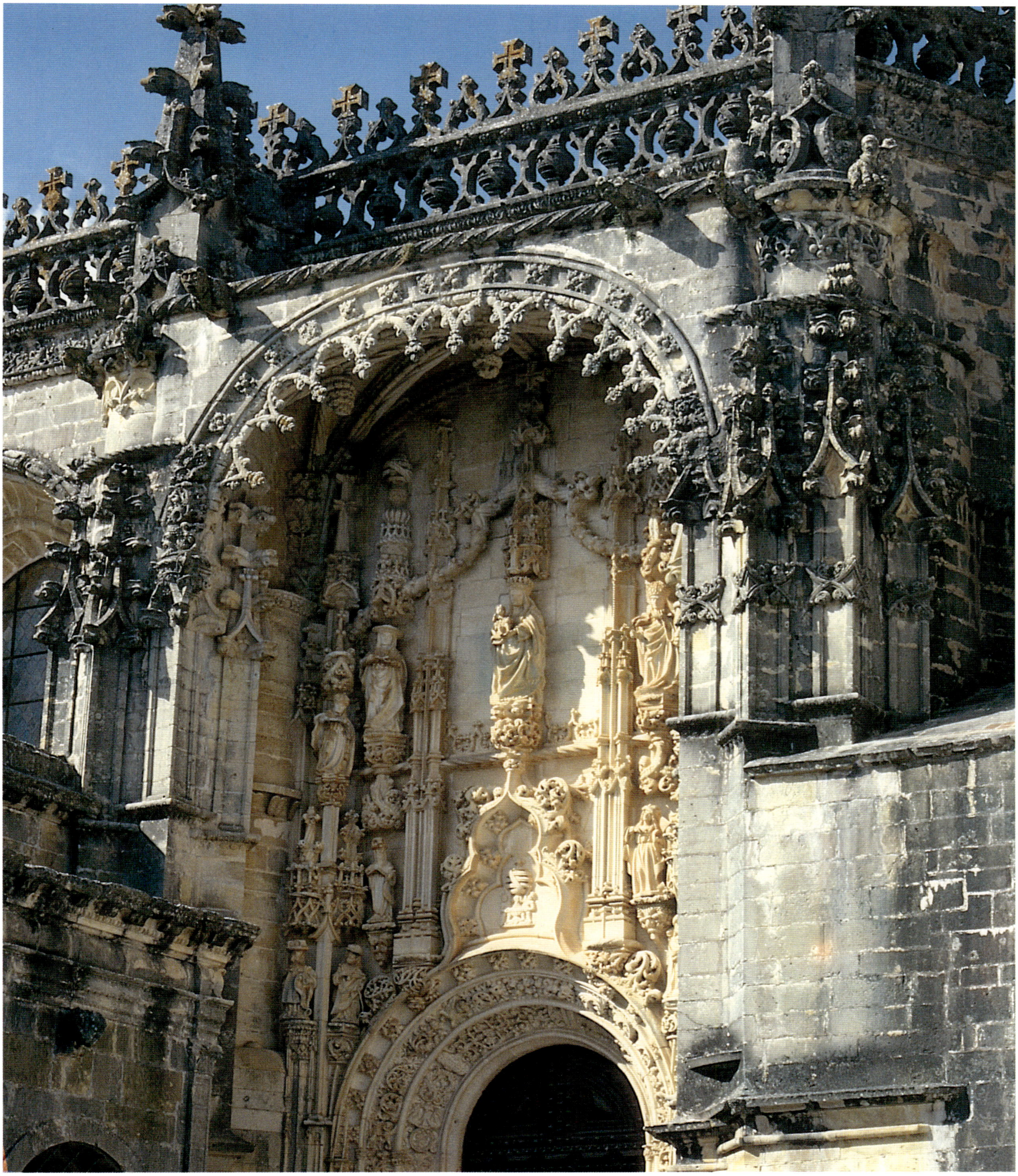

Rußland

St. Petersburg — Smolny-Kloster

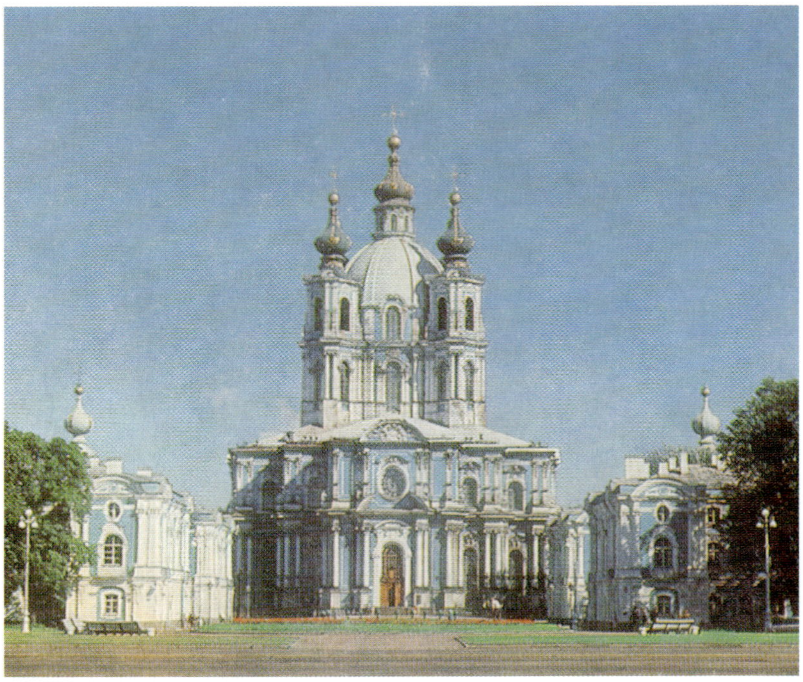

Zarin Elisabeth I. plante in St. Petersburg ein Frauenkloster, in dem sie selbst ihren Lebensabend zu beschließen gedachte. Der Baumeister Bartolomeo Francesco Rastrelli, italienischer Herkunft, erhielt den Auftrag. Im Jahr 1744 präsentierte er den ersten Entwurf, 1748 fand auf dem alten Teerplatz der Flotte (smol=Teer) die Grundsteinlegung statt; Herzstück von Smolny sollte die Kathedrale Mariae Auferstehung werden; über quadratischem Grundriß, mit einbeschriebenem griechischen Kreuz erhob sich rasch die architektonisch reich gestaltete Kirche. Vier prachtvolle Zwiebelkuppeln umgeben die beherrschende Mittelkuppel; mit Pilastern, Bogen, gekoppelten Säulen, dekorativ gerahmten Fenstern, Skulpturen und Schmuckelementen steigt zweigeschossig die breite barocke Fassade auf. Meisterhaft gelang es Rastrelli, einem der prägenden Künstler des «russischen Barock», zwei divergierende Elemente zur Einheit zu bringen: Vorbild waren, und dies auf Wunsch der Kaiserin, Moskaus goldene Kuppeln, aber *auch* die schweren Formen der Barockarchitektur Italiens, die gewaltige Baumassen beherrschte, Stein zum Schwingen brachte. Der Rohbau war 1757 fertig, 1764 stand die Kathedrale in endgültiger Gestalt da: barock wollte Rastrelli auch das Innere dekorieren, sein Plan blieb jedoch unausgeführt. Der Architekt schuf « den nationalen Baustil des russischen Barock », so die Kunstgelehrte Galina Komelova, indem er « den Formenschatz des altrussischen Erbes mit dem anderer Länder verschmolz »; seine Werke « sind durch Majestät und Bewegung geprägt, durch Reichtum und Üppigkeit der Elemente, durch zierliche Dekors, durch eine Fülle von Skulpturen und modellierten Ornamenten, sowie durch eine lebendige Farbigkeit, so daß das Ganze wie eine Komposition in Dur erscheinen könnte.»
Wassilij Stassow beendete in den Jahren 1832-1835 den Bau der Kathedrale, die Innenausstattung wurde im klassizistischen Stil gehalten.
Das Kloster, ebenfalls über dem griechischen Kreuz konzipiert, entstand zeitlich parallel zur Kirche: 1764 waren die Trakte fertiggestellt, die nördlichen Bauteile fügte allerdings Stassow erst in den Jahren 1832-1835 an. Die Zellentrakte mit zweigeschossigen Arkaden, die ursprünglich oben geöffnet waren, gruppieren sich mit dem Witwenhof und Refektorium spiegelbildlich-symmetrisch um die Kathedrale.
Elisabeth starb im Jahr 1761, sie hat weder Kathedrale noch Kloster vollendet gesehen. – Die Umfassungsmauer, die den ganzen Komplex umschließen sollte, 1754 begonnen, in den sechziger Jahren aufgebaut, zur Mitte des Jahrhunderts wieder teilweise abgerissen, ist mit Türmen und Türmchen mit Zwiebeldächern besetzt, zierlicheren Abbildern der Kirchenkuppeln. Das Kloster diente nie seiner eigentlichen Bestimmung. Seit 1764 beherbergte es, als erste Lehranstalt für das weibliche Geschlecht, ein Internat für adelige Mädchen in Rußland. Zarin Katharina II., die später als die « Große » in die Geschichte eingehen sollte, hat es persönlich für St. Petersburg gestiftet.

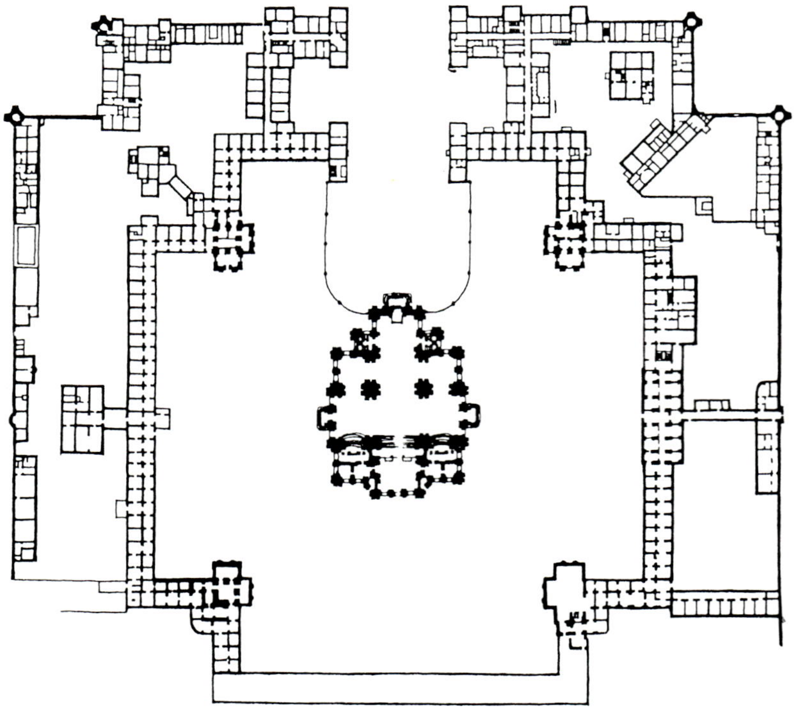

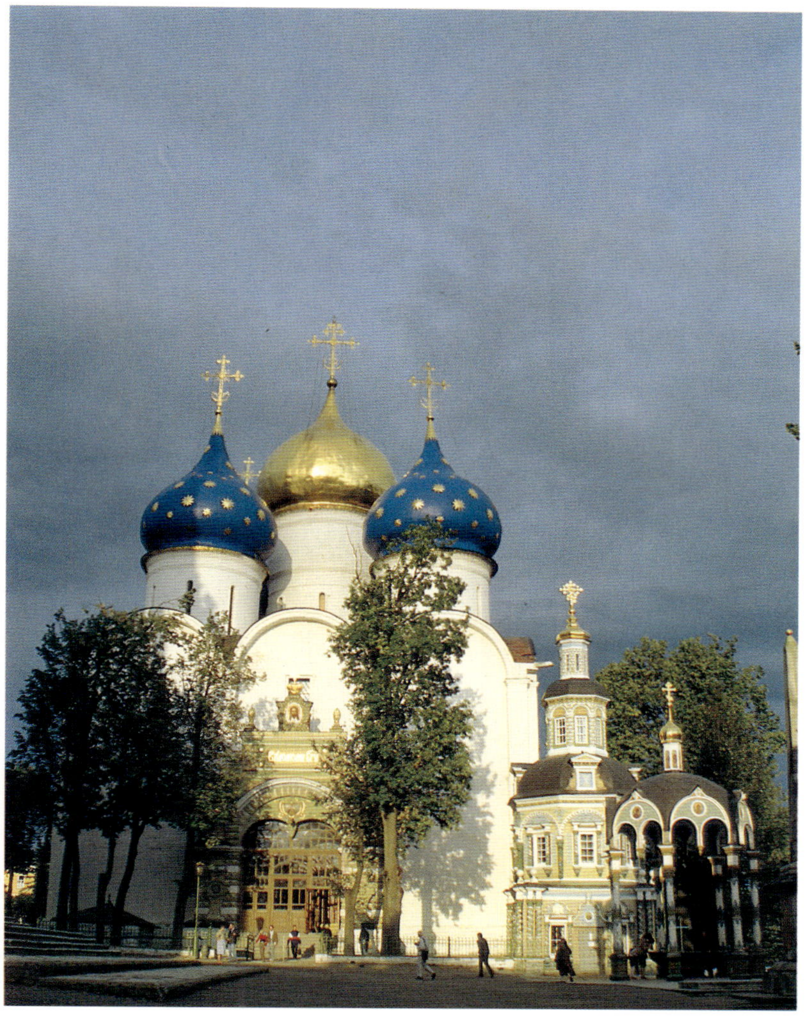

Folgende Doppelseite: Trapesa (Refektorium)

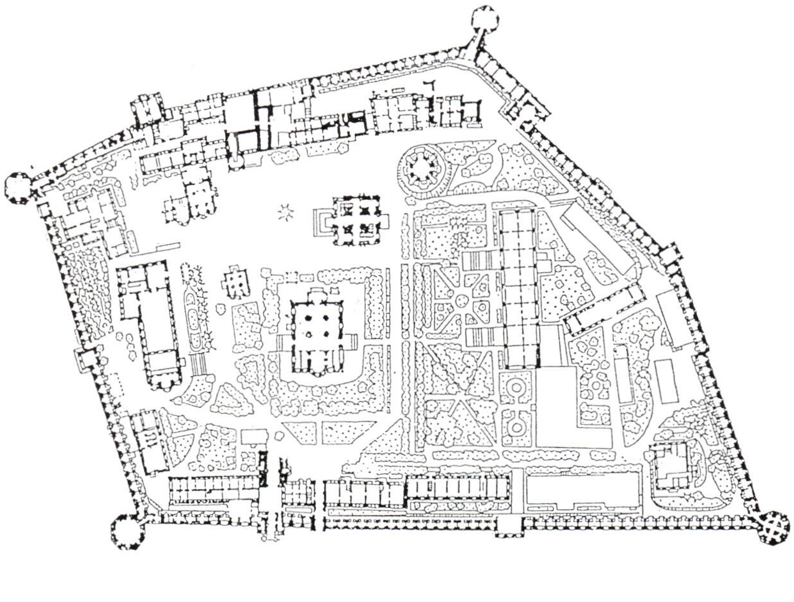

Sagorsk

Sagorsk, 70 Kilometer nordöstlich von Moskau gelegen, ist das bedeutendste Kloster des alten Rußlands. Zwischen 1340 und 1345 gründete es Sergius von Radonesh; er errichtete eine kleine, der heiligen Dreieinigkeit geweihte Kirche und daneben seine Zelle – er wurde erster Abt des zunächst ohne festen Plan sich erweiternden Klosters. Über Sergius' Grab wurde 1411 eine hölzerne Kirche gesetzt; erst als der Stifter 1422 heiliggesprochen wurde, entstand an ihrer Stelle die Dreifaltigkeitskathedrale, eine in Kalkstein erbaute Kreuzkuppelkirche mit vier Pfeilern, drei Apsiden, geräumig, die Süd- und Nordwand durch Pilaster gegliedert, abgeschlossen durch den charakteristischen keilförmigen «Sakomary» und in der Horizontale mit Relieffries durchgestaltet. Die berühmten Ikonenmeister Andrei Rubljow und Daniil Tschorny hatten sie mit Fresken ausgestattet, die 1634 übermalt wurden; erhalten blieben 41 Ikonen aus Rubljows Werkstatt; neben der Kirche, in festlichen weißen Mauern, goldüberkuppelt, die Nikono-Kapelle aus dem Jahr 1548. Die Heilig-Geist-Kirche, das anmutige Werk von Baumeistern aus Pskows aus den Jahren 1476/77, eine Kreuzkuppelkirche auf vier Pfeilern, mit drei Apsiden, in Ziegelstein aufgeführt, ist an den Außenmauern mit Terrakottakacheln verkleidet; der mit blau-goldener «Zwiebel» bekrönte Turm verlieh dem Bau den poetischen Namen «Kirche unter den Glocken».

Sagorsk besaß im späten Mittelalter gewaltige Mengen Land; so entstanden Dörfer und Siedlungen, um den Kern gelegen; Pilgerströme brachten Wohlstand; Handel, Kunsthandwerk entfalteten sich; einen hölzernen Schutzwall hatten im Jahr 1408 die Tataren niedergebrannt, zwischen 1540 und 1550 befestigte man sich sicher mit starken Mauern, Türmen und Wällen aus Stein. Das Dreieinigkeitskloster wurde in diese Wehranlagen mit einbezogen und sollte so im 17. Jahrhundert tapfer den anrückenden und belagernden Polen widerstehen. Es wurde fleißig gebaut im Burgfrieden: auf Anordnung Iwans IV. 1559-1583 die Mariae-Entschlafens-Kathedrale aus Sechs-Pfeilerkirche mit fünf Kuppeln und fünf Apsiden - blau und golden, mit Goldkreuzen besetzt, steigen die Kuppeln aus dem komplexen Baukörper in strahlendem Weiß. Im 17. Jahrhundert erhielt sie die berühmte reichgeschnitzte Ikonostas die Sossima- und Sawwatikirche am zweigeschossigen Spitalgebäude, 1635-1638, ein quadratischer Raum, festlich reich geschmückt, mit dekorativ und steil aufsteigendem Zeltdach.

Ende des 17. Jahrhunderts setzte sich das Barock durch: 1686-1692 entstand die gewaltige, tonnengewölbte zweigeschossige Sergiuskirche mit ihrer reichen Fassade; neben dem Refektorium, von offenen Galerien auf Säulen umgeben, ruht sie auf dem kräftigen Sockelgeschoß. Ein typisches Beispiel des «Moskauer Barock» gibt die Brunnenkapelle. 1692-1699 entstand, als Haupteingang zum Klosterbezirk, die Torkirche Johannes des Täufers mit eckigem Hauptturm, dessen Ziegelsteinrot mit dem Gold der Türme prächtig harmoniert. 1746-1748 die Kirche der Ikone der Gottesmutter von Smolensk. Der 98 Meter hohe Glockenturm, 1741-1770 durch die Architekten I. Mitschurin und D.W. Uchtomski errichtet, in vier offenen Geschossen über massivem Unterbau aufsteigend – ein leichter, heiterer, sich nach oben verjüngender vertikaler Akzent in der vielgestalten Anlage von Sagorsk.

Den gesamten Komplex in reichen Details, in seinem Zusammenspiel von Kirchenbauten, klösterlichen Bauwerken und «weltlichen» Trakten, überstrahlt die Pracht der vergoldeten Kuppeln, die Farbenvielfalt des Mauerwerks; «Schatzkammer russischer Kunst» hat man Sagorsk genannt, die Klosterstadt, die in sich selbst ein Kunstwerk ist.

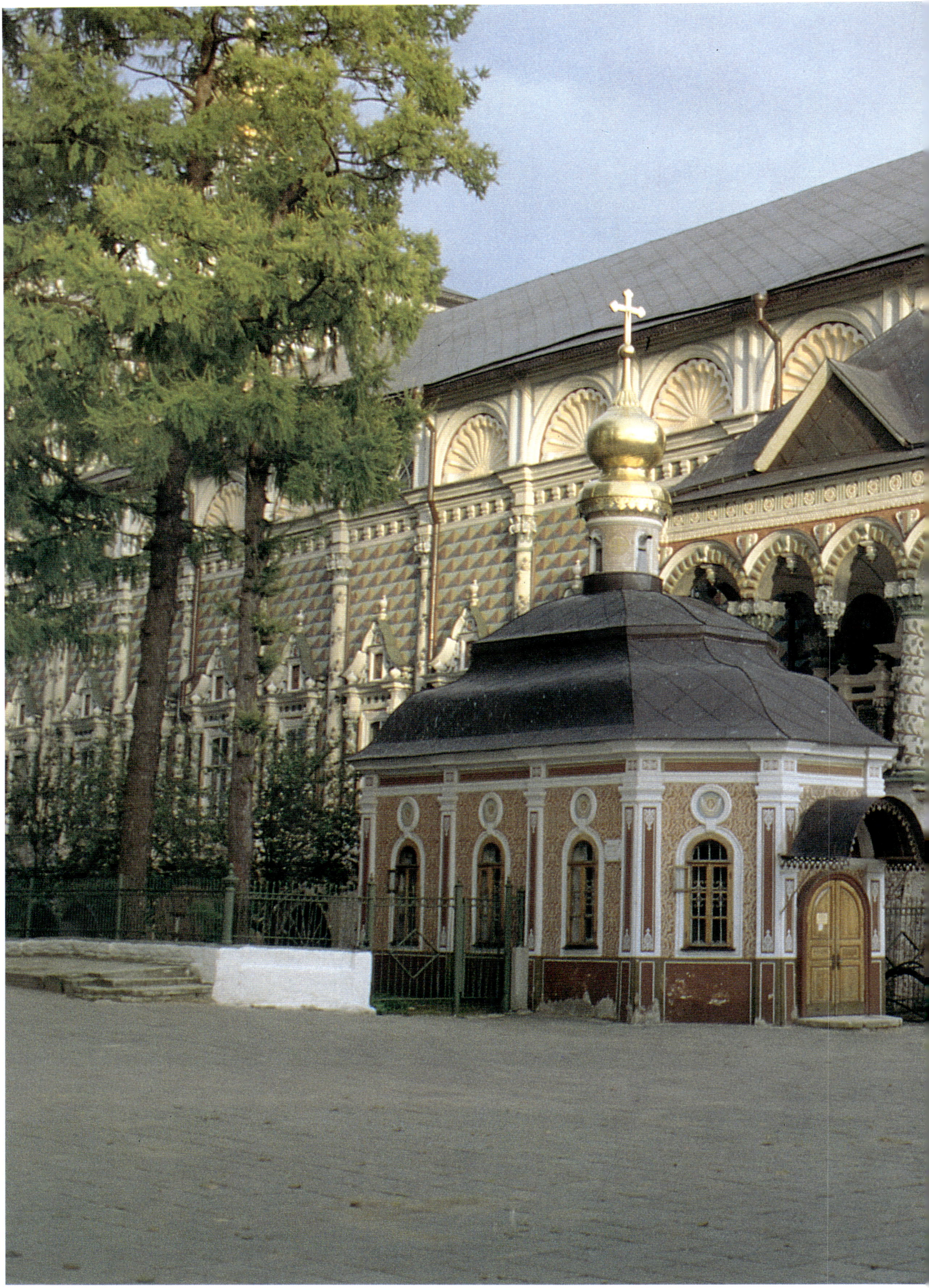

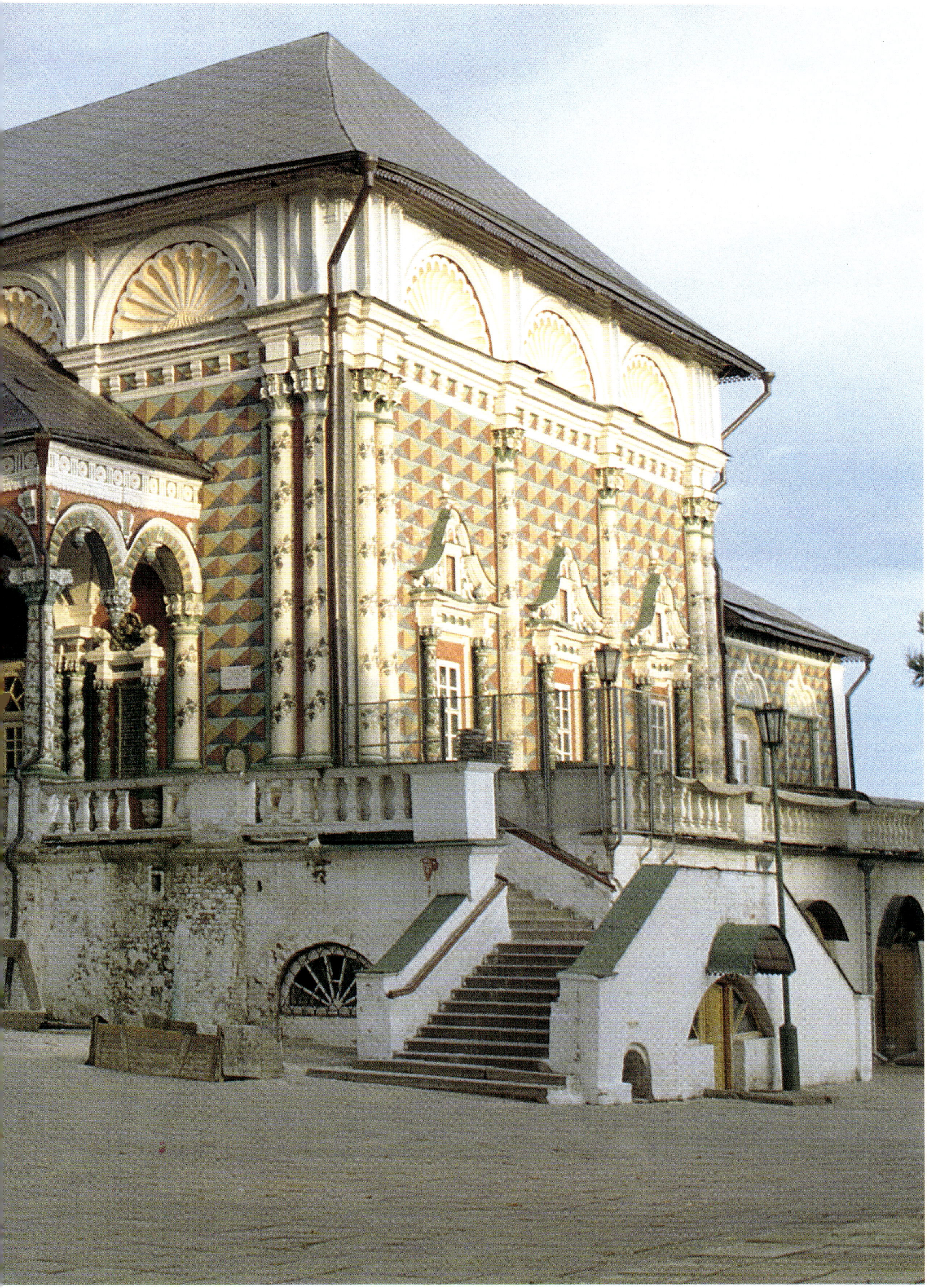

Schweiz

Einsiedeln

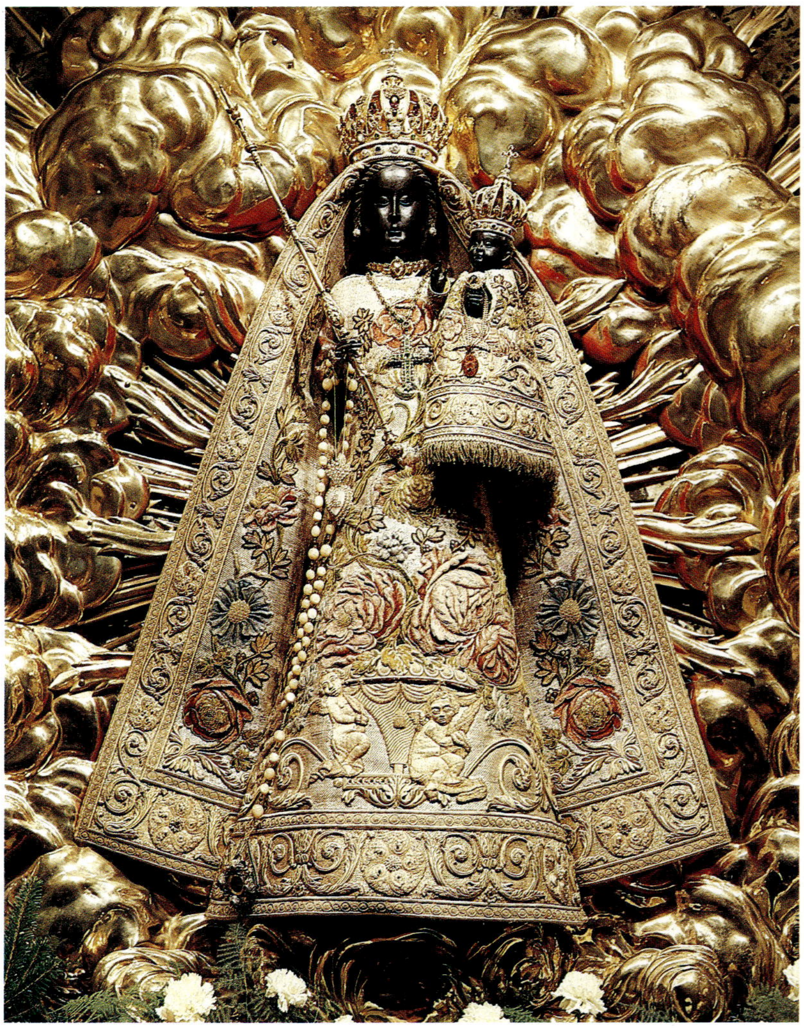

Das Benediktinerstift Einsiedeln im Kanton Schwyz, auf einer leichten Anhöhe gelegen, wurde Mitte des 9. Jahrhunderts durch den heiligen Meinrad gegründet. Damals bedeckten wilde, ausgedehnte Wälder die Gegend. Der Eremit von der Insel Reichenau im Bodensee baute sich eine bescheidene Klause. Am 21. Januar 861 erschlugen ihn Räuber in seiner Abgeschiedenheit; zu seinem Gedenken entstand um die Stelle seines Martyriums die erste Mönchsgemeinschaft. 934 legte der heilige Eberhard als erster Abt des Klosters den Grundstein, Stifter war der Herzog von Schwaben; bereits 947 gestattete Kaiser Otto die freie Wahl des zum Reichsfürsten erhobenen Abtes; die erste Blütezeit Einsiedelns fiel ins 10. bis 12. Jahrhundert. – Das späte Mittelalter tat, wie oft, auch hier sein Werk der Zerstörung: vier verheerende Brände, politische Händel um Macht, Land und Privilegien, die sinkende Zahl der Novizen, schließlich die Reformation mit ihren Folgen führten zum Niedergang, auch zum Rückgang der florierenden Wallfahrt zu Unserer Lieben Frau zu den Engeln.

Christus selbst soll eine kleine Kapelle geweiht haben an der Stelle, an der Meinrad starb; seit dem 12. und 13. Jahrhundert nannte der Volksmund sie bereits Marienkapelle. Die Legende von der «Engelweihe» und das spätgotische Gnadenbild der Schwarzen Mutter Gottes, wohl um 1466 entstanden, begründeten eine der größten Wallfahrten Europas; die Gnadenkapelle ist Herzstück der ganzen Klosteranlage und Ziel der Pilger, welche in «gläubigen Scharen mit großer Beschwerlichkeit kommen», um an jenem «Funken von Sittlichkeit und Gottesfurcht», an «dieser heiligen Flamme auch ihr Kerzlein anzuzünden» (Goethe). Aus dem Jahr 1466 berichten Klosterakten von 130 000 Pilgern.

Die Gegenreformation brachte Aufschwung, Einsiedeln erstand neu und weitläufig im Zeitalter des Barock. Von 1674 bis 1676 entstand unter Bauherrschaft des Abtes August in II. von Reding (gest. 1692) der Chorneubau von Hans Georg Kuen aus Vorarlberg; unter Abt Maurus Roll begann der Neubau von Kirche und Kloster nach Plänen des Laienbruders Caspar Moosbrugger. Das Klosterviereck in den gewaltigen Abmessungen von 258 Metern Länge und 255 Metern Breite stand 1718 fast vollendet; die Einweihung der prächtigen Basilika, in der Mitte der Klosterfassade placiert, mit ruhig geschwungener Kirchenfront zwischen zwei in harmonischer Gliederung fast noch der Renaissance verpflichteten Türmen, war 1735.

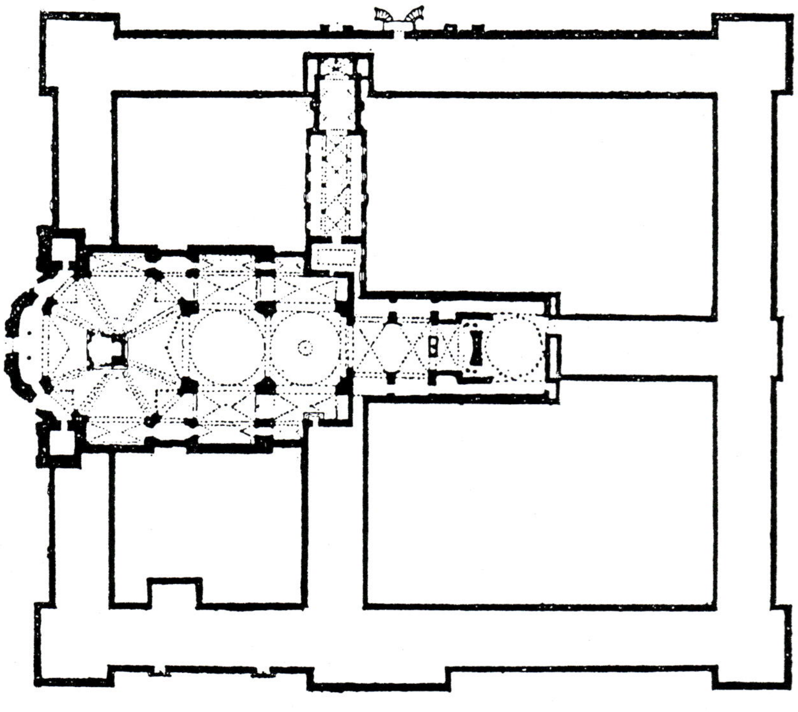

Der barocke Innenraum ist ein Werk Moosbruggers, vermutlich unter Mitarbeit von Franz Beer. Graf Luigi Ferdinando Marsigli aus Bologna, ein Laienarchitekt, tätig als Kriegsingenieur und Naturforscher, beriet den Baumeistermönch; der italienische Einfluß findet sich unverkennbar in dem machtvollen Oktogon der Gnadenkapelle, dem Zentrum Einsiedelns. – Cosmas Damian Asam und sein Bruder Egid Quirin aus Bayern schufen Deckenbilder und Stuck in den Jahren 1724-1726. Von Cosmas stammt das perspektivisch und optisch kühn gestaltete, figurenreiche «Weihnachtsbild» in der großen Laternenkuppel in lichten Farben und klaren, bewegten Formen. Egid, meistens im Schatten des berühmteren Bruders, lieferte die prachtvolle Kanzel am Mittelschiffpfeiler vor der Abendmahlskuppel, fast vollständig vergoldet, in Stuck und Stuckmarmor und erhielt dafür den stolzen Preis von 1400 Gulden als Honorar.

Das Stift besitzt im Nordflügel eine Bibliothek, die das zweite und dritte Stockwerk umfaßt: In dem schönen, lichtdurchfluteten Saalbau befinden sich rund 150 000 Bände, Urkunden, Inkunabeln und eine große Manuskriptsammlung.

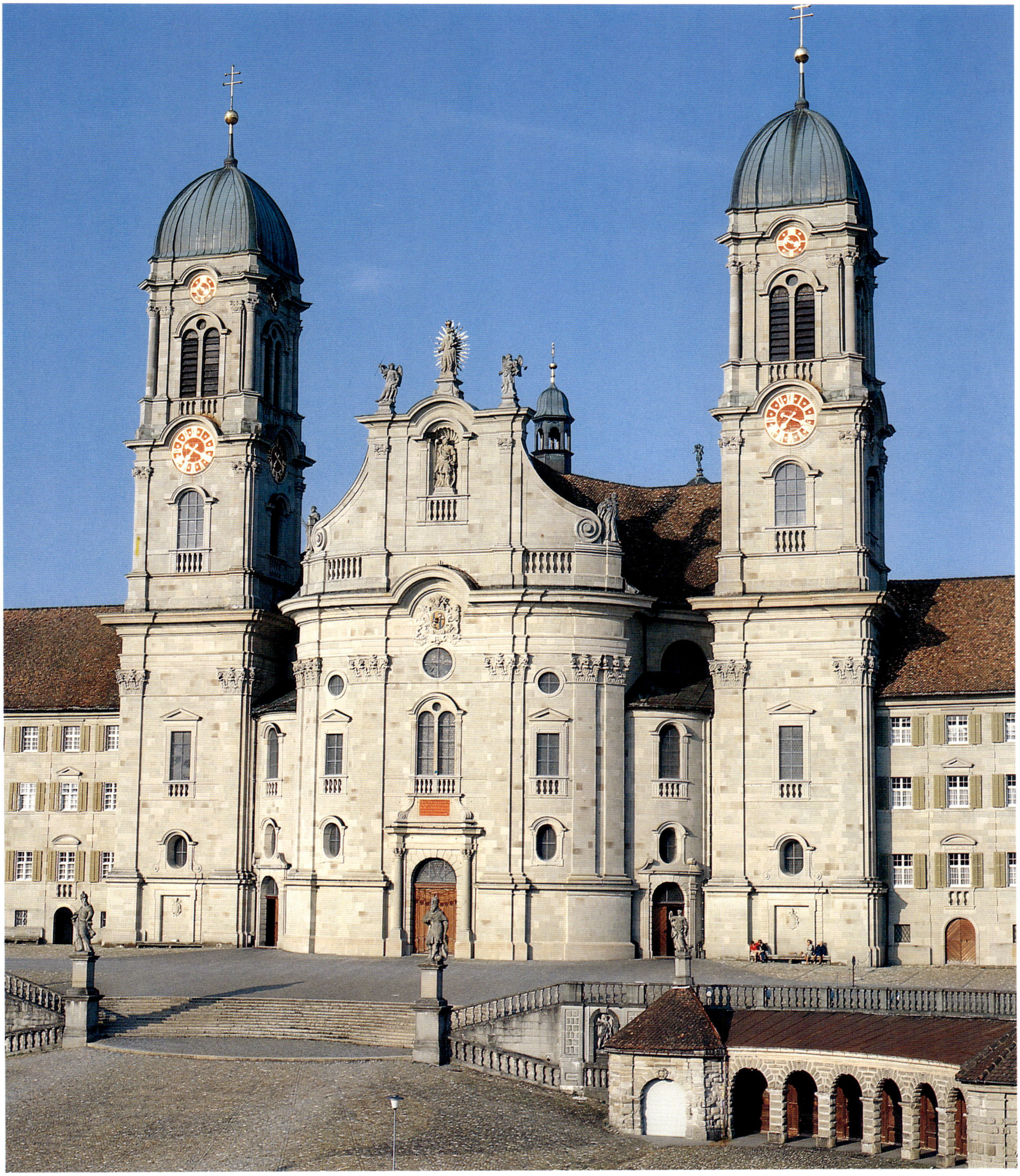

Müstair

Die Stiftung des Benediktinerinnenklosters Müstair in Graubünden geht nach ungesicherter Überlieferung auf Karl den Großen zurück; es wurde um 780 gegründet, 805 erstmals erwähnt und im Verbrüderungsbuch der Abtei Reichenau aus dem ersten Viertel des 9. Jahrhunderts beurkundet als Monasterium «Tuberis». Das Kloster, gelegen an der Route zum Ofenpaß und zum Vintschgau, einem wichtigen und viel frequentierten Alpenübergang, war Herberge für Reisende; aber die fürsorglichen Nonnen sind erst seit 1163 hier zu finden, zuvor residierte ein Männerkonvent, etablierte sich eine Bischofsresidenz, in der der Churer Kirchenfürst logierte, wenn er auf Durchreise war. Ein Hostienwunder im 13. Jahrhundert (die Heiligenblut-Reliquie raubten im Jahr 1799 die Franzosen) brachte Aufschwung als Wallfahrtsort; Stiftungen machten das Kloster Johann Baptist wohlhabend; reicher Güterbesitz, bis hinab ins Etschtal, kam hinzu.
Die einschiffige Saalkirche mit drei Apsiden wurde um 1490 zu einer spätgotischen, dreischiffigen Halle umgebaut; in dieser Zeit entstanden auch der Glockenturm (im 16. Jahrhundert erhöht) und der «Plantaturm», wehrhaft, burgartig, mit kräftigen Zinnen bekrönt, die Residenz der Äbtissin, benannt nach der «Bau-Äbtissin» Angelina Planta, die von 1478 bis 1509 die Geschicke des Klosters leitete. Es entstanden damals Tortürme und Stallungen im Süden und Norden der Anlage. Müstair wurde im Lauf der Jahrhunderte häufig umgebaut, erweitert, verändert, auch von Brand blieb es nicht verschont.
Seine heutige überragende kunstgeschichtliche Bedeutung erhielt es erst in den Jahren 1947-1952: Unter Tünche und Übermalung fand sich der größte erhaltene Freskenzyklus der Karolingerzeit, geschaffen wohl von einer oberitalienischen Werkstatt um 800, fast ausschließlich szenische Darstellungen im Stil der sogenannten karolingischen Renaissance: Im Langhaus die Geschichte Daniels und Jesu in je fünf Streifen zu acht Bildern; an den Wänden der Apsis Szenen aus dem Leben von Johannes, Stephanus und Petrus; in der Wölbung der Hauptapsis Christus in der Glorie, die Symbole der Evangelisten und Engelchöre; in der Nordapsis eine Darstellung der Übergabe des Schlüssels an Petrus und des Buches an Paulus – Sinnbild für die Schlüsselgewalt und das Lehramt der Kirche («Traditio legis»); in der Südapsis Medaillons mit Christus, Petrus, Paulus und anderen Aposteln. An der Westwand befindet sich die Darstellung des Jüngsten Gerichts. Das weltabgelegene Kloster erstrahlte auf einmal als Kunstwerk von allerhöchstem Rang in Europa. Die vor allem in rötlichen Tönen, aber auch weiß, blau und schwarz gehaltenen Figuren sprechen nicht, wie sonst typisch für ihre Epoche, von byzantinischen Vorbildern; der oder die Künstler orientierten sich an spätantiken Vorbildern und kannten wohl auch die Buchmalerei der Hofschule Karls des Großen: Die Vita Johannes des Täufers als Kirchen- und Klosterpatron ist zwar Thema, aber ausschließlich im Kontext mit Christus als «Erlöser und Erhalter der Welt».

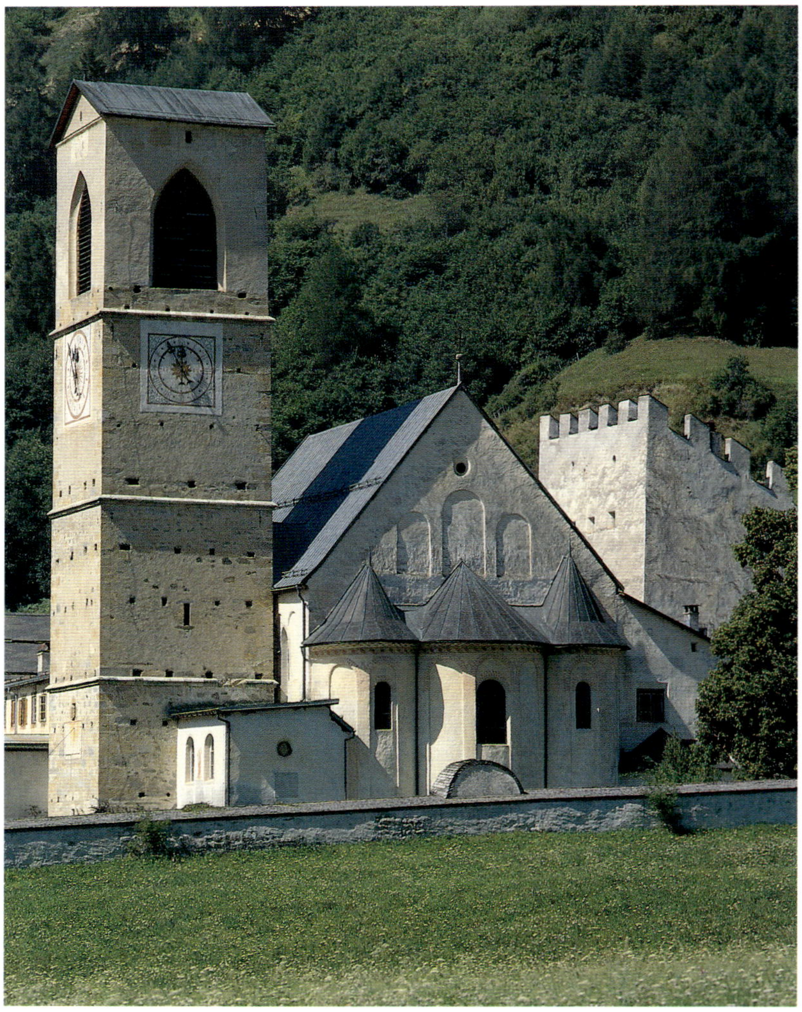

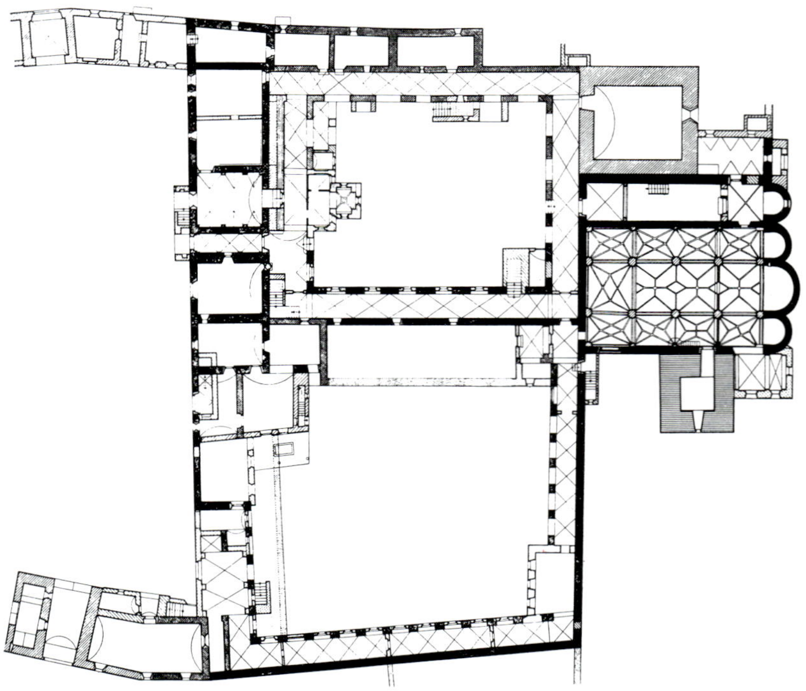

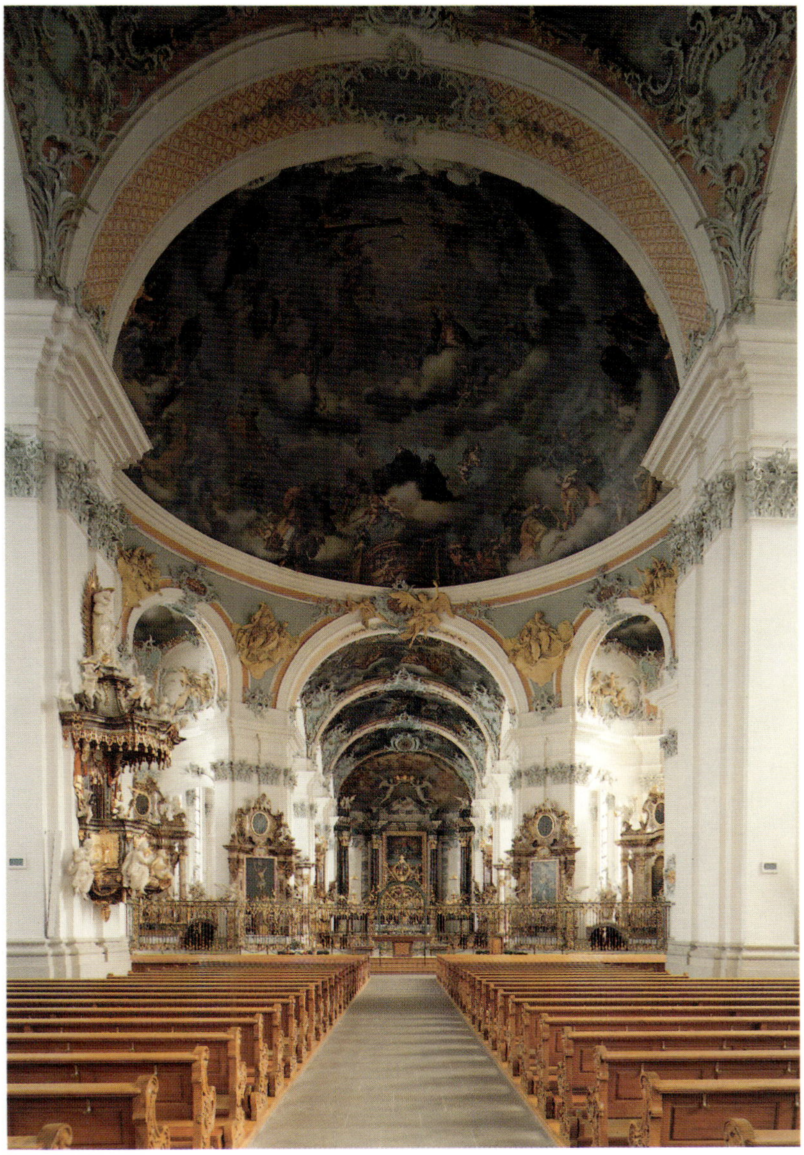

St. Gallen

Das Kloster St. Gallen ist eine Gründung des heiligen Gallus, der als einer der zwölf Gefährten des heiligen Columban von Irland her auf das Festland zog, um das Evangelium zu predigen. Im Jahr 612 baute sich der Wandermönch im Steinachtal seine Zelle und ein Bethaus aus Holz – eine Vision hatte ihm diese Stelle gewiesen: « Hier will ich in Ewigkeit bleiben. Diesen Ort habe ich mir als Wohnstätte auserwählt. » Als dann gar ein bedrohlicher Bär « im Namen meines Herrn Jesus Christus » das Weite suchte, wußte er sich am rechten Ort. Um ihn bildete sich eine Einsiedlergemeinschaft, die bald nach den Regeln der Benediktiner zusammenwuchs zum Kern des Klosters St. Gallen, als Pflanzstätte christlicher Kultur, Kunst und Wissenschaft.

Um 820 entstand, auf vier zusammengenähten Pergamentblättern, der große Klosterplan: Dieses Idealschema einer Anlage mönchischer Gemeinschaft berücksichtigte nicht nur die sakralen Bereiche, sondern skizzierte liebevoll und detailgenau auch die Küche der Mönche, das Sprechzimmer für Besucher, Krankenhaus, den Gänsestall samt Haus des Geflügelwärters, Obst- und Würzgarten – eine autarkes Anwesen, um die Kirche sinnvoll gegliedert, es wurde *so* nie ausgeführt. 830-867 entstand ein stattlicher Klosterkomplex, zu dem drei Kirchenbauten zählten und die Gallus-Krypta; ein Helmhaus mit der Michaelskapelle gehörte neben anderen Gebäuden zu der aufwendigen Anlage.

Die Bauten wurden nach der Reformation abgebrochen, um in aller Pracht des Barock die Kathedrale mit Schloßcharakter in der Majestät und Erhabenheit ihrer Fassade erstehen zu lassen. 1755-1772 errichtete Peter Thumb aus Vorarlberg die Kirche: die zweitürmige Ostfassade ist ein Meisterwerk von Johann Michael Beer. – Das Innere wird von der mächtigen zentralen Rotunde beherrscht; es ist, so die Kunsthistoriker Klaus Speich und Hans Schläpfer, mit « den gleichförmigen Kuppelfolgen von Schiff und Chor auch in seiner Wandgliederung architektonisch klar gestaltet und läßt im Schwinden raumauflösender Gestaltungselemente den Klassizismus ahnen ». – Die Ausstattung schufen die fähigsten Künstler der Zeit: Christian Wenzinger malte Fresken aus Heiligen- und Klostergeschichte und gestaltete in zartem, leichtem Stuck als Wandrelief Szenen aus dem Leben des heiligen Gallus. Von Josef Anton Feuchtmayer ist das Doppelchorgestühl aus den Jahren 1763-1770.

Der alte Klosterplan bereits sah eine zweigeschossige Bibliothek vor; Thumbs letztes Werk, ein üppig ausgestatteter, geschwungener, rechteckiger Raum mit umlaufender Galerie, gehört zu den schönsten Beispielen der Rokokoarchitektur: sie entstand 1758-1767; die Deckenbilder malte Josef Wannenmacher (1760). Den Ernst, die Würde der Folianten auf den vorgewölbten Buchregalen auf Freistützen beleben bemalte holzgeschnitzte Putten eines unbekannten Künstlers in den Nischen der Schränke: In loser Beziehung zu den Büchern auf den Borden verkörpern sie Berufe wie Dichter, Kaufmann, Arzt, Apotheker, Handwerker, Wissenschaftler, Musikant oder Gärtner. Der Bücherbestand umfaßt 100 000 Bände, darunter 2000 berühmte Handschriften aus der frühen Zeit des Stifts, zum Beispiel den « Psalter auream », 910 vollendet, dessen Text mit Gold geschrieben ist, vor allem Arbeiten der einheimischen Schreib- und Malschule, die um 850 ihre Hochblüte erreichte mit reich illuminierten Büchern biblischen und liturgischen Inhalts.

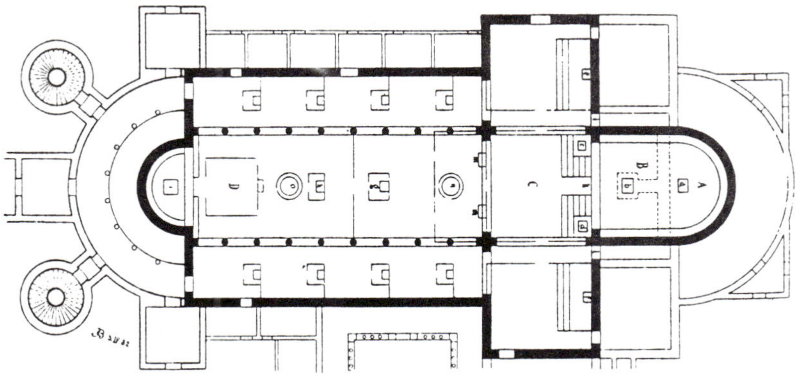

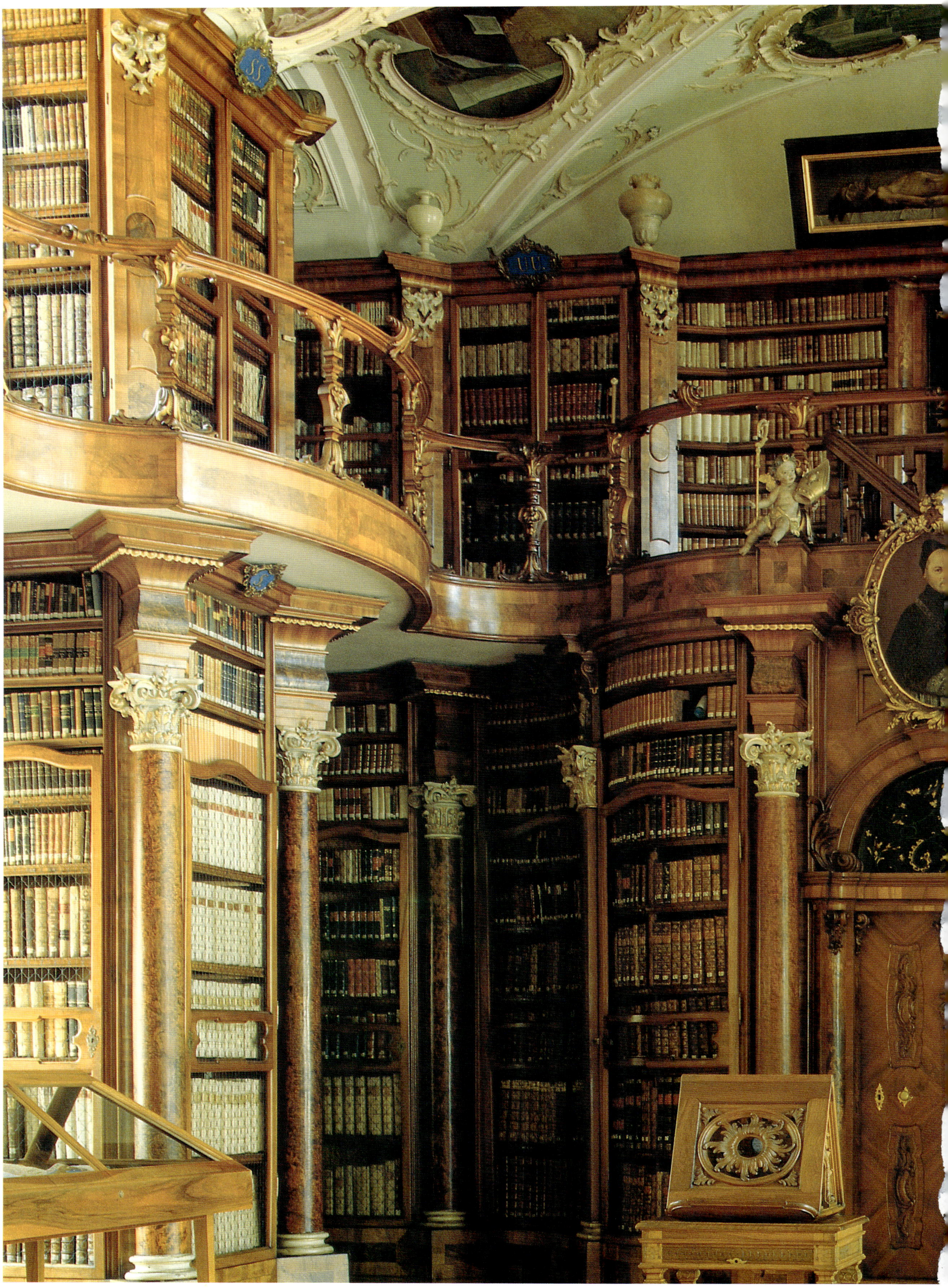

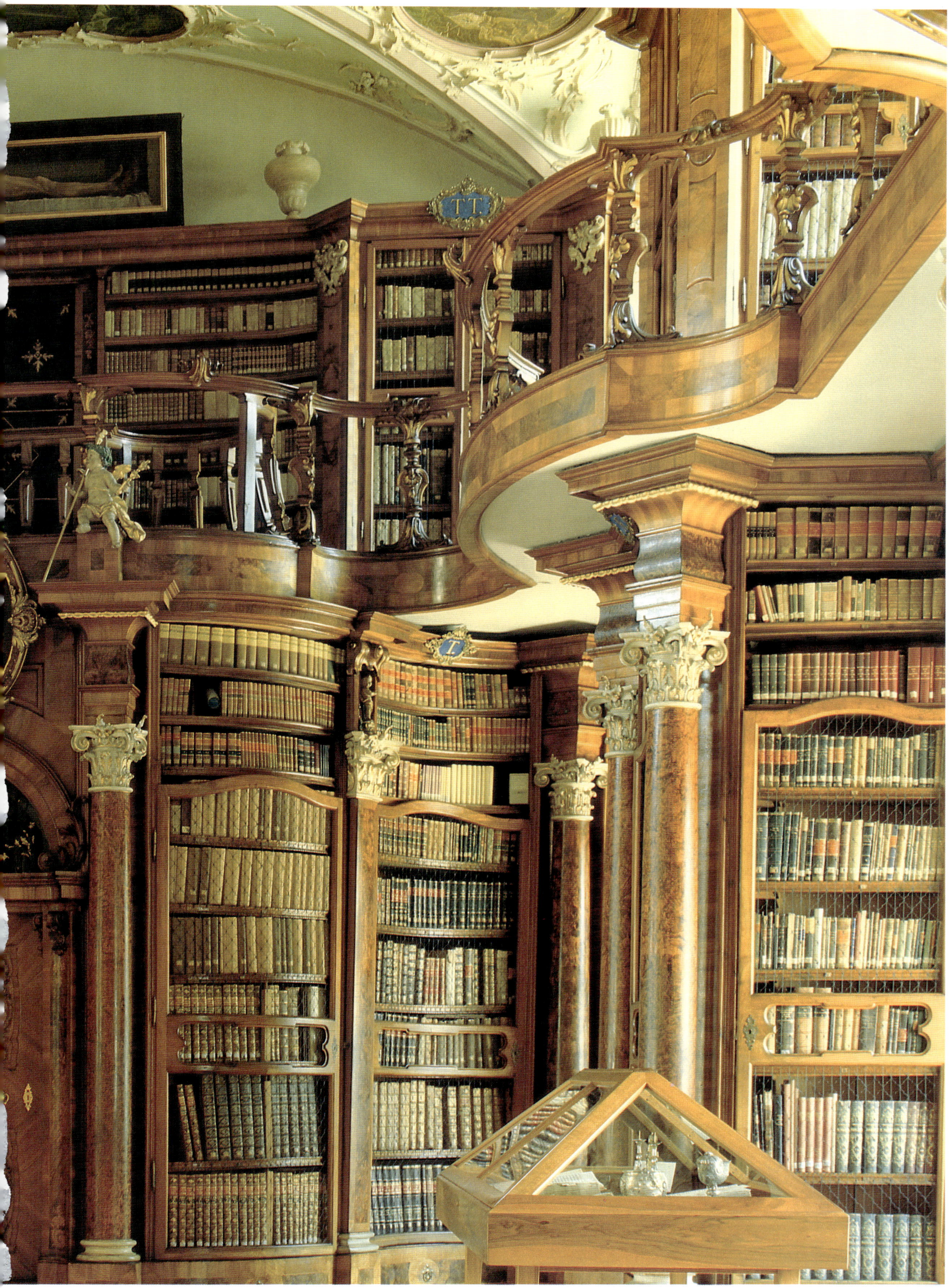
T.T.
T.

Slowakei

Jasov

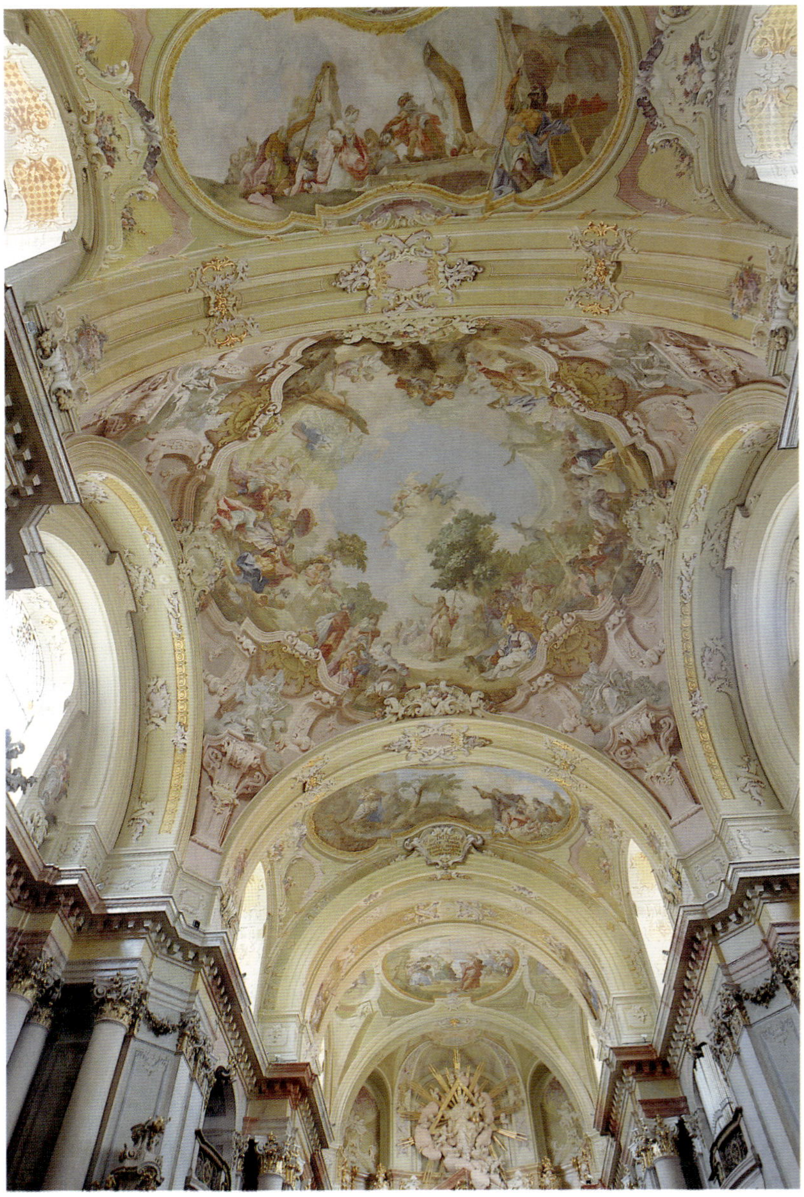

Das Prämonstratenserkloster gründete Herzog Kolman, der König von Halicz, um das Jahr 1230, doch der Tartarensturm vernichtete die ersten Gebäude vollständig. Propst Albert I. suchte 1255 mit seinen Patres den ungarischen König Bela IV. auf und bat, Rechte und Güter von «Jászóvár», so der alte Name, wiederherzustellen; es entstand neu mit starken Basteien, später auch mit einer prächtigen gotischen Kirche und bezog bald beachtliches Einkommen, denn König Lajos von Ungarn verlieh ihm uneingeschränktes Patent für den Erzbergbau, das kulturellen und wirtschaftlichen Aufschwung nach sich zog.
Der Komplex lag abgeschieden im Tal am Fluß Boldva, umgeben von bewaldeten Bergen, ein Zufluchtsort für Bedrängte, Obdach auch dem Egerer Kapitel, als die Türken dort plündernd einfielen; wann der Niedergang einsetzte, ist nicht genau bekannt, im Mittelalter und bis um 1695 stand das Kloster, von Wassergräben umgeben, intakt da.
Im Juni 1745 erschien, vom Kapitel der Klosterbrucker Prämonstratenser entsandt, ein junger Ordensbruder namens Andreas Sauberer, der später Abt von Jasov werden sollte, und ließ die alten, baufällig gewordenen Mauern niederreißen. Der Grundstein für einen Neubau wurde bereits im Jahr von Sauberers Ankunft gelegt. Der energische Mann nahm rasch Kontakt auf zu Franz Anton Pilgram, einem niederösterreichischen Baumeister, der seinen Stil an Francesco Borromini in Rom und Johann Lukas Hilderbrandt in Wien geschult hatte. Um 1750 begannen die Arbeiten zu einem großzügig konzipierten Stift mit zentral gelegener Kirche, seitlichen quadratischen Höfen und umliegenden Klostergebäuden. Das zweitürmige Gotteshaus mit bewegter, betont plastischer, monumentaler Fassade steht in der Tradition österreichischer Barockklöster, doch fiel die ganze Anlage von Jasov bescheidener, weniger pathetisch aus als die «Schwesterabteien» in Österreich oder Süddeutschland. Im Jahr 1766 war die Weihe. Die Architektur des Kirchenraums, in dem Langhaus und Kuppelbau harmonisch verschmolzen sind, die Schwere des Mauerwerks durch Gesimse, Gewölbe, Wandpfeiler und Säulen aufgelöst sowie der Hochaltar gleichsam als Blickfang integriert ist, präsentiert sich einheitlich. Den zierlich beschwingten Rokokostuck schuf Johann Anton Kraus, die Altargemälde stammen aus der Werkstatt des Wiener Barockmalers Johann Lucas Kracker, der die Stiftskirche eigenhändig mit Fresken ausstattete (Deckengemälde in den Konventsgebäuden gingen 1792 durch einen Brand zugrunde). Kracker, der stilistisch an die Kunst Paul Trogers anknüpfte, wählte große, figurale Kompositionen, arbeitete mit Effekten der Scheinarchitektur und öffnete so den Blick, die Dimension, in die Höhe. Kongenial mit ihm arbeitete der Stukkateur und Marmorierer Joseph Hennevogel, ein Angehöriger der Künstlersippe aus Wessobrunn.
Wenn Jasov sich auch nicht ganz so aufwendig darstellt, wie etwa Göttweig oder Melk, Ottobeuren oder Weingarten, so hat es doch eines mit ihnen gemeinsam: Die schöne barocke Form, die reiche Ausgestaltung widersprechen dem Ideal des Ordensgründers Norbert von Xanten: Freiwillige Armut, strenge Askese, strikte Abkehr von der Welt predigte er und praktizierte sie, wo es nur ging. Nicht das ruhige, seßhafte Leben in Gott war für ihn wichtigstes Ziel des Mönchstum, sondern der Status des Wanderpredigers, der barfuß, grob gewandet, nur mit «Meßgewändern und einigen Büchern ausgestattet» über Land ging, um «dem Wort Gottes Gehör und Verbreitung zu verschaffen», wie er dies in seinem erst später aufgezeichneten «Propositum» forderte.

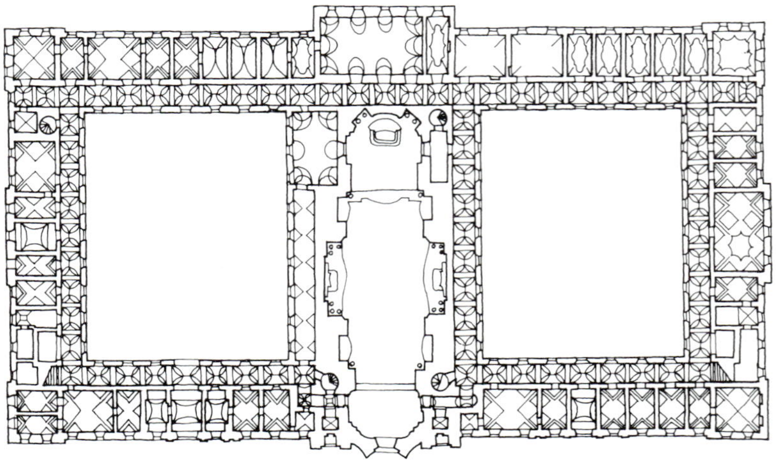

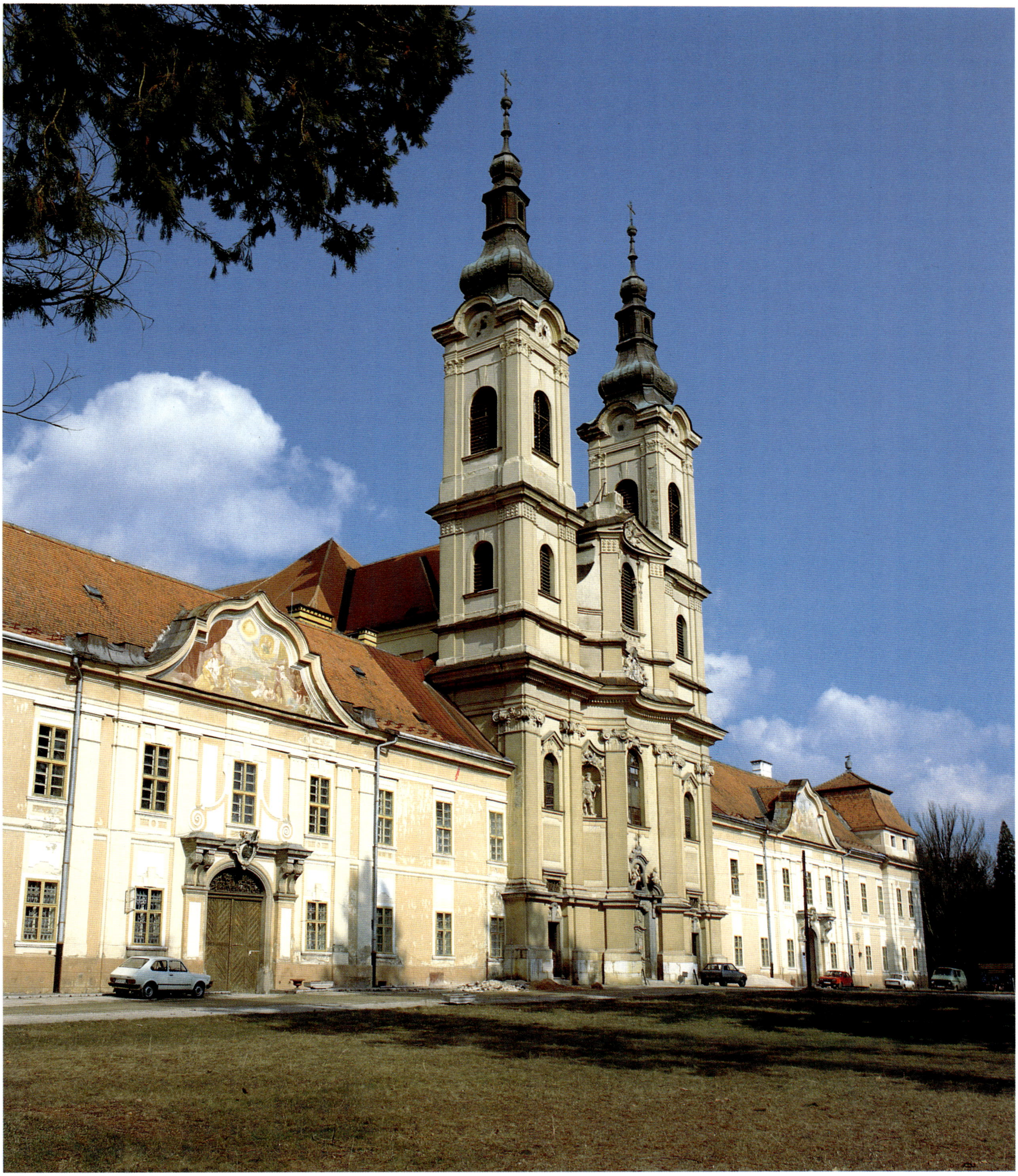

Spanien

Escorial

Escorial – der klangvolle Name des Schlosses und Hieronymitenklosters San Lorenzo bedeutet: Schlackengrube, genannt nach den Minen des Gebirges der Sierra Guadarrama, 50 Kilometer nordwestlich von Madrid.
Der mit dem strengen Äußeren seiner Hauptfassade eher klösterlich als königlich wirkende Bau am Fuß der rauhen Berglandschaft ist unvergleichbar an Weitläufigkeit seiner Trakte, Größe und Pracht des Inneren; er entstand als Einlösung eines Gelübdes, daß König Philipp II. in der Schlacht von San Quentin am 10. August 1557 ablegte: An diesem Gedenktag des Laurentius rief der Herrscher den Heiligen um Sieg an; ihm zum Dank ließ er das Schloß in der Form eines Rostes anlegen, Reminiszenz an das Folterinstrument, mit dem der Märtyrer gequält wurde. Das « achte Weltwunder » nennen Bewunderer den Escorial; von allem etwas finden an ihm die Spötter: Kloster, Palast, Pantheon, Mausoleum, Kaserne und Kanzlei. Baumeister des gewaltigen Komplexes aus Granitquadern, überdimensional mit seinen 240 Metern Länge, 190 Metern Breite, sieben Toren, fünfzehn Türmen und 1110 Fenstern waren 1563-1584 Juan Baptista de Toledo und Juan de Herrera. König Philipp, der stolz von sich sagte: « In meinem Reiche geht die Sonne niemals unter », dessen Zeitalter, trotz Inquisition und Ketzerverbrennung das « Goldene » hieß, verfaßte selbst die Gründungsurkunde; vor allem begraben werden wollte er in diesem Schloß, « wenn sich Gott Unser auf Erden genug bedient haben wird und Uns von hinnen ruft », und so « gründen und bauen Wir nun das Kloster des heiligen Laurentius, des Königlichen ».
Zweihundert Mönche, die als erste einzogen, verirrten sich beinahe in den riesigen Räumen und Fluchten, mächtigen Eingangsportalen, dem großen, doppelstöckigen Kreuzgang um einen geräumigen Innenhof, sogar in der nach dem Vorbild von Sankt Peter in Rom gestalteten Hauptkirche mit ihrer kalten Fülle und Pracht! 107 Meter Höhe mißt die Kuppel; 48 Altäre, zwei klangvolle Orgeln, emphatische reiche Fresken von der Hand vieler berühmter Maler Italiens, der mächtige, 26 Meter aufsteigende Hochaltar im Chor, die leuchtenden Königsfiguren, betende Gruppen aus vergoldeter Bronze seitlich von ihm, die königliche Grabkapelle unter dem Hochaltar – all das widerspricht dem mönchischen Ideal und gebührt dem Monarchen. Im Inneren ist der Palast prächtig ausgeschmückt; Philipp selbst legte die Bibliothek mit wertvollen Beständen an. Um so erstaunlicher, beinahe erschreckend karg wirken die Privaträume Philipps, in denen er in klösterlicher Schlichtheit lebte: Im Arbeitszimmer befinden sich ein Schreibtisch, Bücher- und Aktenständer – nichts weist in dieser asketischen Klause darauf, daß hier ein mächtiger Herrscher seinen Amtsgeschäften nachging; im Schlafzimmer ein Kruzifix und Hieronymus Boschs Gemälde « Die sieben Todsünden ». Vom Bett im Alkoven aus konnte Philipp II. durch eine Öffnung in die Kirche blicken und den Priester am Hochaltar sehen. Als sein Ende nahte, brachte man ihn im Tragstuhl von der Madrider Residenz hinaus zum Escorial. Am 13. September 1598 starb er in dieser bescheidenen Umgebung. « Seht mich an: dahin führen die Welt und alle Königreiche zuletzt », sagte er resigniert kurz vor seinem Tod.

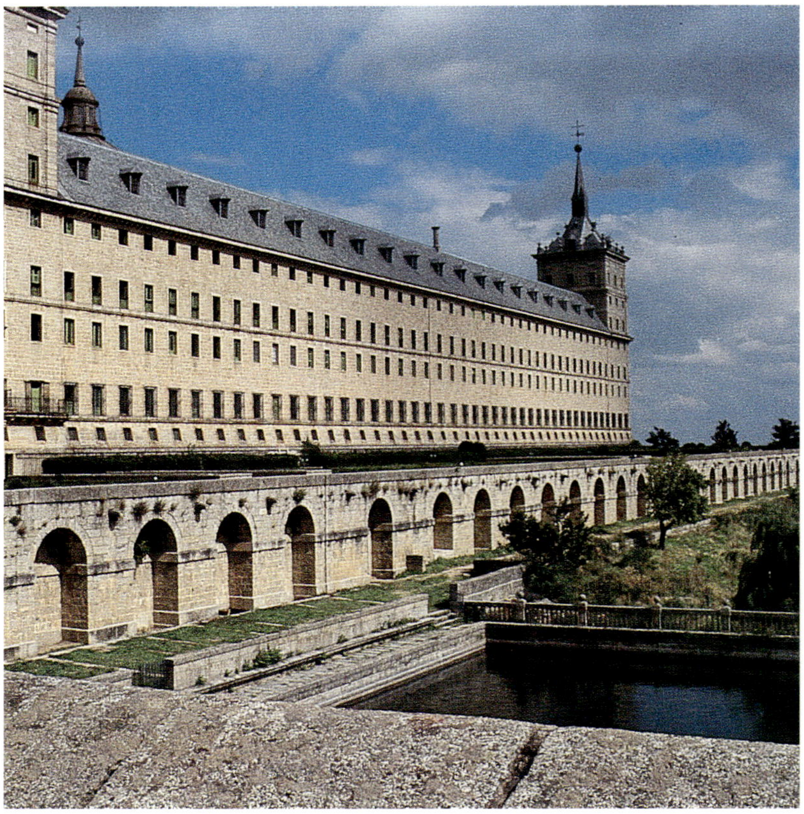

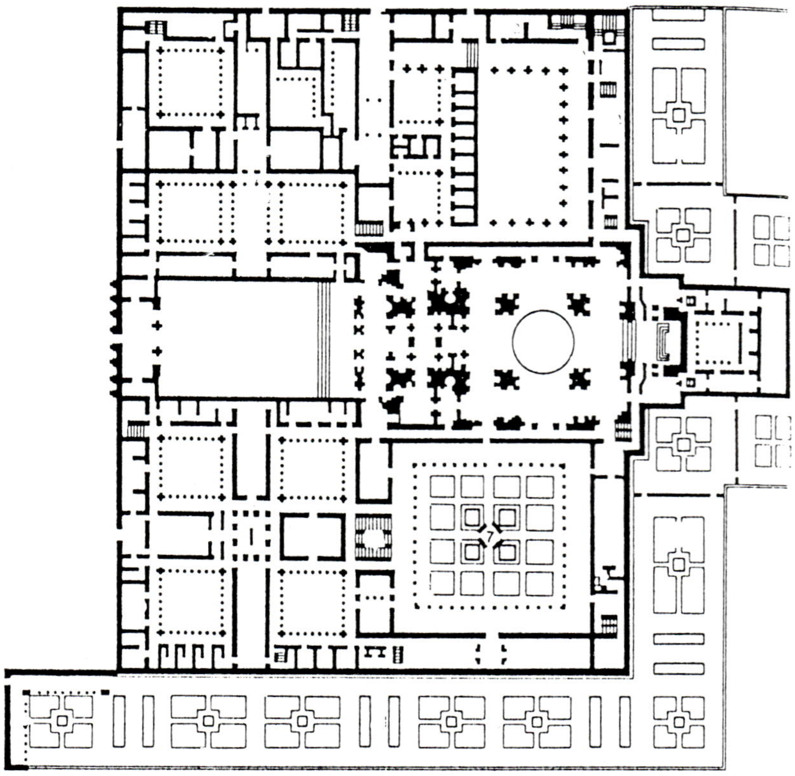

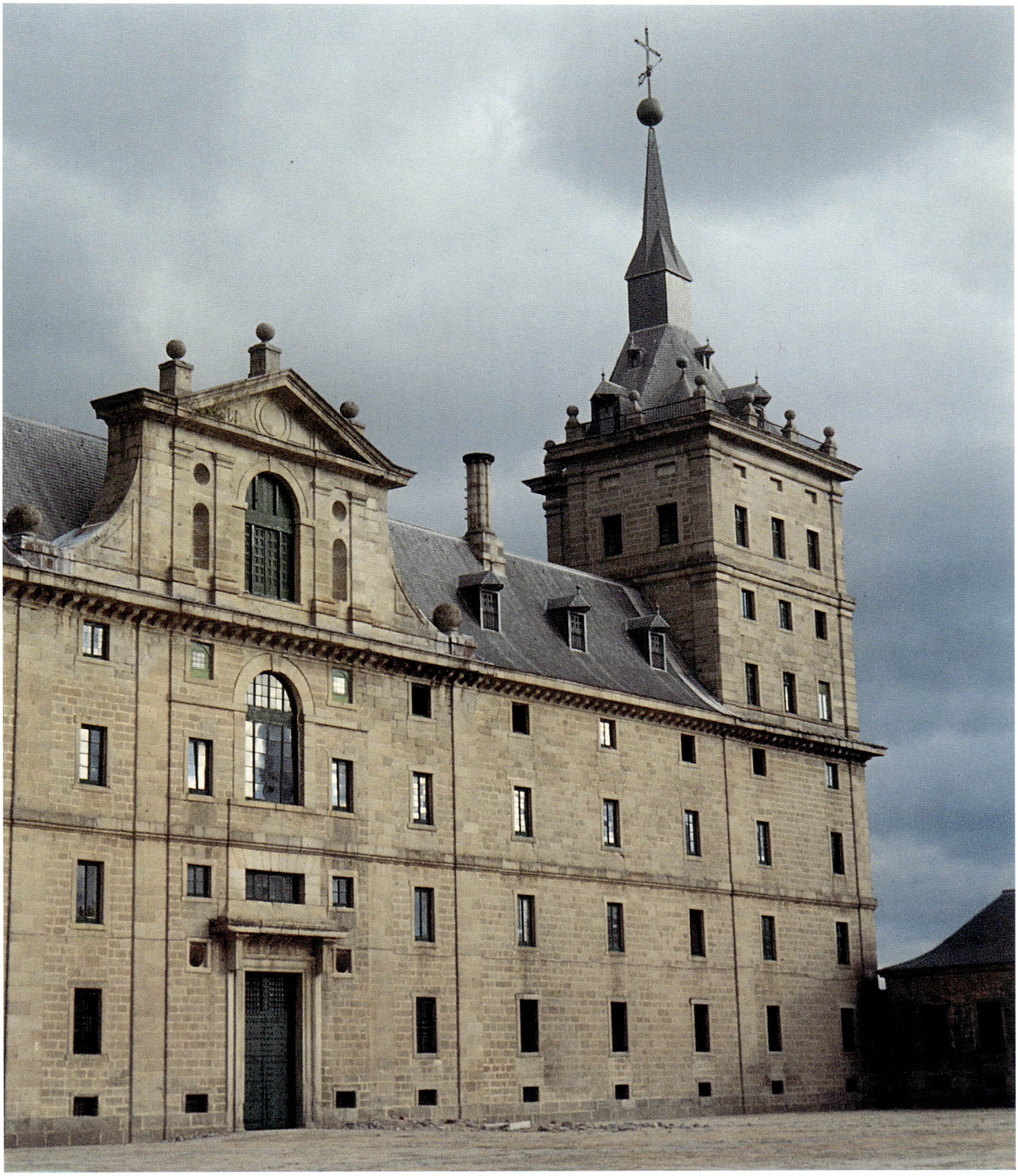

Las Huelgas

Das königliche Kloster, « Monasterio de las Huelgas » bei Burgos mit der Kirche Sta. Maria und der Pilgerherberge « Hospital del Rey » wurde 1187 gegründet durch Alfonso VIII. « Las Huelgas » bedeutet Ruhesitz; seine Gemahlin, Doña Eleonore von Aquitanien, bat ihn, ein Damenstift einzurichten. Die Nonnen, Frauen aus den edelsten Familien und Geschlechtern Kastiliens, sollten unter den Ordensregeln der Zisterzienser hier leben. Gleichzeitig bestimmte der König das neue Kloster zur Grablege früherer kastilischer Herrscher.

Die Äbtissinnen von Las Huelgas verfügten über große Macht; wenn die Zisterzienser Spaniens, wie es öfters geschah, ihr Generalkapitel hier abhielten, empfing die geistliche Dame sie mit der Würde und Herablassung einer Königin, und wenn sie gar wirklich königlicher Herkunft war, beanspruchte sie Herrschaft über die umliegenden Orte und abhängigen Klöster, die Gerichtsbarkeit und das Recht, Novizinnen einzusegnen oder Nonnen die Beichte abzunehmen. Das blieb lange Zeit so; Kardinal Aldobrandini seufzte noch im 16. Jahrhundert: « Wenn der Papst heiraten müßte, wäre die Äbtissin von Las Huelgas die richtige Partie für ihn. »

Die Gründung fiel in bedrohliche kriegerische Zeiten: erst als Alfonso und die Könige von Aragon und Navarra 1212 die Schlacht von Navas de Tolosa gewonnen hatten, war dem Bau und seiner Fortführung Frieden sicher: Der romanische Kreuzgang und, dem nördlichen Seitenschiff der Kirche vorgelagert, der Vorhof der Kreuzfahrer, zählen zum ältesten Bestand; 1279 wurden die Gebeine des Stifterpaares in das Kirchenschiff übergeführt und Altäre geweiht; damals standen Chor und Querschiff bereits fertig und waren in Gebrauch. Vom Kloster sind neben dem romanischen auch ein gotischer Kreuzgang mit zierlichen Doppelsäulen, Kapitelsaal, Refektorium und Eingangsgebäude erhalten.

Die Äbtissinnen des Klosters amtierten zugleich als Vorsteherinnen des Pilgerheimes, denn Las Huelgas lag an der Wallfahrtsstraße nach Santiago. Bei allem Pomp, der im und um das Kloster herrschte, bei dem sehr weltlichen Treiben von Rittern, die hier Dank abstatteten für gewonnene Fehden, bei hochgemutem Stolz, den besondere Zuwendung, ja Gönnerschaft des Heiligen Stuhls befeuerte, bei dem geradezu hochmütigen Gebaren der Klosterfrauen und ihrer Vorsteherin – Frömmigkeit verschwand nie aus Las Huelgas. Pilger, die ihren mühsamen Pfad suchten und Unterkunft fanden, mahnten alle, die hier lebten oder Gast waren an ständige Gefahr. Sie « wurden in Stellvertretung des jeweiligen Königs empfangen und versorgt. Wer sie auch waren, woher sie auch kamen », so der Kunsthistoriker Helmut Domke, denn: « Es ist das große Erschauern vor den furchtbaren Auseinandersetzungen mit dem Islam, das hier nachwirkt; Spanien bedankte sich bei den Wallfahrern, die seinem Abwehrkampf wenn nicht mit dem Schwert, so doch im Gebete beistanden. Der König selber verneigte sich vor ihnen, wenn sie wieder davonzogen. »

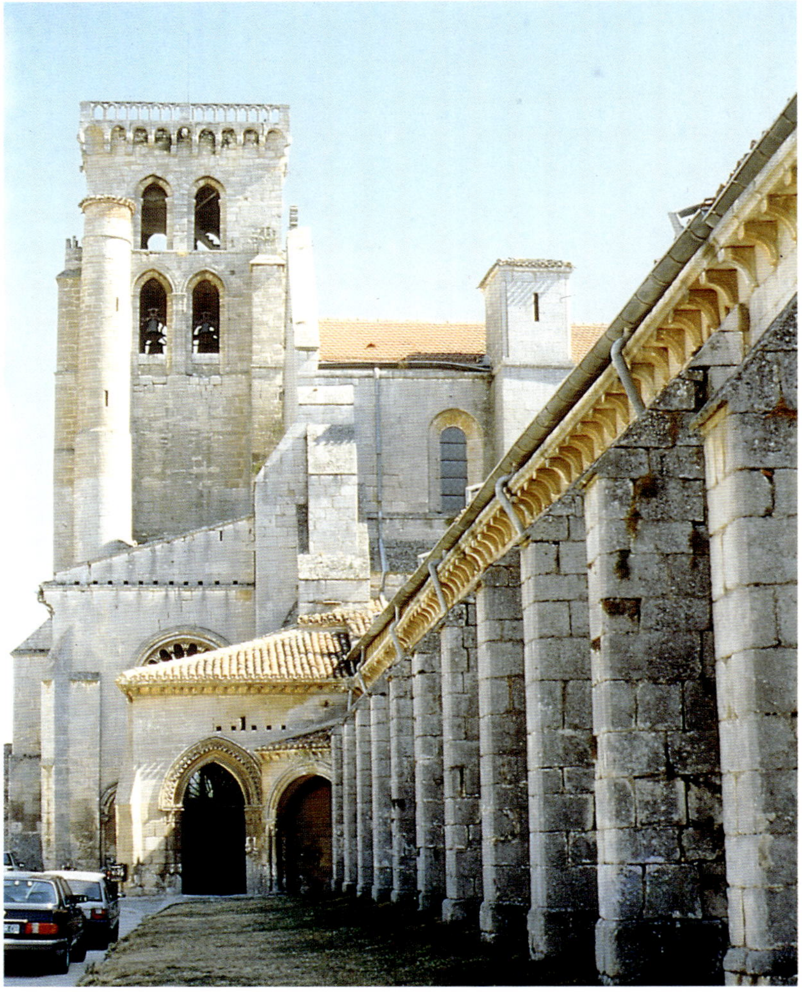

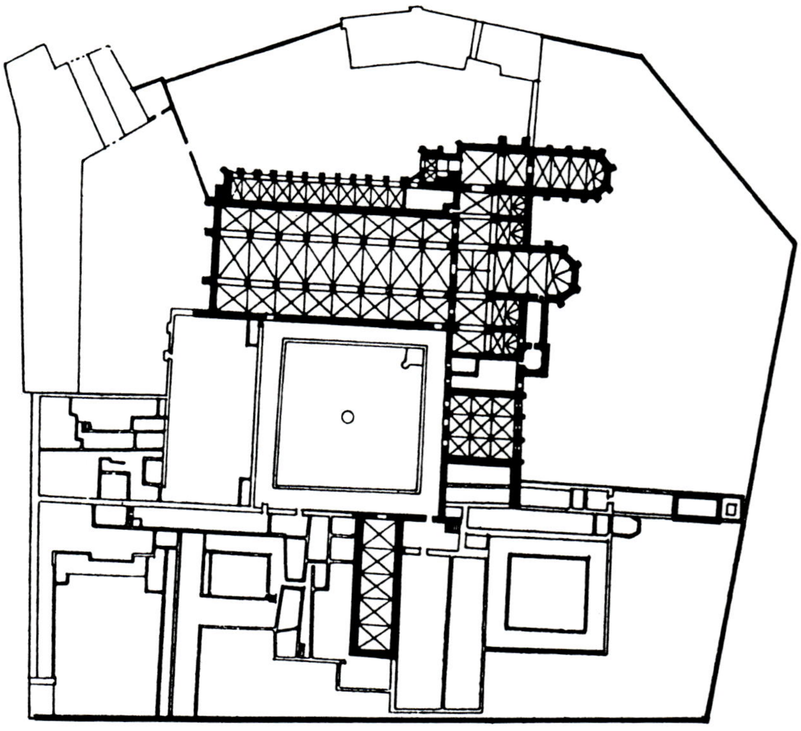

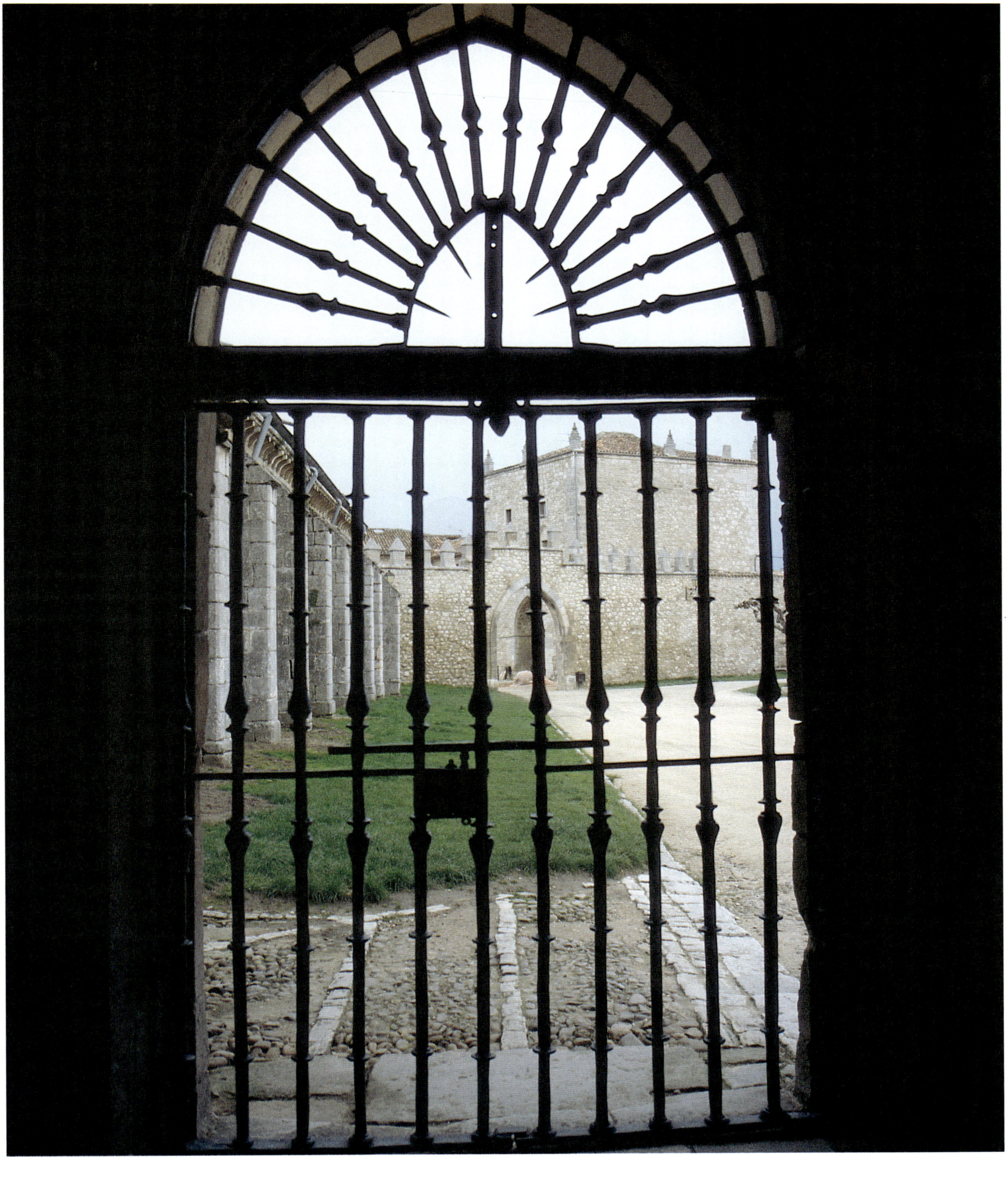

Montserrat

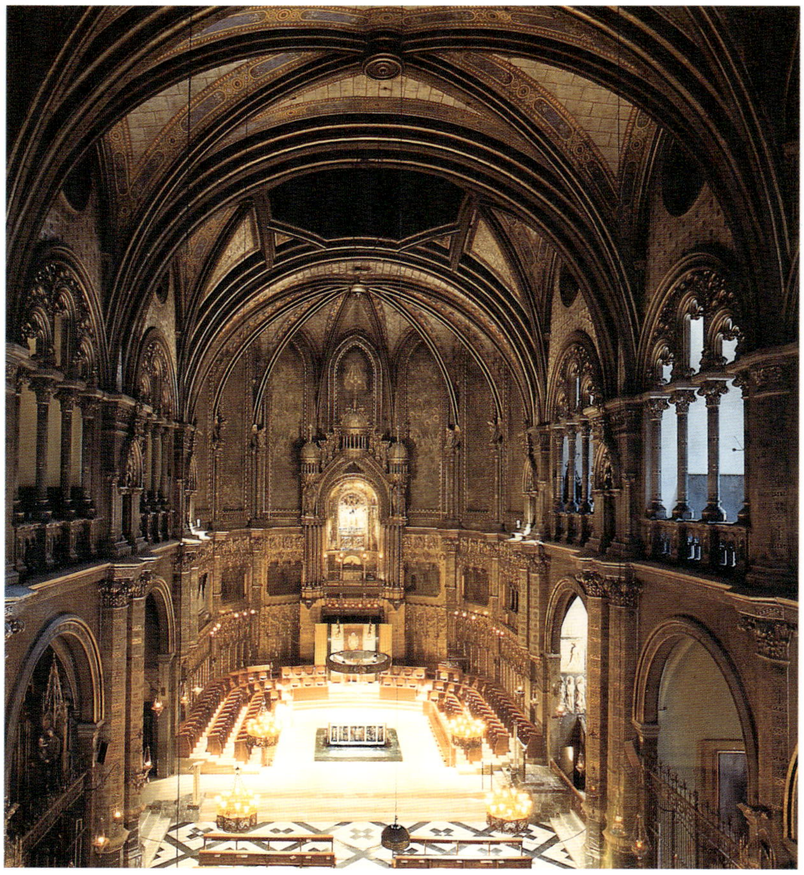

Wild und malerisch ragt das katalanische Bergmassiv des Montserrat, 1236 Meter hoch, in rosa-grauer Färbung seiner Kalksteinglomerate auf; zehn Kilometer lang, fünf Kilometer breit, erstreckt sich dieser Gebirgsstock, der sich bis 875 in Gewalt der Mauren befand. Nach der Rückeroberung machten sich Eremiten am Montserrat ansässig: Zwei Einsiedeleien, San Pedro und San Martin, lagen am unteren, zwei weitere, Santa Maria und San Iscle, am oberen Teil im Fels. Im Jahr 1082 wandelte Bischof Vich, Abt von Ripoli, Santa Maria in ein Kloster um und wurde erster Abt. Das Benediktinerkloster, in 720 Metern Höhe auf einem Plateau gelegen, mit imposanter Fassade, die erst 1939 von F. Folguerra angesetzt wurde, zeigt einen alten Turm der Äbte und Reste eines gotischen Kreuzganges, der später umgebaut wurde, sowie die Kirche mit gotischem Hauptschiff und sechs Kapellen, 1592 geweiht.
Die Schwarze Madonna vom Montserrat und ihr Heiligtum in der kleinen Apsiskapelle sind Ziel einer der bedeutendsten Wallfahrten Spaniens. «La Moreneta», «La Morena de la Serra», eine romanische Schnitzfigur aus dem 12. Jahrhundert, auf ihrem Ehrensitz aus Silber und Gold, geschmückt mit Reliefs berühmter Künstler aus Katalonien, hat ihre Legende unmittelbar am Berg: Hirten erblickten hier ein überirdisches Licht, vernahmen himmlische Sphärenklänge und eilten, ihrem Bischof das Wunder zu melden. Dieser stieg mit Gefolge herauf und entdeckte, in einer Höhle vor den maurischen Heiden verborgen, die Statue der Muttergottes. Der Evangelist Lukas soll sie mit eigener Hand gefertigt haben. – Zur Anbetung begaben sich Arme und Reiche, Volk und Könige auf den beschwerlichen Weg über einen Mauleselpfad: Karl V. hielt eine zu Montserrat geweihte Kerze mit dem Madonnenbild in Händen, als er im Kloster San Yust starb; sein Sohn, Philipp II., stiftete einen Aufsatz für den Hochaltar des Gotteshauses. – Im hinteren Klostergarten erhebt sich eine Grotte, die «Santa Cueva», an dem Ort, an dem die Schafhüter ihre Vision hatten. Die Kapelle der Jungfrau schufen Gaudi und Puig i Cadafalch, die Skulpturen Limona und die Brüder Agapito und Venanca Vallmitjana y Barbany im 19. Jahrhundert.
Montserrat besitzt eine große Bibliothek mit über 250 000 Büchern, darunter zahlreiche Erstausgaben und alte Manuskripte; im Archiv befinden sich 6000 Pergamente und 10 000 Dokumente.
Auch Reisende und Künstler hat die romantische Gegend angezogen, weniger der Madonna und der Klosterbauten als des gewaltigen Gesamteindrucks wegen: Richard Wagner ließ sich hier zu seinem letzten Werk, dem Bühnenweihfestspiel «Parsifal», inspirieren. «Nirgendwo wird der Mensch Frieden und Glück finden, wenn nicht in seinem eigenen Montserrat!» bemerkte Goethe, obwohl er nie dort gewesen ist. – Der Gründer des Jesuitenordens, Ignatius von Loyola, kam 1522 zum Montserrat, erhielt nach der Beichte vom Abt Generalabsolution, legte Pilgerkleidung an und begab sich zur Gnadenmadonna. Wie ein Ritter Mariens, von denen er in Romanen gelesen hatte, hing er sein Schwert neben dem Altar auf und hielt bei ihr Nachtwache – dann begann sein Weg zu Mönchstum und künftiger Laufbahn als Heiliger.

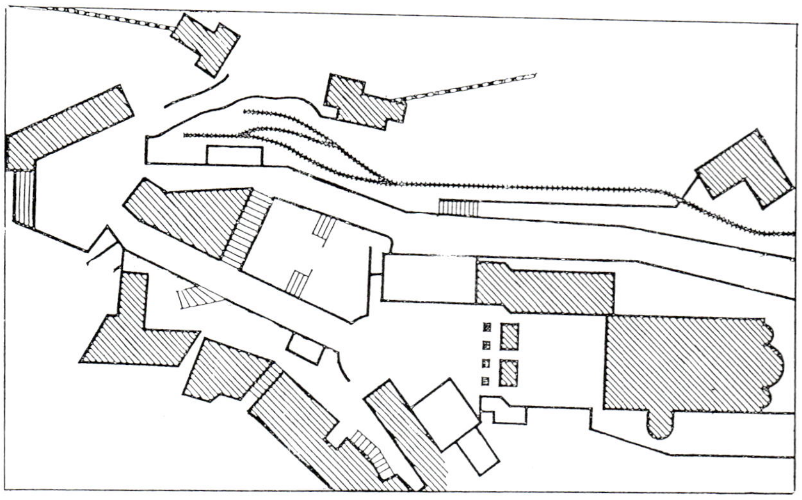

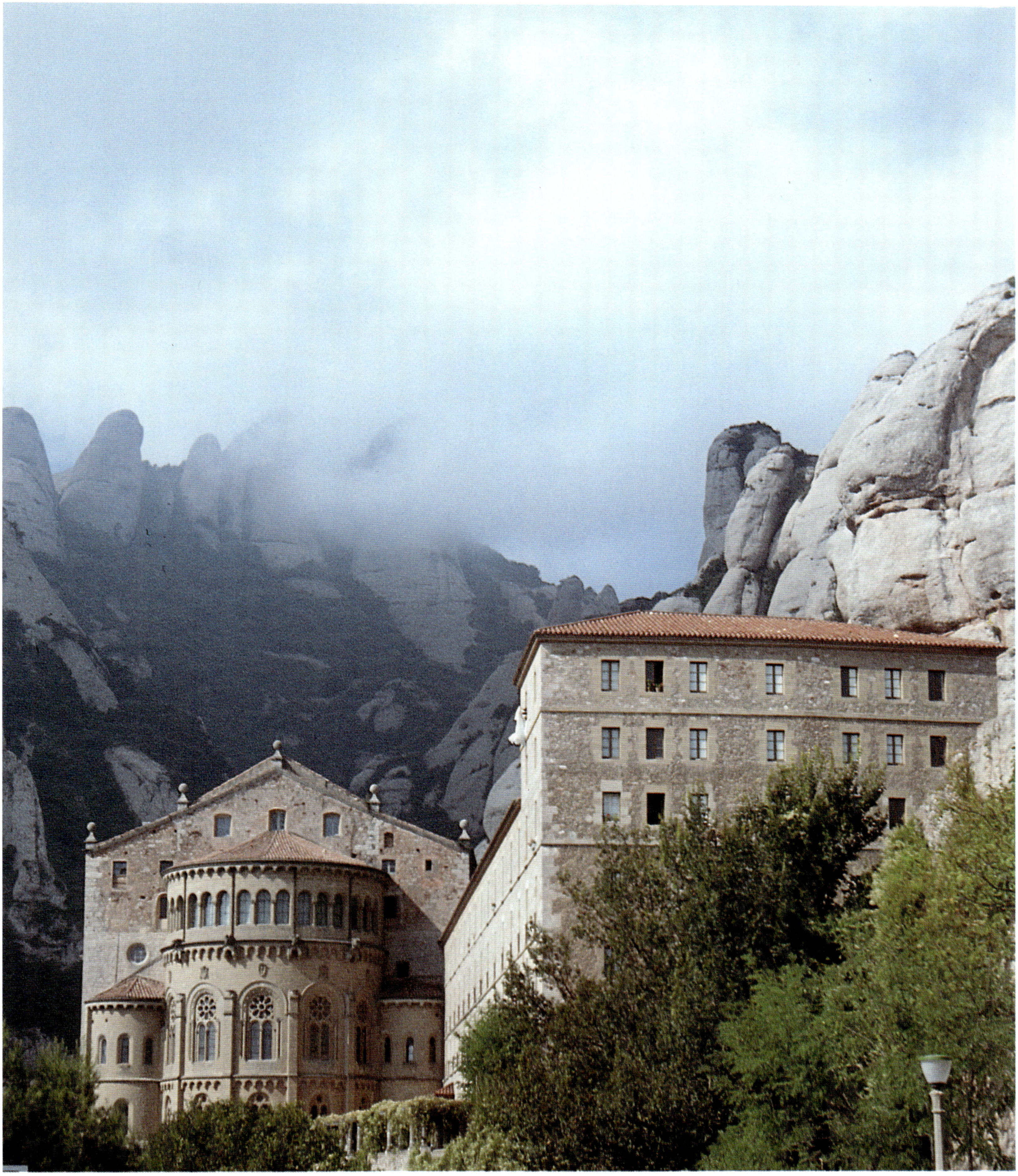

Poblet

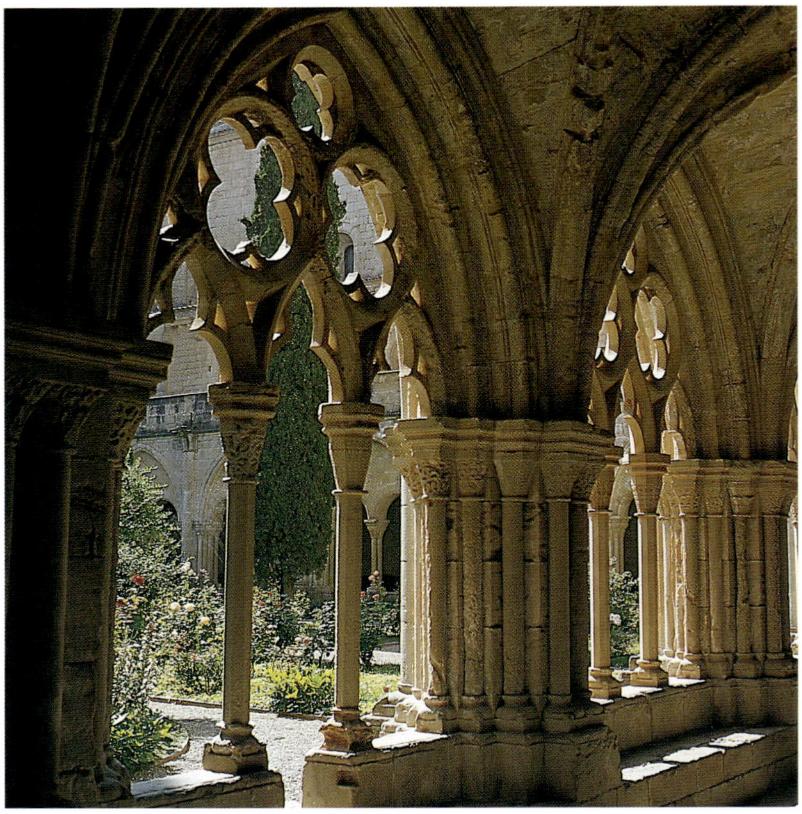

Das Kloster Santa Maria in Poblet in Katalonien wurde im Jahr 1153 von Ramon Berenguer IV. gestiftet; der hochherzige Gründer hatte dem französischen Kloster Fontfreda das Grundstück geschenkt. Zisterzienser errichteten den Bau in romanischem Stil, später wurden gotische Gebäude hinzugefügt.

Die gesamte Klosteranlage umschließt, festungsähnlich, ein dreifacher Mauerring. Durch die Goldene Pforte, « Porta Daurada », aus dem 15. Jahrhundert kommt man ins Innere des zweiten Mauerrings – das fürstliche Portal wurde zu Ehren der Majestäten Isabel und Ferdinand von Kastilien-Aragonien aufgeführt, als sie Poblet einen Besuch abstatteten. – Die dritte Mauer aus dem 14. Jahrhundert, 608 Meter im Umfang, von 13 Türmen bewacht, mit der eindrucksvollen « Porta Reial », der Königspforte, ein prachtvolles gotisches Bauwerk aus den Jahren 1379-1397 weist zur Kirche. Der im Inneren vollständig romanisch erhaltene Bau mit Barockfassade und Vorhalle, drei Längsschiffen, einem Querschiff, Chorumgang und Kapellenkranz stammt aus dem 12. Jahrhundert. Prächtig erhebt sich darin, in vier horizontalen Reihen übereinander, der Hochaltar aus Alabaster, ein Meisterwerk der Renaissance, geschaffen von dem Bildhauer Damià Forment 1527-1529: In muschelförmigen Nischen stehen schöne Statuen und Figurengruppen. – Im Pantheon der Könige ruhen in Alabastergräbern unter anderen Alfonso I., Jaume I. und Pere III., mit dem seine drei Ehefrauen, Maria von Navarra, Eleonore von Portugal und Eleonore von Sizilien, bestattet liegen; die Grabmäler wurden im Jahr 1340 auf Anordnung des katalanischen Königs Pere III. el Cerimoniós für ihn und seine Vorgänger errichtet. Poblets Klosteranlagen demonstrieren noch heute perfekt und anschaulich, wie der heilige Bernhard seine Mönche untergebracht sehen wollte. Nach den Bauregeln des Ordens sollte jedes Kloster mindestens über « Oratorium, Refektorium, Dormitorium, Gast- und Pförtnerzelle » verfügen, ehe der erste Bruder überhaupt einzog: Hier gibt es ein gotisches Sprechzimmer aus dem 14. Jahrhundert, einen stattlichen Kreuzgang des 13./14. Jahrhunderts in den Maßen 40x35 Meter, mit schönen Spitzbogen und Säulenstellungen; um das Brunnenhaus aus dem späten 12. Jahrhundert, das « Lavabo » der Mönche mit großem Waschbecken, in dem sie sich wuschen und zwölf Mal im Jahr Haar und Bart stutzen ließen, erbaut über sechseckigem Grundriß, schließen sich Rundbogen und Mittelsäulen. Zum Komplex gehören Küche und Refektorium, Calefactorium (d.h. ein geheizter Raum), Scriptorium (also Schreib- und Lesesaal), der Kapitelsaal mit Grabplatten der Äbte und ein riesiger Schlafsaal: 87x10 Meter lang ist dieses « Dormitorium » und läßt ahnen, wie zahlreich hier Mönche Unterkunft fanden. Der imponierende Raum wurde zu Beginn des 15. Jahrhunderts gotisch erbaut. – Poblets Zisterzienser, Küche und Refektorium beweisen das eindrucksvoll, sollten im Rahmen ihrer Fastengebote nicht darben: Der Weinkeller von achteckigen Säulen getragen, liegt unter dem Museum, in dem der Klosterschatz gezeigt wird.

Im Jahr 1392 ließ sich König Martin I. von Aragonien, der « Menschliche », zu Poblet einen Wohnsitz einrichten – er wollte im Bezirk des Klosters sein Leben in Meditation und Frömmigkeit beschließen – in diesem gotischen Palau Réal, 1406 vollendet, befindet sich die romanische und gotische Kunstsammlung.

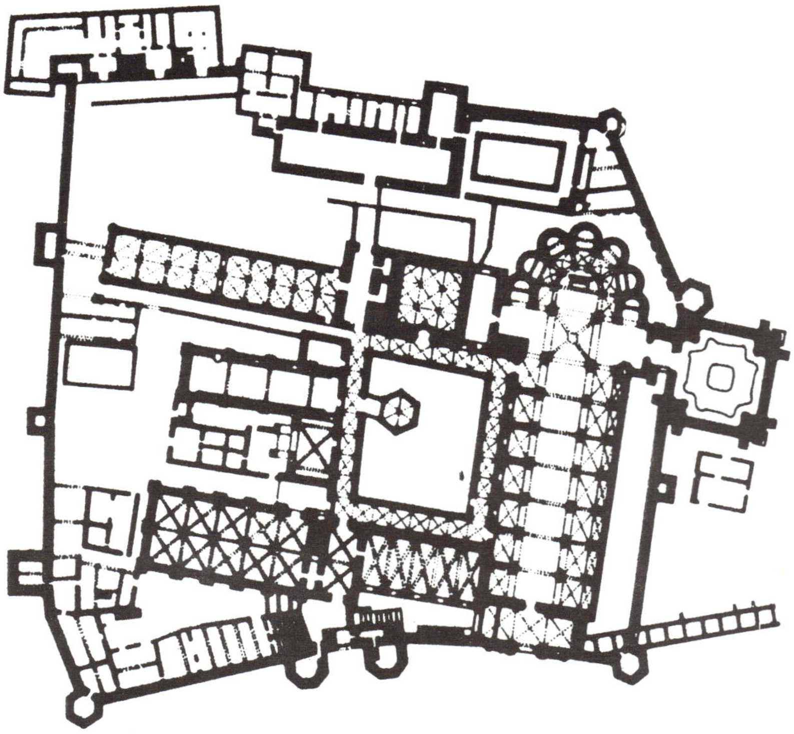

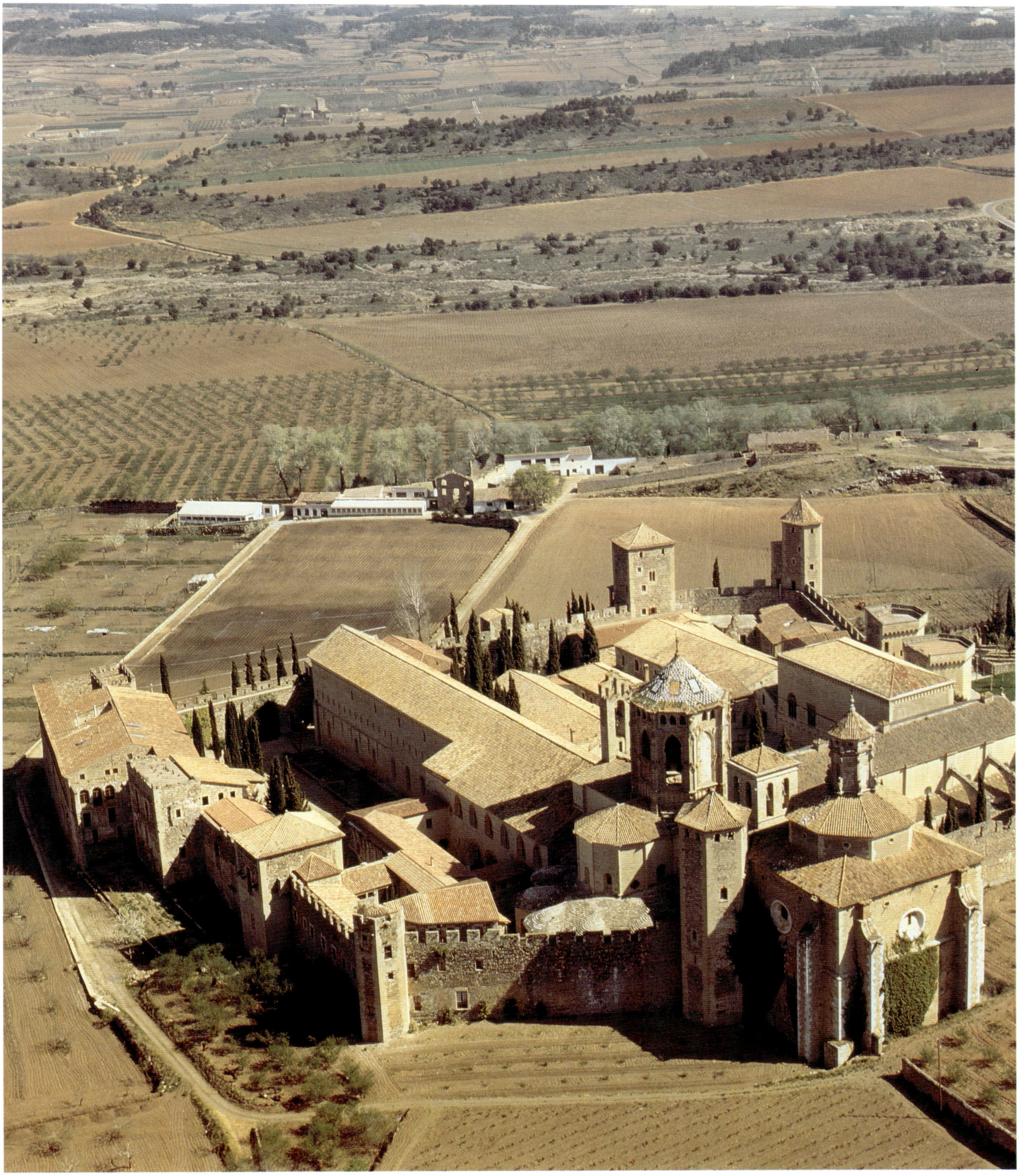

San Juan de la Peña

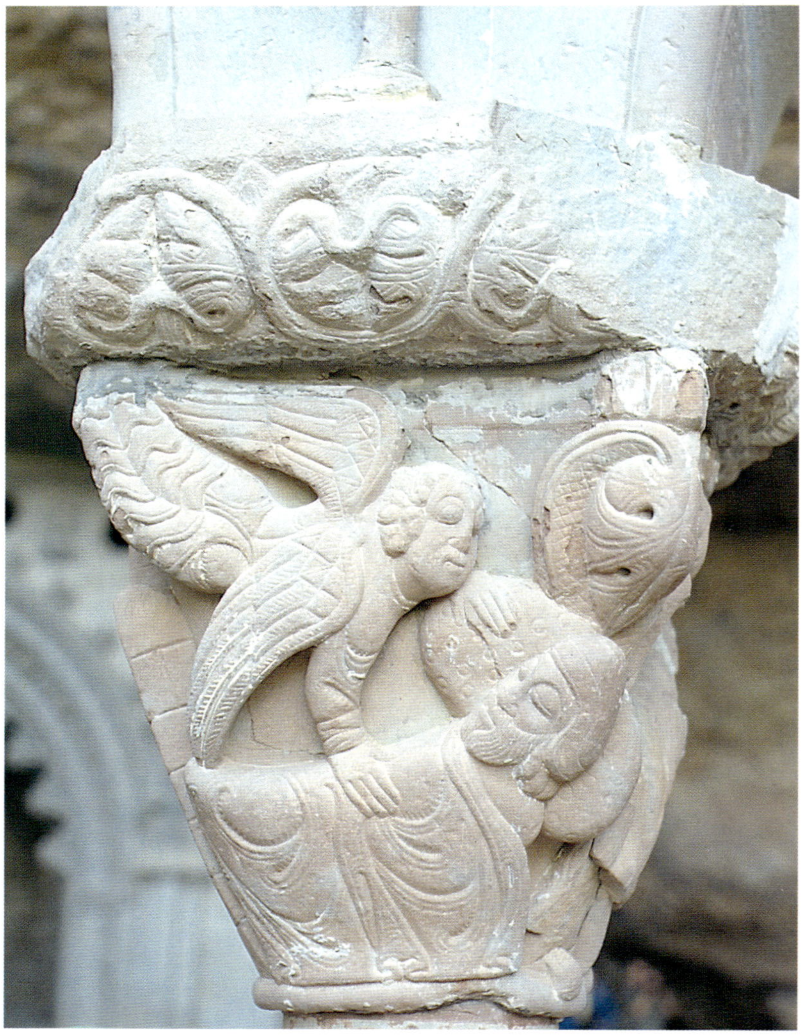

Das Benediktinerkloster San Juan de la Peña in Aragonien, mitten im Waldgebiet unter einer imposanten, überhängenden Felswand von rötlichem Farbton gelegen, erhebt sich an der Stelle, an der im 8. Jahrhundert ein Einsiedler namens Juan sein kleines Oratorium gebaut hatte. Um 855 ist eine Schenkung des Königs García Jiménez bezeugt; damals stand hier bereits ein kleines Kloster.
Die besondere Lage prädestinierte San Juan de la Peña ideal als Unterschlupf verfolgter Christen, wenn die Mauren drohten: In der zweiten Hälfte des 10. Jahrhunderts wagte Kalif Abd er-Rahman einen Ausfall nach Norden, hier zentrierte sich der Widerstand, die Reconquista. Das kostete Geld; mehrere hundert umliegende Orte mußten dem Kloster Abgaben zahlen, auch Könige beteiligten sich mit Schenkungen - Sancho Ramírez von Navarra gab reiche Privilegien, Sancho Garcés III. der «Große» (1000-1035) führte im Jahr 1025 die cluniazensische Reform ein; 1071 war San Juan Ausgangspunkt einer geistlichen Erneuerung, die Spanien enger an Europa anbinden sollte: Die alte gotische Liturgie der Mozaraber, der Christen also, die als Fremdlinge unter den Arabern lebten, «unechte Araber» genannt, wurde durch das römische Ritual ersetzt.
Die gesamte Klosteranlage ist nicht sehr groß, bedingt durch die schwierigen Platzverhältnisse: Vom Vorhof aus gelangt man in die einschiffige Oberkirche, im Jahr 1094 geweiht, mit drei Apsiden, die zum Teil in den Felsen hineingeschlagen werden mußten. Links daneben liegt das Pantheon der Könige, in romanischem Stil erbaut: 27 Sarkophage aus dem 11.-14. Jahrhundert birgt dieses einmalige Mortuarium, unter ihnen Grabmale von Ramino I. und Sancho Ramírez. – Von der Oberkirche führt ein geräumiger Vorhof mit der Grablege politisch und dynastisch wichtiger Edelleute von Aragonien und Navarra zur Unterkirche aus dem 10. Jahrhundert, zweischiffig, mit zwei Apsiden, im 11. Jahrhundert nach Westen verlängert; seit dem Bau der Oberkirche dient sie als Krypta.
Der Kreuzgang aus dem 12. Jahrhundert, zu dem ein Hufeisenbogen im deutlich mozarabischen Stil führt, ist eng mit der natürlichen Umgebung verwoben: Ein Felsengewölbe bildet sein Dach; an den Säulenkapitellen prachtvoll gestaltete Szenen aus der Bibel sowie Motive aus der Pflanzen- und Tierwelt – ein einheimischer Steinmetz-Künstler hat sie geschaffen. – Der Kapitelsaal des alten Klosters ist noch erhalten. Im 15. Jahrhundert wurde dem heiligen Victorian eine Kapelle gewidmet, im 16. entstand die Kapelle San Voto. – Die Klosteranlage, mehrmals von Bränden heimgesucht, erwies sich im Laufe der Jahrhunderte als zu eng. Im 18. Jahrhundert zogen die Mönche in neue Gebäude um, die bereits 1809 durch französische Truppen zerstört wurden. Nur die barocke Fassade und beide Türme, die der Architekt Pedro Onofre entworfen hatte, blieben erhalten.
San Juan de la Peña, als Klosterfestung konzipiert und in seiner Frühzeit auch genutzt, besitzt eher wehrhaften als klösterlich frommen Charakter. Die Beschwerlichkeit, dort überhaupt zu bauen, bezeugen mühsame Arbeiten am Fels, die mit Meißel und Hammer bewältigt werden mußten – von benediktinischer Ordensregel, die «ora et labora», bete und arbeite, diktierte, hat hier «Arbeit» gewiß den größeren Anteil gehabt.

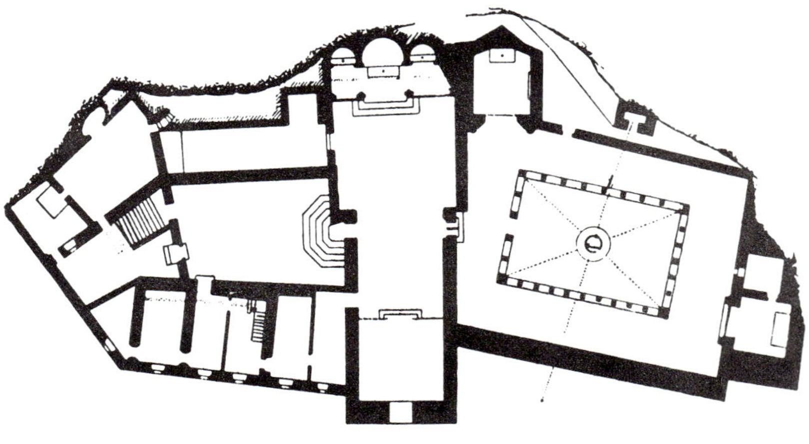

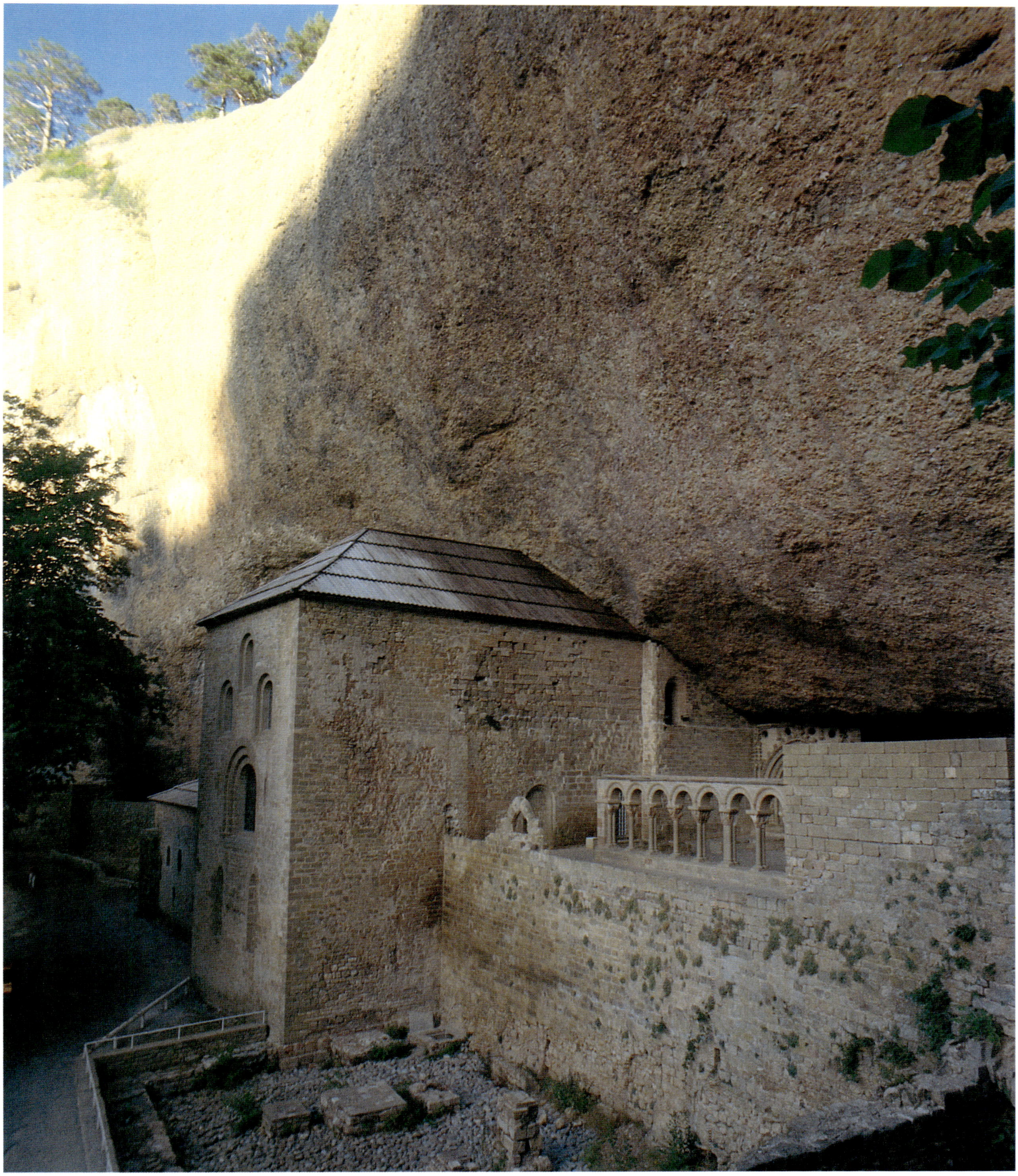

Tschechien

Osek

Das Kloster des Zisterzienserordens Osek im böhmischen Erzgebirge liegt nur wenige Kilometer von Teplice entfernt. Im Jahr 1199 kamen Mönche aus dem bayerischen Waldsassen zunächst nach Maschau, anschließend siedelten sie in Riesenburg, dann in Osek. In den Jahren 1206-1220 entstand die dreischiffige gotische Basilika, stilistisch deutlich an die Heimatklöster Burgunds angelehnt. Während der Bauzeit lebten die frommen Männer zunächst in hölzernen Provisorien; später errichteten sie Klostergebäude aus Stein: um 1230 den Südflügel des Konvents mit dem Kapitelsaal und, 1350, den Kreuzgang im Stil der Gotik.

Dem Ort der Weltflucht und Friedfertigkeit blieben irdisch-kriegerische Einmischungen nicht erspart: Während der Fehde, die Thronfolger Ottokar Přemysl gegen seinen Vater Wenzel I. ausfocht, fügten 1248 seine Truppen dem Kloster schwere Schäden zu. 1278 fielen Verbündete Rudolfs I. von Habsburg, der in der Schlacht auf dem Marchfeld Ottokar II. von Böhmen besiegte, plündernd und raubend in Osek ein. – 1341 legte ein Brand die Gebäude des Konvents in Schutt und Asche. König Johann gestattete den unglücklichen, verarmten Mönchen, auf zehn Jahre zu Brüx und Leitmeritz Steuern in die eigene Kasse zu erheben – es half nichts. Zum Niedergang des Klosters im 15. und 16. Jahrhundert trugen die Hussiteneinfälle bei, Kirchenschätze mußten verpfändet werden. Papst Gregor XIII. hob das finanziell ruinierte Kloster im Jahr 1580 auf.

Erst 1624, der Dreißigjährige Krieg tobte in Europa, Böhmen war nach Ende des Böhmisch-Pfälzischen Krieges wieder katholisch geworden, lebte Osek neu auf, fand rasch Gönner, Stifter, erhielt Abgaben, erwirtschaftete Gelder aus eigenen Gütern und erlebte eine gewaltige Blütezeit. Jetzt wurden die Klosterbauten großzügig umgebaut oder erweitert: 1710-1720 entstand die Prälatur. Vor allem die Klosterkirche Mariae Himmelfahrt erhielt durch Baumeister Ottavio Broggio 1712-1718 barocken Glanz. Die prachtvolle, dreigeschossige Hauptfassade im Westen mit ihrem weiten Portikus und schweren Voluten schmückte Franz Anton Kuen mit den schönen Figuren der Ordensheiligen, Evangelisten und böhmischen Landespatrone. Edmund Johann Richter fügte 1713 die Statue des heiligen Johannes des Täufers mit Engeln hinzu. – Im Innenraum schuf Giacomo Antonio Corbellini den reichen dekorativen Schmuck. In die malerische Ausgestaltung teilten sich mehrere Künstler von großem Ruf: Wenzel Lorenz Reiner aus Prag malte mit «italienischer» Noblesse die Fresken. Johann Jakob Steinfels schuf 1718/19 in seiner berühmten «illusionistischen» Manier Deckenfresken und Deckenstuck, Szenen aus dem Leben Jesu. Das Altarbild mit dem Martyrium des heiligen Sebastian ist ein Werk Michael Willmans aus der Zeit nach 1702; die Altäre des heiligen Bernhard, des Ordensstifters, sind Arbeiten Reiners.

Vom alten Baubestand sind das durch Corbellini barock ausgestaltete Refektorium am Südflügel des Kreuzgangs, ihm gegenüber die Brunnenkapelle (um 1300), die in den Klostergarten hinausragt, sowie der frühgotische Kapitelsaal, um 1230, erhalten – sechs weit herabgezogene Kreuzgewölbe werden von zwei kapitellbesetzten Säulen gestützt; die Wandmalereien, Szenen aus der Legende des Ordensheiligen, schuf Johann Peter Molitor im Jahr 1756.

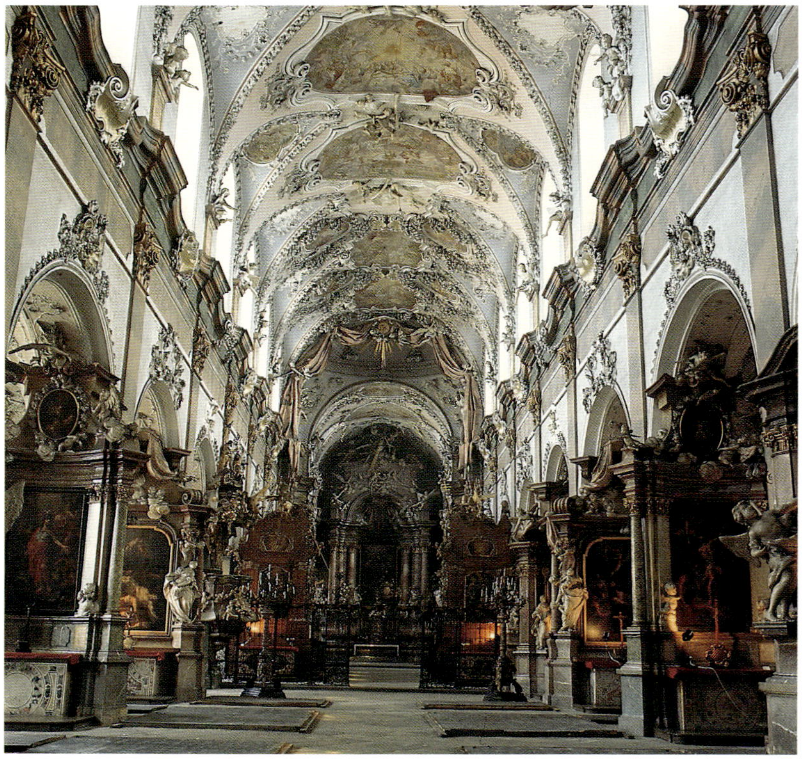

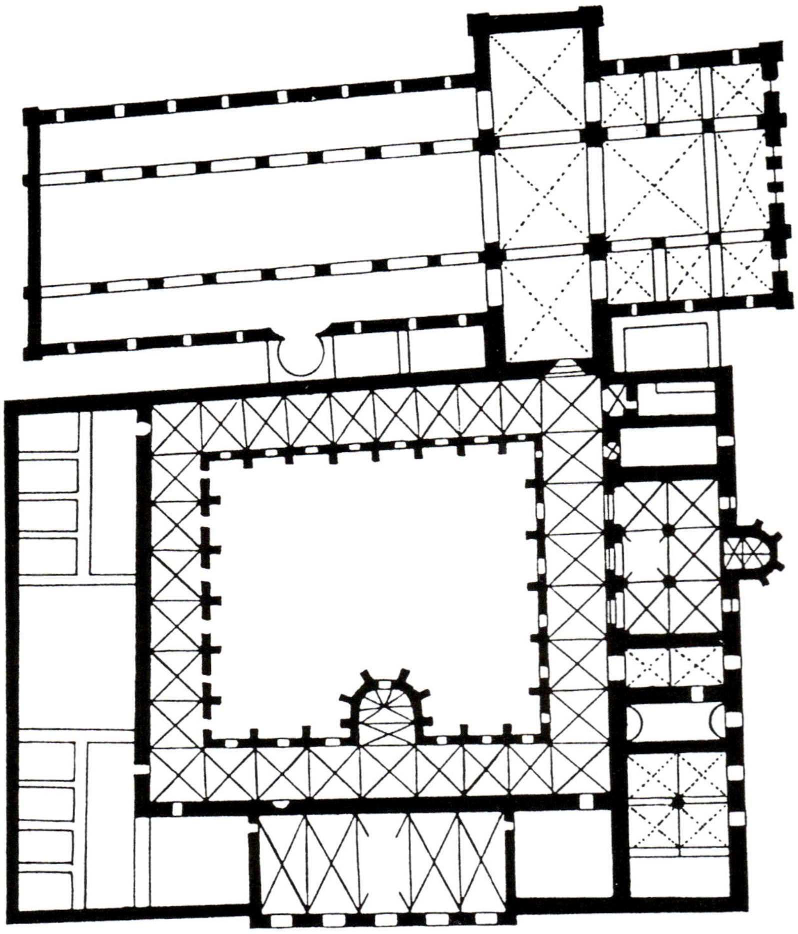

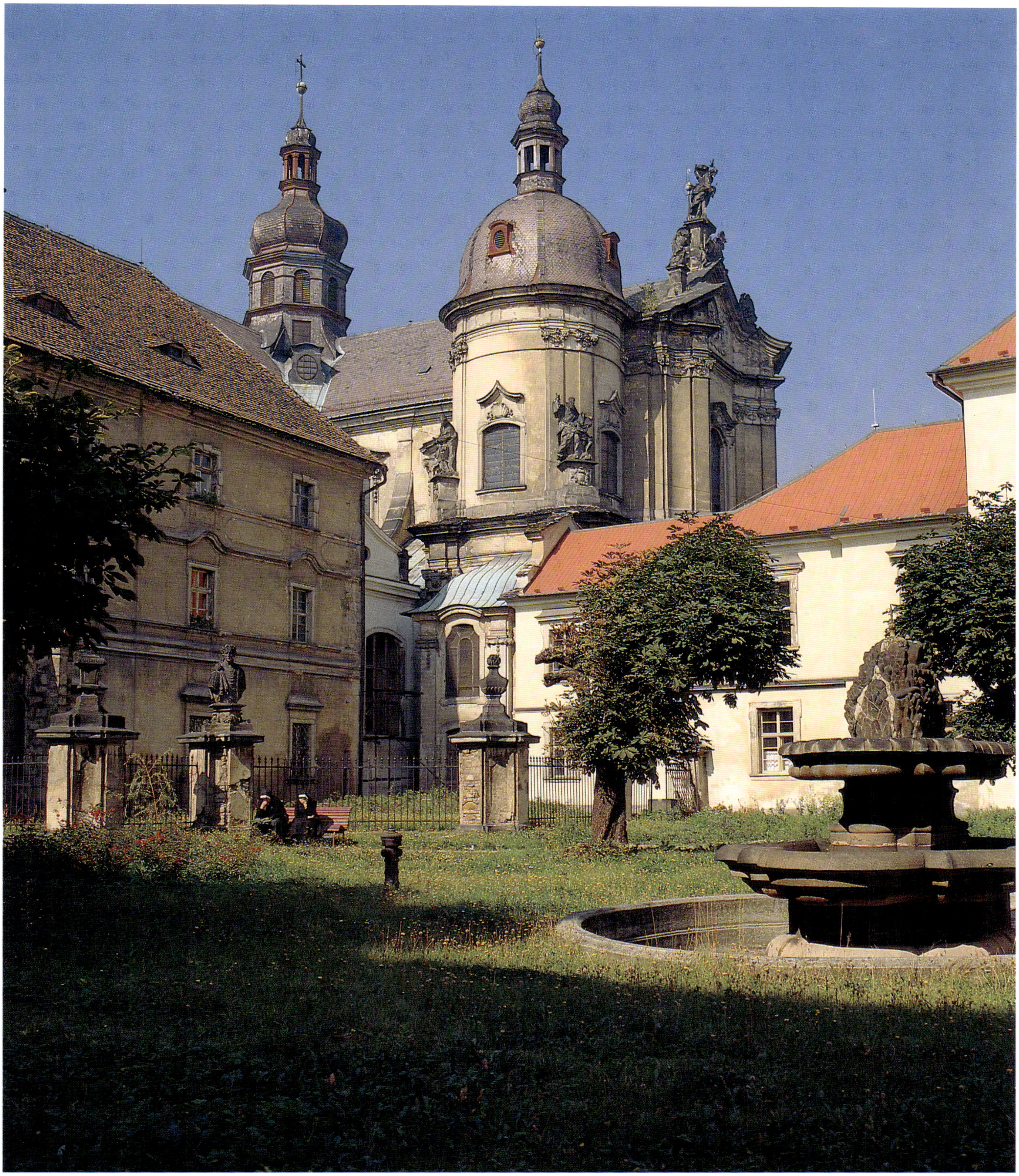

Prag Prämonstratenserkloster

Das ehemalige Prämonstratenserkloster Strahov zu Prag, gelegen über dem Talkessel zwischen Burg und Laurenziberg, wurde im Jahr 1140 von Fürst Vladislav II. gestiftet. Schon zwei Jahre später erschienen Mönche aus dem Schwesterkloster Steinfeld in der Eifel, um hier zu leben. Baubeginn der Klosterkirche Mariae Himmelfahrt, einer Basilika, war 1143; ihr Chor wurde 1182 geweiht. – Feuer vernichtete 1258, was an Bauten fertig stand; bis 1263 errichtete man alles im gotischen Stil neu, die Kirche erhielt ihr Querhaus sowie zwei Seitenkapellen. – Die schöne Lage und Prags anmutige Hügel animierten Heinrich Zdík, Bischof von Olmütz, zu hymnischem Vergleich mit der hochgebauten Stadt Jerusalem: «Zionsberg» nannte er sie und schwärmte von einem Kloster dort im Heiligen Land, das liege «über der Stadt Jerusalem wie das Strahov über Prag».

Zur Zeit der Renaissance, 1601-1605 erfolgten weitere Umbauten in Strahov; die Kirche wurde später nach Westen verlängert, erhielt eine neue Fassade und die beiden Türme mit ihren spitzen Kuppelhelmen. Ihr Inneres, im ausgehenden 17. Jahrhundert durch Jean Baptist Mathey barockisiert, bekam eine reiche, verschwenderische Ausstattung: Georg Wilhelm Neunherz malte 1743/44 Fresken; Johann Anton Quittainer schuf den Skulpturenschmuck der Seitenaltäre 1750-1764; der Hauptaltar ist eine Arbeit von Josef Lauermann und Ignaz Franz Plazer, 1763. Der Orden war vermögend und zeigte das, zum Lobe des Höchsten, gern. In der südlichen Seitenkapelle, geschmückt mit Schlachtenszenen aus dem Dreißigjährigen Krieg, befindet sich das Grabmal des Generals Graf Gottfried Heinrich zu Pappenheim, der Wallensteins Rückzug nach der Schlacht bei Lützen 1632 deckte und dabei tödlich verwundet wurde: «Daran erkenne ich meine Pappenheimer!» läßt der Dichter Schiller seinen Wallenstein ausrufen, ein später geflügeltes Wort. – Der Ordensstifter Norbert von Xanten ruht im nördlichen Seitenschiff in der Ursula-Kapelle. Seine Gebeine wurden 1627 aus Magdeburg, wo der Heilige als Bischof amtiert hatte, übergeführt. Der Legende nach, an die Magdeburgs protestantische Ratsherren nicht glauben mochten, war ihre Stadt vor Feinden sicher, solange Norberts Reliquien in den Mauern verblieben. Vier Jahre nachdem sie feierlich in Strahov gebettet lagen, eroberten und vernichteten die Kaiserlichen Magdeburg.

Von den alten Klostergebäuden sind noch Teile um den Kreuzgang erhalten. Die kleine Rochuskirche entstand in den Jahren 1603-1612 als gotischer Zentralbau, in dem sich die Renaissance bereits ankündigt. – Der bedeutendste Innenraum des Klosters Strahov ist die Bibliothek. I. Pailardi schuf 1782-1784 den Hauptsaal, den «Philosophischen Saal»: langgestreckt, zwei Geschosse übergreifend, mit hohen, in geschlossener Ordnung aufgestellten Bücherschränken, krönt ihn das in lichten, heiteren Farben gehaltene Deckenfresko Franz Anton Maulpertschs aus dem Jahr 1794: «Die Geschichte der Menschheit.» Der «Theologische Saal», ein Werk G.D. Orsis, 1671-1679, tonnengewölbt, mit offenen Schränken aus der Zeit des Barocks ausgestattet, wurde vom Prämonstratenser Siard Nosecky ausgemalt. Künstlerschicksal – Maulpertsch verlangte und erhielt von Abt Wenzel Mayer, dem Auftraggeber, 3000 Gulden für seine Arbeit, und man lästerte, sein braver Gehilfe Martin Michl habe das meiste davon ausgeführt. Der hauseigene Klosterbruder Nosecky mußte sich mit den Gegebenheiten «seines» Saales, den von schwerem Stuck gerahmten runden Medaillons und Feldern arrangieren, und schuf sein Werk vermutlich um Gotteslohn.

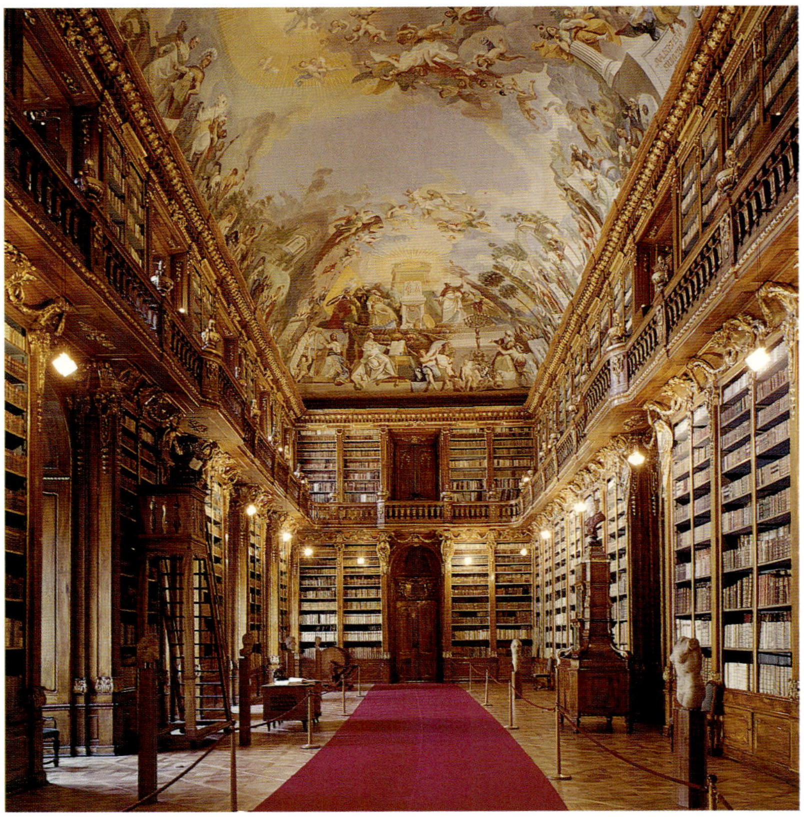

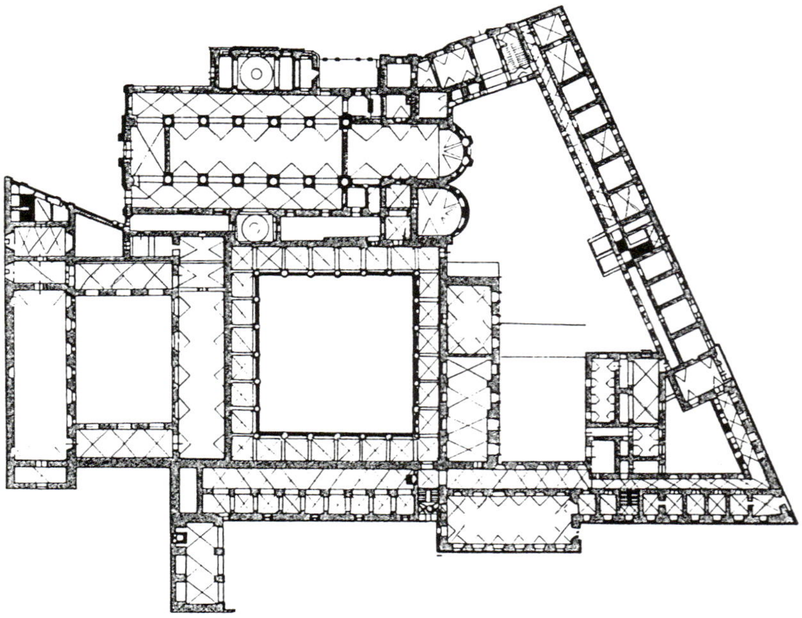

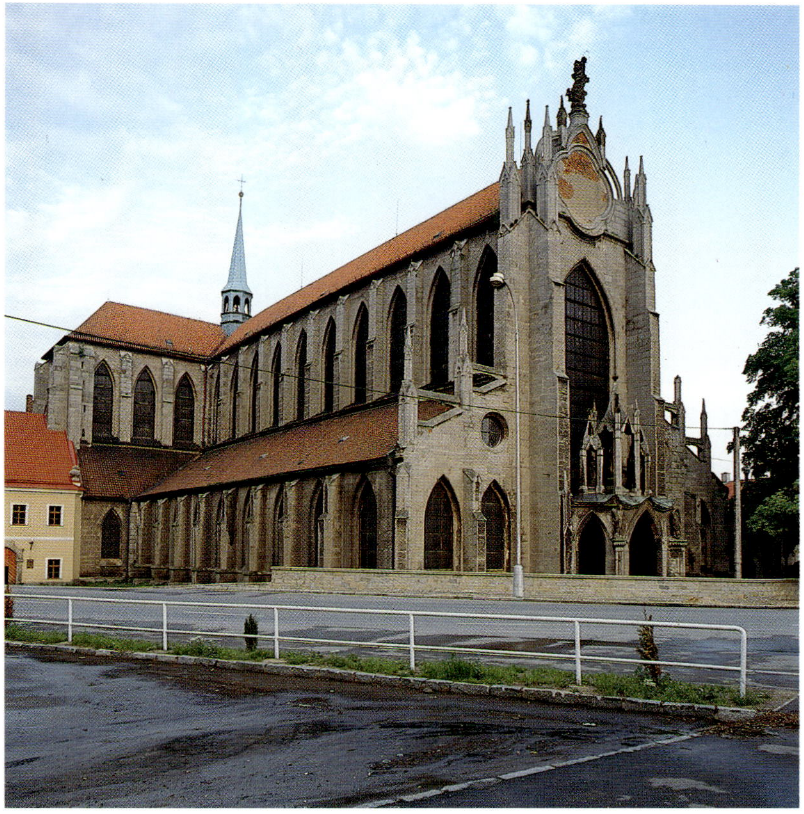

Sedlez

Das Zisterzienserkloster Sedlez in der Nähe der reichen Silberbergwerkstadt Kuttenberg in Böhmen wurde in den Jahren 1142/43 gegründet und vom bayerischen Waldsassen aus besiedelt. Die Kirche, eine sehr große fünfschiffige gotische Kathedrale, über dem Grundriß eines lateinischen Kreuzes errichtet, mit dreischiffigem Querhaus, Presbyterium mit Umgang und Kapellenkranz, entstand zwischen 1280 und 1320 – sie verbindet in schöner Einheitlichkeit die zu schlichter Bauweise mahnende Zisterzienserregel mit dem reichen, hochaufstrebenden Stil der französischen Kathedralkunst.

Während der Regierungszeit König Wenzels II., 1278-1305, erlebte Sedlez unter Abt Heidenreich eine hohe Blütezeit. Der kluge, wortgewaltige Geistliche beanspruchte und erhielt auch politischen Einfluß, wurde Berater und Vertrauter des Herrschers, Taufpate der königlichen Kinder und gelegentlich dessen Gastgeber im Kloster. Als auf dem Gebiet der Abtei Silbererz gefunden wurde, setzte er die Beteiligung des Konvents an den Erträgen durch. – Seit Beginn des 14. Jahrhunderts wurden die Zeiten rauher; unter der Herrschaft Heinrichs von Kärnten in Böhmen rebellierten Kuttenbergs Bürger und setzten 1309 die Edelleute Heinrich von Leipa, Johann von Wartenberg und Johann von Klingenberg im Gästehaus gefangen. Der Kärntner war dem Abt nicht wohlgesonnen; Heidenreich rächte sich, indem er die Absetzung des Herrschers forcierte. Der mächtige Klosterherr erwies sich als kreativ. Die Chronik berichtet, daß zu seiner Ägide «das Kloster von Sedlez an Bauwerken zunahm»: «Er ließ die neue Kirche zu Ehren der Jungfrau Maria erbauen», steht in lateinischer Sprache auf seinem Grabstein.

Im Jahr 1421 brandschatzten und vernichteten Hussiten das Kloster. Die radikalen Männer des kämpferisch-gläubigen Jan Hus führten christliche Maximen im Mund und das Schwert des Verderbens in der Hand: Es wird «auf Erden kein Regieren geben und keine Herrschaft noch eine Untertanenschaft, und es werden aufhören alle Steuern und die Zinsen, auch wird niemand den anderen zu etwas nötigen, denn es werden sein *alle* gleiche Brüder und Schwestern» – die verängstigten Klosterbrüder jedenfalls flohen. Nach Beendigung der Hussitenkriege kamen sie zurück, fanden ihr Kloster in Trümmern, die Kirche ruiniert, und lebten in kläglicher Existenz. Im Jahr 1601 gaben sie auf.

Erst seit 1700 wurde Sedlez erneuert und wiederhergestellt. Die Elemente der Gotik erhalten im Geist des Barock – nach diesem künstlerischen Grundsatz bauten die Architekten Paul Ignaz Bayer und Giovanni Santin-Aichel das Gotteshaus (bis 1707). Wie häufig bei barockisierten Kirchen in Böhmen blieben die alten Formen, der ursprüngliche Raumeindruck erhalten. Stuck überzieht die Mauern, doch in maßvoller Art; im Gewölbe des Chores setzen sich die schwingenden Kreuzrippen des Mittelschiffs fort; das sehr hohe Kircheninnere wirkt feierlich und festlich zugleich, lichtdurchflutet durch die Farb- und maßwerklosen Spitzbogenfenster im Chor, einheitlich im reichen, doch nicht übertriebenen Schmuck des 18. Jahrhunderts. – Der Außenbau blieb im wesentlichen in den alten Formen erhalten: mächtig aufsteigend, mit kompaktem Mauerwerk, doch fein gegliedert, geschmückt mit Zinnen und dem eleganten Dachreiter über der Vierung.

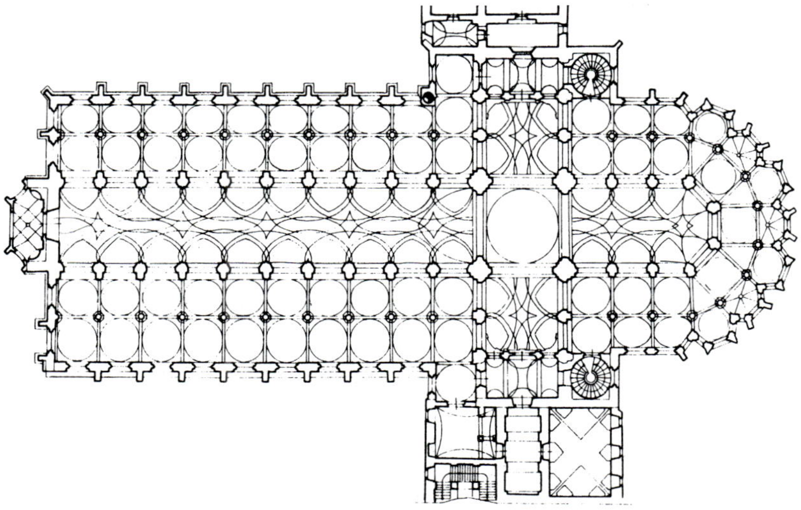

Ukraine

Kiew — Höhlenkloster

Von den vielen Klöstern, die einst Kiew sternförmig umgaben, ist nur wenig erhalten. Sie waren als Wehrklöster angelegt, aber die Insassen pflegten im Mittelalter neben ihren Gelübden auch Wissenschaft und Kunst. Das Höhlenkloster Kiewo Petschérska Lawra bietet noch ein anschauliches Bild von der ursprünglichen Gestalt solcher « Klosterstädte ». Es ist das berühmteste Kloster des alten Rußlands und steht in engster Verbindung zum heiligen Berg Athos und seiner mönchisch-asketischen Gemeinschaft. Sein Gründer war um 1050 ein Warägerrusse aus Ljubetsch, der auf Athos gelebt, sich zum Mönchstum bekehrt und den Namen Antonij Feodòsij angenommen hatte. Die Stätte weltabgeschiedenen Lebens in Frömmigkeit, Beständigkeit, Fasten und Gebet sah sich rasch argwöhnischen Aggressionen ausgesetzt. Eine Legende erzählt, daß sogar Antonijs Mutter nichts unversucht ließ, um den Sohn seinen Glaubensregeln abwendig zu machen, und einer der Söhne Jaroslaws des Weisen drohte, auch dies Überlieferung, sämtliche Klosterhöhlen vernichten zu lassen.
Allen Anfeindungen zum Trotz blieb die religiöse Stätte jahrhundertelang erhalten; ihre gottgefälligen Ideale breiteten sich aus über Rußland und beeinflußten die kirchliche Entwicklung des Landes grundlegend. Die Mönche wurden als heilig und fleißig verehrt, auch deswegen, weil die Männer nicht nur fromm, sondern auch tätig waren, zum Beispiel farbige Mosaiksteinchen herstellten, die in byzantinischen Kirchen zu prachtvollen Gemälden und Wandzieraten dienten, Email anfertigten und Kunstgewerbe aller Art schufen.
Die Klosteranlage umfaßt in ihrem gesamten Terrain 22 Hektar und liegt auf dem westlichen Steilabhang zum Dnjepr. Die bedrückend engen Mönchszellen grub man als Höhlen in den Berg, die Klostervorsteher wohnten in langgestreckten Trakten. Zwischen 1073 und 1078 entstand die Hauptkirche, die Mariae-Entschlafens-Kathedrale, eine Sechspfeileranlage mit einer Kuppel und drei Apsiden; sie wurde im Jahr 1941 von deutschen Besatzungstruppen gesprengt. 1108 kam die Dreifaltigkeits-Tor-Kirche hinzu. Zu den bedeutendsten Sakralbauten zählen noch: Nikolai-Hospital-Kirche mit ihrer eindrucksvollen Turmkuppel (um 1615) und Allerheiligen-Kirche, bestehend aus vier Kapellen, die sich kreuzförmig um das Tor gruppieren, beide schöne Beispiele des ukrainischen Barock: dann die Kirche zur Geburt der Gottesmutter (17. Jahrhundert) sowie die Kirche der Kreuzerhöhung (18. Jahrhundert). – Den 95 Meter hohen Glockenturm in vier sich verjüngenden Stockwerken auf achteckigem Grundriß erbaute 1731-1745 Johannes Schädel.
Die Katakomben in den « Nahen » und « Fernen Höhlen », die dem Kloster den Namen gaben, sind in einem vielfältigen, komplizierten System von Gängen, Zellen, Kapellen und Grabstätten angelegt. Im « Grab des Nestor » liegen vermutlich die sterblichen Überreste des Chronisten, der am Anfang des 12. Jahrhunderts im Kiewer Höhlenkloster die altrussische « Erzählung der vergangenen Jahre » niederschrieb.

Folgende Doppelseite: Untere Lawra

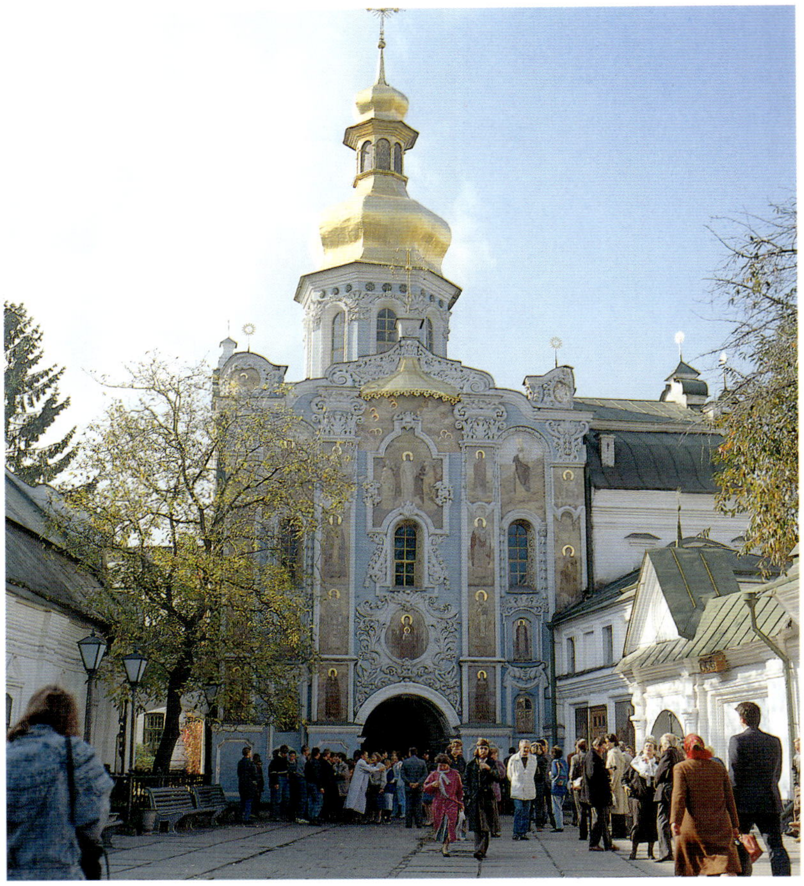

Obere Lawra: Torkirche

Obere Lawra: Teil der Uspenskij-Kathedrale ▷ (links) und Trapesa-Kirche (rechts)

Obere Lawra

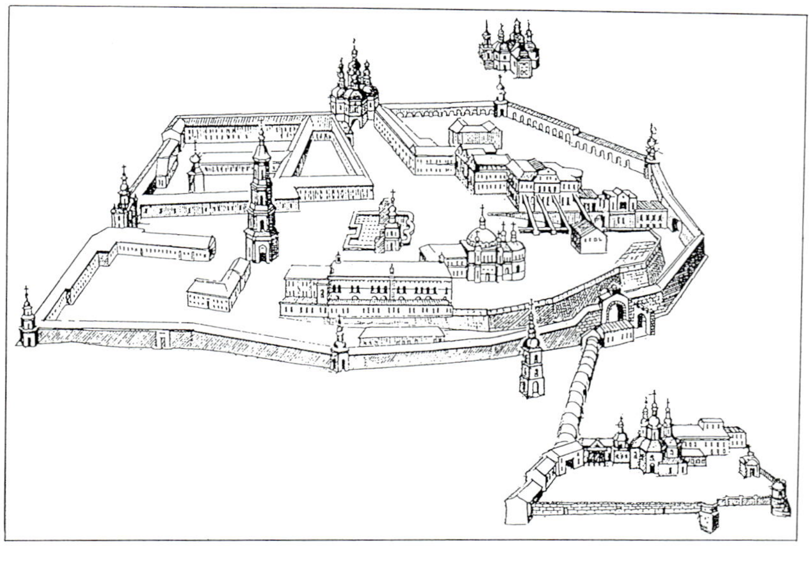

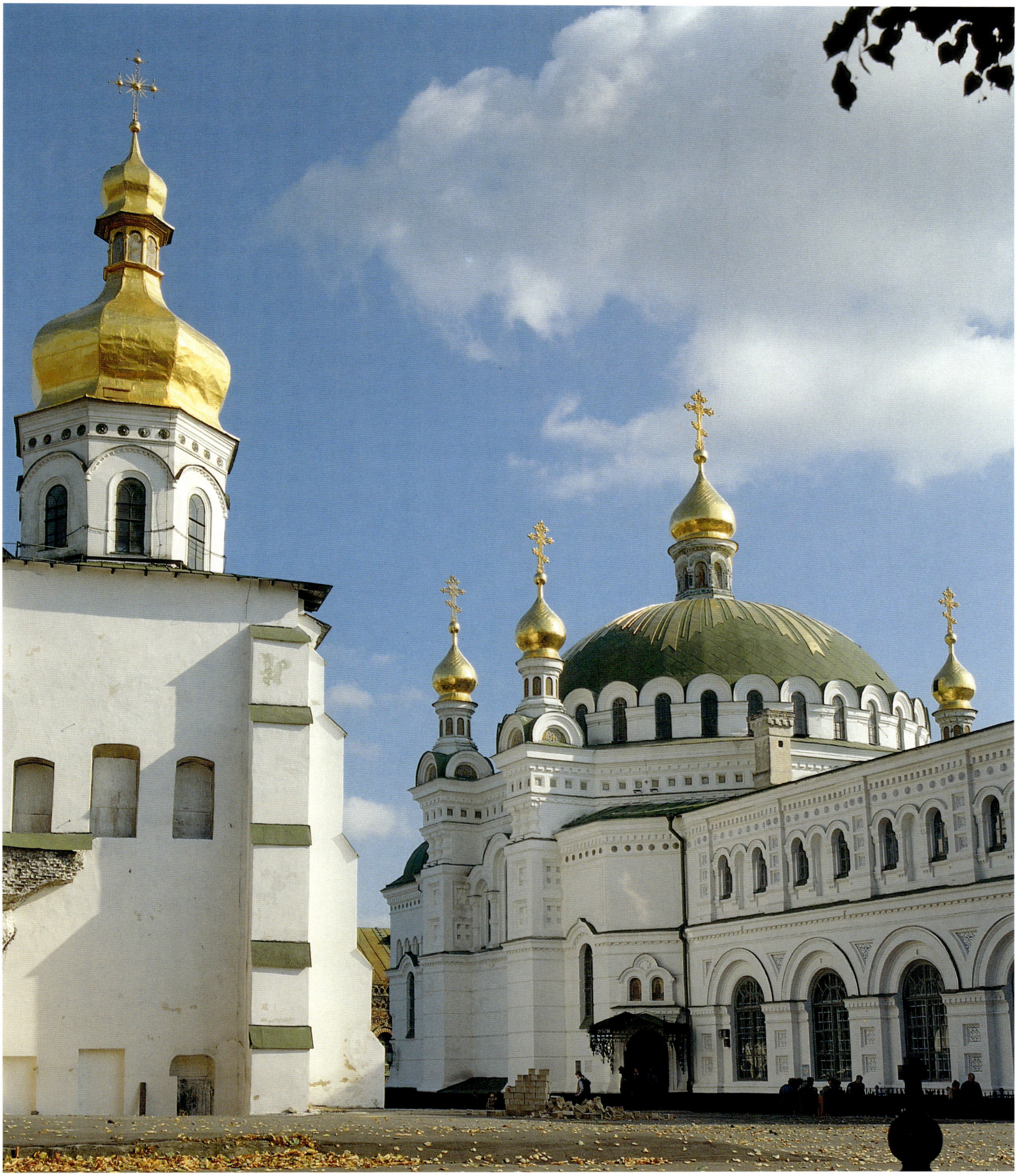

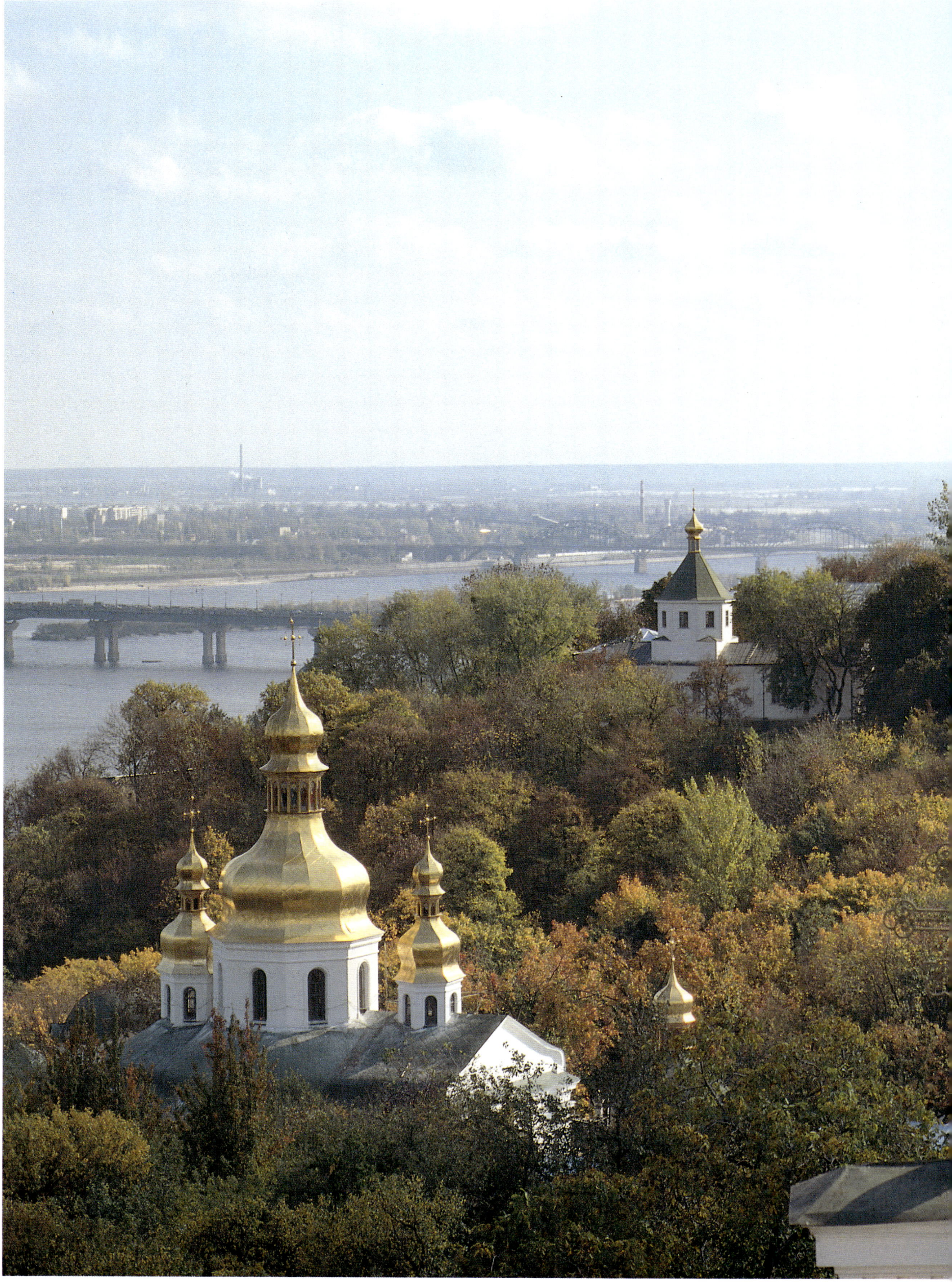

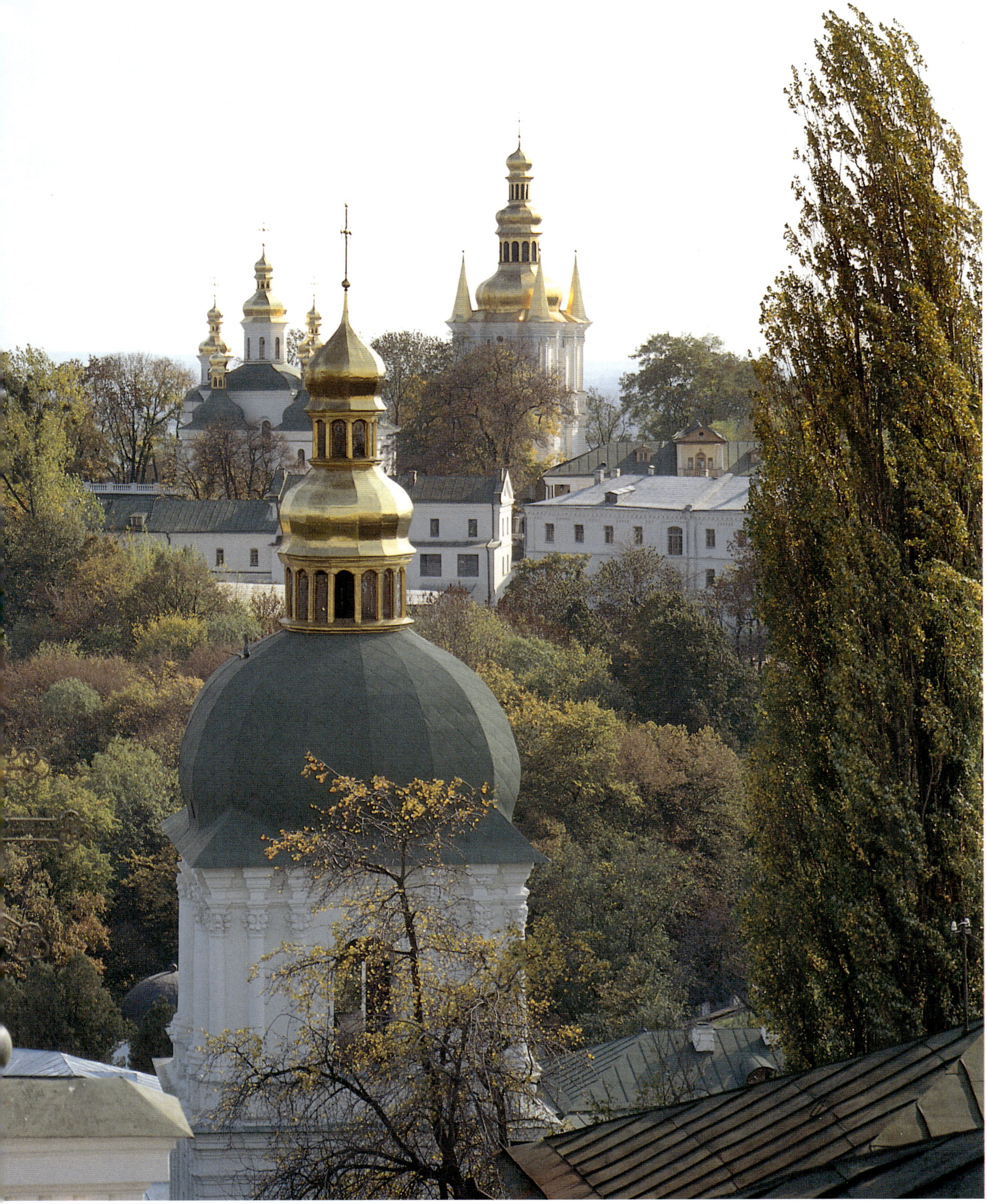

Glossar

Abt: Entstanden aus Abbas, Vater; seit dem 5. und 6. Jahrhundert ausschließlich Titel des Klostervorstehers, meist auf Lebenszeit gewählt. In Nonnenklöstern: Äbtissin.

Abtei: Von einem Abt (oder einer Äbtissin) selbständig geleitetes Kloster.

Altaraufsatz: Lateinisch Retabel = « Rückwand », schreinartiger Aufsatz über dem Altartisch.

Anachoret: Griechisch « aus dem Leben zurückgezogen »; Einsiedler, der – von jeder Gesellschaft abgesondert – in einer einsamen, wilden Gegend wohnt.

Apsis: Im Kirchenbau der meist halbkreisförmige Abschluß des Chors, oft Standort des Hochaltars.

Arkade: Bogenstellung, Reihe auf Säulen oder Pfeilern ruhender Bogen.

Augustiner-Chorherren: Geistliche, die gemäß den Regeln des heiligen Augustinus in Stiften zusammen leben.

Augustiner-Eremiten: Eremitengemeinschaft, den Regeln des heiligen Augustinus verpflichtet, 1256 als Bettelorden bestätigt.

Basilika: Kirche, deren Langhaus durch Stützen in drei oder fünf Langschiffe unterteilt ist; das erhöhte Mittelschiff erhält durch Fenster in den Hochwänden eigenes Licht.

Benediktiner: Mönchsorden, den im Jahr 529 der heilige Benedikt von Nursia in Montecassino gründete; seine Schwester Scholastika stiftete den entsprechenden weiblichen Zweig der Benediktinerinnen.

Bischof: Kirchliches Oberhaupt einer Diözese mit Vollmacht, Priester zu weihen.

Brevier: Gebetbuch der Mönche.

Brunnenkapelle: Brunnenhaus zur Körperpflege der Mönche am Kreuzgang, gegenüber dem Refektorium gelegen.

Calefactorium: Wärmestube, der einzige heizbare Raum in der Klausur.

Campanile: Neben der Kirche freistehender Glockenturm.

Chor: Abschluß des Kirchenraums, in der Regel östlich gelegen, meist leicht erhöht und schmäler als das Kirchenschiff; er enthält fast immer den Hauptaltar; ursprünglich Raum für das gemeinsame Gebet der Mönche.

Chorgestühl: Zu beiden Seiten des Chors aufgestellte Sitzreihen für die Stundengebete, meist mit dekorativem Schnitzwerk und Ornamenten verziert.

Chorschranken: Schranken aus Stein, die den Mönchschor gegen den Zutritt von Laien abschließen.

Chorumgang: Gang in Weiterführung der Seitenschiffe um den Chor herum.

Cluniazenser: Reformzweig der Benediktiner, im 10. Jahrhundert im burgundischen Kloster Cluny begründet.

Cönobit: Einsiedler, der in Klostergemeinschaft mit anderen hinter verschlossenen Mauern lebt.

Dachreiter: Schlankes Glockentürmchen auf dem First des Kirchendaches oder über der Vierung.

Deutsche Ritter: Auch Deutscher Orden, Deutscher Ritterorden; nach dem Vorbild der Templer und der Johanniter gegründeter Ritterorden mit der Absicht, erkrankte Pilger im heiligen Land zu pflegen *und* das Grab Christi von den Heiden zu befreien.

Dominikaner: Prediger- und Bettelorden, durch Dominikus de Guzmán 1215 in Toulouse gegründet.

Dormitorium: Schlafsaal der Mönche; in der Regel schlief jeder in seinem eigenen Bett, jedoch angekleidet und immer in Gesellschaft mehrerer Mitbrüder.

Eigenkirchenrecht: Herrschaft desjenigen über Kloster oder Kirche, der sie auf seinem Grund und Boden gegründet hat.

Ekstase: Zustand höchster Begeisterung und Entrücktheit, in dem das Gemüt für Eindrücke von außen unzugänglich wird.

Eremit: Von der Welt zurückgezogen lebender Einsiedler.

Erzabt: Vorsteher mehrerer Abteien, der jedoch die Befugnisse der einzelnen Klosteräbte nicht schmälert.

Evangeliar: Liturgisches Buch mit den vollständigen Texten der Evangelien; im Mittelalter oft in Prunkausstattung mit Goldschrift, Prachtminiaturen und edelsteinbesetztem Einband.

Exerzitien: Geistliche Übungen; seit der Gründung des Jesuitenordens durch Ignatius von Loyola gebräuchlich.

Franziskaner: Bettelorden, den Franz von Assisi 1209 stiftete.

Frater: Lateinisch Bruder, ursprünglich Bezeichnung für alle Klosterangehörigen, später nur für die nicht geweihten Laienbrüder.

Fresko: Malerei mit Wasserfarben ohne Bindemittel auf noch feuchten Kalkverputz der Wand; beim Trockenprozeß verbinden sie sich besonders gut mit dem Untergrund.

Gewölbe: Bogen- oder haubenförmiger Abschluß eines Raumes.

Halle: Kirchenraum, bei dem Haupt- und Seitenschiffe gleich hoch sind.

Herrenrefektorium: Den Vollmönchen vorbehaltener Speisesaal.

Hieronymiten: Eremiten des heiligen Hieronymus, Mönchsorden, um 1370 von Vasco und Peter Ferdinand Pecha bei Toledo gestiftet, 1373 päpstlich bestätigt.

Inquisition: Nachforschung und Befragung mutmaßlicher Ketzer, um ihren Irrglauben aufzudecken und zu bestrafen.

Investiturstreit: Zwist zwischen Papst Gregor VII. und König Heinrich IV. im 11. Jahrhundert um die Frage, wer die deutschen Bischöfe ernennen darf: Vor Ausbruch des Streites tat dies der weltliche Herrscher. Gregor wollte das kirchliche Amt von der weltlichen Macht trennen. Das Wormser Konkordat von 1122 beendete die Auseinandersetzung.

Jesuiten: 1540 durch Ignatius von Loyola begründeter Orden von Regularklerikern, die «Gesellschaft Jesu».

Kanoniker: Geistlicher, Domgeistlicher, Kollegiatsgeistlicher, Mitglied eines Kapitels.

Kanonisse: Weltliche Angehörige eines Kanonikerordens; auch: Chorfrau, die in einem weltlichen Damenstift lebt.

Kapelle: Kleines, abgeschlossenes Gotteshaus; Nebenraum mit eigenem Altar in einer Hauptkirche.

Kapellenkranz: Die Gesamtheit der im Halbkreis dem Umgang des polygonalen Chores angeschlossenen Kapellen.

Kapitel: Geistliche Körperschaft an Kathedralen (Domkapitel) oder Stiftskirchen (Kollegiatskapitel).

Kapitell: Oft dekorativ skulptiertes Kopfstück von Säule, Pfeiler oder Pilaster.

Kapitelsaal: Versammlungs- und Beratungsraum des Konvents.

Kartäuser: Eremitenorden, 1084 durch Bruno von Köln in La Grande Chartreuse gegründet.

Klausur: Bezirk des Klosters, den nur Ordensangehörige betreten dürfen.

Klerus: Geistlichkeit.

Kloster: Lateinisch «claustrum», verschlossener, abgeschlossener Bezirk.

Klostergarten: Ort zur Erbauung der Mönche im Grünen, oft auch als Begräbnisstätte benützt.

Kongregation: Klösterliche Gemeinschaft, in der nur einfache Gelübde abgelegt werden; auch: die Vereinigung mehrerer selbständiger Klöster unter Führung eines Generalabts.

Kontemplation: Betrachtendes Gebet, mystische Schau, innere Einkehr.

Konvent: Versammlung stimmberechtigter Klostermitglieder, der Konventualen; auch Bezeichnung für das Kloster allgemein.

Konversen: Laienbrüder eines Mönchsordens.

Kreuzgang: Innenhof eines Klosters mit überdachtem Umgang, meist gewölbt, aber auch flach gedeckt; gegen den Binnenhof in Bogenstellungen geöffnet; um ihn gruppieren sich im Geviert Kirche und Klostergebäude.

Kreuzzüge: Seit dem Ende des 11. bis gegen Ende des 13. Jahrhunderts zur Eroberung Palästinas und der Befreiung des Grabes Christi unternommene Heerfahrten der christlichen Völker des Abendlandes.

Krypta: In der Unterkirche des Gotteshauses gelegener Grabesraum, meist unter dem Ostabschluß; viele Kirchen wurden über der Krypta mit dem Grab eines Heiligen errichtet.

Laienbrüder: Fratres conversi, die zur Haushaltsführung und Bedienung der Ordensleute in Klöstern leben und nur dem Gelübde des Gehorsams verpflichtet sind.

Langhaus: Langgestreckter Bauteil zwischen Eingangsfront und Vierung bzw. Chor einer Kirche; für die Gemeinde bestimmt.

Lettner: Trennwand zwischen Mittelschiff und Chor in Kathedralen, Stifts- und Klosterkirchen, die klerikalen Bereich und Laienraum scheidet.

Liturgie: Form des Gottesdienstes.

Martyrium: Folter und Hinrichtung später heiliggesprochener Persönlichkeiten um ihres christlichen Glaubens willen.

Maßwerk: Bauornament der Gotik, abstrakt, ohne gegenständliche Darstellung, «gemessen», d.h. mit dem Zirkel konstruiert; ursprünglich für durchbrochene Fenster, später auch als Steinornament benutzt.

Mortuarium: Grablege.

Novizenmeister: Mönch, der Novizen während der Probezeit im Kloster betreut und ins klösterliche Leben einführt.

Noviziat: Probezeit vor Ablegung der Ordensgelübde.

Oratorium: Ursprünglich Privatkapelle; später: kleiner Andachtsraum für alle Klosterangehörigen.

Orden: Klösterliche Gemeinschaft, die der Papst bestätigen muß, mit genau festgelegten Lebensregeln im Streben nach sittlicher Vollendung; Grundgesetze aller Orden sind Armut, Keuschheit und Gehorsam, auf die Gelübde abgelegt werden.

Paradies: Vorhof der altchristlichen Basilika, auch Atrium genannt.

Parlatorium: Sprechzimmer des Klosters.

Pater: Lateinisch Vater; Klosterangehöriger, der die Priesterweihe empfangen hat.

Pfeiler: Säulenähnliches Stützelement mit recht- oder mehreckigem Grundriß.

Polygon: Vieleck.

Prälat: Geistlicher Würdenträger im Rang eines Bischofs; heute auch päpstlicher Ehrentitel.

Prämonstratenser: Reformorden, den Norbert von Xanten 1120 in Prémontré gründete.

Presbyterium: Chor, der ausschließlich Priestern vorbehaltene Raumteil eines Gotteshauses.

Primiz: Erstes Meßopfer eines neugeweihten Priesters nach der konzelebrierten Messe mit dem Bischof, der ihn weihte.

Prior: Nächsthöchster Vorgesetzter eines Klosters, im Rang eines Stellvertreters des Abts.

Profeß: Öffentliche Ablegung der Ordensgelübde.

Querhaus/Querschiff: Zwischen Langhaus und Chor eingeschobener Querbau, der dem Grundriß der Kirche Kreuzform verleiht.

Refektorium: Großer, zum Essen bestimmter Raum des Klosters, häufig mit der Darstellung des letzten Abendmahls Christi und seiner Jünger geschmückt.

Reform: Ständige Erneuerung des klösterlichen Ur-Ideals der Nachfolge Christi in Besitzlosigkeit, Freiheit von weltlicher Bindung und Gehorsam gegen Gottes Gebote.

Regularkanoniker: Chorherren; auch Angehörige eines Ordens oder eine Kongregation.

Reliquiar: Gefäß oder Schrein, in dem die Reliquien aufbewahrt werden.

Reliquie: Gebeine, Kleidung oder Gegenstände aus dem persönlichen Besitz eines Heiligen, die zu seinen Ehren in der Kirche verwahrt werden.

Remter: Speisesaal in Bauten des Deutschen Ritterordens.

Saal: Mit Ausnahme der Emporenpfeiler nicht durch Stützen unterteiltes Kirchenschiff.

Säule: Rundstütze, gegliedert in Basis, Schaft und Kapitell.

Scriptorium: Schreib- und Lesesaal der Mönche.

Seitenschiff: Seitlich gelegenes, durch Pfeiler oder Säulen vom Hauptraum der Kirche getrenntes Schiff.

Stift: Kloster, dem bei der Gründung zum Lebensunterhalt ein bestimmter Besitz, bestehend aus Grund und Boden und zum Teil auch aus herrschaftlichen Rechten, gestiftet wurde.

Stundengebete: Chorgebete während des Tages und der Nacht, bestehend aus Prim, Terz, Sext, Non, Vesper und Komplet.

Tempera: Lateinisch «temperare» = mischen; die bis zum Ausgang des 15. Jahrhunderts verbreitetste Maltechnik. Das Farbpulver wird mit in Wasser verdünntem frischen Eigelb gemischt. Andere mögliche Mischelemente: Gummi, Wachs oder Kasein.

Templerorden: 1119 durch Hugo von Payens in Jerusalem gegründeter Ritterorden.

Transitional-Epoche: Übergangsstil von der normannischen zur gotischen Zeit in England.

Tympanon: Meist reich mit ornamentaler oder figürlicher Plastik geschmücktes Giebelfeld über mittelalterlichen Kirchenportalen.

Vierung: In mittelalterlichen Basiliken die Stelle, an der Langhaus und Querhaus einander durchdringen.

Visitatoren: Klosteraufseher; Klostergeistliche, denen die Inspizierung sämtlicher Klöster ihres Ordens übertragen wird.

Wallfahrt: Gang oder Reise in feierlichem Zug zu einem heiligen Ort oder einer Reliquie, um dort zu beten.

Westwerk: In karolingischer, ottonischer und romanischer Zeit westlich vorgelagerter monumentaler Querbau.

Zentralbau: Bau, dessen Teilräume sich um einen durch seine Abmessungen beherrschenden, in sich zentrierten Raum gruppieren.

Zisterzienser: Von Bernhard von Clairvaux 1098 gegründeter Reformorden der Benediktiner, benannt nach dem Kloster Cîteaux.

Zölibat: Ehelosigkeit der Mönche und Geistlichen.